個人の破産・再生手続

~実務の到達点と課題~

日本弁護士連合会
倒産法制等検討委員会編

一般社団法人 金融財政事情研究会

はしがき

　本書は次の四つの特色を有します。

　第1に、本書は個人債務の法的整理（個人破産と個人再生）に特化した本です。従来、倒産法の理論は、企業の法的整理を中心に議論されてきたと思います。しかし1995年頃以降、個人債務の法的整理の事件件数が飛躍的に伸び、従来あまり議論されていなかった未解明の問題が、次から次に登場してきています。過払金返還請求権をめぐる問題（本書第1編第3章）、交通事故の被害者の問題（同第2編第5章）、離婚をめぐる問題（同第2編第6章）などです。さらに法整備が進み、個人に関する新しい制度が導入され、実務の中で進化を遂げつつあります。自由財産拡張制度（本書第2編第3章）、個人再生手続（同第3編）、住宅資金特別条項（同第3編第4章）などです。本書はこれらに関する最新の知見を提供しています。

　第2に、本書は日本弁護士連合会倒産法制等検討委員会編の本です。執筆者は全国各地の弁護士です。そしてこの執筆担当者には同業の弁護士から見て信頼できる弁護士を厳選しました。いわばプロが選んだプロであり、中身の濃い論考が集まりました。さらに可能な限り全国各地の状況がわかるように心がけました。個人債務の法的整理については、裁判所の体制（専門部の有無）・考え方、弁護士の数・考え方、地域性等によって、取扱いがかなり分かれていますので、全国各地の専門家にとって有益な本にするためです。そしてひいてはこれらを融合したより良い取扱いが生まれるきっかけとなることも期待しています。

　第3に、本書は執筆者・編集者間で徹底した情報交換・意見交換等をした本です。従来、共同執筆の本といっても、相互の意見交換等を活発に行うことは少なかったと思います。ところが、最近は、メールが発達して、極めて容易に原稿・意見・批判のやりとりができるようになりました。本書成立過程においても、大阪、徳島、名古屋、東京、札幌、奈良、福岡、千葉、仙台、丸亀から、厳しいメールが飛び交いました。新しい時代の本づくりだと思います。

第4に、本書には日弁連倒産法制等検討委員会が企画実行した二つのシンポジウムの記録を所収しました。2008年6月に行った「破産・個人再生における手続選択と実務上の留意点」と2009年2月に行った「個人再生シンポジウム～個人再生の理論と実務～」です。いずれも、話し言葉を再現したものですので、読みやすくわかりやすい情報となっています。書き下ろしの論考16本と合わせてお読みいただければ、理解がより深まるものと思われます。

　本書は、以上のような特色を有していますので、個人債務の法的整理を受任されようとする専門家の方々に、大変良い本であると確信しています。ぜひこの本を活用して、個人の経済生活の再生（フレッシュスタート）を支援していただきたいと願っています。

　個人債務の法的整理は、今後の日本にとって極めて重要な司法インフラです。その重要な司法インフラの充実・強化に本書が少しでもお役に立つことを、執筆者・編集者一同心から願っています。

　最後に、ゲラの作成送付、校正など事務・編集作業を精力的にこなしていただいた一般社団法人金融財政事情研究会の大塚昭之さんに対し、心から御礼を申し上げます。ありがとうございました。

平成23年3月

日本弁護士連合会倒産法制等検討委員会

委員長　岡　正　晶

編集委員・執筆者一覧（五十音順）

編集委員

木内　道祥　　大阪弁護士会　編集責任者
富永　浩明　　東京弁護士会
野村　剛司　　大阪弁護士会
森　　晋介　　徳島弁護士会

執筆者

阿部　弘樹　　仙台弁護士会
石川　貴康　　千葉県弁護士会
籠池　信宏　　香川県弁護士会
木内　道祥　　大阪弁護士会
酒井　恵介　　東京弁護士会
坂本　泰朗　　札幌弁護士会
佐藤　三郎　　第一東京弁護士会
新宅　正人　　大阪弁護士会
髙橋　和宏　　奈良弁護士会
千綿　俊一郎　福岡県弁護士会
野村　剛司　　大阪弁護士会
三上　理　　　東京弁護士会
本山　正人　　第一東京弁護士会
森　　晋介　　徳島弁護士会
山下　英樹　　第二東京弁護士会
山田　尚武　　愛知県弁護士会

凡　例

1　法令の表記
　（　）内で引用する主要法令名は、次のように略記する。
　　破　　　　　破産法
　　破規　　　　破産規則
　　民再　　　　民事再生法
　　民再規　　　民事再生規則
　　民　　　　　民法
　　民執　　　　民事執行法
　　自賠　　　　自動車損害賠償保障法

2　判例集・法律雑誌の表記
　判例集・法律雑誌は、次のように略記する。
　〈判例集〉
　　民集　　　　最高裁判所民事判例集

　〈法律雑誌〉
　　判時　　　　判例時報
　　判タ　　　　判例タイムズ
　　金法　　　　金融法務事情
　　金判　　　　金融・商事判例
　　ジュリ　　　ジュリスト

3　文献の表記
　主要文献は、次のように略記する（著者・編者50音順）。
　・伊藤眞『破産法・民事再生法〔第2版〕』（有斐閣）　　　　　　→『伊藤』
　・才口千晴ほか監修『新注釈民事再生法（上）（下）〔第2版〕』（金融財政事情研究会）
　　　　　　　　　　　　　　　　　　　　　　　　　　　　　　→『新注釈民再（上）（下）』
　・伊藤眞ほか『条解破産法』（弘文堂）　　　　　　　　　　　　→『条解破産』
　・伊藤眞ほか編『新破産法の基本構造と実務』（有斐閣）　　　　→『基本構造』
　・大阪地方裁判所・大阪弁護士会個人再生手続運用研究会編『改正法対応　事例解説　個人再生～大阪再生物語～』（新日本法規）　　　　　　　　　　→『大阪再生物語』
　・大阪地方裁判所・大阪弁護士会破産管財運用検討プロジェクトチーム編『新版　破産管財手続の運用と書式』（新日本法規）　　　　　　　　　　　　→『運用と書式』
　・大阪地方裁判所第6民事部編『破産・個人再生の実務Q&A　はい6民です　お答えします』（大阪弁護士協同組合）　　　　　　　　　　　　　　　　→『はい6民』
　・小川秀樹編著『一問一答　新しい破産法』（商事法務）　　　　→『一問一答破産』
　・木村達也ほか編『個人債務者再生手続実務解説Q&A』（青林書院）→『実務解説Q&A』
　・始関正光編著『一問一答　個人再生手続』（商事法務研究会）　→『一問一答個再』
　・全国倒産処理弁護士ネットワーク編『個人再生の実務Q&A100問』（金融財政事情研究会）　　　　　　　　　　　　　　　　　　　　　　　　　→『個再100問』
　・全国倒産処理弁護士ネットワーク編『通常再生の実務Q&A120問』（金融財政事情研究会）　　　　　　　　　　　　　　　　　　　　　　　　　→『通再120問』
　・園尾隆司ほか編『新・裁判実務大系㉘破産法』（青林書院）　　→『新・実務大系㉘』
　・園尾隆司・小林秀之編『条解民事再生法〔第2版〕』（弘文堂）→『条解民再』
　・園尾隆司編著『少額管財手続の理論と実務』（経済法令研究会）→『少額管財の実務』
　・高木新二郎ほか編『講座　倒産の法システム第2巻　清算型倒産処理手続・個人再生手続』　　　　　　　　　　　　　　　　　　　　　　　　　　→『法システム(2)』
　・竹下守夫編集代表『大コンメンタール破産法』（青林書院）　　→『大コンメ破産』
　・西謙二・中山孝雄編『破産・民事再生の実務〔新版〕（上）（中）（下）』（金融財政事情研究会）　　　　　　　　　　　　　　　　　　　　　　→『破産・民再の実務（上）（中）（下）』
　・野村剛司ほか『破産管財実践マニュアル』（青林書院）　　　　→『実践マニュアル』
　・山本和彦ほか『倒産法概説〔第2版〕』（弘文堂）　　　　　　→『倒産法概説』

目　次

はしがき　　弁護士　岡　正晶（第一東京弁護士会）

第1編　個人債務の法的整理・総論

第1章　個人の破産と再生の統計資料の分析

　　　　　　　　　　　　　　　　　弁護士　酒井恵介（東京弁護士会）　2

　1　申立件数等の推移　2
　　(1)　破産事件の申立件数等の推移　2
　　(2)　個人再生事件の申立件数等　5
　2　日本弁護士連合会による破産事件・個人再生事件記録
　　　全国調査　7
　　(1)　調査の概要　7
　　(2)　破綻原因（破産理由ないし個人再生の申立理由）　7
　　(3)　年齢・性別　9
　　(4)　収入、職業　10
　　(5)　負債額、債権者数　10
　　(6)　破産事件における破産管財人の選任等　11
　　(7)　破産事件における免責申立　11
　　(8)　個人再生事件の終結内容及小規模個人再生手続における
　　　　債権者の不同意　11
　　(9)　個人再生委員の選任の有無　12
　　(10)　住宅資金貸付特別条項の利用　12
　3　まとめ　12

第2章　個人の破産と再生の手続選択　弁護士　坂本泰朗（札幌弁護士会）　14

　1　はじめに　14

目　次　v

        2　手続選択に際しての考慮事項　*14*
            (1)　負債総額　*15*
            (2)　弁済能力　*16*
            (3)　財産の有無・額・種類等　*17*
        3　手続選択が問題となる具体例　*18*
            (1)　過払金の発生が見込まれる場合　*18*
            (2)　住宅ローン付住宅の保有を希望する場合　*18*
            (3)　所有権留保付自動車の保有を希望する場合　*19*
            (4)　個人事業者の場合　*20*
            (5)　職業に資格制限がある場合　*21*
            (6)　公租公課の滞納がある場合　*21*
            (7)　免責不許可事由が存在する場合　*22*
            (8)　否認対象行為がある場合　*23*
            (9)　一部債権者が反対している場合　*23*
        4　予納金・弁護士費用　*23*
            (1)　予　納　金　*24*
            (2)　弁護士費用　*25*
        5　破産者の生活再建手段　*25*
            (1)　生活保護制度　*25*
            (2)　生活福祉資金貸付制度　*26*

第 3 章　過払金の取扱い　弁護士　新宅正人（大阪弁護士会）　*27*
        1　過払金と債務整理　*27*
            (1)　任意整理における過払金　*27*
            (2)　法的整理における過払金をめぐる問題点　*27*
        2　破産（同時廃止）における過払金の取扱い　*28*
            (1)　調査範囲　*28*
            (2)　管財事件と同時廃止事件との振分基準・按分弁済基準　*30*

(3)　回収可能性への配慮　*31*
　3　破産（管財）における過払金の取扱い　*32*
　　　(1)　自由財産拡張と過払金　*32*
　　　(2)　大阪地裁における拡張基準と過払金　*33*
　　　(3)　申立代理人が回収した方が良いのか　*33*
　　　(4)　申立代理人における回収基準　*34*
　　　(5)　直前現金化の問題　*34*
　4　個人再生における過払金の取扱い　*35*
　　　(1)　清算価値保障原則　*35*
　　　(2)　自由財産拡張と個人再生における清算価値　*35*
　　　(3)　清算価値における過払金の評価　*35*
　　　(4)　過払金回収と一括弁済　*36*

第2編　個人の破産

第1章　個人の破産の概要と問題点　弁護士　三上　理（東京弁護士会）　*38*

　1　個人である債務者の自己破産　*38*
　　　(1)　自己破産とは　*38*
　　　(2)　破産管財人による換価処分の原則　*38*
　　　(3)　自由財産・同時廃止　*38*
　　　(4)　免責許可　*39*
　　　(5)　破産法の目的　*39*
　2　個人の自己破産手続の概要　*40*
　　　(1)　自己破産申立から破産手続開始決定まで　*40*
　　　(2)　破産手続開始決定から廃止・終結決定まで　*41*
　　　(3)　免責許可・不許可決定まで　*42*
　3　個人の自己破産手続における問題点　*44*
　　　(1)　自己破産のメリット・デメリット　*44*

　　　　(2) 破産した場合の資格制限　44
　　　　(3) 財産の換価処分　45
　　　　(4) 一部の債権者の除外　47
　　　　(5) 経済生活の再生の機会の確保　48

第2章　管財事件と同時廃止事件の振分基準
　　　　　　　　　　　　　　　　弁護士　阿部弘樹（仙台弁護士会）50
　　1　はじめに　50
　　2　同時廃止の意義　51
　　3　財団調査型・免責調査型の破産管財事件　51
　　4　管財事件と同時廃止事件の振分基準の概観　53
　　　　(1) 個別資産基準　53
　　　　(2) 全体財産基準　56
　　5　自由財産拡張基準と管財事件・同時廃止事件の振分基準との関連性　57
　　6　同時廃止のための按分弁済　59
　　7　個人事業者の同時廃止　59
　　8　最後に　60

第3章　自由財産の範囲拡張制度　弁護士　髙橋和宏（奈良弁護士会）62
　　1　自由財産の範囲拡張（自由財産拡張）制度と運用基準　62
　　2　実際の自由財産の範囲拡張の運用基準　63
　　3　普通預金（通常貯金）の扱い　65
　　4　直前現金化の問題　65
　　5　本来的自由財産と自由財産の範囲拡張　66
　　6　総額99万円を超える拡張　67
　　7　拡張決定の方式　68
　　8　拡張申立の時的制限と拡張決定の時期　69

9　自由財産の範囲拡張と裁量免責のための積立てとの関係　*70*
　　10　おわりに　*71*

第4章　開始決定に至るまでの合理的な審理の在り方
弁護士　森　晋介（徳島弁護士会）　*72*

　　1　破産法改正による手続の合理化　*72*
　　2　個人の自己破産に特有の問題　*73*
　　3　同時廃止処理の肥大化と問題点　*73*
　　　(1)　拡大の背景　*73*
　　　(2)　同時廃止処理の弊害　*74*
　　　(3)　任意配当の問題点　*75*
　　4　債権者の手続保障にも配慮した合理的な審理方法　*76*
　　　(1)　原則を意識した審理方法　*76*
　　　(2)　東京地裁の運用　*76*
　　　(3)　中小規模庁での取組み　*78*
　　5　合理的な運用を支える態勢　*78*
　　　(1)　少額管財手続　*79*
　　　(2)　予納金の納付方法の柔軟化　*79*
　　　(3)　管財人の給源問題　*80*
　　6　今後あるべき方向性　*80*

第5章　交通事故の被害者の破産　弁護士　山田尚武（愛知県弁護士会）　*83*

　　1　何が問題なのか　*83*
　　2　破産財団の範囲　*83*
　　3　損害賠償請求権の法的性格の分析　*84*
　　　(1)　不法行為の一般理論　*84*
　　　(2)　不法行為の一般理論を形式的にあてはめた場合の
　　　　　不都合さ　*85*

    4 損害賠償請求権の内容に応じた取扱い *86*
      (1) 損害賠償請求権の内容 *86*
      (2) 物的損害 *86*
      (3) 人的損害①－積極損害 *87*
      (4) 人的損害②－消極損害 *89*
      (5) 人的損害③－慰謝料 *89*
      (6) 個別執行の場合との均衡 *93*
    5 被害者の保険会社に対する直接請求権の差押禁止債権性 *94*

第6章 破産と離婚　弁護士　木内道祥（大阪弁護士会） *96*
    1 はじめに *96*
    2 離婚に関連する財産上の請求権 *97*
    3 権利者の破産 *97*
      (1) 権利者が破産する前に離婚し、離婚に関連する財産給付を既に受領している場合 *97*
      (2) 権利者が破産する前に離婚し、離婚に関連する財産給付を未受領の場合 *98*
      (3) 権利者が破産開始決定後に離婚する場合 *99*
      (4) 権利者の破産と離婚手続の関係 *100*
    4 義務者の破産 *101*
      (1) 義務者が破産する前に離婚し、離婚に関連する財産給付を既に行っている場合 *101*
      (2) 義務者が破産する前に離婚し、離婚に関連する財産給付が未履行の場合 *102*
      (3) 義務者が破産した後で離婚する場合 *103*
      (4) 義務者の破産と離婚手続の関係 *103*

第7章　免責制度の目的から見た実務運用上の諸問題

弁護士　籠池信宏（香川県弁護士会）　*107*

1　はじめに　*107*
2　免責の理念　*107*
3　免責手続の実務運用　*108*
　(1)　免責審尋期日の運用　*108*
　(2)　破産管財人の選任に関する運用　*109*
4　免責不許可事由の解釈・判断　*110*
5　裁量免責　*112*
6　一部免責・条件付免責の可否　*113*
　(1)　一部免責の可否　*113*
　(2)　条件付免責の可否　*114*
7　免責観察型管財手続　*114*
8　免責不許可事由が相当程度ある場合の処理
　　―個人再生手続との選択　*115*
9　非免責債権　*116*

第3編　個人再生

第1章　個人の再生手続の概要と問題点

弁護士　佐藤三郎（第一東京弁護士会）　*120*

1　個人再生手続　*120*
　(1)　制度の概要　*120*
　(2)　申立から開始決定までの手続　*121*
　(3)　開始決定後の財産調査、債権調査等の手続　*122*
　(4)　再生計画の作成から認可決定までの手続　*124*
　(5)　計画の変更及びハードシップ免責　*125*
　(6)　スケジュール　*126*

2 通常の再生手続 *126*

 (1) 通常の再生手続の利用 *126*

 (2) 手続費用の問題 *127*

3 再生手続内における制度の選択 *128*

 (1) 通常の再生手続と個人再生手続との選択 *128*

 (2) 個人再生手続内における手続の選択 *129*

 (3) 他の再生手続への移行 *129*

 (4) 住宅資金貸付債権に関する特則 *130*

第2章　個人再生における清算価値保障原則の再検討

弁護士　野村剛司（大阪弁護士会）*131*

1 はじめに *131*

2 個人再生において清算価値保障原則が問題となる場面 *132*

3 本稿の目的 *132*

 (1) 合理的な評価方法とすべき *132*

 (2) 自由財産拡張制度の趣旨を考慮すべき *133*

 (3) 積上げだけでなく、控除の面も考慮すべき *133*

4 個別財産の評価方法 *134*

 (1) 基本的に破産における評価方法による *134*

 (2) 個別財産の具体的な評価方法 *134*

5 他の手続との比較 *136*

 (1) 同時廃止との比較 *136*

 (2) 破産管財との比較 *137*

 (3) 通常の再生手続との比較 *137*

 (4) 比較からの検討 *138*

6 自由財産拡張制度の趣旨の適用 *138*

7 積上げだけでなく、控除の面を考慮すべき *139*

 (1) 問題の所在と問題提起 *139*

　　　　(2)　優先する債権の控除　140
　　　　(3)　個人再生委員の活用場面　141
　　8　最 後 に　142

第3章　再生計画案作成における留意点と履行可能性判断のあるべき運用　弁護士　石川貴康（千葉県弁護士会）　143

　　1　再生計画案　143
　　　　(1)　再生計画案の重要性　143
　　　　(2)　再生計画案の内容　143
　　　　(3)　再生計画案の提出　146
　　　　(4)　再生計画案の内容と形式的平等　148
　　　　(5)　再生計画案の決議　149
　　2　履行可能性　149
　　　　(1)　履行可能性を考える視点　149
　　　　(2)　家計管理の重要性　150
　　　　(3)　履行テスト　150
　　　　(4)　履行可能性の判断基準を巡る問題　152

第4章　住宅資金貸付条項のあるべき運用
　　　　　　　　　　　　　　　弁護士　本山正人（第一東京弁護士会）　155

　　1　制度の趣旨と概要　155
　　2　住宅の範囲　156
　　　　(1)　住宅を賃貸している場合　156
　　　　(2)　申立直前に建物の所有権を取得した場合　156
　　3　住宅資金貸付債権　157
　　　　(1)　被担保債権に住宅の購入等とは無関係な貸付金が含まれている場合　157
　　　　(2)　住宅ローンとは別個に住宅購入に係る諸費用ローンを

　　　　　　　組んでいる場合　*158*
　　　　　(3)　住宅の請負代金を被担保債権とする場合　*158*
　　　4　住宅に住宅資金貸付債権に係る抵当権以外の抵当権が
　　　　設定されている場合　*159*
　　　　　(1)　民事再生法198条１項ただし書前段の趣旨　*159*
　　　　　(2)　ペアローンの問題　*159*
　　　　　(3)　住宅ローン以外の抵当権が設定されている場合　*161*
　　　　　(4)　住宅を建て替えたことにより旧建物の抵当権が
　　　　　　　建替え後の建物に設定された場合　*162*
　　　5　保証会社による保証債務履行後６ヶ月を経過して
　　　　再生手続開始の申立がなされた場合　*163*

第５章　個人再生委員　弁護士　山下英樹（第二東京弁護士会）　*165*

　　　1　個人再生委員の制度の概観　*165*
　　　　　(1)　意　　義　*165*
　　　　　(2)　選任と資格　*165*
　　　　　(3)　職務と権限　*166*
　　　2　個人再生委員の選任の運用と実務　*167*
　　　　　(1)　各庁における選任の運用　*167*
　　　　　(2)　個人再生委員の実務　*168*
　　　3　個人再生委員の運用に関する問題点　*171*
　　　　　(1)　報酬の負担　*171*
　　　　　(2)　原則不選任の場合の問題点　*172*
　　　　　(3)　個人再生委員の活用　*173*

第６章　個人事業者の小規模個人再生

　　　　　　　　　　　　弁護士　千綿俊一郎（福岡県弁護士会）　*176*
　　　1　はじめに　*176*

2　個人事業者による個人再生手続の利用状況など　*176*
         ⑴　個人再生手続は、個人事業者から利用されているか　*176*
         ⑵　需要はないのか　*177*
         ⑶　本来利用されるべき案件が埋もれていないか　*178*
         ⑷　今後の個人再生手続利用の見通し　*178*
       3　手続利用にあたっての留意点及び改善を要する点　*180*
         ⑴　手続選択の判断　*180*
         ⑵　財務内容、資産等の把握　*181*
         ⑶　取引の継続　*181*
         ⑷　事業収益の見通し　*184*
         ⑸　従業員の協力　*185*
         ⑹　債権者の意向　*185*
         ⑺　公租公課の取扱い　*186*
         ⑻　手続選択直後の混乱回避　*187*
         ⑼　保証人がいる場合の取扱い　*187*
         ⑽　住宅ローン特則利用にあたって注意すべき事項　*189*
         ⑾　費用の問題　*190*

第4編　研修会の報告

個人再生シンポジウム～個人再生の理論と実務～　*194*
破産・個人再生における手続選択と実務上の留意点　*248*

第5編　資　料　集

索　　引　*364*

第1編
個人債務の法的整理・総論

第1章
個人の破産と再生の統計資料の分析

弁護士　酒井惠介（東京弁護士会）

1　申立件数等の推移

(1)　破産事件の申立件数等の推移

a　概　　況

　破産事件の申立件数（新受事件数）は、平成15年の25万1800件をピークに以降は減少傾向にあり、平成21年は13万7957件と、現在もその傾向は変わらない。法人破産の件数が増加傾向にあり（平成17年8256件→平成21年1万1424件）、破産事件の申立件数の減少は、個人（自然人）の破産事件の申立件数の減少が要因となっている。破産事件全体の申立件数に占める個人破産事件の割合は、平成21年も91.72％と高い割合にあるものの、平成15年（96.45％）以降は減少傾向にある。

　各地の破産事件の申立件数の推移を見てみると、大部分は、全国における申立件数がピークとなった平成15年に、同様にピークとなり、その後は減少傾向となっている。これに対し、東京地裁における破産事件の申立件数は、平成14年以降2万4000件〜2万6000件の間で推移しており、大きな減少傾向は見られていない（東京地裁では、土地管轄（原則として、債務者が営業者であるときはその主たる営業所の所在地、債務者が営業者でないときはその普通裁判籍の所在地を管轄する地方裁判所。破5条1項）が緩やかに運用され、管轄区域内に住所や営業所を有しない債務者についても破産手続開始申立を受け付けられていたことも影響しているものと思われる。なお、平成22年2月からは、運用が厳しくなり、営業者でない個人債務者については、東京都、千葉県、神奈川県、埼玉県に住所がない場

【図表１－１】全国の破産新受事件数の推移

年　度	総　数	自然人	うち自己破産	自然人破産の割合
2001	168,811	160,741	160,457	95.22%
2002	224,467	214,996	214,638	95.78%
2003	251,800	242,849	242,357	96.45%
2004	220,261	211,860	211,402	96.19%
2005	193,179	184,923	184,422	95.73%
2006	174,861	166,339	165,932	95.13%
2007	158,889	148,524	148,248	93.48%
2008	140,941	129,882	129,508	92.15%
2009	137,957	126,533	126,265	91.72%

（出典）最高裁判所判決『司法統計』より

【図表１－２】各地の破産新受事件数の推移

年度	札幌地方裁判所	仙台地方裁判所	名古屋地方裁判所	東京地方裁判所	大阪地方裁判所	広島地方裁判所	高松地方裁判所	福岡地方裁判所
2001	7,038	3,751	7,142	18,973	16,582	4,515	986	10,111
2002	9,003	4,934	9,148	24,795	20,924	5,932	1,469	13,810
2003	10,050	5,446	10,965	27,976	22,396	6,726	1,613	15,136
2004	8,816	4,400	9,502	27,460	21,311	5,742	1,449	13,039
2005	8,018	3,871	8,142	27,085	18,276	4,723	1,330	10,982
2006	6,996	3,540	7,320	27,258	16,233	4,335	1,336	9,358
2007	6,513	3,261	6,564	27,973	14,602	3,433	1,013	7,872
2008	5,989	2,935	5,818	25,845	13,398	3,288	950	6,581
2009	5,837	2,772	5,783	26,063	13,719	3,274	943	6,592

（出典）最高裁判所『司法統計』より

合には、破産手続開始申立を受け付けないとされている。)。

b　同時廃止事件・管財事件

　個人破産事件を終局区分別に見ると、同時廃止事件の件数が平成15年の22万8585件をピークに減少傾向となっている（平成21年は９万5274件）。逆に、破産

手続終結(配当など)や異時廃止などの管財事件の件数は増加傾向を示している。そのため、個人破産事件に占める同時廃止事件の割合は、平成15年までは9割以上を占めていたが、平成21年には75.6％にまで落ち込んでいる。

全国における管財人選任率(当該年度において破産手続開始決定がなされた事件総数のうち管財人が選任された事件の割合)は、平成20年は27.1％、平成21年は29.5％、平成22年は29.2％となっている(本書298頁【資料1】)。

管財事件が増加している要因としては、東京地裁における少額管財事件のように比較的低廉な予納金(東京地裁の場合は20万円)で管財事件を行う取扱いが全国的にも広がっていること、後記のとおり、同時廃止事件における一部弁済がなされる事案が減少していることなどが挙げられる。

東京地裁においては、平成20年の管財人選任率が51.2％、平成21年が55.2％と、高い管財人選任率を示している。その他、平成21年では、さいたま(30.8％)、甲府(32.1％)、大津(30.6％)、和歌山(35.1％)、金沢(36.8％)、富山(49.2％)、熊本(35.3％)、秋田(32.2％)において、管財人選任率が30％を超える数字となっている。

他方、管財人選任率が低い地域は、函館(5.8％)、高知(7.3％)である。

【図表1-3】全国の自然人破産既済事件数(終局区分別)の推移

年度	総数	破産手続終結	異時・同意廃止	同時廃止	その他	同時廃止の割合
2001	160,940	4,372	6,653	146,919	2,996	91.29％
2002	214,408	4,190	10,535	196,572	3,111	91.68％
2003	250,202	3,854	14,565	228,585	3,198	91.36％
2004	216,582	2,969	15,905	194,865	2,843	89.97％
2005	187,448	3,397	15,396	165,978	2,677	88.55％
2006	166,980	5,761	14,696	143,441	3,082	85.90％
2007	149,056	6,708	16,152	123,345	2,851	82.75％
2008	129,447	7,111	18,495	101,587	2,254	78.48％
2009	126,025	7,863	20,614	95,274	2,274	75.60％

(出典)最高裁判所『司法統計』より

(2) 個人再生事件の申立件数等

平成13年4月に個人再生手続が始まってからの個人再生事件の申立件数（新受事件数）の推移は次のとおりである。

平成13年以降、申立件数は増加し、平成16年に2万8346件とピークを迎え、平成19年までは2万6000～2万8000件の間で推移していたが、平成20年以降は減少傾向となり、平成21年は2万0731件となっている。

平成13年の開始当初は、給与所得者等再生手続が小規模個人再生手続の件数を上回っていたが（給与所得者等再生手続が全体の7割以上を占めていた。）、平成15年に逆転し、平成21年では小規模個人再生手続が1万8961件、給与所得者等再生手続が1770件と、小規模個人再生手続が9割以上を占めている。これは、給与所得者等再生手続においては、最低弁済額について可処分所得要件（民再241条2項7号）があることや、後記のとおり、小規模個人再生手続における債権者の再生計画に対する不同意がほとんどなされないことなどが原因と思われる。

各地裁の個人再生事件の申立件数の推移を見てみると、大部分は平成19年をピークに減少傾向にあるが、東京地裁においては減少傾向が見られない。ま

【図表1-4】全国の個人再生事件新受事件数の推移

年　度	総　数	小規模個人再生		給与所得者等再生	
		件　数	割　合	件　数	割　合
2001	6,210	1,732	27.89%	4,478	72.11%
2002	13,498	6,054	44.85%	7,444	55.15%
2003	23,612	15,001	63.53%	8,611	36.47%
2004	28,346	19,552	68.98%	8,794	31.02%
2005	26,048	21,218	81.46%	4,830	18.54%
2006	26,113	22,379	85.70%	3,734	14.30%
2007	27,672	24,586	88.85%	3,086	11.15%
2008	24,052	21,810	90.68%	2,242	9.32%
2009	20,731	18,961	91.46%	1,770	8.54%

（出典）最高裁判所『司法統計』より

た、小規模個人再生手続が9割以上を占める傾向は、どの地域でも変わらない。

【図表1-5】各地の個人再生事件新受件数数の推移

年　度	札幌地方裁判所		仙台地方裁判所		名古屋地方裁判所		東京地方裁判所	
	①	②	①	②	①	②	①	②
2001	21	165	33	103	132	185	168	401
2002	122	354	73	137	400	293	589	521
2003	565	459	180	209	1,020	222	1,269	533
2004	1,024	295	264	204	1,206	173	1,499	425
2005	1,329	192	309	112	1,065	116	1,622	344
2006	1,492	130	338	126	1,005	88	1,845	311
2007	1,843	73	388	110	1,026	43	2,232	233
2008	1,501	41	371	99	910	48	2,318	227
2009	1,129	42	332	77	763	28	2,310	251
年　度	大阪地方裁判所		広島地方裁判所		高松地方裁判所		福岡地方裁判所	
	①	②	①	②	①	②	①	②
2001	238	453	16	69	15	50	122	230
2002	845	835	53	115	33	41	479	429
2003	1,806	976	171	183	91	101	1,131	462
2004	2,064	782	241	156	128	62	1,662	324
2005	2,274	459	267	101	130	72	1,766	220
2006	2,153	373	267	90	136	65	2,022	153
2007	2,436	332	317	56	141	41	2,321	135
2008	2,086	231	293	42	103	24	1,778	90
2009	1,851	177	282	31	86	19	1,468	51

（注）①は「小規模個人再生」、②は「給与所得者等再生」の新受件数である。
（出典）最高裁判所『司法統計』より

2　日本弁護士連合会による破産事件・個人再生事件記録全国調査

(1)　調査の概要

　日本弁護士連合会（以下「日弁連」という。）消費者問題対策委員会では、多重債務者の実像と破産事件・個人再生事件処理の実態を調査するため、1992年（21地裁、530件）、1994年（8地裁、779件）、1997年（41都道府県、43地裁、1089件）、2000年（47都道府県、50地裁、1226件）、2002年（47都道府県、48地裁、1209件）、2005年（44都道府県、47地裁、破産1148件、個人再生1091件）、2008年（47都道府県、50地裁、破産1220件、個人再生1038件）と7回にわたって、全国の各単位会を通じて各地方裁判所における破産事件及び個人再生事件の確定記録を調査している（個人再生事件については、2002年以降。以下「日弁連調査」という。）。

　以下、かかる調査結果に基づき、多重債務者の実情及び破産事件・個人再生事件処理の実態について分析を行う。

(2)　破綻原因（破産理由ないし個人再生の申立理由）

　破産理由ないし個人再生の申立理由は、次の表のとおりである（複数回答あり）。1997年調査からの傾向を見ると、生活苦・低所得者（45％→64％）、失業・転職（10％→15％）、給料の減少（6％→11％）、住宅購入（5％→10％）が増加しており、「不況による生活苦型破産」が増加しているとされる。他方、浪費・遊興費（7％）、投資（1％）、ギャンブル（4％）の比率は一貫して低い。

　この点について、日弁連調査においては、「倒産に至る人の大半は、『自己責任』により債務超過に陥っているのではなく、『いくら働いても生活費が足りない』という生活環境からやむなく借入に頼っていることが明らかである。」とし、ワーキングプアの増加、格差社会の進行など「『一定割合の人が不可避的に倒産に追い込まれてしまっている』という社会構造上の問題点が指摘される。」とされている（日本弁護士連合会消費者問題対策委員会『2008年破産事件及び個人再生事件記録調査』1頁）。

個人再生事件においては、住宅費購入、浪費・遊興費、ギャンブルという項目について、破産より多い数値を示している。住宅の維持のために住宅資金特別条項の利用や破産手続における免責不許可のリスクの回避のために個人再生手続を利用している傾向が伺える。

【図表1-6】破産理由（複数回答あり）

負債原因	2008調査	2005調査	2002調査	2000調査	1997調査
生活苦・低所得	64%	62%	61%	51%	45%
病気・医療費	21%	23%	20%	26%	23%
失業・転職	15%	18%	14%	13%	10%
給料の減少	11%	12%	8%	8%	6%
事業資金	19%	19%	25%	25%	26%
負債の返済（保証以外）	28%	32%	29%	31%	29%
保証債務・第三者の債務の肩代わり	25%	25%	25%	27%	26%
名義貸し	3%	4%	5%	4%	5%
生活用品の購入	9%	8%	7%	8%	10%
教育資金	7%	8%	5%	6%	4%
冠婚葬祭	1%	2%	2%	2%	4%
住宅購入	10%	11%	9%	7%	5%
ギャンブル	4%	3%	2%	4%	2%
浪費・遊興費	7%	7%	7%	8%	7%
投資（株式，会員権，不動産等）	1%	1%	1%	1%	2%
その他	16%	17%	16%	11%	13%

（出典）日本弁護士連合会調査結果より

【図表1－7】個人再生・申立理由（複数回答あり）

負債原因	2008調査	2005調査	2002調査	2008破産調査
生活苦・低所得	33.24%	31.07%	26.48%	63.69%
病気・医療費	10.60%	11.00%	14.12%	20.98%
失業・転職	10.79%	13.02%	9.44%	14.67%
給料の減少	14.26%	11.37%	14.70%	11.39%
事業資金	9.34%	7.24%	15.68%	18.85%
負債の返済（保証以外）	16.18%	18.97%	16.55%	28.20%
保証債務・第三者の債務の肩代わり	16.09%	15.86%	18.60%	25.08%
名義貸し	2.12%	3.39%	2.63%	3.36%
生活用品の購入	6.36%	9.44%	6.13%	8.77%
教育資金	7.42%	5.68%	4.58%	7.13%
冠婚葬祭	2.02%	1.83%	1.07%	1.48%
住宅購入	17.24%	21.26%	18.11%	9.59%
ギャンブル	15.51%	9.99%	4.97%	4.34%
浪費・遊興費	17.24%	17.97%	12.76%	7.21%
投資（株式，会員権，不動産等）	1.54%	1.28%	0.97%	0.74%
その他	18.69%	19.34%	20.25%	15.82%

（出典）日本弁護士連合会調査結果より

(3) **年齢・性別**

　破産事件においては、30歳代～50歳代が全体の約7割を占めており、男性、女性はほぼ同割合である。また、60歳代（1992年調査8％→2008年調査13％）、70歳代（1992年調査0％→2008年調査4％）の年代が増加傾向にあり、20歳代（1992年調査17％→2008年調査12％）が減少傾向にある。

　個人再生事件においては、破産事件と比べると30歳代（32.37％、破産25.98％）、40歳代（29.48％、破産23.93％）の年代での利用が多く、60歳代以上（4.82％、破産16.47％）の利用は少ない。個人再生事件においては、「継続又は反復して収入を得る見込みのある」こと（民再221条1項）ないし「給与又はこれに類する定期的な収入を得る見込みがある」こと（民再239条1項）が開始要件とされ、「再生計画が遂行される見込みがないこと」（民再174条2項2号）が

再生計画不認可の事由とされていることから、働き盛りの世代の割合が多くなっているものと思われる。

(4) **収入、職業**

　破産事件では、月収5万円以下という層が全体の4分の1以上を占め、生活保護の生活扶助基準（2008年度標準3人世帯、東京都区部が167,170円）以下の収入層が59％と半数以上を占めるとされる。また、破産者の職業は、パート・アルバイト・期間社員といった非正規労働者の割合が増加している（1997年調査15％→2008年調査24％）。

　他方、個人再生事件においては、20万円以上の収入の者が65％近くを占めている。個人再生手続においては、「継続又は反復して収入を得る見込みのある」こと（民再221条1項）ないし「給与又はこれに類する定期的な収入を得る見込みがある」こと（民再239条1項）が開始要件とされ、「再生計画が遂行される見込みがないこと」（民再174条2項2号）が再生計画不認可の事由とされていることから、当然の傾向といえる。もっとも、個人再生事件においても、パート・アルバイト・期間社員といった非正規労働者の割合は増加している（2002年調査1.27％→2008年調査8.19％）。また、自営・自由業者の割合は減少しており（2002年調査13.92％→2008年調査5.59％）、これらの者が安定した収入を得ることが困難であることが影響しているものと思われる。

(5) **負債額、債権者数**

　少ない借入先、負債額でも支払不能に陥っている債務者の割合が多く、その傾向は強くなっているとされる。

　破産事件においては、100万円未満（2002年調査1％→2008年調査2％）、200万円未満（2002年調査5％→11％）、300万円未満（2002年調査11％→2008年調査17％）と増加傾向にある（なお、個人再生事件においては、調査結果において、住宅ローンの残額を含んだ金額と含まない金額が混在しており、はっきりとした傾向が把握できない。）。

また、債権者数も20名未満が、破産事件・個人再生事件ともに、97〜98％を占めており（10名未満は、破産事件70％、個人再生事件65.13％）、借入先、負債額が少なくても、支払不能に陥る傾向がここでも読み取れる。なお、この傾向は、女性の方が強く表れている。

(6) **破産事件における破産管財人の選任等**
　日弁連の調査においても、同時廃止事件が減少し（2002年調査95.04％→2008年調査87.70％）、管財事件が増加傾向あること（2002年調査2.07％→2008年調査10.00％）が読み取れる。
　また、一部地域では、退職金債権や生命保険解約返戻金があったり、免責不許可事由に当たる事情があったりした場合でも、破産管財人を選任せずに、破産者に一部弁済をさせて同時廃止にする取扱いがなされることがあるが、このような一部弁済がなされる件数は減少傾向にある（2000年調査128件（11％）→2008年調査38件（2％））。

(7) **破産事件における免責申立**
　破産事件における免責申立に対して免責異議の意見申述がなされたのは、3〜4％であるとされている。
　また免責申立がなされた事件のうち、約98％が免責許可決定を受け、免責不許可決定は0.2％以下とされている（調査データに対する免責不許可決定の件数は、2008年調査では1211件のうち2件、2005年調査では1140件のうち3件、2002年調査では1193件のうち1件であった。）。
　免責不許可決定がなされる事案が、極めて例外的なものであることがわかる。

(8) **個人再生事件の終結内容及び小規模個人再生手続における**
　　債権者の不同意
　小規模個人再生事件における債権者の再生計画に対する不同意の割合は、

「なし」が96.48％となっている。再生計画が否決されるのは、不同意が①議決権者の総数（頭数）の２分の１以上ある場合、又は、②議決権総額（債権額）の２分の１を超える場合であるところ、不同意の債権者があった事案（21件）において、不同意が①頭数で２分の１以上の事案は「ゼロ」であり、債権額で２分の１を超える事案は３件であった。

このように、小規模個人再生手続が、債権者の間でも定着しており、概ね理解されている状況にあることがわかる。これが、個人再生事件において小規模個人再生事件が90％以上を占める要因となっていると思われる。

個人再生事件における終結結果は、認可決定が90％以上を占めている。

(9) 個人再生委員の選任の有無

個人再生事件においては、東京地裁では全件について個人再生委員を選任されているなど各裁判所によって取扱いが異なっているといわれるが、全国的に見れば、個人再生委員が選任されるのは17.24％にとどまっている。

(10) 住宅資金貸付特別条項の利用

個人再生事件において、住宅資金特別条項が利用された割合は、2002年調査は26.68％、2008年調査では36.99％と増加傾向にある。住宅を維持するために個人再生手続が利用されることが多いことはここでも示されている。

3 まとめ

破産事件については、全国的には、申立件数は減少傾向にあり、平成21年の申立件数は約13万8000件と平成15年のピーク時と比べると約54.7％となっている。また、平成15年ころには９割以上を占めていた同時廃止事件は減少傾向にあり、他方、管財事件は増加傾向にあり、平成21年は約３割の事件に管財人が選任されている。破産者の実態については、低所得、給料の減少などを原因とする「生活苦型破産」が増加する傾向にあり、少ない負債額、債権者数でも破

産をする傾向が強くなっている。

　個人再生事件については、全国的には、平成13年の施行以来、申立件数は増加していたが、平成19年をピークに減少傾向となっており、平成21年の申立件数は約2万700件となっている。また、小規模個人再生事件が9割以上を占め、原則的な手続となっている。個人再生事件においても、再生債務者における非正規労働者の割合は増加しており、また、少ない負債額、債権者数でも個人再生を行う傾向にあり、長引く不況の影響はここでも見られる。

　このように、破産事件、個人再生事件ともに申立件数は減少傾向にあり、債務整理の普及、政府による多重債務対策、貸金業法の改正などの多重債務問題に対する取組みは一定の成果を挙げていると思われる。他方、多重債務者の実情においては、生活苦などによる破綻が増加していることから、多重債務問題の背景にある貧困問題の解決に向けた取組みが必要と言える。

第2章 個人の破産と再生の手続選択

弁護士　坂本泰朗（札幌弁護士会）

1　はじめに

　個人の債務整理手続には、①破産、②個人再生、③任意整理、④特定調停の四つの手続があり、さらに、破産は、同時廃止事件と管財事件に分かれ、個人再生は、小規模個人再生と給与所得者等再生に分かれる。任意整理及び特定調停においては、返済額・返済方法について合意が成立した債権者との間でのみ効力が生じ、かつ、債権者は、利息制限法所定の利率により引直し計算した債務額の減額（いわゆる「元本カット」）には応じないことが多い。したがって、全債権者との合意が成立しない場合や、債務者に利息制限法上の残額の弁済能力がない場合には、破産と個人再生のいずれかの手続を選択することになる。

　本稿では、破産と個人再生の手続選択に際しての考慮事項、手続選択が問題となる具体例について説明するとともに、弁護士費用・予納金との関係、手続終了後の債務者の経済的再建の方法についても補説する。なお、破産手続内における同時廃止事件と管財事件の振分基準は、第2編第2章で、再生手続内における個人再生と通常再生の手続選択、及び個人再生手続内における小規模個人再生と給与所得者等再生の手続選択は、第3編第1章3で詳述する。

2　手続選択に際しての考慮事項

　破産と個人再生のいずれの手続を選択すべきかについては、債務者の意向を踏まえつつも、相談を受けた弁護士が、各手続の差異を前提に、債務者にとっ

て、最も有利かつ適切な手続を選択すべきである。破産と個人再生の手続選択に関し、絶対的な考慮事項は存在しないが、一般的には、①負債総額、②弁済能力、③財産の有無・額・種類等を総合的に考慮して判断しているものと思われる[1]。

(1) 負債総額

a 負債総額が多額の場合

個人再生は、再生債権総額（住宅資金貸付債権の額、別除権行使による弁済見込額、罰金等の額を除く。）が5000万円を越える場合には、利用することができない（民再221条1項、239条1項）。

もっとも、個人債務者であっても、負債総額の制限のない通常再生手続を選択することは可能である（民再221条2項）。しかしながら、各裁判所において相違はあるものの、個人再生の予納金額は、個人再生委員が選任されない場合には、1万円程度、個人再生委員が選任される場合には、5万円～30万円程度であるのに対し、通常再生の場合は、負債総額1億円で150万円～400万円程度であることから[2]、高額な予納金が、通常再生を選択する妨げとなる場合が多い[3]。また、そもそも、負債総額が多額の場合には（5000万円超の場合に限らず）、履行可能性に問題が生じる場合も多い。したがって、負債総額が多額の場合には、破産を選択する場合が多いであろう。

b 負債総額が少額の場合

負債総額が少額で、弁済能力に問題がなければ、個人再生もしくは任意整理を選択することが可能であるが、弁済能力に問題がある場合には、破産を選択

---

1 手続選択に際しての考慮事項については、鈴木嘉夫「多重債務者の債務整理方法（第1回～第4回）」月刊大阪弁護士会平成19年9月号～12月号参照。
2 『通再120問』346頁～349頁〈付〉主要裁判所における実務運用「資料6 予納金の標準額」参照。
3 もっとも、東京地裁及び大阪地裁では、個人の通常再生手続の予納金について、一定の配慮がなされている（第3編第1章2(2)、本書330頁【資料15】、本書331頁【資料16】参照）。

する方が、債務者の経済的更生に資する場合もある。もっとも、負債総額が少額の事案において破産申立を行った場合、裁判所から、個人再生もしくは任意整理の検討を求められることがある。しかしながら、破産手続の開始要件である「支払不能」（破15条1項）は、債務者が支払能力を欠くために、その債務のうち弁済期にあるものにつき、一般的かつ継続的に弁済をすることができない状態であり（破2条11項）、弁済能力の欠乏は、財産・信用・労務の3要素のいずれをとっても、債務を支払う能力がないことを意味する[4]。したがって、負債総額が少額であっても、債務者が換価可能な財産を有していない場合や、信用や労務によって収入を確保することが困難な場合には、客観的に支払不能に該当する場合もある。そこで、申立代理人としては、負債総額が少額の場合でも、3要素に該当する具体的事実に即して弁済能力の欠乏を証明し、破産申立を行うことも検討すべきである。

(2) 弁済能力

破産と個人再生の大きな相違は、個人再生を選択する場合には、債務者の弁済能力が問題となることである。すなわち、個人再生においては、将来における継続的又は反復的な収入の見込が手続開始要件とされ（民再221条1項、239条1項）、再生計画案に定められた最低弁済額を原則3年間で弁済しなければならず（民再229条2項、244条）、再生計画の遂行可能性のないことが不認可事由とされている（民再231条1項、241条2項1号、174条2項2号）。したがって、無収入の債務者は、個人再生を選択できない。また、収入はあっても支出も大きく家計収支に余裕のない債務者も、履行可能性に問題が生じるため、破産を選択する場合が多いであろう。

もっとも、債務者が住宅の保有を希望している場合や、著しい免責不許可事由がある場合など、破産の選択に支障がある場合もある[5]。このような場合に

---

[4] 『大コンメ破産』21頁参照。
[5] 統計上も、個人再生の申立理由として、住宅購入、浪費・遊興費、ギャンブルが高い数値を示している（第1編第1章2(2)参照）。

は、支出の見直しを図った上で家計表を作成するとともに、返済を停止したことによって生じた余剰金の積立てを行うなどして、再生計画の立案可能性を十分に検討し、最終的な判断をすべきである。なお、個人再生における再生計画案・履行可能性の問題は、第3編第3章で詳述する。

(3) 財産の有無・額・種類等

a 手続開始要件との関係（破産・個人再生と任意整理との手続選択）

債務者が、負債はあるが同時に多額の財産を有している場合には、「支払不能」（破15条1項）や、「破産手続開始の原因となる事実の生ずるおそれ」（民再21条1項前段－困窮要件）の要件を充たさない場合がある。この場合、破産・個人再生を選択することはできず、任意整理を選択することになる。福岡高決平18.11.8[6]は、支給見込退職金約1800万円、預金約40万円、生命保険解約返戻金約193万円を有する給与所得者等再生事件において、消費者金融4社に対する負債について利息制限法所定の利率に引き直して再計算した結果、負債総額が資産換価見込額に満たない結果になったとして（債権者一覧表によれば388万余であったが、再計算の結果、合計171万余となり、1社に対する関係では過払金が発生した。）、民事再生法21条1項前段の困窮要件は認められないと判断した。このように、債務者の資産の額いかんによっては、支払不能要件・困窮要件が否定される場合もある。本稿3(1)のとおり、引直し計算の結果、多額の過払金が発生する場合には、そもそも、破産や個人再生を選択する必要がない場合もあるため、申立代理人としては、特に注意が必要である。

b 自由財産の拡張・清算価値保障原則との関係（破産と個人再生との手続選択）

個人再生の場合、清算価値保障原則（民再174条2項4号、231条1項、241条2項2号）との関係から、債務者が所有する財産の清算価値以上の額を弁済しなければならない。そのため、債務者に多額の財産があり、清算価値が再生債権

---

[6] 判タ1234号351頁参照。

額の基準（民再231条2項3号、4号）を上回る場合には、最低弁済額は多額となるため、債務者にとって個人再生を選択する意味が乏しい場合もある。この場合、破産を選択し、自由財産の拡張（破34条3項）が認められれば、自由財産の拡張が認められた財産は、換価対象から外れるため、債務者にとって有利な場合も考えられる。そこで、債務者が多額の財産を有している場合には、自由財産拡張の裁判の可能性も検討して、破産と個人再生のいずれの手続を選択すべきか判断すべきである。なお、自由財産拡張の運用基準は、第2編第3章で、清算価値保障原則は、第3編第2章で詳述する。

3 手続選択が問題となる具体例

(1) 過払金の発生が見込まれる場合

債務者に過払金が発生している場合には、回収した過払金を原資として、残債務のある貸金業者と任意整理を行うことで、破産や個人再生を選択する必要のない場合がある。したがって、取引期間などから見て、過払金債権が発生している可能性が高い場合には、利息制限法に基づく引直し計算を行い、過払金の有無・額を確定すべきである。貸金業者は、一括弁済の場合には、一定割合の減額に応じることもあるため、回収した過払金で残債務の大部分を返済することが可能であり、かつ、債務者が任意整理による処理を希望している場合には、まず任意整理を試み、全債権者との合意ができなかった場合に、破産や個人再生を検討すべきである。なお、破産・個人再生における過払金の問題は、第1編第3章で詳述する。

(2) 住宅ローン付住宅の保有を希望する場合

個人再生の場合、住宅資金特別条項（民再196条以下）を利用することで、住宅を保有し続けることが可能である。したがって、債務者が住宅の保有を希望する場合、基本的には、個人再生を選択すべきである[7]。もっとも、住宅ローン以外の負債の生じた原因が、給与や賞与の減少に伴う住宅ローン不足分の補

填であるなど、そもそも、住宅ローンの支払いに無理がある場合も多い。このような場合には、無理に個人再生を選択せず、破産を選択することも検討すべきであろう。なお、個人再生手続における住宅資金特別条項における問題は、第3編第4章で詳述する。

(3) 所有権留保付自動車の保有を希望する場合

　破産と個人再生いずれの場合も開始決定には弁済禁止効があり（破100条1項、民再85条1項）、債務者は、自動車ローンの弁済を継続することができない。そのため、自動車ローン債権者は、留保した所有権に基づき、自動車を引き揚げることになる。

　もっとも、債務者によっては、通勤手段、仕事での使用など、収入を得るために自動車を保有する必要性が高い場合もある。この場合、一般的には、任意整理を選択する場合が多いと思われるが、札幌地裁では、個人再生手続の開始決定時において、自動車検査証の所有者欄に自動車ローン債権者が登録され、自動車ローン債権が別除権付再生債権と認められる場合において[8]、①自動車を保有し続けることが、再生債務者が所得を得たり、生活を維持する上で不可欠であること、②自動車の客観的価値が残債務額に比して同程度であること、③自動車ローン債務を再生計画外で全額支払っても、再生計画遂行の見込みに影響を与えないことの3要件を充たす場合に、自動車ローン債権を共益債権（民再119条2号）として扱っている[9]。札幌地裁の前記運用は、北海道では、自動車を保有する必要性が特に高いことに基づくものであるが、他庁でも参考になると思われる。

7　『個再100問』2頁〔服部一郎〕参照。
8　最判平22.6.4（金法1910号68頁）は、自動車の立替払いをした者が、販売会社に留保されていた自動車の所有権の移転を受けたが、購入者に係る小規模個人再生手続が開始した時点で、自動車につき所有者とする登録がなされていないときは、留保した所有権を別除権として行使することは許されないと判断した。
9　札幌地裁における自動車ローンの共益債権の承認については、藤原克彦ほか「札幌地裁（本庁）における個人再生の現状」金法1765号18頁参照。

(4) 個人事業者の場合

　民事再生においては、債務者は、業務遂行権及び財産管理処分権を失わないため（民再38条1項）、事業を継続することが可能である。これに対し、個人事業者の破産においては、管財事件として処理されることが多く[10]、この場合、事業用資産や売掛金等は、自由財産として認められるものを除き、破産財団に帰属し破産管財人の管理処分の対象となるため（破34条1項、2項、78条1項）、事業を継続することは困難となる。そのため、個人事業者が事業を継続しながらの負債整理を希望している場合には、小規模個人再生を選択する必要性が高いといえる[11]。

　もっとも、個人事業者であっても、一律に管財事件となるわけではなく、同時廃止事件として処理することが認められる場合もある。大阪地裁では、負債額、事業内容、営業していた時期及び期間、申立代理人による調査の状況、債権者の意向等によっては、同時廃止事件として進行することもあり得るとされ[12]、福岡地裁では、債務者に明らかに見るべき財産がない場合を同時廃止事件とし（本書308頁【資料5】）、名古屋地裁では、債務者が所有する事業用資産と生活用資産の処分価値の合計が40万円未満の場合において、申立後に事業による新たな債務（元本）が生じない場合を同時廃止事件としている（本書301頁【資料3】）。

　このように、個人事業者であっても、事業継続を前提とした破産処理もあり得ることから、零細事業者で資産もほとんどないような事案では、事業を継続しながら破産申立を行うことも検討すべきである[13]。

---

[10] 大阪地裁では個人事業者については、財産状況を解明するためには、原則的に管財人による十分な調査が必要であるとしている（『はい6民』49頁参照）。
[11] 『個再100問』3頁〔服部一郎〕参照。
[12] 『はい6民』49頁参照。
[13] 個人事業者の事業継続を前提とした破産については、本章のほか、第2編第2章7、第3編第6章注4参照。

(5) 職業に資格制限がある場合

　破産の場合、各種法令によって、破産者であることが資格制限事由とされており、破産者は、生命保険募集人、警備員等にはなれない（保険業法279条1項1号、警備業法14条・3条1号）[14]。これに対し、再生債務者であることは、資格制限事由とはなっていない。したがって、債務者が資格制限のある職業に従事している場合、一般的には、個人再生を選択する必要性が高いとされている[15]。

　もっとも、債務者の収入状況等から見て、履行可能性がない場合には、破産を選択せざるを得ない。この場合、債務者に対して、資格制限は永久に継続するものではなく、破産手続開始決定から免責許可決定確定による復権（破255条1項1号）までの期間であり、多くの事案では、数ヶ月間であることを説明し、理解を得ておく必要がある。

(6) 公租公課の滞納がある場合

　破産の場合には、破産手続の開始によって、手続開始前に既になされている公租公課に基づく滞納処分は効力を停止しないが、新たな滞納処分を行うことは禁止される（破43条1項、2項）。これに対し、民事再生の場合、公租公課は一般優先債権とされ、再生手続によらないで随時弁済しなければならず（民再122条1項、2項）、滞納処分は、強制執行等に対する中止・取消命令（民再122条4項、121条3項）の対象とならないため、手続開始前に既になされている滞納処分は中止されず、手続開始後に新たな滞納処分を行うことも可能である[16]。

　したがって、公租公課の滞納がある事案で、個人再生を選択する場合には、申立前に税務署・自治体・社会保険庁等と分納について協議し、債務者から、分納誓約書等の書面を差し入れるなどして、滞納処分が行われないように対応

14　資格制限のあり方は、各業種によって異なり、破産した場合の資格制限を心配する必要がさほどない場合も考えられる（第2編第1章3(2)参照）。
15　『個再100問』3頁〔服部一郎〕参照。
16　『新注釈民再（上）』672頁以下〔野村剛司〕参照。

しておく必要がある[17]。なお、個人再生における滞納公租公課の問題については、第3編第3章で詳述する。

(7) 免責不許可事由が存在する場合

a 負債の原因

負債の原因がギャンブルや浪費などの場合には、免責不許可事由（破252条1項4号）に該当するため、一般的に、個人再生を選択する必要性が高いとされている。もっとも、履行可能性に問題がある場合には、個人再生を選択できないし、破産の方が手続開始後の収入からの弁済が不要な分債務者の経済的再生には有利な面もある。裁量免責（破252条2項）が広く認められる傾向にあることから[18]、申立代理人としては、免責不許可事由の程度などを勘案して、破産申立を行うことも検討すべきである。

b 過去の債務整理

破産の場合、以前の、①破産における免責許可決定の確定日、②給与所得者等再生における再生計画認可決定の確定日、③小規模個人再生や給与所得者等再生におけるハードシップ免責決定に係る再生計画認可決定確定日から、7年以内に免責許可の申立があったことが免責不許可事由に当たる（破252条1項10号イ・ロ・ハ）。また、給与所得者等再生の場合も、前記①ないし③が申立の制限事由となっている（民再239条5項2号イ・ロ・ハ）。したがって、債務者に、前記①ないし③の事由が認められる場合には、小規模個人再生を選択すべきである。もっとも、破産の場合に、裁量免責が認められる余地があることは、(7)aの場合と同様である。なお、免責に関する問題は、第2編第7章で詳述する。

---

17 『個再100問』15頁〔佐藤昌巳〕参照。
18 第1編第1章2(7)参照。

(8) 否認対象行為がある場合

　詐害行為による財産の減少や偏頗行為があった場合、破産においては、破産管財人の否認権行使の対象となる（破160条以下）。これに対し、個人再生においては、通常再生手続における否認権規定の適用が除外されているため（民再238条、245条、第6章第2節）、否認権行使の対象とはならない。もっとも、否認対象行為が再生手続上、全く問題とならないわけではなく、否認権行使を免れる目的での申立は、不誠実な申立として却下される場合がある（民再25条4号）。また、清算価値保障原則との関係では、否認権行使によって回復されるべき財産の額を清算価値に計上する必要がある。

(9) 一部債権者が反対している場合

　破産の場合、債権者は、免責手続において、意見を述べることができるが（破251条）、債権者の意見は、裁判所が免責許可申立について判断する際の一資料にすぎず、裁判所はそれに拘束されるものではない。破産を選択する場合、債権者の意向はさほど考慮する必要はない。これに対し、個人再生の場合、給与所得者等再生においては、債権者の同意は、再生計画の認可要件ではないが（民再240条、241条2項）、小規模個人再生においては、再生計画案に不同意の債権者が、①総債権者の半数以上の場合、②総債権額の2分の1以上の場合のいずれかに該当すると、再生計画は不認可となる（民再230条6項）。したがって、個人再生において、過半数の債権者や大口債権者が再生手続に反対している場合、給与所得者等においては、給与所得者等再生を選択するのが無難であり、個人事業者においては、小規模個人再生の申立前に、債権者と協議し、同意を得られるようにしておく必要がある。

4　予納金・弁護士費用

　破産と個人再生の手続選択に際しては、予納金及び弁護士費用の額も考慮しておく必要がある。

(1) 予納金
　　a　予納金額
　　破産・個人再生の予納金は、各裁判所によって異なるが、破産の場合、同時廃止事件であれば1万円～2万円程度、管財事件であれば20万円以上とされている。個人再生の場合、個人再生委員が選任されるか否かにより異なる。東京地裁では、全件個人再生委員が選任されるため、予納金の標準額は15万円であるが[19]、他の多くの地裁では、弁護士申立の事案では、原則として個人再生委員を選任しないため、予納金は1万円程度である。なお、個人再生委員選任に関する問題は、第3編第5章で詳述する。

　　b　日本司法支援センター・弁護士会の予納金立替制度
　　日本司法支援センター（法テラス）では、以前は、破産事件の予納金は、同時廃止事件・管財事件を問わず、債務者の負担とされ、立替えの対象とはなっていなかったが、平成22年4月から、生活保護受給者に限り、立替えが可能となり、管財事件の場合でも、原則として20万円まで、法テラスが直接裁判所に予納している。なお、個人再生の場合は、従前どおり、予納金は、すべて債務者の負担とされている。
　　また、千葉弁護士会では、法律援助基金を設け、管財費用の立替えを行っている[20]。立替額は、千葉地裁における最低予納額の20万円とされ、立替金は、破産財団が形成された場合には、財団債権として弁済され、破産財団が形成されなかった場合には、破産者から、免責許可決定の翌月から毎月1万円の償還を受ける運用がなされているようである。なお、立替制度を利用できるのは、千葉県弁護士会会員に限られている。

19　なお、東京地裁では、再生計画の履行可能性のテストを兼ねて、申立人が毎月の計画弁済予定額を分割予納金として個人再生委員に納付する運用を行っている（『破産・民再の実務（下）』395頁以下〔西野光子〕参照）。
20　榊原信次「千葉地裁（破産・再生係）における倒産処理の現状」金法1813号35頁参照。

(2) **弁護士費用**

　弁護士費用は、各地の状況等により異なると思われるが、着手金は、破産の場合は、20～30万円[21]、個人再生の場合は30～40万円程度が多いと思われる。免責確定・再生計画認可決定確定の場合の報酬については、東京以外の地域では、発生しないことが多い[22]。法テラスを利用した場合の代理援助立替額は、破産の場合、実費2万3000円、原則として着手金12万6000円～17万8500円（債権者数に応じて異なる。）であり、個人再生の場合、実費3万5000円、原則として着手金15万7500円～21万円（債権者数に応じて異なる。）である。

5　破産者の生活再建手段

　再生債務者は、収入及び履行可能性のあることが前提となっているため、再生手続後の生活再建にさほど支障はないと考えられる。これに対し、破産者の中には、無収入者や低所得者も存在し、借入金が生活費の原資となっている場合もあるため、既存債務の免責を受けても、その後の生活再建が困難な場合がある。そこで、以下、破産者の生活再建手段として、生活保護制度と生活福祉資金貸付制度について、若干説明する。

(1) **生活保護制度**

　生活保護制度は、世帯収入が、厚生労働大臣が定める基準で計算される最低生活費に満たない場合に、その差額が支給される制度である。手続は、事前相談→保護申請→保護決定（原則申請から14日以内）の順に行われ、事前相談は、居住地域を管轄する福祉事務所（市・区部では市・区が、町村では都道府県が設置している。）の生活保護担当が行っている。生活再建が困難と思われる者に対しては、生活保護の申請を勧めることも検討されて良いであろう[23]。

21　『破産150問』12頁〔矢吹徹雄〕参照。
22　第4編「個人再生シンポジウム～個人再生の理論と実務～」本書235頁〔小松陽一郎発言〕参照。

(2) 生活福祉資金貸付制度

　厚生労働省では、低所得者等の生活再建に向けたセーフティーネット強化策の一つとして、「生活福祉資金貸付制度」を行っている。本貸付制度は、低所得者世帯・失業者世帯等を対象に、総合支援資金・福祉資金等の資金の貸付けと相談支援をセットで行い、生活の立て直しや経済的自立を図ることを目的としている。実施主体は、都道府県社会福祉協議会であるが、借入申込等の窓口業務は、市区町村社会福祉協議会が行っている。なお、厚生労働省のホームページ[24]によれば、多重債務者については、まずは債務の整理を行うことが基本になるとして、法テラスへの相談を勧め、その上で、裁判所への予納金や弁護士費用等についても、総合支援資金（一時生活再建費）を利用できる場合があることが指摘されている。

---

[23] 生活保護と多重債務問題については、日本弁護士連合会生活保護問題緊急対策委員会編『生活保護法的支援ハンドブック』132頁以下（民事法研究会）参照。
[24] http://www.mhlw.go.jp/bunya/seikatsuhogo/seikatsu-fukushi-shikin1.html

第3章 過払金の取扱い

弁護士　新宅正人（大阪弁護士会）

1　過払金と債務整理

(1)　任意整理における過払金

　平成18年に貸金業法が改正され、平成22年6月18日に完全施行されるまで、多くの貸金業者は、利息制限法の制限利率を超える利息を徴求していた。しかし、制限利率を超える利息の支払いが有効となる貸金業法旧43条のみなし弁済の要件を満たす業者はほとんどない。このため、制限利率を超えて支払った利息は、元本に充当され、さらに元本が消滅した後は、過払金として不当利得返還請求の対象となる。

　多重債務者が債務整理を行うに際しては、過払金の有無、金額及び回収可能性が極めて重要な意味を持つ。一部の業者には過払金が生じていたとしても、他の業者には利息制限法の制限利率に基づく引直し計算を行っても債務が残ることが多い。このような場合でも、過払金を回収することで、残債務を一括弁済したり、分割弁済の頭金とする任意整理を行うことが可能となることもあり得る。すなわち、過払金がなければ、破産又は個人再生という法的整理を選択せざるを得ない事案においても、任意整理の選択が可能となる場面がある。もっとも、本稿では任意整理における過払金に関しては対象としない。

(2)　法的整理における過払金をめぐる問題点

　他方、法的整理においても、多重債務者の経済的更生にとって過払金の取扱いは重要な意義を有する。過払金の取戻しが一般的でなかった時代には、法的

整理において、倒産裁判所は、過払金を類型的な財産としては捉えていなかったようであり、弁護士も、これを重要視していなかった。しかし、債務整理に当たる弁護士の取組みと最高裁判決の積重ねによって、過払金の返還請求が当然のことであるという意識が高まるにつれ、法的整理においても、過払金の調査、取戻しと、返還を受けた過払金をどのように取り扱うべきかという問題が俎上に上るようになった。

　破産を選択した場合、どの程度の過払金があれば同時廃止を選択することができず、管財手続をとらなければならないかという問題がある。また、一定の財産がある場合も、按分弁済を実施して同時廃止による処理を可能とする裁判所も多くあるが、このような按分弁済と過払金の関係も同様に問題となる。管財手続となった場合に、過払金は自由財産拡張の対象となるのか、なるとしてどのような基準によるのかということも重要である。

　個人再生を選択した場合には、清算価値保障原則との関係で過払金をどう評価すべきかが問題とされる。

　また、いずれの手続においても、多重債務者は、申立費用の準備も困難なことが多い。そこで、過払金を申立費用に充て、さらに過払金から回収費用を充当することが多く行われているが、上記の各問題と弁護士費用との関係をどのように捉えるかという点も、実務的には影響が大きい。

　以上の法的整理手続における過払金の取扱いについて、破産同時廃止、破産管財、個人再生の順に概観する。

2　破産（同時廃止）における過払金の取扱い

(1) 調査範囲

　他の財産と異なり、破産手続をとろうとする債務者にとって、過払金の存否や金額は自明ではない。利息制限法に基づく引直し計算を行って初めて過払金の存在や金額が判明するが、その前提として、貸金業者との全取引について、取引日、借入金額及び返済金額を特定する必要がある。しかし、債務者が過去

の取引経過をすべて再現できることはまれであり、貸金業者から取引履歴の開示を受けることが必須である。

　もっとも、任意整理の場合と異なり、破産の受任通知を送っただけでは貸金業者が取引履歴を開示してこないことも多い。そうすると、受任通知に応答する債権調査票が送付されてきた後に、改めて取引履歴の開示を求め、引直し計算を行う必要があることになる。しかし、取引が短期間で過払金が発生していないことが明らかであるなど、債務者にとって取引履歴の開示を受け、引直し計算を行うことが無益であり、かつ、配当原資となることがないという意味で破産手続にも影響を及ぼさない場合にまで、すべて取引履歴の開示と引直し計算を義務とすることは、かえって申立が遅れ、手続の遅延をもたらすという弊害が生じる。

　そこで、同時廃止の申立の場面では、過払金の調査範囲を過払金の発生の蓋然性が認められる一定の期間に限定している裁判所がある。

　たとえば、大阪地裁では、利息制限法違反の取引がほぼ7年間（正確には8年前の12月31日以前から。「はい6民ですお答えします vol. 134－1」月刊大阪弁護士会2009年3月号、『はい6民』45頁）継続している場合は、取引履歴の調査と引直し計算が必要とされている。札幌地裁など、5年以上の取引がある場合は調査の必要があるとする裁判所もある。これに対し、具体的な基準は設けず、必要に応じて資料の追完を求める裁判所も多い。

　破産手続において、明らかに過払金が発生しない場合にまで引直し計算を求めることは、債務者にとっても破産債権者にとっても無駄である。また、一定期間以下の取引について、過払金が発生しない可能性が高いことは、経験則上明らかである。したがって、一定の基準を設けて調査を不要とする大阪地裁などの取扱いは、合理的であるといえる。

　もっとも、一定期間より短期の取引について裁判所への報告は不要とされている庁に申し立てる場合であっても、過払金の存在が疑われるときは、申立費用への充当や債務者の手元に残すことができる可能性を勘案しつつ、積極的に取引履歴の取寄せや引直し計算を行うべきであることはいうまでもない。

(2) 管財事件と同時廃止事件との振分基準・按分弁済基準

a 大阪地裁における振分基準と過払金

債務者に一定の財産があっても、それが管財費用をまかなうことができないことが明らかであるなどの場合には、同時廃止での処理が可能とされている。過払金が存在する場合も、少額のときは同様である。

たとえば、大阪地裁では、預金、保険解約返戻金などのジャンルごとの評価額合計のそれぞれが概ね20万円未満の場合は、管財手続に移行することはないとしている。各財産ジャンルの評価方法は、差押禁止財産としての性質や回収可能性を加味して基準が立てられている（本書299頁【資料2】）。

この点、過払金の評価は、貸金業者との合意が成立していない場合は、回収可能性や回収費用を考慮し、他の財産とは異なり30万円未満か否かが基準となる。貸金業者と合意が成立するか、回収済みの場合は、他の財産と同様に20万円未満であることが必要であるが、過払金回収のための弁護士報酬を控除することができる。数次の最高裁判決で争点は整理されているとはいえ、貸金業者が容易に過払金の返還に応じなくなり、訴訟になった場合も相当の手数をかけなければならず、また、貸金業者の経営状況の悪化から、過払金の回収には執行手続など相応のノウハウが必要となることからすれば、回収費用を破産申立費用とは別途受領することが認められているのは相当であろう。もっとも、不相当に高額な回収費用を受領した場合、詐害行為否認の対象となり、管財手続に移行する可能性があることには注意すべきである。日弁連の「債務整理事件処理の規律を定める規程」（会規93号。平成23年4月1日施行）が一つの基準となるであろう。

b 大阪地裁における回収した過払金と有用の資との関係

また、回収後に未払いの破産申立着手金などの有用の資に充てた場合も、これを控除して20万円未満か否かを評価することができる。多重債務者は、債務整理に着手するまで経済的に余裕のない生活を送っており、申立費用の準備が困難なだけでなく、生活に不可欠な物品の購入も控えてきたことが多いことからすれば、妥当であろう。もっとも、将来の有用の資に充てることが確実な場

合にも同様の考慮がなされるべきである。

　c　大阪地裁における回収した過払金と直前現金化との関係

　また、そもそも回収した過払金は現金であるにもかかわらず、これを回収前の過払金として評価することに必然性はないはずである。いわゆる「直前現金化」の問題である。現金であれば、仮に管財事件となった場合に本来的自由財産とされる（破34条3項1号）ことの反映として、99万円までの金員を有していても管財事件とはされない。そうすると、現金と評価されるか、過払金と評価されるかで管財となるか同時廃止となるかの結論が大きく異なり得る。この点、直前に適正な金額を回収することが否認対象とはなり得ないことからすれば、現金と評価しない理由はないはずである。

　d　他庁における振分基準と過払金

　もっとも、大阪地裁とは異なり、同時廃止にとどまり得る財産の額について基準を設けている庁においても、過払金について特に具体的な基準が設定されていない場合も多い（小松陽一郎・野村剛司「自由財産拡張制度の各地の運用状況」事業再生と債権管理118号107頁）。

　e　按分弁済基準と過払金

　次に、大阪地裁では、前記の基準を超える財産がある場合も、その全額を按分弁済することによって、同時廃止での処理が可能とされている（本書299頁【資料2】）。ただし、按分弁済額が100万円を超える場合は、このような処理はとり得ない。もっとも、このような基準を採用しない庁も多い。大阪地裁でも、過払金の一部を予納金に充てて管財事件として自由財産拡張を利用する方が、過払金全額を按分弁済して同時廃止とするよりも債務者にとって有利であることから、平成17年の現行破産法施行前とは異なり、按分弁済を選択する機会はほとんどなくなっているといえるであろう。

(3) 回収可能性への配慮

　過払金の回収を行うに際して、合理的な理由がないのに低廉な和解をして一部のみを回収した場合、貸金業者に対する否認の可否を検討する目的で管財手

続に付される可能性がある。もっとも、昨今、貸金業者の廃業が相次ぎ、法的又は私的整理手続をとる業者も増えつつある状況からすれば、確実な取戻しのために、一定の減額をしてでも早期の回収を図るべき場合も多い。このような場合に、低廉な和解であるとして管財手続に移行されないようにするためには、裁判所に減額合意の理由を説明できるようにしておくべきである。具体的には、当該貸金業者の状況や対応を上申書で報告することが必要であり、かつ、その程度の疎明で足る。民事執行手続をとり、それが不奏功となることまでは不要であろう。

　また、前記(2)の基準を超える合意未成立の過払金がある場合も、回収可能性を考慮すれば、額面どおりの金額による基準へのあてはめが不相当なときがある。貸金業者が民事再生手続や会社更生手続をとった場合が典型であるが、これ以外にも、判決を得たとしても経営が苦しいことを理由に任意での支払いに応じず、仮に預金などの差押えを行ったとしても競合が必至な場合などが挙げられる。このような場合、具体的な事情を上申書で報告の上、適当な価額での評価を行えば足る。

3　破産（管財）における過払金の取扱い

(1)　自由財産拡張と過払金

　自由財産の拡張については、破産法34条4項に複数の考慮要素を掲げた規定が設けられているが、さらに各地の裁判所で具体的かつ詳細な基準が定められている（小松陽一郎・野村剛司「新破産法下の各地の運用状況について」事業再生と債権管理109号94頁）。

　過払金が自由財産拡張の対象となるかについては、二つの考え方があり得る。一つは、そもそも、多重債務者は自転車操業に陥っており、貸金業者からの借入れをもって他の貸金業者への返済に充てているのであるから、過払金は貸金業者からの借入れが原資となっているものであって、破産者の手元に残す必要はなく、自由財産拡張の対象とは原則ならないという考え方である（大迫

恵美子「破産を巡る過払い金の取り扱い」自由と正義2008年12月号59頁)。もう一つは、過払金も預金などと同様に類型的に自由財産拡張の対象となり得るとする考え方である。

　多重債務者は、返済にあたって、他の貸金業者からの借入れをその一部に充てていることは事実であろう。しかし、それは、あくまでも返済額の一部であって、破産者の収入が返済原資の大部分であることが多いといえる。過払金の自由財産拡張を認めない論理によれば、他の自由財産拡張が類型的に認められている財産についても、貸金業者からの借入れが原資の一部となっているか、又は借入れが生活費に充てられたからこそ減少しなかったという面は否定できないはずであり、拡張を認めるべきではないということになりかねない。自由財産拡張制度が破産者の経済的再生のための制度でもある（破1条）ことからすれば、過払金の自由財産拡張を否定する方向でのアプローチは正しくないと考えられる。

(2)　大阪地裁における拡張基準と過払金

　過払金について特に拡張基準を定めている庁は多くはないが、大阪地裁が明確な基準を定立している。大阪地裁の自由財産拡張基準は、拡張適格財産とされるジャンルに属する財産については、現金を合わせて99万円以下であれば拡張を認めるとするものである。過払金については、貸金業者との間で返還合意が成立していれば拡張適格財産となる。合意は口頭でも足る（『運用と書式』70頁、本書311頁【資料7】）。合意が必要とされるのは、合意前の過払金を拡張すると、事後に破産者と貸金業者との間で訴訟を見据えた紛争が生じ得るが、破産管財人が自ら回収する場合と混乱を来し、破産制度の趣旨に適合しないと考えられるからである。なお、回収費用は過払金の評価額から控除できる。

(3)　申立代理人が回収した方が良いのか

　大阪地裁においては明確な基準が定められているところであるが、一般的基準に当てはめて個々に過払金の自由財産拡張の可否を判断する庁においても、

回収未了の過払金の拡張を認めることは少ない。

　破産債権者としては、過払金に限らず、自由財産として拡張されずに破産財団として配当原資となることを望んでいるといえるであろう。しかし、申立代理人としては、不当に破産債権者の利益を害しない限り、債務者の経済的再生を第一義的に考慮すべきである。したがって、申立代理人としては、申立前に過払金を回収しておくことが望ましいといえる。もっとも、そうすると、過払金回収までに相当の時間を要することとなることが多い。しかし、破産者の破産後の生活資金を確保し、又は分割や法律扶助による申立費用の負担を軽減するためには、破産者に手続を早期に進めることが不可避であるという特段の事情がある場合以外、時間を要したとしても過払金の回収を優先すべきであろう。

(4) 申立代理人における回収基準

　管財事件となる場合も、合理的な理由なく低廉な和解を回避すべきことは、前記2(3)で述べたとおりである。

(5) 直前現金化の問題

　また、破産手続開始決定前に回収した過払金は、現金として本来的自由財産となるべきもので、過払金と評価すべきではないのではないか、という直前現金化の論点も、同時廃止における場面と同様に問題となる。

　この点、自由財産拡張基準において、過払金が一般的には拡張適格財産に当たらないとされるか、個々の事案ごとに判断されている庁や、拡張適格財産とされていても現金と異なる金額基準（たとえば20万円以上の個別財産について拡張の必要性を加重するなど）が設けてられているような庁では、直前現金化の問題が先鋭化し得る。他方、大阪地裁の基準では、現金と合わせて99万円以下であれば拡張を認めるとされていることから、過払金に関して直前現金化の問題に焦点が当たることは比較的少ないといえる。

4 個人再生における過払金の取扱い

(1) 清算価値保障原則
　個人再生において、再生計画における弁済額は、破産手続における配当率を下回ってはならないとされている。いわゆる清算価値保障原則である（民再230条2項、174条2項4号、241条2項2号）。過払金も清算価値の一角を占めることとなる。

(2) 自由財産拡張と個人再生における清算価値
　過払金に限らず、破産手続において類型的に自由財産拡張が認められる財産についても、個人再生における清算価値からの控除は認められていない。しかし、破産手続ではほぼ間違いなく配当原資とならないのであれば、清算価値からは除外されるべきであると考えられる。債権者に代わる破産管財人によるチェックが働かないという批判に対しては、個人再生委員の選任による代替が可能であるといえる。

　また、清算価値の算定にあたって、本来的自由財産である現金については、他の財産とは異なり、当然に99万円を控除した残額を清算価値とする大阪地裁のような基準の庁がある。このような裁判所においては、回収済みの過払金を現金と評価するか過払金と評価するかで清算価値が変わってくることから、直前現金化の問題はここでも生じ得る。

　もっとも、仮に清算価値が変化したとしても、最低弁済額を画するのが清算価値ではなく債権額による基準である事案が多数であり、問題が顕在化しない場合も多い。

(3) 清算価値における過払金の評価
　清算価値の算定にあたり、回収済みの過払金から申立費用や回収費用などの有用の資を控除できるかという問題や、未回収の過払金について貸金業者からの回収可能性を考慮して額面から減価し得るかという問題は、破産手続におけ

るのと同様である。

　また、未回収の場合、大阪地裁でも、合意未了であれば回収費用は控除し得ないとしている。しかし、同庁における同時廃止事件との振分基準では、前記2(2)aのとおり、他の財産とは異なって一定の減価がなされている。これは、回収可能性や回収費用を考慮してのことであるが、清算価値の算定でこのような考慮要素、特に早期回収であることによる減価理由を排除する積極的な理由はない。したがって、早期回収価額としての減価は認められるべきであろう。

　貸金業者から過去の一部履歴が開示されず、推定計算等の方法によらなければ過払金額を算定し得ない場合や、貸金業者が過払金やこれに対する法定利息を争う場合は、訴訟となったときの勝訴の可能性を勘案して、過払金を評価することになろう。

(4)　過払金回収と一括弁済

　過払金を回収して費用等に充当しても、余剰が生じる場合があり得る。このような場合、再生計画の弁済原資とし、履行の可能性を高めることも検討すべきである。もっとも、個人再生の再生計画においては、3年未満の弁済とすることはできない（民再229条2項2号、244条）。したがって、取り戻した過払金を原資とする場合も、弁済期間を3年とする再生計画において繰上げ弁済を行うか、第1回の弁済額を多く設定し、第2回以降の弁済額を減らして3年で弁済する再生計画案を立案する必要がある。

第2編
個人の破産

第1章
個人の破産の概要と問題点

弁護士　三上　理（東京弁護士会）

1　個人である債務者の自己破産

(1)　自己破産とは
　裁判所は、「債務者が支払不能にあるとき」は、申立により、破産手続開始決定をする（破15条1項）。その申立権者は「債権者又は債務者」であるが（破18条1項）、実務上、個人の債務者について破産手続が開始されるのは、そのほとんどが債務者本人の申立による場合、すなわち「自己破産」である。

(2)　破産管財人による換価処分の原則
　裁判所は、破産手続開始決定をするときは、同時に破産管財人を選任するのが原則である（破31条1項）。この場合、破産財団（原則として、破産者が破産手続開始の時において有する一切の財産をいう。）に属する財産の管理及び処分をする権利は、破産管財人に専属し（破78条1項）、以後、破産管財人において、強制的に換価・配当を行う。このように、破産手続はいわゆる「包括執行」手続という側面がある。

(3)　自由財産・同時廃止
　ただし、破産法は、「99万円以下の金銭」及び「差し押さえることができない財産」は、破産財団に属しない「自由財産」であるとしている（破34条3項）。このような自由財産については、破産管財人の管理処分権は及ばない。
　また、裁判所は、「破産財団をもって破産手続の費用を支弁するに不足する

と認めるとき」は、破産手続開始の決定と同時に、破産手続廃止の決定（同時廃止）をする（破216条1項）。この場合には、裁判所は、破産管財人の選任をせず、破産管財人による財産の換価・配当は、一切行われない。現在、個人の破産手続のうち約7割は、このような同時廃止事件が占めている（本書3頁～4頁）。

(4) 免責許可

　個人である債務者が、自ら破産手続開始の申立をした場合（個人の自己破産）には、その申立と同時に、免責許可の申立があったものとみなされる（破248条4項）。

　裁判所は、破産者について、法定の免責不許可事由のいずれにも該当しないときは、破産法252条1項により、必ず、免責許可決定をする（必要的免責）。他方、破産者について、法定の免責不許可事由のいずれかに該当するときは、破産者を免責するか否かは裁判所の裁量となるが、実際には、免責不許可事由があっても、破産法252条2項により、裁判所の裁量による免責許可決定が行われているケースがほとんどである（裁量免責）。

(5) 破産法の目的

　実務上、個人である債務者の自己破産手続は、支払不能な債務について、免責許可決定を得て、「経済生活の再生」を実現することを目的として行われている。

　破産法も、その第1条において、同法は「債務者の財産等の適正かつ公平な清算を図る」とともに、「債務者について経済生活の再生の機会の確保」を目的としていることを、明らかにしている（破1条）。

2　個人の自己破産手続の概要

(1)　自己破産申立から破産手続開始決定まで
a　破産原因の疎明
　個人である債務者が、自己破産の申立をするのは、債務者の資産、収入及び負債の状況を、他の誰よりもよく知る債務者本人が、自ら支払不能であると判断したからこそ、その申立をしているものである。そのため、債権者の申立による破産の場合とは異なり、自己破産においては、破産原因たる「支払不能」状態の有無を問題とする必要はないことが普通である。この点一部の裁判所では、自己破産申立の場合でも「支払不能」について、厳しく疎明を求め、スムーズに破産手続開始決定をせず、個人再生手続の利用を積極的に促すなど、あたかも「個人再生前置主義」を前提としているかのような運用をしている場合もあるが、妥当とは思われない。

b　同時廃止の要件の疎明
　むしろ、この段階で問題となるのは、破産手続開始決定と同時に、破産管財人を選任するのか（破31条1項）、それとも破産手続廃止（同時廃止）の決定をするのか（破216条1項）である。このような管財事件と同時廃止事件の振分けは、「破産手続開始決定と同時に」しなければならないので、特に同時廃止決定を希望する申立人（申立代理人）は、自己破産申立から破産手続開始決定までの間に、破産管財人による調査を経るまでもなく「破産財団をもって破産手続の費用を支弁するに不足する」（破216条1項）ことが明らかである旨を、十分に疎明する必要がある。

c　免責不許可事由の有無の疎明
　また、破産者について、法定の免責不許可事由のいずれかに該当するかどうかも、この段階で、問題となる。免責不許可事由の有無は、管財事件と同時廃止事件の振分基準として法定された「破産財団をもって破産手続の費用を支弁するに不足すると認めるとき」に該当するかどうかとは、何らの関係がないようにも思えるが、実務上は、破産者について、免責不許可事由のいずれかに該

当するときは、あえて破産管財人を選任することにより、破産者が破産管財人の調査（破83条1項）に協力し、説明義務を果たした（破40条1項）といえるかどうかを考慮した上で、裁量免責（破252条2項）の可否を判断するということが行われている（免責調査型管財手続）。そのため、免責不許可事由の有無も、破産手続開始決定と同時に、破産管財人を選任するか否かを左右する事柄として、自己破産申立から破産手続開始決定までの間に、裁判所に対し、疎明することが求められている。

(2) 破産手続開始決定から廃止・終結決定まで

a 同時廃止

同時廃止事件の場合には、破産手続開始決定と同時に、破産手続廃止の決定がなされる（破216条1項）。この場合には、そもそも破産管財人が選任されないので、破産管財人による財産調査や破産財団に属する財産の管理処分が行われる余地は、一切ない。同時廃止事件においては、破産手続の持つ「包括執行」という側面は、事実上ないに等しいといえる。

b 破産管財人による財産の管理処分

他方、破産手続開始決定と同時に、破産管財人が選任された場合には、破産財団（原則として、破産者が破産手続開始の時において有する一切の財産をいう。）に属する財産の管理及び処分をする権利は、破産管財人に専属する（破78条1項）。

ただし、「99万円以下の金銭および差押禁止財産」については、破産財団に属しない「自由財産」とされ、破産管財人の管理処分権が及ばない（破34条3項）。これを本来的自由財産という。

また、裁判所は、「破産者の生活の状況、破産手続開始の時において破産者が有していた本来的自由財産の種類及び額、破産者が収入を得る見込みその他の事情を考慮して」破産財団に属しない財産の範囲を拡張することができる（破34条4項）。これを自由財産の拡張という。

破産管財人は、破産財団に属する財産、すなわち「破産者が破産手続の時に

おいて有する一切の財産のうち、本来的自由財産に当たらず、かつ自由財産の拡張もされなかったもの」について、管理処分権を専属的に取得し、その限度で、破産者の管理処分権は剥奪される。

c 破産手続終結又は異時廃止

管財事件の場合、破産管財人は、強制的に破産財団に属する財産を換価する。その上で、配当手続を経て、破産手続終結の決定がなされる（破220条1項）。

ただし、裁判所は、破産手続開始決定の後、破産管財人の調査によっても、「破産財団をもって破産手続の費用を支弁する」に至らないことが明らかとなったときは、その段階で、破産手続廃止の決定（異時廃止）をする（破217条1項）。

(3) 免責許可・不許可決定まで

a 必要的免責

個人である債務者が、自ら破産手続開始の申立をした場合には、当該申立と同時に免責許可の申立をしたものとみなされ（破248条4項）、裁判所は、破産者について、法定の免責不許可事由のいずれにも該当しないときは、必ず、免責許可の決定をする（破252条1項。法定の「免責不許可事由」につき同項1号ないし11号）。この場合の免責許可決定は、裁判所の裁量によるものではない（必要的免責）。

b 裁量免責

他方、破産者について、法定の免責不許可事由のいずれかに該当するときは、免責を許可するか否かは、裁判所の裁量となる。この場合、裁判所は、「破産手続開始の決定に至った経緯その他一切の事情を考慮して免責を許可することが相当であると認めるとき」（破252条2項）は、裁量により、免責許可決定をすることができる（裁量免責）。

実務上、上記の「一切の事情」の一つとして、破産者が破産管財人の調査（破83条1項）に協力し、説明義務を果たした（破40条1項）といえるかどう

か、及び経済的再生の可能性が認められるかどうかが考慮されている。そのため、たとえば、免責不許可事由として、相当程度の「浪費又は賭博その他の射幸行為」があったとしても、破産者が破産管財人の調査に協力し、説明義務を果たしていると認められる場合や経済的再生の可能性が認められる場合には、比較的、広く免責許可が認められているのが実務の運用である。

そして、破産者について、免責不許可事由のいずれかに該当すると考えられる場合には、このような裁量免責を得やすくするため（すなわち、破産者に対し、破産管財人の調査に協力し、説明義務を果たす機会を与えるため）にも、あえて破産管財人を選任し、破産管財人において、免責不許可事由の存否と、免責不許可事由が存在する場合の裁量免責の可否について、調査するということが行われている（免責調査型管財手続）。

c 免責制度の趣旨

免責許可決定がされると、破産者は、原則として、破産債権、すなわち「破産者に対し破産手続開始前の原因に基づいて生じた財産上の請求権であって、財団債権に該当しないもの」のすべてについて、その責任を免れる（破253条1項。例外的に免責の効果が及ばないとされる「非免責債権」につき、同項1号ないし7号）。

このような「破産法における破産者の免責は、誠実なる破産者に対する特典として、破産手続において、破産財団から弁済出来なかつた債務につき特定のものを除いて、破産者の責任を免除するものであつて、その制度の目的とするところは、破産終結後において破産債権を以て無限に責任の追求を認めるときは、破産者の経済的再起は甚だしく困難となり、引いては生活の破綻を招くおそれさえないとはいえないので、誠実な破産者を更生させるために、その障害となる債権者の追求を遮断する必要が存するからである。」とされる（最判昭36.12.13民集15巻11号2803頁）。

3　個人の自己破産手続における問題点

(1)　自己破産のメリット・デメリット

　自己破産手続は、多重債務の状態に陥り、支払不能となった債務者が、「経済生活の再生の機会を確保」するための手段として、非常に有用な手続であるといえる。債務整理のための他の手段としては、個人再生手続、任意整理、特定調停等があるが、これら他の手続と比較して、一般に、債務者にとって、もっとも経済的負担が少なく、すべての債務を消滅させるまでに要する期間がもっとも短いのは、自己破産手続である。

　しかし、それでも、債務者の意向により、債務整理の方法として、自己破産手続を利用することについて、躊躇せざるを得ないケースがある。たとえば、①破産した場合の資格制限を避けたい、②破産管財人に換価処分されたくない財産がある、③債権者の一部を債務整理の対象から除外したい、というようなケースである。

　もっとも、そのような場合であっても、「だから自己破産手続を利用することができない。」とか、「だから債務者の上記①〜③のような意向は諦めざるを得ない。」と決めつけるのは早計である、ということもあり得る。すなわち、自己破産手続の中でも、上記①〜③のような債務者の意向を尊重しつつ、ある程度まで、これを実現することができることがある。

(2)　破産した場合の資格制限
a　破産者の資格制限

　債務者の有する資格について、「破産者で復権を得ない者」はその資格を失うことが法律上定められている場合には、今後、債務者がその資格に基づいて仕事を続けていくためには、債務整理の方法として自己破産手続をとるわけにはいかない、ということがある。

　たとえば、弁護士について破産手続開始決定がされると、日弁連は「弁護士名簿の登録を取り消さなければならない。」こととされているため（弁護士法

17条1号、同法7条5号)、債務者が弁護士である場合には、その債務者が今後も弁護士としての業務を続けていくためには、自己破産の申立をすることはできない。

　一般に、このような資格制限がある場合(かつ債務者が資格の存続を希望する場合)には、債務整理の方法として、自己破産手続は選択しづらい(破産した場合には、仕事の継続を諦めざるを得ない)ものと考えられている。

b　資格制限のあり方

　もっとも、資格制限のあり方は各業種によって異なり、必ずしも一様ではない。たとえば、生命保険の外交員(保険募集人)は、破産した場合の資格制限がある例として挙げられることが多い業種であるが、保険業法には、保険募集人である「個人」について、破産手続開始決定がされた場合に、その旨の届出をしなければならない旨の規定はなく、破産手続開始決定により、当然に保険募集人の登録が失効することもない(この点、保険募集人である「法人」について破産手続開始決定がされた場合には、保険業法280条1項4号により、破産管財人が届出義務を負うとともに、同条3項により、当然に保険募集人の登録が失効する旨が定められているのと異なる。)。

　確かに、保険業法307条1項1号によれば、保険募集人である個人について破産手続開始決定がされたとき、内閣総理大臣は、その登録を取り消すことが「できる」とされているものの、これは弁護士が破産した場合のような必要的登録取消しではなく、実際にこの規定による取消しがされる事案は、さほど多くはないのではないかと思われる。そうすると、保険募集人については、破産した場合の資格制限を心配する必要はほとんどないとも考えられる。

(3)　財産の換価処分

a　破産管財人による財産の管理処分の原則

　破産手続開始決定がされると、原則として、破産管財人が選任され、破産財団(原則として、破産者が破産手続開始の時において有する一切の財産をいう。)に属する財産の管理及び処分をする権利は破産管財人に専属し(破78条1項)、以

後、破産管財人が強制的に財産の換価処分を行う。そのため、一般に、債務者が有する財産の中に、破産管財人に換価処分されたくないものが含まれているときは、債務整理の方法として、自己破産手続は選択しづらい（破産した場合には、財産の換価処分を諦めざるを得ない）ものと考えられている。

b 破産管財人の管理処分権が及ばない場合

もっとも、同時廃止事件の場合には、破産管財人による財産の換価処分がされる余地はない。さらに、管財事件であっても、「99万円以下の金銭および差押禁止財産」は本来的自由財産として破産管財人の管理処分権が及ばないし、それ以外の財産についても「自由財産の拡張」がされれば、破産管財人の管理処分権の範囲外となる（債務者の管理処分権が復活する）。破産手続が開始されても、破産者の財産について、破産管財人による換価処分がされないまま、維持できる結果となることは珍しくない。

そこで、①同時廃止事件と管財事件の振分基準、②本来的自由財産の範囲をどう考えるか、③自由財産拡張の運用基準等が問題となる。

c 同時廃止と管財の振分基準

ただし、同時廃止事件と管財事件の振分基準は各裁判所によって異なり、必ずしも全国的に統一されているわけではない。たとえば、申立債務者が、破産手続開始の時に90万円の現金を持っている場合、東京地裁等の運用では、これを管財事件として処理している（東京地裁は20万円を超える現金を債務者が有している場合は引継予納金20万円を用意できることを理由に原則管財事件として取り扱っている。）。これに対し、他の多くの裁判所では、申立債務者に他に資産がなく、本来的自由財産（破34条3項1号）である「99万円以下の金銭」を使用しなければ破産手続の費用を支弁することができないという状況であれば、「破産財団をもって」破産手続の費用を支弁することはできないことを理由に、これを同時廃止事件とする取扱いをしている。

d 本来的自由財産の範囲

また、本来的自由財産たる「99万円以下の金銭」については、それが自己破産申立の直前に現金化された結果として「99万円以下の金銭」となっていたも

のである場合には、これを本来的自由財産と見るかどうかについて、見解が分かれている。たとえば、自己破産申立の直前に過払金90万円を回収し、破産手続開始時には現金としてこれを保有していた場合において、これを本来的自由財産と見ることができるか。一方では、あくまでも、破産手続開始時に「99万円以下の金銭」である以上、それは本来的自由財産（破34条3項1号）であるから、自由財産の拡張の可否を検討するまでもない、とする見解がある。他方では、このように自己破産申立の直前に現金化が行われている場合には、本来的自由財産には該当しないというべきであり、これを自由財産とするか否かは、自由財産の拡張（破34条4項）の可否による、とする運用が行われている場合がある。

e 自由財産拡張の運用基準

さらに、自由財産拡張の運用基準についても、各裁判所によって異なり、必ずしも全国的に統一されていない。この点、東京地裁等では、まず、類型的に「換価等をしない財産」の範囲（金額）を定め、これらについては、当然に「その範囲で、自由財産拡張の裁判があったものとして取り扱う。」ものとし、それ以外の財産であっても、「管財人の意見を聴いて相当と認めるときは、換価等をしないものとすることができる。」という取扱いをしている。これに対し、大阪地裁等では、自由財産の拡張に適した財産の種類を定め、これら「拡張適格財産」と現金の合計が99万円以下の場合には、原則として、自由財産の拡張を認め、99万円を超える場合には、原則として、その超過部分につき自由財産の拡張を認めない取扱いをしている。

(4) 一部の債権者の除外

a 債務者一覧表の記載

自己破産の申立をした場合には、「破産債権となるべき債権」について、その「債権を有する者の氏名又は名称及び住所並びにその有する債権及び担保権の内容」を記載した債権者一覧表を提出しなければならず（破20条2項、破規14条1項）、虚偽の債権者名簿を提出することは、免責不許可事由に該当する

（破252条1項7号）。破産手続においては、破産債権者のすべてを平等に取り扱う必要があるので、破産債権者のうち一部を除外して、残りの破産債権者のみを対象として手続を行うことは、想定されていない。

たとえば、債務者が自宅の家賃を滞納している場合には、賃貸人の有する賃料債権のうち、破産手続開始決定時において未払いとなっているものは、破産債権に該当するが、これを債権者一覧表に記載し、賃貸人に対し破産手続開始通知がされると（破32条3項1号）、賃貸借契約を解除されるおそれがある。そのため、自宅の家賃を滞納している債務者が、住居を失うことをおそれて、自己破産の申立をするのを躊躇するということがある。

b 申立直前の優先弁済

しかしながら、このような場合には、賃貸借契約の解除を避けるため、自己破産の申立をする前に、滞納家賃については、99万円以下の金銭など自由財産の中から、優先的に支払いをし、破産手続開始時点では、破産債権となる滞納家賃は存在しない状態にした上で、債権者一覧表に賃貸人の氏名等を記載することなく、申立をすることが考えられる。

ただし、このように、自己破産申立の直前に一部の債権者に対し優先的な弁済をすることは、いわゆる偏頗弁済に該当しないかが問題となり得るので、申立をする際には、裁判所（及び破産管財人）に対し、そのような優先弁済をした経緯と、その支払原資について、率直に説明すべきである。

もっとも、一般には、賃貸借契約の解除（住居を失うこと）を避けるためにはやむを得ないという事情がある中で、すでに弁済期が到来している滞納家賃について、99万円以下の金銭などの自由財産から支払いをするという行為が、破産管財人によって否認されたり（破162条1項1号イ）、裁判所が免責不許可事由に該当すると判断する（破252条1項3号）ことはないと考えられる。

(5) 経済生活の再生の機会の確保

破産法は、「債務者の財産等の適正かつ公平な清算を図る」とともに、「債務者について経済生活の再生の機会の確保を図る」ことを目的としている（破1

条）。

　この点、破産者が法人である場合には、「債務者の財産等の適正かつ公平な清算を図る」ことのみが問題となるが、破産者が個人である場合には、破産法のもう一つの目的である「経済生活の再生の機会の確保」という視点が極めて重要である。個人の自己破産手続においては、単に「債務者の財産等の適正かつ公平な清算を図る」だけでなく、「債務者について経済生活の再生の機会の確保を図る」ことに資するような運用が求められていると考えられる。

第2章 管財事件と同時廃止事件の振分基準

弁護士　阿部弘樹（仙台弁護士会）

1　はじめに

　当該申立事件が管財事件となるか、同時廃止事件となるかという問題は、申立人にとって、また申立代理人にとって、大変重要な事柄である。管財事件となれば事件の終結が遅くなるのはもとより、予納金の準備・支払いが必要になり、申立人の経済的負担が大きくなるからである。近時は、管財事件の場合に用意すべき予納金の低額化傾向が見られるとしても、支払不能の状況に陥った債務者にとって10万円とか20万円の金額を準備し、支払うことは容易ではないし、このことが将来における債務者の経済的更生を阻害する要因ともなり得る。さらなる予納金の低額化は破産管財人の職責を考慮すると妥当とは思えない。

　その一方、破産法では破産事件の進行について管財事件を原則的形態と位置付けており、債権者等の利害関係者の利益に対する配慮や手続の公正さの確保も必要となることは当然である。

　本稿では、管財事件と同時廃止事件の振分基準を概観するとともに、今後議論されるべきと思われる問題点について簡単な論考を加えてみたい。なお、各地の振分基準については、小松陽一郎・野村剛司「新破産法下の各地の運用状況について」事業再生と債権管理109号94頁を基本としつつ、本書執筆者らの討議等を参考としている。

2　同時廃止の意義

　同時廃止は、破産財団をもって破産手続の費用を支弁するのに不足すると裁判所が認めた場合に、破産手続開始と同時に破産手続を廃止することをいう（破216条1項）。したがって、管財事件となるか同時廃止事件となるかは、「破産財団をもって破産手続の費用を支弁する」のに足りるかどうかがメルクマールである。この場合、破産手続の費用として想定されているのは、官報公告費用や破産管財人の報酬などである。

3　財団調査型・免責調査型の破産管財事件

　同時廃止の意義からすると、債務者が破産管財人の報酬すら準備できない場合はすべて同時廃止事件となりそうであるが、そうではない。財団調査型、免責調査型と呼ばれる破産管財事件（呼称は各地で異なるが以下この呼称を用いる。）が各地で施行されているが、財団調査型や免責調査型の破産管財事件では多くの場合債務者は現実に破産財団をもって破産手続費用を支弁することができない状況である。

　財団調査型の破産管財事件の場合は、裁判所がさらに破産財団の調査を必要と考えた場合なのであるから、破産財団をもって破産手続の費用を支弁するのに不足するとは裁判所が認めていないということになり、論理的には管財事件となることは理解できる。

　一方、免責調査型の管財事件についてであるが、東京地裁では免責調査型の管財事件について「免責不許可事由の存在が明らかな債務者が裁量免責を得ようとする場合、破産管財人が選任されていれば、債務者は破産管財人に対して破産手続開始決定に至った経緯や将来の経済的更生の可能性等について必要な説明をするなど破産管財人が行う調査に協力することで、破産手続開始決定後に自己に生じた有利な事情を示すことができる。また、第三者である破産管財人の調査や説明を経ることによって債権者の理解も得やすい。」（『破産・民再の

実務(中)』221頁〔杉本正則〕)とその趣旨を述べているが、破産手続費用の支弁との関係については述べられていない。おそらく、裁判所としては、裁量免責を与えるためには、債権者等の利害関係者の利益に対する配慮(いわゆる情報の配当)や手続の公正さの確保も必要となることから、破産手続の原則的形態である管財事件とするのが相当であるという価値判断が背景にあった上で、免責調査型の管財事件を運用しているものと考えられる。

　ところで、免責調査型の管財事件という運用には、申立代理人となる弁護士側からもあまり反対意見が見られないように思われる。裁量免責を得やすくできるならその方が良いのではないか、過去には裁量免責を得るために破産債権額の一定割合を任意に配当する運用がなされていたがそのような運用よりも管財事件の予納金を支払った方が良いのではないか、現在は民事法律扶助の適用範囲が拡充し予納金の立替えも一部行われるようになっており不都合はそれほどないのではないか、というあたりが反対論が少ない原因と考えられる。

　免責調査型の管財事件という類型が運用として定着し、そして同時廃止事件の弊害が指摘されるなど(この点は第2編第4章を参照されたい。)、免責調査型の管財事件の制度趣旨にも一定の合理性があることは認めなければならない。しかしながら、免責調査型の管財事件は、「破産財団をもって破産手続の費用を支弁するのに不足する」(破216条1項)ことが明らかな事案がほとんどであり、破産法の文言から離れて安易にこの類型の管財事件として振り分けられるという運用がなされるとすれば疑問である。免責不許可事由は存するもののその程度が軽微な場合は裁判所での審尋により裁量免責の可否は十分判断可能と思われ(破産者が虚偽の供述をした場合は、免責取消しの決定(破254条)もあり得る。)、免責不許可事由の存在が明らかで、その程度が軽微とはいえない場合等に限って免責調査型の管財事件が運用されるべきではないだろうか。「免責不許可事由の存在が明らかで、その程度も軽微とはいえず、債権者が免責不許可の意見申述をする可能性があるような事案では、申立代理人に管財手続の選択を検討してもらっている。」という東京地裁の見解(『破産・民再の実務(中)』222頁〔杉本正則〕)は、上記と同旨であることを前提として参考とされるべき

であろう。

4 管財事件と同時廃止事件の振分基準の概観

以下では、財団調査型、免責調査型の管財事件を除いた類型の管財事件と同時廃止事件の振分基準について概観したい。

(1) 個別資産基準
a 現　　金

破産法上99万円までの現金は拡張を要しない自由財産である（本来的自由財産、破34条3項1号、民執131条3号、民執施行令1条）。99万円以下の現金を保有していても、ほとんどの庁では同時廃止として取り扱っている。

東京地裁等では、20万円を超える現金を保持している場合は、破産手続の費用を支弁することができること、債務者が主張する現金しか破産財団を構成する財産がないということは破産管財人の調査を経ないと明らかではないことなどを理由として、管財事件として処理しているようである（『破産・民再の実務（中）』219頁〔杉本正則〕）。しかし、債務者の主張・疎明だけでは破産財団を構成する財産がないことは確定しないというのでは同時廃止事件はあり得ないということにならないか、破産管財人を選任しても結果的に新たな財産は見つからないケースが大部分だと思われ、大方の場合本来的自由財産を費消させるだけの結果に終わり法の趣旨に反する結果を強制することにならないかなどの疑問が拭えない。

仙台地裁では、119万円未満の現金所持の場合、現金の形成過程が不明・不自然であるなどの特段の事情がない限り、同時廃止事件として処理する運用である（本書310頁【資料6】）。これは、管財事件となった場合の予納金20万円を考慮した基準であり、他庁においても参考になると思われる。すなわち、119万円未満の現金しか所持していなければ、99万円は本来的自由財産であるから、所持金から99万円を差し引いた金員では管財事件の予納金20万円を支払う

ことはできず、結局119万円未満の現金所持の場合は同時廃止で処理するというものである。

また、現金に関しては、直前現金化の問題がある。これは、現金が99万円までは本来的自由財産とされることから、99万円未満の現金保持の場合は同時廃止として処理されることを狙って、預金を引き出したり、保険を解約するなどして元は現金以外の形態で有していた財産を現金として保持した場合は同時廃止として良いのかどうかという問題である。基本的に99万円までの現金の保持が破産法上認められていること、財産の換価自体は責められるべき行為ではないことから、このような場合も同時廃止として処理されるべきではないか、逆に99万円の現金の保持を認めた趣旨に合わせて同時廃止基準を改めていくべきではないかと考えるが、各地での今後の検討を待ちたい（なお、この問題意識は以下でも随時触れていくことになる。）。

b 預貯金

20万円あるいは30万円以上の預貯金がある場合は、管財事件とする庁が多い。

預貯金に関しては、現代社会における普通預金や決済性預金の果たす機能は現金と同視できるのではないかという観点から、現金と合わせて99万円までは本来的自由財産と見ることができないかが問題となる。破産法34条3項1号では「金銭」と規定されていること、自由財産の範囲を拡大解釈することは債権者の利益を損なうおそれがあることから、多くの庁では、預貯金を現金と同視してはいない。しかし、破産法34条3項1号の趣旨は、破産者の当面の生活の維持を図り、破産者の経済的生活の再生の機会を確保するため標準的な世帯の生活費の3ヶ月分に相当する金員の保持を認めたものである（『一問一答破産』64頁）。現代社会にあっては預金口座を経由した自動決済やキャッシュカードを利用した簡易な払戻しが可能となっており、生活費を現金として保持することはまれであるという状況にあり、通常は生活費を普通預金等として管理しているものと考えられる。そうであるとすれば、少なくとも生活費を支弁するための口座と認められる預貯金（たとえば水道光熱費等の自動引落しがあるとか、

給与の振込みがある等の預貯金口座）については、現金と同視するのが破産法の趣旨に適うのではないだろうか。大阪地裁では、普通預金については、いわば「財布代わり」として利用されていることから、現金と同視するように取扱いを変更したとのことであり参考とされるべきである（『はい6民』23頁、本書299頁【資料2】）。

c 退職金見込額の評価

ほぼ全庁的に破産手続開始決定時の支給見込額の8分の1で評価することは変わりがない。退職金見込額を8分の1と評価するのは、退職金の4分の3は差押禁止財産として破産財団を構成しない（破34条3項2号、民執152条1項2号、同2項）ことから、その4分の1だけが差押可能であること、ただし退職金はあくまでも見込額であり会社の倒産リスクや債務者の懲戒解雇リスクなどを考慮してその半分の8分の1と評価することが妥当であるとの判断に基づくものである。退職金見込額の8分の1の金額が20万円あるいは30万円を超える場合に、管財事件となると定める庁が多いようである。

退職金見込額については、退職が間近に見込まれる場合にこれをどのように評価するか、8分の1として評価して良いのかどうかが問題となる。基本的には、退職金見込額の8分の1を基準としつつ、破産手続開始決定時と退職時期との近さ（退職時期が間近になればなるほど4分の1に近づく）や、退職金支給の確実性（退職金支給が確実であればあるほど4分の1に近づく）などを考慮して、個別具体的に判断すべきものと考えられ、一般的な基準の策定にはなじまない問題だと思われる。

なお、破産手続開始決定時までに退職金が支払われた場合には、それは預金あるいは現金として見ざるを得ず、原資が退職金であることを考慮して自由財産の拡張をどの範囲で行うのかという問題となるのであって（第2編第3章参照）、本稿では立ち入らない。

d 不動産

不動産を所持する場合は原則として管財事件とするが、被担保債権額が不動産評価額（時価）に対して、1.2～1.5倍程度のオーバーローンとなっている場

合は同時廃止とする庁がほとんどである。
　　e　その他財産（保険解約返戻金・自動車等）
　概ねそれぞれの財産が20万円・30万円以下（各地の基準で異なる。）かどうかで管財事件と同時廃止事件の振分基準としているようである。保険解約返戻金の場合、解約返戻金を担保とした借入れがある場合はその金額を控除したものが対象の金額となり、自動車の場合減価償却期間の6年を経過した自動車は評価不要と定める庁が多いようである。

(2)　全体財産基準

　たとえば、個別の財産としては20万円を管財事件と同時廃止事件の振分基準としている場合に、個別の財産はそれぞれ20万円未満であるが、個別の財産を足した場合にいくらまでの財産であれば、同時廃止事件として処理されるかどうかという基準のことである。

　東京地裁は、個別資産ごとに20万円を超える財産がなければ、同時廃止として処理する。たとえば、仮に現金（19万円）、預金（19万円）、自動車（19万円）、保険解約返戻金（19万円）、退職金8分の1（19万円）、貸付金（19万円）で合計114万円の財産があっても、個別資産ごとに20万円以上の財産がないので同時廃止で処理されると思われる。

　大阪地裁は、個別資産ごとに20万円未満で、かつ合算で99万円以下であれば同時廃止で処理されるという基準である（本書299頁【資料2】）。先の東京地裁の例では、大阪地裁では管財事件として処理され、99万円を超える15万円は、破産財団への組入れが必要となる。99万円という金額は、自由財産拡張基準を意識したものと考えられるが、個別資産基準を併用しており、同時廃止基準と自由財産拡張基準が同一とはなっていない。

　その他、全体の財産が40万円を超えるとか（名古屋（本書301頁【資料3】）、仙台（本書310頁【資料6】）等）、50万円を超えるとか（札幌等）、60万円を超える等（広島（本書307頁【資料4】）等）の場合に、管財事件とするという庁が多い。

5 自由財産拡張基準と管財事件・同時廃止事件の振分基準との関連性

　新破産法には、自由財産拡張制度が導入された。自由財産拡張制度の運用基準については第2編第3章で詳しく述べられるところであるが、管財事件と同時廃止事件の振分基準に、自由財産拡張制度が導入されたことが影響を受けているであろうか。結論からいえば、自由財産拡張基準（多くの庁で総額99万円基準が示されている。）と管財事件と同時廃止事件の振分基準との間には多くの庁では関連性はない。これは、自由財産拡張制度は、本来は破産財団に属すべき財産を「破産管財人の意見を聴いて」自由財産として認めるという制度となっているためと考えられる（破34条4項、5項）。すなわち、自由財産の拡張を行う場合には、必要的に破産管財人の意見を聴取する必要があり、管財事件として処理されないと自由財産拡張はできず、したがって自由財産拡張基準と管財事件・同時廃止事件の振分基準に関連性がないという論理によるものである。さらにいえば、99万円までの財産を破産者に保持させるというのは高額にすぎるのではないか、破産者からの提出資料だけで判断するのではなく破産管財人の意見も聴いて判断するのが慎重であり、合理的ではないかという価値判断がその背景にあるものと思われる。

　筆者自身、上記制度の建付けと価値判断には理解を示すものの、現金は99万円まで拡張を必要としない本来的自由財産とされたこと（破34条3項1号、民執131条3号、民執施行令1条）の趣旨を踏まえ、再検討すべき課題があるのではないかと考える。すなわち、法は99万円までの現金は3ヶ月分の生活費としてその保持を認めたものであるが、99万円という財産をすべて現金で所持するということは現代社会ではまれである。偶然、99万円という財産を現金という形態で所持していたか、預金で所持していたか、生命保険として所持していたかによって、取扱いを異にする合理的理由は見出し難いように思われる。却って、持病を抱える債務者が、60万円の解約返戻金のある生命保険しか所持しないという場合でも管財事件として処理され、予納金20万円（予納金額は各地で

異なる。）を準備しないと破産手続開始決定が出ないというのは合理的ではないように思う。法が99万円までは3ヶ月分の生活費として破産者に所持を認めたのだと考えれば、財産の形態はどのようなものであっても、99万円までは拡張を必要としない自由財産とすべきではないだろうか。この場合、破産法34条3項1号の「金銭」という文言が解釈上のネックになり得るが、同条項では「現金」と明記しているものではなく、「金銭」を現金よりも広がりを持った財産の意義に解釈することは可能なのではないかと考える。

したがって、債務者が99万円未満の財産を有していたとしても、それは自由財産であり、破産財団をもって破産手続の費用を支弁するのに不足すると裁判所が認めることは十分可能なのではないかと考える。

この問題は、先に述べた直前現金化の問題（4(1)a）や預貯金の現金との同視問題（4(1)b）にも関連するものであり、個別資産の金額にかかわらず、財産合計99万円という基準（すなわち自由財産拡張基準）を管財事件と同時廃止事件の振分基準とするのが実は最も合理的ではないだろうか。新破産法が施行されて6年が経過した。99万円枠内での自由財産の拡張に関し、破産管財人が拡張不相当の意見を述べたケースがどれほどあったであろうか。拡張不相当のケースはどのような問題があった事案であろうか。そのようなケース研究を重ねることもまずは必要と思われる。そして、小松陽一郎・野村剛司「新破産法下の各地の運用基準について」事業再生と債権管理109号94頁以下の調査によれば、前橋や富山では、財産が99万円までは同時廃止可能として運用されている（あるいは運用されていた）ようであるし、鳥取や松江では財産が100万円未満の場合は同時廃止可能としている（あるいは可能としていた）ようである。これはこれらの庁が、管財事件と同時廃止事件の振分けとして財産総額による基準を定めているためと考えられ、参考になるものである。

もちろん、個別具体的事案で、財産形成過程に疑義があるとか、財産隠匿が疑われるという場合は、99万円以内の財産でも例外的に管財事件にするということはもちろんあっても良いし、そのような場合は管財事件にするべきであろう。上記は一般的基準としての議論であることを念のため付言する。

6　同時廃止のための按分弁済

　大阪地裁などでは、個別資産基準を超える財産がある場合のその財産を債務者自ら換価し、債権者に按分弁済することによって、同時廃止とするという運用を実施している（『はい6民』22頁等、本書299頁【資料2】）。

　このような按分弁済という手段は、自由財産拡張基準と管財事件・同時廃止事件の振分基準の実質的同一化が図られれば自然に消滅していくものと考えられる。別の観点から見ると、自由財産拡張基準と管財事件・同時廃止事件の振分基準の実質的同一化がなされていないために、その隙き間部分において、債務者による按分弁済という手段が実施されていると見ることができるのではないだろうか。

　ところで、按分弁済による同時廃止を実施している庁の中でも、個別資産基準を超えた財産についてはその財産価額全額（たとえば個別資産基準20万円の庁で50万円の自動車を有するという場合は50万円）を按分弁済しなければならないか、財産価額から個別資産基準額を控除した額（前述の例では50万円－20万円＝30万円）を按分弁済すれば良いかについては運用が異なるようである。

7　個人事業者の同時廃止

　多くの庁では法人については同時廃止としては取り扱わないという運用である。法人の場合は財産状態の把握が困難であることなどがその理由とされる（『破産・民再の実務（中）』215頁〔杉本正則〕）。

　それでは個人事業者についてはどうか。この点、大阪地裁は「個人事業者については、財産や取引が事業と個人生活との間で分離されていないことが多い上、その実態を把握しにくいのが通常であり、財産状況を解明するためには原則的に管財人の十分な調査が必要」であるとしつつ、「負債額、事業内容、営業していた時期及び期間、申立代理人による調査の状況、債権者の意向等によっては同時廃止事件として進行することがありうるところ」であるとしてい

る（『はい6民』49頁）。

　この点、既に個人事業者が個人事業を廃止した後であれば「個人事業者については、財産や取引が事業と個人生活との間で分離されていないことが多い上、その実態を把握しにくい」とは必ずしもいえず、通常の個人破産事件と同様の基準で処理をして良いと考える。その上で、事業を継続している場合が問題となるが、「申立代理人による調査の状況」が最も重要となり得るものと考えられる。申立代理人による調査が充実しており、財産状況等が克明に疎明されている限り、破産管財人による調査によってもそれ以上の財産等が明らかになる可能性は少ないものと考えられ、同時廃止による処理が可能であろう。名古屋地裁では、事業を継続していても、申立後、事業による新たな元本の増加のないことを疎明すれば同時廃止処理を可能としており参考となる（本書306頁【資料3】）。結局、個人事業者について同時廃止処理ができるかどうかの問題は、要件論に戻り、破産財団を形成しそうな財産が出てくる可能性があるのか、破産財団をもって破産手続の費用を支弁するのに不足すると裁判所が認められるかどうかにかかるものであり、この要件該当性が管財事件と同時廃止事件の分水嶺となるものと考えられる。

8　最後に

　上記はあくまでも筆者の個人的見解であるが、この見解を実務上実現していくために欠かせない前提条件があると考える。それは、申立代理人の誠実義務・真実義務を前提とした意識・実務能力の向上である。破産管財人が介在する局面を減少させるということは、それだけ申立代理人に期待・要求されるレベルがあがることを意味する。「何だかよくわからない点があるけれども、その点は裁判所や管財人に任せれば良い」と考える申立代理人が多いような状況では、裁判所ひいては債権者の理解を得られないだろうから、上記見解は実務上実現困難であろう。

　個人破産の大部分が消費者破産である。支払不能の状況に陥った消費者に10

万円とか20万円の金額をさらに準備しなさいといいづらいことは多くの弁護士が経験しているところである。しかしながら、利害関係者たる債権者の正当な利益もないがしろにできない。申立代理人に期待される役割が大きくなる所以である。

　本稿が各地での運用協議等の参考になれば幸いである。

第3章
自由財産の範囲拡張制度

弁護士　髙橋和宏（奈良弁護士会）

1　自由財産の範囲拡張（自由財産拡張）制度と運用基準

　破産法は、破産者が破産手続開始時に有する一切の財産は破産財団に属する（破34条1項）としつつ、破産者やその家族の当面の生活資金を保障するため、自然人（個人）の破産について、99万円以下の金銭（現金）及び差押禁止財産を自由財産とし（破34条3項。本来的自由財産）、さらに破産者の個別事情によっては本来的自由財産だけでは破産手続開始直後の生活が維持できない事態も生じ得ることに鑑み、破産者の個別の事情に応じて生活保障及び経済的再生を図るべく、自由財産の範囲を拡張できることとした（破34条4項。『大コンメ破産』140頁以下）。

　もっとも、破産法34条4項は、自由財産の範囲拡張について、「裁判所は、破産手続開始の決定があった時から当該決定が確定した日以後一月を経過する日までの間、破産者の申立により又は職権で、決定で、破産者の生活の状況、破産手続開始の時において破産者が有していた前項各号に掲げる財産の種類及び額、破産者が収入を得る見込みその他の事情を考慮して、破産財団に属しない財産の範囲を拡張することができる。」と抽象的な基準を定めるにすぎない。そのため、具体的にいかなる場合に自由財産の範囲が拡張されるのかが明らかでなく、破産管財人ごとに判断がまちまちとなってしまうおそれがある。

　そこで、予見可能性の確保と公平かつ安定的な運用のために、多くの裁判所では、財産の種類と金額による具体的な運用基準を設けている。

　この自由財産拡張制度の各地の運用状況の比較については、2007年（平成19

年）当時のデータではあるが、小松陽一郎・野村剛司「自由財産拡張制度の各地の運用状況」事業再生と債権管理118号107頁以下に詳細にまとめられているので、参考にされたい。また、札幌・仙台・東京・名古屋・大阪・広島・高松・福岡の8地方裁判所における近時の破産事件の運用状況については、金法1917号の13頁以下が参考になる。

　ところで、これらによれば、自由財産拡張の運用の詳細は裁判所ごとに相違があり、必ずしも全国的に統一した運用がなされていないことがわかる。

　しかし、自由財産拡張の運用について全国的な基準がないということは、申立人（申立代理人）にとってだけでなく、特に自由財産化によって配当可能性を低下させられる債権者にとって、予見可能性、公平性、安定性が十分に図られない結果にもなりかねない。

　そのため、かかる観点からは、できるだけ全国的・統一的な運用基準が設けられる必要があると考えられる。近時においては、裁判所が運用基準を公表するなどし、それが浸透してきた結果、同一管轄内の破産管財人間の運用の相違は解消されつつあるようであるから、これからは、管轄の異なる地裁間での運用の統一が、最も重要な課題となっていくものと思われる。

2　実際の自由財産の範囲拡張の運用基準

　自由財産の範囲拡張は、大まかに言って、①財産の種類は何か、②財産の総額は99万円の枠内に収まっているか（99万円基準）の二つの段階を経て判断されるのが通常である。この99万円基準の根拠は、現金について99万円までが自由財産とされていることに求められている。

　東京地裁は、一定の財産を「換価等をしない財産」として、これに当たる財産については自由財産拡張の裁判があったものとし、その余の財産であっても、「破産管財人の意見を聞いて相当と認められる」財産については、やはり自由財産拡張の裁判があったものとして換価不要として扱っている。札幌地裁や福岡地裁など、これと同様の運用基準を定める裁判所も多い。

なお、東京地裁の基準では、預貯金等の換価不要な財産について、20万円以下のものに限定されている（20万円基準）。ほかに、札幌・仙台・名古屋・高松・福岡地裁等、これと同様の基準をとる裁判所は少なくない。しかし、そもそも、20万円を超える財産について、一律に原則換価とすることの合理性は疑わしい。そのため、20万円基準を設ける東京地裁でも、実際には破産管財人と申立代理人との協議の結果が重視されており、破産管財人の了解が得られれば、20万円を超えていても自由財産拡張を認めるという柔軟な対応がなされている。このことからすれば、20万円基準は近い将来、撤廃されるべきであろう。

　このように、20万円基準にかかわらず、東京地裁が総額99万円以下の財産については柔軟に拡張を認めている結果、その運用は大阪地裁の基準と実質的にはほとんど同じである。

　大阪地裁は「自由財産拡張制度の運用基準」を定めており（本書311頁【資料7】）、同地裁以外にもこの運用基準を用いる裁判所は増えつつある。大阪地裁の運用基準は、財産を①預貯金・積立金、②保険解約返戻金、③自動車、④敷金・保証金返還請求権、⑤退職金債権、⑥電話加入権、⑦過払金の7ジャンルに分類して（もともとは①～⑥の6ジャンルであったが、⑦過払金が加わって7ジャンル化された。）、これら7ジャンルの財産を拡張適格財産とし、現金とかかる拡張適格財産の合計額が99万円以下の場合には拡張相当であるが、99万円を超える場合には原則として超過部分について拡張不相当とする（99万円基準）ものである（『運用と書式』70頁以下）。なお、大阪地裁では、以前は20万円基準がとられ、原則として拡張相当とされるのは預貯金等のうち20万円以下のものとされていたが、現在では20万円基準が撤廃されて、総額99万円基準が採用されているので、総額99万円の枠内である限り個別の財産の評価額は問題にならない。

3　普通預金（通常貯金）の扱い

　預貯金の自由財産化は新法の立法段階でも検討がなされたところで、中間試案（平成14年9月法制審議会倒産法部会決定）段階では、金銭に代えて破産者は預金債権等の金銭債権を自由財産とすることを選択できるとする制度が提案されるなどしたところではあるが、法文化の困難性など専ら立法技術上の問題から、現段階では断念されている。

　もっとも、大阪地裁においては、普通預金（通常貯金等を含む）は現金に準じて取り扱うとされている。ただし、普通預金の財産上の性質はあくまで預金債権であって、「現金」に「準じる」にすぎないことから、たとえば拡張申立自体は必要とされる（『運用と書式』73頁）など、現金そのものとは扱いを異にする部分もある。

　また、岡山地裁では、預貯金の種類を問わず、預貯金を現金と同視し、合計99万円までを自由財産としているとのことである（前掲小松・野村論考・事業再生と債権管理118号107頁以下）。

　私見では、現代社会においては、現金と預貯金の違いはほとんどなく、預貯金が財布代わりに利用されているという実態があることに照らせば、普通預金と現金で扱いをことさら峻別せず同様の扱いをするのが望ましいと考える。

4　直前現金化の問題

　99万円以下の現金は本来的自由財産であるが、申立代理人の受任後のような危機時期に換価された現金（普通預金）についても、同様に本来的自由財産としても良いかどうかは問題となる（いわゆる「直前現金化」の問題）。

　この点、大阪地裁では、直前現金化された現金については原則として「現金」とは扱わず、直前現金化前の性質を有する財産とみなし、自由財産拡張の手続が必要とされている。そして、実質的危機時期以降に現金化してそれを有用の資に充てること自体はやむを得ないとされ、それによって費消された財産

は破産財団を構成せず、この部分を除いた残部について現金化前の財産と評価して自由財産拡張の判断をすることになるとされる。ここにいう「有用の資」の具体例としては、破産申立費用や予納金、生活費、医療費、転居費、葬儀費用、学費及び公租公課等のうち、相当な範囲内の金額のもの等が挙げられている（『運用と書式』72頁、73頁）。このような扱いをする庁は、大阪地裁以外にも多い。このような扱いをする場合、個々の具体的な事例の中で、いかなる支出をもって「有用の資」とするのかは、実は大きな問題である。

このような直前現金化された現金を「現金」としない扱いに対して、破産法34条3項1号は「現金」の由来を問題にしていないので、破産手続開始決定時において既に現金化されている以上、あくまで「現金」として、すなわち99万円以下であれば本来的自由財産として取り扱うべきとの見解も根強い（『破産150問』46頁、47頁〔高橋敏信〕）。

また、裁判所の実際の運用例では、「有用の資」は破産手続開始決定時までに費消していることが前提とされていることが多いようであるが、破産者の経済的更生の観点から、将来有用の資に充てる予定の場合も含めるべきとの見解もある（『破産150問』47頁〔高橋敏信〕）。

なお、直前現金化が適正価格を下回る低廉な価格であったような場合などには、否認権行使の是非を別途検討すべきことはいうまでもない。

5　本来的自由財産と自由財産の範囲拡張

破産法34条4項は、自由財産拡張においては、破産者の生活状況や今後の収入の見込み等のほか、現金や差押禁止財産等本来的自由財産がある場合にはその種類及び金額についても考慮するものと定めている。このように、本来的自由財産である現金の金額が自由財産の範囲拡張の判断における考慮要素とされていることから、99万円基準へのあてはめについては、預貯金や保険解約返戻金等拡張を求める財産と現金その他の本来的自由財産の合計が99万円を超えるか否かが考慮されることになる。

また、破産者が現金以外に多額の差押禁止財産を保有している場合には、預貯金等の自由財産拡張の必要性がないと判断されやすくなる可能性がある。これは、たとえば、差押禁止財産とされる小規模企業共済（小規模企業共済法15条）、平成3年3月31日以前に効力が生じた簡易保険の保険金等（平成2年改正前の旧簡易生命保険法5条）がある場合などに、特に問題となる。共済金だけで99万円を超えるような場合には、預貯金等が99万円以下であっても、例外的に拡張不相当となることもあり得る。

　ただし、現金以外の差押禁止財産は必ずしも直ちに現金化できるとも限らないことから、現金化できる時期等についても考慮する必要がある。

6　総額99万円を超える拡張

　総額99万円基準の下では、99万円を超える自由財産の範囲拡張が認められるのは例外的とされる。

　この点、大阪地裁の基準では、破産者の生活状況や今後の収入見込み、拡張を求める財産の種類、金額その他の個別的な事情に照らして、拡張申立がなされた99万円超過部分の財産が破産者の経済的再生に必要不可欠であるという「特段の事情」が認められる場合に、例外的に拡張相当とされる（不可欠性の要件）。

　また、たとえば東京地裁においては、99万円を超える場合には、破産管財人と破産者（申立代理人）との協議によるとしつつ、一般に、より慎重な判断が必要であるとされている。

　このように、99万円基準等の下においても99万円を超える自由財産拡張が認められる余地はあるものの、実際に99万円を超えて拡張が認められた事例はごく少数にとどまっているようである（たとえば、大阪弁護士会研修センター『研修速報第244号』15頁、福田修久「大阪地方裁判所における破産事件の運用状況」金法1917号49頁など。また、東京地裁では年間十数件、札幌地裁では平成17年には年間でわずか2件、平成22年でも24件が認められたにとどまるとのことである。）。な

お、東京地裁の例については、『破産・民再の実務（中）』65頁以下〔松井洋〕を参照されたい。全国調査の結果（前掲小松・野村論考・事業再生と債権管理118号107頁以下）から見ても、99万円を超えて拡張が認められた事例は、やはりごく少数にとどまっており、この傾向は全国的なもののようである。

この原因としては二つの可能性が考えられる。一つは、99万円を超える拡張申立の件数自体が少ないということである。もう一つは、99万円を超えてなされた拡張申立のほとんどで、裁判所が拡張を認めなかったか、あるいは破産管財人と申立代理人の協議の結果、拡張申立（の一部）が取り下げられるなどしたということである。これら二つは無関係ではなく、おそらく、99万円を超える拡張を極めて限定された事情の下でしか認めないという裁判所（破産管財人）の実際の扱いを背景に、申立代理人も99万円を超えての拡張申立をあえてしないとの運用を行っている結果ではなかろうか。

しかし、破産者の個別の事情に応じて生活保障及び経済的再生を図ろうとした自由財産拡張制度の趣旨に照らせば、債権者保護の観点から厳格な判断がなされるべきことは当然としても、申立代理人と裁判所（破産管財人）の双方に、いま以上の柔軟な運用が求められるべきであろう。

なお、99万円を超過する財産でも、超過部分に相当する現金（たとえば、保険解約返戻金110万円に対する11万円）を破産財団に組み入れることにより、財産の評価額を低減させ、実質99万円の拡張を認める庁も多い。このような運用は、破産者の個別の事情に応じた生活保障及び経済的再生を図るという自由財産拡張の制度趣旨に沿うもので、合理的なものであることから、積極的に取り入れるべきである（『実践マニュアル』242頁）。

7　拡張決定の方式

大阪地裁では、破産管財人が拡張相当と判断した時点で裁判所の黙示の拡張決定があったものとして取り扱われており、同様の扱いをする裁判所も多い。大阪地裁では、破産管財人は破産手続開始決定後、破産者（申立代理人）と面

談を行った時点又はその後速やかに拡張相当な財産を破産者に返還することになり、破産者はこの時点から当該財産を自由に処分することができるようになる（『運用と書式』85頁以下）。

これに対して、福岡地裁では、財産状況報告集会前の明示の決定又は財産状況報告集会において裁判所によって了承される（黙示の決定）までは、破産管財人が現実に所持又は管理すべきとされている（福岡県弁護士会倒産業務支援センター委員会・福岡地方裁判所第4民事部（破産再生係）編『破産法実務』38頁）。また、全件明示の拡張決定を行う運用をしている庁も、一部あるようである。

私見では、破産者の破産手続開始直後の生活維持を図り生活保障及び経済的再生を全うしようとした自由財産拡張制度の趣旨に照らせば、可能な限り速やかに破産者の処分を許すべきであり、黙示の決定を基本とする大阪地裁の運用が相当であると考える。福岡地裁の方式では、破産手続開始から3ヶ月程度後に開かれる財産状況報告集会を待って破産者の処分が認められることになるが、破産者に処分をさせないことは自由財産拡張制度が破産者の経済的再生のために認められたことに照らせば不合理であり、大阪地裁の運用が望ましいと考えられる。

なお、大阪地裁のように黙示の決定を原則とする運用では、自動車について自由財産拡張を認める場合の破産管財人の運行共用者責任について、問題となり得る。しかし、この点については、たとえば破産者から受領書を受け取って拡張日を明確にしておくなどのことで十分に対処できるし、実際にそのように運用されているので問題はない（『運用と書式』86頁）。

8　拡張申立の時的制限と拡張決定の時期

自由財産拡張の裁判は、開始決定の確定から1ヶ月以内に行わなければならないとされている（破34条4項）。このような時的制限が設けられた趣旨は、自由財産の範囲の拡張が認められると、その分だけ債権者への配当原資となる破産財団が減少するため、破産手続が相当程度進行した段階において拡張が認め

られれば手続的に不安定になることを考慮した点にあるとされている。

　このように、自由財産拡張の裁判が開始決定の確定から１ヶ月以内とされていることとの関係で、拡張申立もその時的制限内になされなければならないことになる。

　破産手続開始決定から官報掲載までが約２週間、即時抗告期間が２週間（破33条１項、９条）であることから、確定までの段階で既に約１ヶ月を要することになり、実際には開始決定から２ヶ月程度が時的制限となろう。

　大阪地裁では、この期間内での判断が困難な場合には、明示又は黙示の自由財産拡張決定が可能となる時期まで、黙示に期間の延長がなされたものとして扱い、拡張判断を行うことを認めている（『運用と書式』85頁）。東京地裁や名古屋地裁においても同様に、黙示の伸長という扱いがなされている（金法1917号40頁、48頁）。

　なお、拡張決定の効力は決定時に生じることになり、開始決定時などに遡及するわけではない。

9　自由財産の範囲拡張と裁量免責のための積立てとの関係

　破産管財人が、免責不許可事由のある破産者について、裁量免責のための積立てが必要と判断した場合、当該破産者からの自由財産の範囲拡張の申立に対して、免責不許可事由が著しく裁量免責のために積立てが必要であるという理由で、拡張申立を取り下げさせる扱いができるかどうかということが問題となる。

　この点について、大阪地裁では、自由財産の範囲拡張の制度と裁量免責制度は趣旨が異なる別個の制度であること、破産法34条４項も免責不許可事由や破産に至る経緯を自由財産拡張の判断の際の考慮事由とはしていないことから、両者は連動しないという扱いをし、破産管財人としては、自由財産の範囲拡張の申立に対しては、あくまで運用基準に従って判断し、裁量免責のための積立

てとしての自由財産からの財団組入れについては、これとは別個に指示をするべきとされている（『運用と書式』69頁）。

このような扱いは相当であろう。

10　おわりに

　自由財産の範囲拡張の制度のあり方を考える場合、破産者の経済的更生と配当可能性の低下により不利益を受ける債権者の保護という二つの視点が重要である。平成17年1月に現行破産法が施行されて以降、拡張制度の運用は落ち着きつつあるものの、これら二つの視点から、見直しが適宜検討されるべきであろう。

第4章 開始決定に至るまでの合理的な審理の在り方

弁護士　森　晋介（徳島弁護士会）

1　破産法改正による手続の合理化

　平成17年1月に施行された現行破産法制定の目的の一つが手続の効率化・迅速化である[1]。

　現行破産法制定に伴い廃止された旧破産法は、主として事業者の破産を想定していたこともあって、全体に画一的で過度に厳格な手続となっており、得られる効果に対して過大な費用や時間を要する制度が少なくなく、また事件の規模や大小に応じた柔軟な処理が困難であった[2]。

　そのため、各地の裁判所で運用改善による対処が試みられたが[3]、法の規定自体の不備が指摘され、旧破産法の抜本的な改正による立法的手当てを求める声が高まっていった。

　このような状況において、現行破産法は、各地の実務運用を踏まえて制度全体を見直し、手続の合理化・簡素化を図った。債権者集会の召集の任意化、破産債権の確定に至るプロセスの合理化、配当手続の合理化、免責手続の一体化、裁判所書記官の権限の拡大などはその主たる例である。

1　『一問一答破産』9頁以下。
2　旧破産法において小破産制度が存在したが（旧破産法第11章）、時代遅れの規定であったためほとんど利用されず（山内八郎「小破産」判タ830号50頁）、現行破産法制定時に廃止された。
3　後述する少額管財手続などは、その代表例である。

2　個人の自己破産に特有の問題

　もっとも、上記は専ら破産手続開始決定後の管財手続の合理化に関するものであるところ、個人の破産事件においては、同時廃止とされる事件の割合が高く、当然のことながら、同時廃止事件においては、開始決定後の手続如何は意味を持たない（免責手続に関する事柄を除く。）。同時廃止とされることは、いわば極限の合理化であり、効率化・迅速化の極致ともいえる。

　そのため、早期に免責を得たいと思う申立人が同時廃止処理を望むことは自然であり、加えて、予納金の準備等の面で申立人の経済的負担にも大きく関わるため、申立人側の利害関心が開始決定時に同時廃止事件となるか管財事件となるかという点に集中する傾向が見られ、申立代理人にとっても、申立人の意向に応じ、同時廃止決定を得ることを目標にした開始決定までの活動が非常に重要なウエートを占めるという状況が生じている。

3　同時廃止処理の肥大化と問題点

(1) 拡大の背景

　わが国で同時廃止処理が活用され、大きく拡大を遂げたのは、消費者破産事件の急増によるところが大きい。

　消費者金融や信販会社の信用供与の活発化に伴い昭和50年代後半には消費者の経済的破綻が増加し、その後いったん落ち着きを見せたものの、平成2年にいわゆるバブル経済が崩壊して経済状況が長期低迷する中、破産手続の利用件数は増加の一途を辿り、平成5年に5万件に満たなかったものが、5年後の平成10年には11万件を超え、以後も激増を続け、ピーク時の平成15年には25万件を数えるに至った[4]。

---

[4] 司法統計等。また、最近の傾向としては、細井秀俊・松山ゆかり「平成21年における倒産事件申立ての概況」NBL 926号26頁及び本書297頁【資料1】参照。

当時の裁判所としては、激流のように押し寄せる自己破産申立に対し同時廃止処理を多用することで対応せざるを得なかった[5]。結果、昭和50年代初期には10％程度で推移していた宣告件数に占める同時廃止事件の割合は、徐々に増加していき、ピーク時には90％を突破するなど[6]、実態としては原則的な処理方法としての存在を確立した。

(2) 同時廃止処理の弊害

　しかし、同時廃止処理は、法の建前としては「破産財団をもって破産手続の費用を支弁するのに不足すると認めるとき」（破216条1項）にのみ認められる例外的処理であることに加え、実際上も以下のような問題点があることは否定できない[7]。

　①そもそも、債務者の財産が破産手続費用にすら満たないものであるかどうかは、管財人の調査を経なければわからないはずであり、これを債務者側の申告に頼るのでは財産隠匿を看過する危険が否定できず、ひいてはモラルハザードを誘発するおそれがある[8]。

　②債権者にとって、手続参加の機会がなく、また情報を享受することが困難である。この点について、実務上、債権者に財産の有無や同時廃止の是非について意見照会する方法で手続保障を図ろうとする運用も行われてきたが、債権者が十分な情報を保有している場合は少なく、また管財人の調査能力に遠く及

---

[5] 当時の管財手続は、一律に予納金額が大きい、換価基準が厳しい、免責まで長期間を要するといった短所を抱え、多くの場合消費者であった債務者の負担という観点から、使い勝手が悪かった（鈴木義和「少額管財手続」『法システム(2)』174頁）。なお、裁判所の対応が受け身的に変化を強いられたものであったことは、園尾隆司「破産法の役割の変化と破産法の運用における裁判所の審理の在り方」『新・実務大系 (28)』7頁。

[6] 昭和45年以降の宣告件数に占める同時廃止事件数と同時廃止率について整理したものとして、『大コンメ破産』913頁。

[7] 同時廃止の弊害、問題については、鈴木前掲注5論文175頁以下。

[8] 郵便物の転送等を契機に債務者が失念していた財産等が発見されることが珍しくなく、資産が存在しないことの確認は容易でないことは古くから指摘されてきた（司法研修所編『破産事件の処理に関する実務上の諸問題』87頁）。

ばないことは周知のところである。

　③債務者にとっても、免責不許可事由が存在する場合は、管財人による調査を経ることで裁量免責を得られる場合も少なくないところ、同時廃止処理によることは免責を得る可能性がかえって狭まり、経済的再起が困難となるケースが増加するという難点がある。

(3) 任意配当の問題点

　これに対し、モラルハザードを防ぎつつ、管財手続を回避し債務者も免責する便法として、債務者に任意配当を行わせた上で同時廃止処理・免責を行う手法が利用されるようになった[9]。

　しかし、かかる手法は法的根拠が存在しないばかりか、債権者間の公平が確保されているかどうかも疑問であり[10]、さらには配当がなされ同時廃止決定がされた後に債権者から新たな事実が判明したような場合や免責のための積立指示に対し債務者の責任とはいえない事情で積立てが不可能となったような場合に、処理に窮する事態が容易に予想される。

　そもそも、法の例外であり、かつ世界的にもまれな法制度である同時廃止処理[11]を原則化させたことにこそ問題の根本があり、法的根拠がなく弊害を内包した任意配当といった手法をパッチワーク的に組み合わせたところで、処理を一層不安定化させ、問題を複雑化させるにすぎない。

9　申立代理人による換価・按分弁済による処理のメリットを強調し、任意配当をビルトインした同時廃止処理を「理想的な倒産処理方法」とまで位置付ける見解も現れるに至った（長井秀典「大阪地裁における破産事件の事務改善の試み」判タ990号11頁）。
10　任意配当は、一般に、債権者一覧表に基づいて按分弁済する方法でなされることが多いところ、債権者一覧表は、申立代理人が主として債務者の申告した債権者に照会し、得られた回答内容に依拠して作成されることが多いため、実体に照らし過不足を生じている危険性が常に否定できない。
11　管財手続を持たない同時廃止による破産手続は、明治23年制定の家資分散法に沿革を有する、わが国独特の制度であるとの指摘がなされている（園尾隆司『民事訴訟・執行・破産の近現代史』248頁以下）。

4 債権者の手続保障にも配慮した合理的な審理方法

(1) 原則を意識した審理方法

同時廃止処理は、破産事件が激増した当時の状況としてはやむを得ず、社会問題化した消費者問題の解決のために相応の役割を果たしたことは否定できない。

しかし、上記のような弊害の多い制度であるから、謙抑的に運用される必要があり、破産手続を開始するにあたっては、管財人選任を原則とする破産法の趣旨を意識した審理を行うことが求められる。

現行破産法の施行に伴い、債権者の手続保障等の観点から審理方法が見直され、全国的に管財人選任率が増加する傾向にあるが、破産法の本旨に沿ったものといえよう[12]。

(2) 東京地裁の運用

東京地裁（本庁民事第20部）[13]における審理方法は、概要、以下のとおりである。

まず、東京地裁では、開始決定をするにあたり、全件において審問が実施されている。

そして、弁護士が代理人となって申し立てる個人の自己破産申立事件については、申立の当日ないし3日以内に申立代理人と裁判官が面接し、特に問題がなく同時廃止処理が可能と判断された事案については、面接当日の午後5時付けで破産手続開始決定・同時廃止決定を行う、いわゆる「即日面接」という方式で審理が行われている点が特徴的である[14]。

---

[12] 個人破産を含む倒産事件処理に関する高裁所在地各裁判所の直近の運用状況を紹介するものとして、「裁判所専門部における事件処理体制と実務概況」NBL 944号～947号、「特集 平成22年の破産事件の概況をみる」金法1917号13頁がある。

[13] 東京地裁における新受件数に占める管財事件率は、平成21年で56.9％であり、全国平均の29.5％を大きく上回る（鈴木秀孝「東京地方裁判所における破産事件の運用状況」金法1892号10頁）。

上記即日面接方式の採用により、受付事務については、審問との役割分担が意識されている。すなわち、書記官は書類の明らかな欠陥や誤記について任意の補正を求めるにとどめ、同時廃止処理をするために必要な書類を追完させる等の指導は行わない。窓口指導を強大にすることは入口での審理長期化を招き、また、裁判所の公正・中立性を疑わせるおそれがあるとの理由によるものである[15]。そして、実質的事項について疎明不十分な点や疑問点については、事前審査を担当した書記官からのメモを踏まえて裁判官が面接の場で申立代理人に確認し、申立代理人の説明に応じて、即日開始決定・同時廃止か管財手続移行かが決定される。その際、口頭での説明により同時廃止処理相当との心証が得られた場合に、説明を裏付ける書面の追完は求められない反面、そうでない場合に、追加の調査と書面の補充を行って同時廃止処理を求めることも認められない（書面主義から口頭主義への転換）[16]。

　結果、面接は相当の緊張感をもって行われており、「裁判官と申立代理人との間のディスカッションを通じた真剣勝負の場」である、などといった表現がなされている[17]。そして、若干でも問題がある事案では、躊躇なく管財人を選任できる態勢が整備されているとのことである[18]。

14　平成11年4月に少額管財手続とともに考案された。平成21年における同時廃止申立事件に占める即日面接手続での処理の割合は99％以上に達しており、同庁における個人の自己破産申立の圧倒的多数がこの方法で審理されているといってもよい状況である（前掲注12）。
15　かつて消費者破産事件においては窓口指導が重要であるとされた（須藤典明「消費者破産事件の審理と問題点」判タ830号44頁）。窓口指導も、方法次第で一定程度は審理の効率化に資する面もあろうが、可能な限り同時廃止決定することを目指して行われるとすれば、目的において誤りといわざるを得ない。
16　『破産・民再の実務（上）』36頁〔西野光彦・平澤時彦〕、『同（中）』238頁〔松井洋・細川栄治〕。
17　中山孝雄・大橋学「破産手続の申立代理人として準備すべき事項―破産裁判所の立場から―」東京弁護士会弁護士研修センター運営委員会編『倒産法の実務』79頁。
18　園尾前掲注5論文10頁、東京地裁民事第20部即日面接係による『即日面接通信』等各種発信内容。

(3) 中小規模庁での取組み

　全国各地の中小規模庁でも、同時廃止処理の問題・弊害への共通認識を前提に、同時廃止が原則化していた従前の運用が破産事件の急激な増加に引きずられた非本来的処理であったことを率直に認めた上で、審理方法の変更を打ち出す庁が相次いでいる。破産事件全体の新受事件数が減少傾向にある[19]ことも踏まえ、より適正な手続処理を実現しようという試みである。

　書面審査による開始決定・同時廃止決定や任意配当の指示を原則的に廃止したとする庁がある。また、財産が存在しないとする説明に疑問点がある事案、あるいは免責の点で問題なしとはいえないと判断される事案等、一定の場合に機動的に管財人を選任する運用を確立した庁もある。

　いずれの庁でも、手続の透明性が確保されたのはもちろんのこと、申立時の異時廃止予測に反し新たに財産が発見され債権者への配当がなされる事案が多数生じる一方、任意配当を広く実施していたときに比べ事件処理期間も短縮されたとの成果が報告され、弁護士会側にも概ね肯定的に受け入れられている実情が見受けられる[20]。

5　合理的な運用を支える態勢

　これらの庁に共通するのは、広く管財人選任を可能とするための少額管財手続の導入とそれに付随して予納金納付方法の柔軟化、管財人の給源確保等の態勢がとられていることである。

---

[19] 全国の破産手続開始決定の件数は、平成20年は13万9326件、平成21年は13万5180件と、最近はピーク時の2分の1近くまで減少した件数で推移している（司法統計年報等。なお、本書298頁【資料1】参照）。

[20] 千葉地裁（榊原信次「千葉地裁（破産・再生係）における倒産事件処理の現状」金法1813号30頁）、岐阜地裁多治見支部（榊原信次「岐阜地方裁判所多治見支部における倒産事件処理の現状について」判タ1288号34～36頁）、熊本地裁（熊本地裁民事第1部破産係「熊本地方裁判所における新破産法施行後の破産手続の運用状況について～少額管財手続導入後の2年間を振り返って」判時1972号3頁）、大分地裁（大分地裁民事第一部破産係「e管財～小規模庁で個人破産手続が一変～」判時1926号3頁）など。

(1) 少額管財手続

　少額管財手続は、平成11年4月に東京地裁破産再生部で開始した運用で、弁護士が代理して申し立てられた法人・個人の破産事件について、管財業務の簡素化を図ることで、比較的低額（東京地裁の場合は20万円）の予納金により申立を受理し、簡易・迅速に手続を進めることを目的とした制度である[21]。

　管財事件が破産手続の本来的手続であるとの認識の下、かつて管財事件とするのにネックとなった予納金を低額化することで管財手続を利用しやすいものとする一方[22]、管財業務を簡にして要を得たものに限定し管財人の負担に配慮したものである。

　現在では、中小規模庁でも各庁の実情に応じた形でアレンジされるなどしながら[23]、運用が広く普及、定着しつつある。

(2) 予納金の納付方法の柔軟化

　また、低額化したとはいえ申立人に一定額の負担を強いる予納金については、分納を認める方法を採用する庁も少なくなく、さらには法テラスによる援助の対象外である管財手続費用[24]について弁護士会独自の基金を活用するといった試みもあり[25]、各地の創意工夫と努力に基づく実践がなされている。

---

[21] 制度創設の理由や制度内容、運用状況等、制度全般の詳細について『少額管財の実務』を参照。

[22] 1990年代後半までは、個人の自己破産申立の予納金は、最低でも50万円に上り、負債額によってさらに高額の予納金納付が求められた（佐藤真弘「破産手続費用」判タ830号34頁参照）。

[23] たとえば、異時廃止が見込まれる事案について、自由財産拡張申立について意見を述べることを主たる業務として想定し、地元弁護士会による協力を得て簡易な管財手続を創設した運用（前掲注20大分地裁の運用）などがある。

[24] 日本司法支援センター業務方法書別表3「1．代理援助立替基準」(6)⑯及び同表の注4(5)。なお、平成22年4月1日から、生活保護受給者に限り、上限20万円の予納金立替援助を受けられるようになっている。

[25] 前掲注20千葉地裁の運用との関連で、千葉県弁護士会に法律援助基金を設け、法律扶助を利用して弁護士が代理人に付いている事件等に関し、管財費用の立替えをする試みが紹介されている。

(3) 管財人の給源問題

　かつて小規模庁や過疎地に所在する支部では、管財人の給源に非常に大きな支障を生じていたが、法曹人口の急激な増大により事情は一変しつつある[26]。

　各地の裁判所と弁護士会が協力して、管財人候補者の名簿を整備し、当該事案の処理に適当な人選を機動的に行える態勢を組むことが求められる[27]。

6　今後あるべき方向性

　先に述べたとおり、個人の自己破産申立においては、申立人側の関心は同時廃止事件となるか管財事件となるかに集中する傾向にある。

　他方、債権者を初めとする利害関係人にとっても、同時廃止事件となるか管財事件となるかは重要な意味を持つ。破産手続においては、破産管財人が管財業務に関する情報を適時に債権者に開示し、債権者も債権者集会（破135条以下）や債権者委員会（破144条以下）等を通じて破産管財人に対し意見を述べる機会が付与されるなどの形で手続保障が図られる仕組みであるため[28]、破産管財人が選任すらされずに手続が終了する同時廃止事件は、関係人の手続保障に重大な関係を有するからである。

　そのため、管財事件と同時廃止事件の振分けの基準が重大な意味を持ち[29]、またその基準に該当するか否かをどのように判断するかという審理方法が重要となっている。これらについて、法の規定も存するものの、裁判所の運用によ

---

[26] 日弁連HP等によれば、平成5年時点で弁護士が0人ないし1人の支部（いわゆるゼロワン地域）は、全国に75ヶ所あったが、公設事務所の開設等の努力により、平成23年1月時点で、0人の支部は消滅し、弁護士が1人しかいない支部も4ヶ所を残すにすぎない。また、平成15年時点で2万人に満たなかったわが国における弁護士登録者数は、平成22年に3万人を突破し、今後も急増することが見込まれる。

[27] 中小規模庁においても管財人の担い手が急速に充実し、また本人申立が大きく減少する等して、破産手続処理に法律専門家の関与が行き届く状態が実現しつつあることは、たとえば手塚富穂「宇都宮地方裁判所における倒産事件の運用」判タ1247号85頁。

[28] 『伊藤』17頁。

[29] 管財・同廃振分基準も、各地で様々な検討及び議論がなされている重要な問題であるが、本稿では立ち入らない（第2編第2章参照）。

るところが大きいため、時代に即した合理的な運用方法を探究し続けることが重要な課題である。

現行破産法の制定時に、新たに目的規定が置かれ、主に自然人を想定し「債務者について経済生活の再生の機会を図ること」が目的の一つとして明記された。倒産が資本主義経済下において不可避的に生ずる事態であることが広く認識されるに至り、積極的に不誠実な行為をしたものでなければ経済的再生の機会を与えることが社会経済上も有益であるとの考えに基づくものである[30・31]。

そして、債務の負担を軽減する財産清算手続が過度に厳格で過大な時間的・経済的負担を伴うものであっては、経済的再生は容易ではない。

過大な費用と時間を要する破産手続は忌避、敬遠され、結果、法的処理による解決が遅れていたずらに債務が拡大し、事態を悪化させる。果ては事件屋や反社会的勢力の介入といった違法・不当な事態を招き、社会的・国民的損失を拡大させることは歴史が証明するところであって、同じ過ちが繰り返されてはならない。

それゆえ、不幸にして経済的破綻を来したとしても、誠実に手続に協力するのであれば可能な限り早期に経済的再起を図れるよう、債務者の負担を軽減化した迅速かつ効率的な手続の整備は不可欠である。

一方で、破産法は、債務者の経済生活の再生とともに、「債権者その他の利害関係人の利害及び債務者と債権者との間の権利関係を適切に調整し、もって債務者の財産等の適正かつ公平な清算を図る」ことを目的とするものであり（破1条）、いかに効率的であっても、関係人の手続保障への配慮を欠くものであってはならない。

この点で、弁護士が関与しない債務者本人による申立や代理人弁護士による調査、説明が尽くされているとは評価し難い申立も含めて、原則的に同時廃止

---

30 法曹会編『例題解説破産法』6頁。
31 これにより、従来有力であった、債務者の免責は破産手続に協力した破産者に対する特典であるという見解は、見直しを迫られるとの指摘がある（『基本構造』18頁〔山本和彦発言〕）。

決定を行うような審理方法は、大きな問題を孕む[32・33]。現在なお管財人選任率の著しく低い裁判所があるが、それが関係人の手続保障に配慮しつつ合理的な運用を行った結果たまたま低いだけなのか、旧破産法時代からの非本来的処理方法を踏襲し続けることに起因したものでないか、審理方法を改めて点検する必要がある[34・35]。

激増する破産事件への対処に困難を来した緊急事態は過ぎ去っており、管財人の給源問題も前提となる状況が大きく変化した[36]。

求められるのは、法の趣旨に沿った真にあるべき審理方法であり、債務者に過大な負担をかけ破産手続が利用しづらかった時代にも、事務処理の軽減が優先され関係人の手続保障が犠牲にされた時代にも、後戻りは許されない。

---

[32] 同時廃止処理も少額管財手続も、申立代理人が必要な調査を十分に尽くした上で、適切な手続選択をしていること、すなわち、プロフェッションとしての弁護士に対する信頼に基礎を置く運用であることは、各地共通の認識としてつとに指摘されるところである（金法1917号18頁、26頁、36頁、48頁、56頁）。

[33] これに対し、たとえば、書面審査のみで同時廃止処理を行うとしても、弁護士が申立代理人として関与することを前提に、一定の規模、類型に限定し、かつ十分な検討と工夫が加えられた所定書式による申立書や添付書類が完備された申立について、そのうちの一部を審問不要とするような方式（大阪地裁の「書面審査方式」参照。石井義規「大阪地方裁判所における破産事件の運用状況」金法1860号16頁）であれば、審理方法として合理性を有する。

[34] 旧法下で膨張した運用は「長い積み重ねがあるだけに、無意識のうちに、新破産法下の各地の破産手続において生き残り、あるいは復活する可能性がある。」（園尾前掲注5論文8頁）との指摘は、改めて銘記される必要がある。

[35] なお、小規模裁判所においては、運用上の問題の改善に困難を伴う実情もあり（前掲注20判タ1288号32頁）、多忙すぎる裁判官の現状からしても、適正な審理の確保のためには、裁判所の人的体制の充実が重要な要素であることを強調したい。

[36] ただし、管財人候補の量的充実が達成されつつある一方、今後は質的充実が課題となるとの指摘がある（黒木和彰「自然人倒産法制とその運用—法整備の成果を検証する」ジュリ1349号67頁）。

第5章
交通事故の被害者の破産
―交通事故の被害者の加害者に対する損害賠償請求権は破産財団に帰属するか―

弁護士　山田尚武（愛知県弁護士会）

1　何が問題なのか

　交通事故の被害に遭った人がいる。この被害者について、破産手続開始の決定がなされた場合、被害者の加害者に対する損害賠償請求権（民709条等）は、破産財団に帰属するのか[1]。この問題は、①破産財団の範囲、②損害賠償請求権の法的性格の分析、③損害賠償請求権の内容の整理、④被害者の保険会社に対する直接請求権が差押禁止債権とされていること（自賠18条）という、四つの観点から検討する必要がある。

2　破産財団の範囲

　被害者の加害者に対する損害賠償請求権は破産財団の範囲に属するか。破産財団の意味を問う必要がある。

　破産財団とは、破産者の財産又は相続財産もしくは信託財産であって、破産手続において破産管財人にその管理及び処分をする権利が専属するものをいう（破2条14項）。厳密には、破産財団には三つの意味があるとされる。法の予定する破産財団（法定財団。破34条、78条1項参照）、現に破産管財人の管理下に

---

[1] 最近の文献としては、小野瀬昭「交通事故の当事者につき破産手続開始決定がされた場合の問題点について」判タ1326号54頁が参考になる。この論文では交通事故の加害者が破産した場合も論じている。

ある財産（現有財団。破62条参照）、及び配当の原資となる財産（配当財団。破209条参照）である[2]。被害者の加害者に対する損害賠償請求権は破産財団の範囲に含まれるかという問題は、この損害賠償請求権が現に破産管財人の管理下にあるかどうかを問わないし、また配当の原資の問題でもない。ここで問題となるのは法定財団である。

　債権には債務者の財産から強制的満足を受ける権能が内包されている（民414条1項）。摑取力という。破産手続は債権の持つ摑取力を前提として、債務者の総財産を総債権者の満足のために充てるものであるから、破産者の一切の財産が破産財団を構成する（破34条1項）。

　一切の財産が破産財団を構成するといっても、三つの問題がある。一つは、破産手続による清算には時間がかかる、どの時点までの債務者の財産を破産財団に取り込むかという問題である。この点、破産財団は、破産手続開始の時において破産者の有する一切の財産によって構成される（破34条1項）。固定主義である。次に、将来の請求権の問題である。破産手続開始前に生じた原因に基づいて行うことがある将来の請求権は、破産財団に属する（破34条2項）。たとえば、停止条件付債権（民127条1項）や期限付債権（民135条1項）である。最後に、民事執行法の規定に基づく差押禁止の金銭（破34条3項1号）、並びに差押禁止財産及び権利の性質上差押えの対象とならない財産の問題である（破34条3項2号、民執131条、152条等）。

3　損害賠償請求権の法的性格の分析

(1)　不法行為の一般理論

　ところで、交通事故に起因する不法行為の一般理論によれば、同一の事故により生じた同一の身体傷害を理由とする財産上の損害と精神上の損害について賠償を請求する場合、原因事実及び被侵害法益を共通にするものであることか

---

[2] 『伊藤』174頁～175頁。

ら、これらの賠償の請求権は1個、財産上の損害と精神上の損害を訴訟上合わせて請求する場合の訴訟物は1個であるとされている[3]。この見解は、実体法的には、1個の身体ないし生命自体が被侵害利益であることが前提となっているが、訴訟の機能としては、紛争解決の1回性を指向するとともに損害賠償請求訴訟の特殊性に立脚した実際的な考慮に基づくものであるとされる[4]。

また、被害者の加害者に対する不法行為に基づく損害賠償請求権は、不法行為による損害賠償債務が発生すると同時にこれを履行する責任を負い、債務者の請求を待たずに遅滞に陥ると解されている[5]。たとえば、被害者が自己の権利を擁護するために訴訟追行を依頼した弁護士の費用も、不法行為による1個の損害賠償債務の一部を構成するものであって、不法行為の時に発生し、かつ遅滞に陥る[6]。

(2) 不法行為の一般理論を形式的にあてはめた場合の不都合さ

被害者は破産手続開始の前に交通事故に遭っている。被害者の不法行為に基づく損害賠償請求権は、破産手続開始の時には既に発生している。また、この損害賠償請求権は1個の身体ないし生命自体が被侵害利益であるから、破産手続開始の時には、損害賠償請求権は1個の請求権として既に発生している。とすれば、被害者の加害者に対する損害賠償請求権は、破産手続開始の時において破産者が有する財産、つまり破産財団となりそうである。この損害賠償請求権は不法行為の時に直ちに遅滞に陥る。将来の債権にもならない。破産財団に属することになる。

しかし、被害者の加害者に対する損害賠償請求権が権利の性質上差押えの対象とならない財産であるかどうかの問題は別として、破産財団に属するという

---

[3] 最判昭48.4.5（民集27巻3号419頁）。なお、本件では物的損害は問題となっていない。
[4] 法曹会編『最高裁判所判例解説〔民事篇〕昭和48年度』459頁〔野田宏〕。
[5] 大判明43.10.20（民録16輯719頁）。
[6] 最判昭58.9.6（民集37巻7号901頁）。幾代通著・徳本伸一補訂『不法行為法』346頁を参照。

結論は、特に被害者が交通事故によって重い後遺障害を負って、一生涯介護が必要となったような場合には被害者に過酷な結果となる。破産手続開始の決定を受けた被害者の生活が困難となれば、債務者の経済生活の再生の確保を図らんとした破産法の目的（破1条）を達成できない。他方で、破産債権者も被害者の不法行為に基づく損害賠償請求権が1個の請求権としてその全部が破産財団に属し、結果として高額の破産配当を受けることになる。望外の利益ではないか。

4　損害賠償請求権の内容に応じた取扱い

(1)　損害賠償請求権の内容
　被害者の損害賠償請求権の内容には、大別して、物的損害と人的損害がある。物的損害と人的損害の性質は異なる。さらに、人的損害の中にも、積極損害、消極損害（逸失利益）及び慰謝料がある。これらの損害のうち、特に慰謝料についてはその帰属上の一身専属性及び行使上の一身専属性の観点から議論があった。とすれば、損害賠償請求権の内容に応じて、破産財団に帰属するのかどうかの結論が異なるのではないか。

(2)　物的損害
　交通事故の物的損害とは、たとえば、被害者の着ていた洋服の汚損、眼鏡の破損、乗っていた自動車や自転車の破損等による損害である。この損害は被害者の財産に対する損害であって、これに対する損害賠償は、この損害部分を填補するものである。仮に、破産者が破産手続開始の時において、これらの財産を有していれば、差押禁止財産を除いて、破産財団となったものである。交通事故の物的損害部分に相当する損害賠償請求権が破産財団に属するのは疑う余地はない。

(3) 人的損害①－積極損害

　交通事故による人的損害の一つである積極損害については、たとえば、被害者の怪我を治すための治療費等であり、被害者の健康の回復にとって必要不可欠なものである。破産手続開始の時に治療費が病院に支払われていれば問題ない。被害者は怪我を治すことができる。問題なのは、交通事故後、破産手続開始の時を挟んで、被害者が一定期間入院ないしは通院して治療する場合に、積極損害は交通事故の発生時に全部成立していると考えるべきかどうかである。

　交通事故に基づく不法行為の一般理論に従ってこれを肯定すれば、積極損害に相当する部分は、破産手続開始の時において破産者に属する財産であるから、すべて破産財団に帰属することになる[7]。しかし、それでは被害者は怪我の治療を受けることはできなくなる。民事執行法が債務者の生活の維持等を考慮して差押禁止財産を定めた趣旨（民執131条）、これを受けて差押禁止財産を破産財団に属しないとした趣旨（破34条3項2号）からすれば、被害者が怪我の治療を受けることができなくなるとするのは疑問である。

　そもそも、積極損害について、交通事故の時において、これに相当する損害賠償請求権が成立するとしたのは、将来の治療を待ってその都度損害が発生し加害者に負担させるとしていたのでは、交通事故を巡る損害賠償請求事件を一括処理できないという理由によると考えられる。怪我の治療費が継続的に発生し、被害者の怪我の治療状況いかんによっては治療内容も変化し、かかる費用も変わり得ることを考えると、被害者の持つ積極損害は、継続的に発生する損害であって[8]、破産手続開始の時を挟んで、前後に分割することができる。前

---

[7] 最判昭46.6.29（民集25巻4号650頁）は、受傷のため付添い看護を必要とした被害者は、その看護者が近親者であるため現実には看護料の支払いをしない場合又はその支払請求を受けていない場合であっても、付添看護料相当の損害を被ったものとして、加害者に対し、その賠償請求をすることができる、とする。

[8] 最判平11.12.20（民集53巻9号2038頁）は、「交通事故による損害賠償請求訴訟において一時金賠償方式を採る場合には、損害は交通事故の時に一定の内容のものとして発生したと観念され、交通事故後に生じた事由によって損害の内容に消長を来さない」としつつも、被害者が死亡した後の期間についてまで介護費用を認めることについては、「衡平性の裏付けが欠ける場合にまで、このような法的な擬制を及ぼすことは相当ではない」として、被害者が死亡した後の介護費用の請求を否定している。小野瀬前掲注1論文59頁参照。

に相当する部分は、破産手続開始の時における損害賠償請求権であり、破産財団に属する。これに対し、後ろに相当する部分は、破産手続開始の時における損害賠償請求権ではなく、破産財団に属しない、債務者の新得財産である、と解する余地はあるのではないか[9]。

　もっとも、この見解は、1個の請求権を二つに分け、訴訟上合わせて請求する場合には1個とされる訴訟物を二つに分けることとなり、交通事故に基づく損害賠償請求権は1個の請求権であり1個の訴訟物と考える不法行為の一般理論に矛盾するのではないかとの疑問が生じる[10]。しかし、この一般理論も絶対的なものではない。この一般理論は、実体法的には、1個の身体ないし生命自体が被侵害利益であることが前提となっているが、訴訟の機能としては、紛争解決の1回性を指向するとともに損害賠償請求訴訟の特殊性に立脚した実際的な考慮に基づくものとされている[11]。

---

[9] 芳仲美惠子は、積極損害といえる将来の介護費用及び消極損害である逸失利益のいずれも、破産手続開始の時以降に具体的に発生する分については、新得財団として破産財団を構成しないという（芳仲美惠子「被害者の破産と損害賠償請求権」ひろば2005年7月号50頁）。

[10] 小野瀬は、介護費用を例に挙げ「介護費用の賠償請求権を破産財団に帰属させて破産債権者に配当するのは相当ではないという結論に反対する見解はないのではないかと思われる」としながらも、発生原因である交通事故自体は破産手続開始決定前に生じているので新得財産という説明は困難であると思われる、という（小野瀬前掲注1論文59頁）。
　小野瀬は、自由財産の範囲の拡張（破34条4項）によって妥当な結論を導こうとする。しかし、評価額99万円を基準にこれを下回るものについては原則的に自由財産の範囲の拡張を認め、上回るものについては慎重に検討するというのが一般的な実務の運用である（『破産・民再の実務（中）』65頁〔松井洋〕）。この程度の評価額の財産について判断している自由財産の拡張の場面において、何千万円にもなり得る損害賠償請求権についても自由財産の範囲を拡張するという判断を、裁判所がすることが現実的に可能なのか。自由財産の拡張の決定に対する異議申立はできない（破34条6項、9条）としても、不安が残る。
　なお、既に破産者が受領した退職金の4分の3にほぼ相当する金396万5680円についての自由財産拡張の申立について、破産者の自由財産拡張申立を却下した決定を支持したものとして福岡高決平成18.5.18（判タ1223号298頁）がある。同高裁決定は、「破産者の生活の維持等は原則的には法定自由財産をもって図られるべきであって、自由財産の範囲の拡張には相当に慎重な態度で臨まなければならない」という。

[11] 倉田卓次の前掲最判昭48.4.5（注3）の判例評釈によれば、かつては人的損害と物的損害とは請求権が別であると考えるのが一般であり、人的損害の三つについてもそれぞれに1個の請求権と観念するのが数年前の実務であった、とされる（判タ302号74頁。倉田はこの最高裁の判示に賛成である）。紙幅がないので機会を改める。

(4) 人的損害②－消極損害

　消極損害については、たとえば、被害者の休業損害や後遺症による逸失利益である。被害者の現在ないしは将来の収入の減少に備えてこれを填補するものである。ここでも問題なのは、交通事故後、破産手続開始の時点を挟んで、被害者の現在ないしは将来の収入が減少した場合に、消極損害は交通事故の発生時に全部成立していると考えるべきかどうかである。そもそも、消極損害について、交通事故の時において、これに相当する損害賠償請求権が全部成立するとしたのは、将来の現実の収入の減少を待ってその都度損害が発生し加害者に負担させるとしていたのでは、交通事故を巡る損害賠償請求事件を一括処理できないという理由と考えることができる。収入の減少が継続的に発生し、物価動向等いかんによっては収入の減少の程度も変化することを考えると、被害者の持つ消極損害は、継続的に発生する損害であって、破産手続開始の時点を挟んで、前後に分割することができる。積極損害の場合と同様に、前に相当する部分は、破産財団に属する。これに対し、後ろに相当する部分は、破産財団に属しない、債務者の新得財産である、と解する余地はあるのではないか[12]。

(5) 人的損害③－慰謝料

　最後に慰謝料である。これは積極損害及び消極損害の場合とは趣の異なる問題がある。慰謝料は差押禁止債権ではない。そこで、権利の性質上差押えの対象とならない財産かどうかである。いわゆる、帰属上の一身専属権と行使上の一身専属権の問題である[13]。

---

[12] 小野瀬は、後遺症逸失利益を例に挙げ、「後遺障害逸失利益が将来の個々の時点での収入の減少であることを強調したとしても、破産手続開始決定前に交通事故が発生しており、将来の請求権も破産財団に属することからすると、やはり後遺障害逸失利益の損害賠償請求権については破産財団に属すると言わざるを得ない」という。自由財産の範囲の拡張（破34条4項）によって妥当な結論を導こうとする。

[13] 最高裁は、慰謝料を放棄したものと解し得る特別の事情がない限り、これを行使することができ、その損害の賠償を請求する意思を表明するなど格別の行為をすることを必要とするものではなく、当該被害者が死亡したときはその相続人が当然に慰謝料請求権を相続する、という（最大判昭42.11.1民集21巻9号2249頁）。

判例は、慰謝料請求権の帰属上の一身専属性を否定する。民法は、損害賠償請求権発生の時点について、その損害が財産上のものであるか、財産以外のものであるかによって異なる取扱いをしていないこと、また、慰謝料請求権が発生する場合における被害法益は当該被害者の一身に専属するものであるけれども、これを侵害したことによって生ずる慰謝料請求権そのものは、財産上の損害賠償請求権と同様、単純な金銭債権に過ぎないことなどを理由とする。

　これに対し、行使上の一身専属性については、判例は、名誉侵害を理由とする被害者の加害者に対する慰謝料請求権は、これを行使するかどうかは専ら被害者自身の意思によって決せられるべきものと解すべきである、とした上で次のように判示する[14]。

　「慰藉料請求権のこのような性質に加えて、その具体的金額自体も成立と同時に客観的に明らかとなるわけではなく、被害者の精神的苦痛の程度、主観的意識ないし感情、加害者の態度その他の不確定的要素を持つ諸般の状況を総合して決せられるべき性質のものであることに鑑みると、被害者が右請求権を行使する意思を表示しただけでいまだその具体的な金額が当事者間において客観的に確定しない間は、被害者がなおその請求意思を貫くかどうかをその自律的判断に委ねるのが相当であるから、右権利はなお一身専属性を有するものというべきであって、被害者の債権者は、これを差押えの対象としたり、債権者代位の目的とすることはできないものというべきである。しかし、他方、加害者が被害者に対し一定額の慰藉料を支払うことを内容とする合意又はかかる支払を命ずる債務名義が成立したなど、具体的な金額の慰藉料請求権が当事者間において客観的に確定したときは、右請求権についてはもはや単に加害者の現実の履行を残すだけであって、その受領についてまで被害者の自律的判断に委ね

---

[14] 最判昭58.10.6（民集37巻8号1041頁）。なお、この判決が他の慰謝料請求権にも妥当するものかどうかは今後の検討課題であるといわれていた（法曹界編『最高裁判所判例解説〔民事篇〕昭和58年度』395頁〔遠藤賢治〕）。名誉毀損以外の非財産的法益の侵害による慰謝料請求権にも妥当する見解として、福永有利「破産者の慰藉料請求権と管財人の処分権」ジュリ807号50頁がある。しかし、福永は「妥当すると思われる」と結論を示すだけで理由は述べていない。検討する必要がある。

るべき特段の理由はないし、また、被害者がそれ以前の段階において死亡したときも、右慰藉料請求権の承継取得者についてまで右のような行使上の一身専属性を認めるべき理由がないことが明らかであるから、このような場合、右慰藉料請求権は、原判決にいう被害者の主観的意思から独立した客観的存在としての金銭債権となり、被害者の債権者においてこれを差し押えることができるし、また、債権者代位の目的とすることができるものというべきである」。

　これによれば、被害者の加害者に対する交通事故に基づく損害賠償の慰謝料についても、被害者と加害者との間で、一定額の慰謝料を支払うことを内容とする合意、またこの支払いを命ずる債務名義が成立したなど、具体的な金額の慰謝料請求権が当事者間において客観的に確定したときは、行使上の一身専属性を失うことになる。破産手続開始決定の時に、これらの事由が生じて行使上の一身専属性を失えば、被害者の慰謝料請求権は、権利の性質上差押えの対象とならない財産となるから、破産財団に属する（破34条3項2号）。さらに、破産手続終結の決定がなされる前に客観的に確定して、行使上の一身専属性を失えば、破産財団に属することになる（破34条3項2号ただし書）。

　ところが問題が生じる。この結論だと、破産手続開始の決定の前に交通事故に遭い、後に破産手続開始の決定を受けた交通事故の被害者は、行使上の一身専属性が失われないように、破産手続終結の決定まで加害者との間での合意等を引き延ばそうとするに違いない。他方で、破産管財人は行使上の一身専属性が失われて破産財団に帰属するのを（破34条3項2号ただし書）、破産手続の終結をしないで今か今かと待っていなければならない。破産手続が遅延する[15]。

　この点を考慮して、「慰謝料請求権について、その主体、すなわち個人であるか法人であるか、およびその保護法益、すなわち生命、身体あるいは名誉などの本来的に金銭的交換価値を持たないものかどうかなどによって区別し、個人の生命、身体、又は名誉侵害などの起因する慰謝料請求権については、その金額を確定しても行使上の一身専属性を失わず、破産財団に属することはな

---

[15] 小野瀬前掲注1論文57頁。

い」とする見解がある[16]。貴重な見解である。

　しかし、訴訟において、原告が財産的損害の賠償と精神的損害の賠償の双方を請求する場合に、財産的損害があっても、裁判所の伝統的な取扱いの感覚からは、必ずしも十分かつ詳細な立証や説明がなされたとは思われないものではあるが、相応の損害があったことは確かであるとの心証を得たものについて、これを適当に金銭に評価して、これを「慰謝料」という項目の中に事実上組み込んで判決する場合がしばしば見られるとされる[17]。慰謝料がこのような調整的機能を持っているとすれば、行使上の一身専属性という切り口で慰謝料のみを取り出して、破産財団から除外することが適切かどうか、さらに検討することが必要ではないかと考える。

　とすれば、慰謝料についても、積極損害及び消極損害の場合と同様に、破産手続開始の時点を挟んで、前後に分割し、前に相当する部分は破産財団に属する。これに対し、後ろに相当する部分は破産財団に属しない、債務者の新得財産である、と解する余地はあるのではないか。もちろん、積極損害及び消極損害とは異なり、行使上の一身専属性の問題がある。破産手続開始の時に、被害者と加害者との間で一定額の慰謝料を支払うことを内容とする合意が成立していた部分は破産財団に属する、これに対し、その時点において、合意が成立していない部分については、破産財団には属せず、新得財産となる[18]。もっとも、破産法34条3項2号ただし書の趣旨からすると破産手続の終結以前に合意

---

[16] 『伊藤』182頁。伊藤が、交通事故の被害者の積極損害及び消極損害の賠償請求権が破産財団に属すると考えているのか、いないかは、定かではない。
[17] 幾代著・徳本補訂前掲注5・300頁。
[18] 積極損害・消極損害を破産手続開始の決定の時の前後で分けたのは、現実の損害の発生が継続的であることに鑑み、その時間的経過に従ったものである。これに対し、慰謝料をその前後で分けるのは、被害者・加害者間の合意の成否という事実であって、その合意によって、どれだけの期間にわたっての「慰謝の分」を取り込んだかどうかは問題としていない。向こう1ヶ月の慰謝の分として低額の支払いを合意するときもあれば、10年の慰謝の分として高額の支払いを合意することもある。破産手続開始決定の時に後者の合意が成立していたとすれば、被害者の身になってみると不運としかいいようがない。破産者にとって唯一の救いは、債権者破産でない限り、破産者自身で破産手続開始の申立時期を選択できることである。

が成立すれば破産財団に属するとの見解もあり得る。しかし、すでに述べた慰謝料の損害額の調整的機能に鑑みると妥当ではない。このように解すれば、被害者は、破産手続開始の時よりも後に、加害者との間で、破産手続開始の時よりも後の積極損害・消極損害を含めて、示談交渉・裁判をすれば良い。交通事故紛争の解決の引き延ばしをする必要はない。管財人は被害者と加害者との合意等を待つ必要もない。

　以上、積極損害、消極損害及び慰謝料について個別に検討した。破産手続開始の時を挟んで、前後に分割し、前に相当する部分は破産財団に属する。これに対し、後ろに相当する部分は破産財団に属しない、という理論を用いた。

(6) 個別執行の場合との均衡

　もっとも、個別執行との関係で一つ疑問が生じる。破産手続が包括的な執行であるとすれば、個別執行の場合との均衡が大切である。交通事故の被害者の加害者に対する損害賠償請求権は差押禁止債権（民執152条参照）ではないから、被害者の債権者がこの損害賠償請求権を差し押さえるのは、行使上の一身専属性が問われる慰謝料を除いては特に問題ない[19]。均衡を欠くのではないか。

　これに対しては、支払不能を前提に、破産手続に及び、破産免責を獲得して経済生活の再生を目指す債務者と、現に破産手続をとらない債務者との間で格差が生じるのはやむを得ないことである、と反論できる。現に破産手続の場合、債務者が支払不能の状態にある点に鑑みて、民事執行上の差押禁止金銭の2分の3を乗じた金額を自由財産としている（破34条3項1号）。破産手続開始の前後は別世界と考える。

---

[19] もちろん、差押禁止債権の範囲の変更（民執153条）によって、交通事故の被害を被ったことを前提とする被害者の生活の状況に鑑み、一定限度の配慮をすることが可能である。しかし、何千万円にも及ぶ交通事故の損害賠償請求権を差押禁止とすることが現実問題としてできるのであろうか。

5 被害者の保険会社に対する直接請求権の差押禁止債権性

　自動車損害賠償保障法は、保有者（自動車の所有者その他自動車を使用する権利を有する者で、自己のために自動車を運行の用に供するものをいう。）の自動車損害賠償責任が発生したときは、被害者は、政令で定めるところにより、保険会社に対し、保険金額の限度において、損害賠償額の支払いをなすべきことを請求することができる、と規定している（自賠16条1項）。この直接請求権は差押禁止財産である（自賠18条）。とすれば、破産財団には属しない（破34条2項2号）。問題は解決したかのように見える。

　しかし、被害者の保険会社に対する直接請求権の法的性質については、判例は、被害者が保有者に対して損害賠償請求権を有していることを前提として認められる権利であり、交通事故の被害者の保有者に対する損害賠償請求権が第三者に転付された後においては、被害者は転付された債権額の限度において直接請求権を失うと解している[20]。この立場を前提とすると、交通事故に基づく不法行為の一般理論に従って交通事故の被害者の加害者に対する損害賠償請求権は破産財団に属するとした場合、判例の事案における請求権が第三者に転付された場合と同様に、被害者は破産財団に帰属した限度において、直接請求権を失ってしまう。破産財団に帰属する場合に限度額はないわけだから、被害者の加害者に対する損害賠償請求権は、全部破産財団に属することになってしまう。

　しかし、それでは直接請求権は差押禁止財産とした趣旨が没却されてしまう。この点を重視して、被害者の加害者に対する損害賠償請求権は破産財団に属する、と同時に、被害者の直接請求権は自由財産となり、破産財団と、被害者の自由財産に分属するとの見解がある[21]。しかし、この見解では、破産財団

20　最判平12.3.9（民集54巻3号960頁）。
21　芳仲前掲注10論文45頁。

の権利行使と被害者の権利行使との間の調整においてその基準ないしは目安がなく困難が生じる。

　問題の根本は、交通事故に基づく不法行為の一般理論に従って、破産手続開始決定前における、交通事故の被害者の加害者に対する損害賠償請求権はすべて破産財団に属する、との解釈である。見直す必要がある。

　破産手続開始の時を挟んで、積極損害及び消極損害を前後に分割し、前に相当する部分は破産財団に属するが、後に相当する部分は破産財団に属しない。慰謝料については、具体的な金額が当事者間において客観的に確定したのが破産手続開始の前であれば、慰謝料請求権は破産財団に属し、後であれば破産財団に属しないと解すべきである。このように解すれば、被害者は破産財団に属しない範囲（自由財産の範囲）で保険会社に対して直接請求権を有するとの解釈が可能となる。被害者の直接請求権を差押禁止財産とした趣旨が全うされる。

第6章
破産と離婚

弁護士　木内道祥（大阪弁護士会）

1　はじめに

　経済生活の破綻に対して夫婦が協力して立ち直りをめざすことは望ましいが、経済生活の破綻と家庭の破綻は、原因と結果がそのいずれであるかは別として、相伴うことが多い。離婚してまもなく破産申立をする、破産申立後まもなく離婚する、破産手続中に離婚するというケースは、申立代理人ないし破産管財人としてしばしば経験するところである。

　離婚は、身分上のことであり、それ自体は破産手続が関わらないものであるが、離婚に関連する財産上の請求権については、破産手続との関係が問題となる。金銭貸借等の経済取引とは異なる領域のことであり、当事者としては破産手続に関わる問題であるという意識を持たないことも多い。申立代理人にその意識がないことがあったり、離婚とその関連請求を取り扱う裁判所（多くは家庭裁判所であるが、ケースによっては地方裁判所もあり得る。）も、当事者について破産手続が開始されたことが判明しても、破産手続との関係の処理が必要であるという意識に欠ける場合がある。

　そこで、破産と離婚という問題を取り上げることとした。

　なお、離婚との関係で問題となる論点は破産と個人再生でほぼ共通である。そこで破産について述べ、必要がある限度で個人再生に言及することとする。

2　離婚に関連する財産上の請求権

　離婚給付といわれる離婚に伴う財産上の請求権としては、慰謝料と財産分与がある。
　慰謝料には、離婚そのものの慰謝料と離婚原因事実に基づく慰謝料の区別があるが、破産との関係ではその区別の必要はない。財産分与は、形成権か請求権か、債権的権利か物権的権利かで説が分かれている。養育費請求権（ないし婚姻費用分担請求権）も、離婚と関連する財産上の請求権であり、この三つが破産の際に問題となる。
　財産上の請求権でないもの、つまり、離婚そのもの、親権者指定、監護権者の指定、面会交流などは、破産手続とは関わりがない。

3　権利者の破産

(1) 権利者が破産する前に離婚し、離婚に関連する財産給付を既に受領している場合

　離婚した後に権利者が破産した場合、既に履行され、権利者が受領した離婚給付については、権利者の財産として破産財団を形成する。
　慰謝料等の差押えできない債権の弁済によって形成された財産に差押禁止の効力が及ぶという下級審判決がある（東京地判平15.5.28金判1190号54頁、金法1687号44頁）が、最判平10.2.10（金法1535号64頁、金判1056号6頁）は、消極に解している。
　民事執行の実務では、差押禁止債権の弁済金からなる預金に差押禁止効が及ばないことは確定した取扱いである。民事執行法の改正の際に、差押禁止債権の振込みによる預金債権について、一定範囲で差押禁止とすることが検討されたが、結局、民事執行法153条の差押禁止の範囲の拡張を設けることにより、差押えを取り消すという方法を設けたという経緯がある（長井秀典「判批」判タ1036号77頁）。

(2) 権利者が破産する前に離婚し、離婚に関連する財産給付を未受領の場合

　破産開始の時点で、破産者が離婚に関連する財産給付を受領していない場合、破産者の有する権利が破産財団に属するか否かという問題がある。

a　慰謝料請求権

　離婚に伴う慰謝料請求権は、慰謝料が行使上の一身専属性があるとされていることから、慰謝料の具体的な金額が当事者間において客観的に確定しない間は自由財産であり、破産手続中に確定すれば（たとえば、当事者間での金額合意の成立、または債務名義の成立等）、破産財団に属するというのが判例である（名誉棄損を理由とする被害者の加害者に対する慰謝料請求権についての最判昭58.10.6民集37巻8号1041頁）。しかし、有力な反対説（慰謝料請求権の確定と破産手続の終了の前後によって財団に属するか否かが異なることには合理的な理由はなく生命、身体、名誉侵害による慰謝料請求権については、確定しても行使上の一身専属性を失わず破産財団に属しない。『伊藤』183頁、『条解破産』293頁）がある。離婚に伴う慰謝料請求権についても、確定と破産手続終了の前後によって異なることは不合理であり、生命、身体、名誉侵害による慰謝料請求権と同様に、確定の有無を問わず、破産財団に属しない自由財産と解するべきである。

b　財産分与請求権

　財産分与請求権は一身専属ではない（少なくとも、請求の意思表示の後は一身専属ではない）と解するのが実務の主流である（斎藤秀夫・菊池信男『注解家事審判規則』146頁〔山口幸雄〕）。

　しかし、財産分与請求権については、清算的部分、慰謝料的部分、扶養的部分があるとされており、それを破産との関係に反映させると、理論的には、清算的部分は破産財団に属し、慰謝料的部分は（慰謝料請求権と同様に）自由財産であり、扶養的部分は、開始決定前の部分は破産財団に属する（ただし、自由財産拡張の対象となる。）が開始決定後の部分は新得財産というべきである。特に、慰謝料的部分については、実務上、離婚訴訟の実務においては、慰謝料請求と入れ替えることも可能（慰謝料及び財産分与を請求するときと、慰謝料を

請求しないと明示して財産分与を請求するときで、その請求額が相手方の財産総額を超えない限り、認容額は同一となる。）であるから、慰謝料請求権と異なる取扱いをするべきではない。

このように、財産分与請求権に清算的なもの以外の部分があること及び協議・調停・審判によって権利が形成されるという判例から、具体的内容が形成されるまでは行使上の一身専属性があるとする説がある（『条解破産』605頁）。

しかし、家裁実務において財産分与として認められるのは、ほとんど清算的部分であり、かつ2分の1ルールが定着していることを考慮すると、財産分与請求権そのものに一身専属性を認めることは相当ではない。財産分与請求権の内で、慰謝料的部分、扶養的部分と明示されていれば、その性質に従った取扱いを行うが、そうでなければ、破産財団に属するものとし、自由財産拡張制度の柔軟な運用により対処するべきである。

c 養育費請求権ないし婚姻費用分担請求権

義務者の破産でも権利者の破産でも、請求権の発生原因をどう解するかによって取扱いが定まる問題であるが、義務者の破産の場合に、請求権が破産債権なのか否かとして登場することが多いので、詳細は4(2)bで述べる。

権利者の養育費請求権ないし婚姻費用分担請求権についていえば、開始前の未履行分は破産財団に属するが、開始決定後の発生分は破産手続に関わらない新得財産であると解される。なお、ここでいう開始決定後の発生分とは、養育費ないし婚姻費用分担の金額が定まっておらず、今後、協議、調停あるいは審判によって定められなければならないものだけでなく、既に、協議、調停あるいは審判によって、月額金〇〇円と定められているものも含む趣旨である。

(3) 権利者が破産開始決定後に離婚する場合

権利者が破産開始決定後に離婚する場合、離婚に関連する財産上の請求権が「破産手続前に生じた原因に基づいて行うことがある将来の請求権」（破34条2項）として破産財団に属するというには、破産開始前の期間に対応する部分とその後の期間に対応する部分を区別することが必要となるが、その判定は容易

ではない。

　(破産財団に属すると解した場合の) 慰謝料請求権では、慰謝料の発生原因となる事実は事案によって異なる。破綻を慰謝料の発生原因と構成するか、破綻をもたらした個々の行為を慰謝料の発生原因と構成するかによっても異なるが、その発生原因に応じて財団債権に属する部分を決定することになる。財産分与請求権については、同居期間中の寄与が原因と解されるので、破産開始時に既に別居しているのであれば、破産財団に属することになり、破産開始後の別居であれば、別居後の相手方の取得財産は分与対象ではなく、破産後別居前の相手方の取得財産は、破産後の同居期間に対応する部分は分与対象ではなく、破産前の同居期間に対応する部分についての分与請求権は破産財団に属するということになる。養育費ないし婚姻費用については、日々発生する請求権と解されるので、破産開始決定の時点で、財団に属する部分と新得財産の部分がわかれる。

　いずれにしても、破産手続終了後の離婚によって生じた財産上の請求権については、実際上問題とならない。問題となるのは、破産開始決定後、それほど期間が経過していない時点での離婚であり、実務上は、破産管財人と破産者の間で和解的な処理がされると思われ、上記の点は、その際の考慮要素にとどまる。

(4) 権利者の破産と離婚手続の関係

　破産開始決定時点で離婚訴訟・調停・審判が係属中であれば、破産財団に属する請求権については破産者は管理処分権を失うので、破産管財人がその手続を承継することとなる。

　破産財団に属する請求権とは(2)の理解によれば、慰謝料請求権は除外され、財産分与請求権と破産開始前の期間に対応する養育費請求権ないし婚姻費用分担請求権である。

　調停・審判であれば、破産管財人の承継部分についても中断は生じない。伝統的に非訟事件では中断という概念はないとされており、今回の法制審議会に

おける非訟事件手続法の見直しにおいても、受継は規定されることになったが、中断は設けられなかった（法制審議会平成23年2月15日決定「非訟事件手続法及び家事審判法の見直しに関する要綱」第1部第1・2(7)キ・ク）。離婚訴訟の附帯請求として財産分与請求、養育費請求がされている場合には、中断が生じると解される（『破産150問』70頁〔木内道祥〕参照）。中断するとしても、破産財団に属する財産についての訴訟であり破産債権に関するものではないので、破産管財人が速やかに受継することになる（破44条1項、2項）。

4　義務者の破産

(1) 義務者が破産する前に離婚し、離婚に関連する財産給付を既に行っている場合

離婚給付としての財産分与、慰謝料の支払いが履行された後に破産申立がなされた場合には、それに対する否認権の行使の可否が問題となる。

最判昭58.12.18（民集37巻10号1532頁）は、債務超過の状態で不動産が慰謝料を含む財産分与として移転登記された事案につき、財産分与として過大であり、財産分与に仮託したものでない限り詐害行為取消しの対象とならないとし、最判平12.3.9（民集54巻3号1013頁）は不相当に過大な財産分与の支払合意でなければ、また、損害賠償債務の額を超えた慰謝料の支払合意でなければ、詐害行為とならないとした。

この判例からは、財産分与ないし慰謝料として行われた財産給付は、過大なものでなければ、詐害行為否認（破160条）の対象とはならないが、偏頗行為否認（破162条）の対象とはなり得る、移転登記については対抗要件否認（破164条）の対象となり得るということになる（『条解破産』454頁、455頁）。

(2) 義務者が破産する前に離婚し、離婚に関連する財産給付が未履行の場合

a 慰謝料請求権、財産分与請求権

慰謝料請求権は破産債権である。財産分与請求権については、取戻権とする説（夫婦共有財産の清算としての財産分与請求権について『伊藤』324頁等）があるが解釈上の根拠に乏しく、特定物の分与、金銭給付を問わず、破産債権と解するべきである（『条解破産』455頁）。

b 養育費請求権ないし婚姻費用分担請求権

養育費請求権と婚姻費用分担請求権は、いずれも、離婚に関連する請求権である。婚姻費用分担請求権は離婚までの間の夫婦と子どもを含めた生計費の父母間の分担の問題であり、養育費請求権は、離婚後の子どもの生計費の父母間の分担の問題である。ここで問題となる法的性質は養育費請求権と婚姻費用分担請求権に共通のものであるので、以下は、養育費請求権について述べるが、これは、婚姻費用分担請求権についても同様の取扱いとなる。

義務者の破産では、かつては、破産前に決定された養育費請求権は全体として破産債権であるという見解もあったが（池田辰夫「破産債権の意義・要件・範囲」判タ830号158頁）、今の実務では、養育費請求権は協議・調停・審判による決定が破産開始前であっても、開始前の未履行分は破産債権であるが、開始決定後の発生分は破産手続外の債権であると解されている（『大阪再生物語』220頁、『破産・民再の実務（中）』98頁〔杉田薫〕）。

養育費請求権が協議・調停・審判による決定によって発生すると解すると、その決定が破産開始の前であれば破産債権となる。しかし、本来、養育費は要扶養状態の存在により日々発生する権利であり、いったん、月額金〇〇円と定められても、要扶養状態によって変更されるのであるから、養育費請求権の発生原因は、日々の要扶養状態である。したがって、破産手続開始後の養育に対する分は破産債権ではなく、破産手続開始前の養育に対する未履行分は破産債権となる。

破産開始前に決定された以上、将来分を含む養育費全体が破産債権であると

解した場合、非免責債権であっても（破253条1項4号）、破産手続中は弁済を受けることができないこととなる。個人再生でも、減免が許されない債権ではあるが、弁済を受けるのは弁済期間が満了した時点となる（民再232条4項）。これは養育費の性質に反するものである（平成16年改正前は、養育費請求権は非免責債権とはされていなかったので、将来分を含む養育費全体を破産債権・再生債権と解すると、全体が免責され、あるいは、再生計画によってカットされるという著しく妥当性を欠く結論になっていた。）。

(3) **義務者が破産した後で離婚する場合**

慰謝料請求権、財産分与請求権は、義務者が破産開始決定後に離婚する場合、これらの財産上の請求権が「破産者に対し破産手続前に生じた原因に基づいて生じた」（破2条5項）に該当するというためには、破産開始前の期間に対応する部分とその後の期間に対応する部分を区別することが必要となるが、その判定は困難である。破産開始決定の前から別居しているという場合には、破産法2条5項の破産債権と解され(2)と同様の取扱いとなる。

養育費請求権ないし婚姻費用分担請求権については、もともと、経過期間に対応して生ずると解するべきものであるので、破産開始前の期間に対応する部分は破産債権であり、その後の期間に対応する部分は、義務者に対して新たに発生した破産手続外の債権である。

(4) **義務者の破産と離婚手続の関係**

　a　**離婚訴訟の係属中に義務者が破産した場合**

義務者に対する請求権が破産債権と解される場合には、債権者（破産者の配偶者）からの債権届出が必要である。

離婚訴訟が係属中であれば、その訴訟における請求の内、破産債権に関する部分は中断する。そして、債権調査の結果によって、認められれば、訴訟の破産債権に関する部分は当然に終了し、認められなければ、債権者が訴訟手続の受継の申立を調査期間の末日あるいは調査期日から1月以内に行なうことにな

る（破127条1項2項、125条2項）。

b　家事審判事項の債権確定手続 ― 調停・審判の係属中の義務者の破産

　訴訟ではなく、離婚調停が係属中、あるいは、財産分与請求ないし養育費請求（破産債権に該当する部分に限る）の調停・審判が係属中に義務者が破産した場合、債権確定手続がどのようなものになるのかについては、次のように考えられる。

　破産債権である以上、債権届出とそれに対する債権調査手続が必要である。債権調査で異議等が述べられると、訴訟が係属していなければ、査定申立がなされ、債権確定手続を行なうこととなる。この査定申立をすべき裁判所は当該破産事件を担当している裁判所であり（破152条1項）、地方裁判所における裁判体である。

　財産分与請求・養育費請求（ないし婚姻費用分担請求）は家事審判事項であり、これを審判・調停によって定めるのは家庭裁判所の職分管轄に属する。地方裁判所が財産分与等についての査定手続等の管轄を有するか否かが問題となるが、家庭裁判所の職分管轄に属するのは「家事審判法で定める家庭に関する事件の審判及び調停」であり（裁判所法31条の3第1項1号）、家事審判事項（家事審判法9条）に該当する請求権を対象としても、審判及び調停手続によらない場合には、ここでいう家庭裁判所の職分管轄には属さないと解し得る。

　すると、家事審判事項に属する請求権についても、破産手続開始当時「訴訟」が係属していない以上、破産法の定める債権確定手続によって確定させるという解釈も可能である。この手続では、査定決定に対する異議の訴えという訴訟制度が備えられているが、訴訟事項を非訟手続で決定するのと異なり、家事審判事項に属する請求権について訴訟手続が備えられていることに問題はない。

　ただ、破産手続開始の時点で、すでに別の手続が進行している場合には、破産法の債権確定手続によることを強制せず、訴訟経済の面からも、既存の手続を破産管財人が続行することが合理的であるという破産法127条の趣旨（『条解破産』848頁）からすると、破産法127条1項を類推して、債権確定手続による

のではなく、審判・調停を破産管財人が承継し、それによって債権確定を行なうという解釈も考えられる。

前記のとおり、家事審判事項に属する請求権も、破産法の債権確定手続による以上、地方裁判所の職分管轄が認められていると解し得るものの、家庭裁判所の審判・調停が本来適した手続として設けられていること、訴訟経済の面からの合理性が肯定されるのであれば手続の進行程度によって取扱いを異にすることはできないことからすると、後者の解釈が妥当である。民事調停は受継されるべき訴訟に含まれないとする見解もある（『伊藤』479頁、『条解破産』850頁）が、家事調停はここで問題となる乙類審判事項については不成立になると審判提起とみなされる（家事審判法26条）こと、乙類審判事件には付調停の制度があり、調停に付されることがしばしばあることからすると、家事調停の係属中の破産開始でも、破産法127条１項を類推して、受継申立を行なうべきである。ただし、この点について、先例は見当たらないので、届出債権者として安全を期すためには、査定申立と家庭裁判所の審判・調停の受継申立の双方を期限内に行なうべきであろう。

c 家事審判事項の債権確定手続 ― 調停・審判が未係属の状態での義務者の破産

破産手続開始の時点で、破産債権である財産分与請求権、養育費請求権（ないし婚姻費用分担請求権）について、調停、審判などの法的手続が係属していない場合、債権確定手続がどのようなものになるのかについては、次のように考えられる。

破産債権である以上、債権届出と債権確定手続が必要であることは同様である。債権調査で異議等が述べられた場合、家事審判事項に属する請求権も、債権確定手続による以上、地方裁判所の職分管轄が認められていると解し得るから、債権確定手続によるべきであって、家庭裁判所への審判・調停の申立は許されないと解することは可能である。

他方、仲裁合意が存する場合について、破産法の債権確定手続に代えて、仲裁手続によって異議等のある破産債権を確定できるというのが多数説である

（『伊藤』478頁。ただし『条解破産』838頁は、破産債権に関する仲裁契約は当然失効し、破産債権確定手続によるべきであるとする。）ことに鑑みると、開始時点で他の手続が未係属の場合でも、債権確定手続に代えて、審判・調停によって異議等のある破産債権を確定できるという考えもあり得る。

　破産手続開始の時点で審判・調停が未係属の場合であるから、訴訟経済の面から既存の手続を破産管財人が続行することが合理的であるという破産法127条の趣旨を援用することはできないこと、破産手続という集団的処理のために査定手続という簡易迅速な手続を破産法が設けたのであるが、審判・調停がそれ以上に簡易迅速というとはできないこと、仲裁では仲裁合意に破産管財人が拘束されることが一つの論拠とされているがここでは破産管財人が拘束されるような合意は存在しないことからすると、地方裁判所における債権確定手続によると解するべきであると思われる。

　この点についても、先例は見当たらないので、届出債権者として安全を期すためには、査定申立と家庭裁判所の調停あるいは審判の申立の双方を期限内に行なうべきであろう。

第7章 免責制度の目的から見た実務運用上の諸問題

弁護士　籠池信宏（香川県弁護士会）

1　はじめに

　免責制度は、破産者が負担する債務について、その責任を法的に免除することにより、破産者にフレッシュスタートの機会を与え、もって破産者の経済的再生を企図する制度である。

　破産法は、「債務者財産の適切かつ公平な清算」と並び「債務者の経済的再生」を目的として掲げている（破1条）。この「債務者の経済的再生」を図るための中核的制度が免責制度である。個人の破産者は、免責許可決定を得ることを中心的な動機として、自己破産の申立に及んでいるのが実情であり、その意味で、個人破産における免責手続の位置付けは極めて重要である。

　本稿は、「債務者の経済的再生」という免責制度の目的の観点から、免責制度の実務上の諸問題について考察を試みるものである。

2　免責の理念

　免責の理念に関しては、債権者の利益実現に誠実に協力したことに対する特典と見る説（特典説）と、破産者の経済的再生の手段であるという説（再生手段説）の二つの考え方がある[1]。この理念のいずれを強調するかは、免責不許可事由の解釈や裁量免責の判断など免責制度の運用全般に影響を及ぼす。

1　『条解破産』1534頁、『基本構造』512頁、『伊藤』533頁。

この点については、消費者金融の拡大に伴い過剰貸付け等による個人破産事件が激増した社会的背景の下、「債務者の経済的再生」が破産法の目的規定に明記されたことに鑑み、基本的には再生手段説の理念が重視されるべきであるとされる。その上で、モラルハザード防止の観点から、免責の要件として破産者の「誠実性」を考慮すべきであるとされる。このような考え方の下、不誠実な行為を行っていない破産者については、その再生のために積極的に免責を付与すべきであると解するのが通説的見解である[2]。

　免責の許否は、上記の免責の理念を踏まえ、破産者の「経済的再生」と「誠実性」の両面から判断される[3]。徒に糾問的、制限的な免責制度の運用は、債務者を法秩序からの離脱に向かわせるだけであり、免責制度の理念に沿うものとはいえない[4]。債務者の中には、免責不許可事由が存することを憂慮して破産申立を回避する傾向も少なからず見受けられるが、実務法曹には、破産・免責手続を通じて、これらの債務者の法秩序への復帰を促す柔軟な制度運用が求められる[5]。

3　免責手続の実務運用

(1)　免責審尋期日の運用

　旧法は、免責の審理にあたって破産者の審尋を必要的とする制度を採用して

---

[2] 『伊藤』534頁、『倒産法概説』547頁。
[3] 長谷部由起子「免責の理念と根拠」『法システム(2)』134頁。
[4] 『伊藤』535頁。
[5] なお、免責制度の運用に関しては、後述の条件付免責の可否の議論とも関連して、破産・免責手続と個人再生手続との棲分けをどのように考えるかという問題がある。現行法上、破産・免責手続と個人再生手続のいずれを選択するかは債務者の判断に委ねられているが、相当の将来収入を見込める債務者が破産・免責手続を利用することに対しては、これを制限すべきであるとする見解も根強い。今後検討されるべき課題であるが、将来収入を引当てとする消費者与信の性質を考慮したとしても、それだけでは債務者の将来収入を当然に責任財産に組み込むことの論拠としては乏しいように思われる（長谷部前掲注3『法システム(2)』155頁、『基本構造』535頁）。少なくとも自由選択制を採用する現行法下においては、将来収入の見込める債務者による免責申立を制限し、個人再生手続を一般的に強制するような制度運用は妥当ではない。

いたが、現行破産法は、この規定を削除し、免責審尋期日の開催を任意化した。その結果、免責審尋期日の開催・非開催、期日における審尋の方式（個別審尋方式・集団審尋方式の別）など免責手続の運用方針は、各裁判所において異なっている。大規模庁では、免責審尋期日を開催する運用が比較的多いが、地方の中小規模庁においては、書面審理のみで原則的に免責審尋期日を開催しない運用が多い[6・7]。

　免責制度の理念やモラルハザード防止の観点からは、免責手続における破産者の矯正教育の視点も軽視されるべきではなく、債務者の経済的再生を図るための積極的な取組みが望まれる。この点、実務上は、免責審尋の実施のほか、免責不許可事由の存する破産者に対して家計簿や反省文の作成を求めるなどの取組みがなされている。一方、裁判所を主体とした取組みには手続的な制約もあることから、次項に述べるとおり、破産管財人を選任し、破産管財人の指導監督を通じて破産者の匡正教育を図り、感銘効果を確保するというアプローチも積極的に活用されるべきである。

(2) 破産管財人の選任に関する運用

　破産管財人選任事案では、破産管財人が、免責不許可事由の有無及び裁量免責の判断にあたって考慮すべき事情の調査を行い、免責に関する意見書を裁判所に提出する（破250条1項）。破産管財人によって免責調査が行われる場合、破産・免責申立前の事情だけでなく、破産者の経済的再生に向けた努力や意

---

[6] 『条解破産』1539頁。個人再生実務研究会編『破産法の理論・実務と書式 消費者破産編』290頁によれば、東京地裁では、同時廃止、管財事件を問わず、全件免責審尋期日を実施しているが、大阪地裁では、いずれも実施しておらず、免責許可に問題のありそうな事件について、例外的に集団による免責審尋を実施しているようである。なお、地方の中小規模庁においては、破産審尋・免責審尋とも実施されず、破産者が裁判所に1回も出頭することなく書面審理のみで免責許可決定をなす同時廃止事案の運用も一般的に行われている。

[7] 通常、裁判所は、自己破産申立の受付段階で破産申立書添付の陳述書等を審査し、破産財団の規模や、免責不許可事由に該当することが疑われる事情の有無等に基づいて、それぞれの裁判所が定める事件類型ごとに事件の振り分けを行う。これらの類型に応じて、免責審尋期日の取扱いをはじめとする事件処理の方式に差異が設けられている。

欲、破産手続への協力の程度など申立後の事情まで幅広く情報収集することができ、破産者の「経済的再生」と「誠実性」に関して十分かつ適切な調査を実施することが期待できる。

これに対し、同時廃止事案では、免責不許可事由等の調査は、破産申立書その他一件記録の書面審理を中心に行わざるを得ず、免責不許可事由等の調査を十分に尽くしがたい面があることは否めない[8]。したがって、同時廃止申立事案については、自己破産申立の受付段階において、免責不許可事由に該当することが疑われる事情の存否を慎重に審査し、免責不許可事由等の調査が必要な事案を的確に選別することが求められる。

免責制度の理念に照らせば、少なくとも免責不許可事由に該当することが疑われる事情が存する事案については、破産管財人を選任し、破産者の「経済的再生」と「誠実性」に関する調査を尽くすとともに、経済的再生に向けた指導監督を行った上で、免責の許否を判断する運用が望ましい。東京地裁をはじめ複数の裁判所においては、いわゆる少額管財手続が導入されており、免責不許可事由等の調査が必要な事案については、少額管財手続によって対応する運用がなされている[9]。予納金や破産管財人の給源等の問題はあるものの、かかる少額管財手続の運用の拡充が望まれる。

4 免責不許可事由の解釈・判断

裁判所は、破産者について、免責不許可事由がない場合、必ず免責許可の決定をしなければならない（破252条1項）。この規定振りからしても、免責制度は、債務者の経済的再生を図るために、破産者の権利として認められた制度であることが示されている[10]。

---

[8] この場合、免責不許可事由等の調査を裁判所書記官に命じて行わせることができるが（破規75条）、なお十分とはいい難い。なお、裁判所書記官による調査の実情について、『基本構造』529頁参照。
[9] 『基本構造』527頁。
[10] 『条解破産』1581頁。

免責不許可事由の該当性判断は、基本的には要件に照らして客観的に行われるべきものであるが、一定の法的評価を要する規範的要件や主観的要件も少なくない。これらの免責不許可事由の該当性については、前記の免責の理念、とりわけ「誠実性」を踏まえた解釈・判断が重視されるべきである。何故なら、免責不許可事由は、総じて破産者の不誠実性に着目して、必要的免責の欠格要件を定めたものだからである。このような点に関連して解釈上問題となる免責不許可事由には、次のようなものがある。

　①財産の不利益処分等（破252条1項1号）には、破産財団に属すべき財産を廉価処分する等の行為が含まれるが、生活資金捻出のための処分行為等は、同号の免責不許可事由には該当しないと解される[11]。

　②詐術による信用取引（破252条1項5号）に関しては、債務者が負債状況について積極的に虚偽の事実を告知したとか、資産・収入が存在するように誤信させるための積極的行為があって初めて「詐術」が認められ、単なる財産状態の不告知等では足りないと解される[12]。免責不許可事由が必要的免責の欠格要件であることを考慮すれば、不誠実性を裏付けるべき相応の積極的行為が要求されるべきだからである。

　③帳簿隠滅行為等（破252条1項6号）に関しても、上記同様の観点から、債務者の積極的意思を必要とし、単なる商業帳簿等の不備では足りないと解すべきである[13]。

　④虚偽の債権者名簿の提出等（破252条1項7号）に関しては、免責不許可という強い制裁を伴うことから、これらの不記載等は、単なる過失による記載漏れでは足りず、破産手続の遂行を妨害し、又は債権者を害する目的で、意図的に行った場合に限られる[14]。したがって、破産者が、誤って債権者名簿に記載すべき債権者名を一部脱落させた場合は、同号に該当せず、当該債権者の債権

11　『条解破産』1583頁。
12　『伊藤』546頁。大阪高決平2.6.11（判時1370号70頁）。
13　大阪高決昭55.11.19（判時1010号119頁）。
14　『条解破産』1593頁。

が非免責債権として取り扱われるにとどまる（破253条1項6号）。

⑤調査協力義務違反等（破252条1項8号）[15]、管財業務妨害行為（破252条1項9号）[16]、破産法上の義務違反行為（破252条1項11号）[17]は、これらの義務違反行為をなすことが、破産者の不誠実性の徴表であることから免責不許可事由とされたものである。したがって、破産者の行為が外形的にこれらの義務違反行為に該当する場合であっても、不誠実性の徴表であるとは認められない特段の事情の存する場合には、免責不許可事由該当性を否定すべきである[18]。

5 裁量免責

裁判所は、破産者について、免責不許可事由が存する場合であっても、破産手続開始の決定に至った経緯その他一切の事情を考慮して相当と認めるときは、裁量によって免責許可の決定をすることができる（破252条2項）。

裁判所は、前述の免責制度の理念に照らし、破産者の「経済的再生」と「誠実性」の観点に重点を置いて、裁量免責の許否を判断すべきである。

破産手続に対する協力姿勢などから破産者に一定の誠実性が認められ、破産手続開始決定後の生活状況等から破産者の将来の経済的再生が期待できる場合には、社会公共的見地から免責許可を否定すべき特段の事情のない限り、裁量免責が認められるべきである[19]。

裁量免責における主な考慮要素としては、①破産者が債務を負った事情、支

---

15 大阪高決昭60.6.20（判タ565号112頁）、東京高決平7.2.3（判時1537号127頁）、東京高決16.2.9（判タ1160号296頁）。
16 『条解破産』1595頁。
17 大阪高決昭60.6.20（判タ565号112頁）。
18 『伊藤』548頁。
19 『伊藤』549頁、『条解破産』1600頁。なお、平成15年から同20年までの免責不許可事件数は平均0.11％にすぎないとされる（『条解破産』1537頁）。『基本構造』536頁によれば、免責不許可の例としては、申立後の手続における債務者の非協力的な態度を理由とする不許可が最も多く、その中でも審尋期日に出頭しないという理由での不許可が3分の1を占め、次いで説明義務違反を理由とする不許可が多いとされる。

払不能に至った経過等の「破産手続開始決定までの事情」、②免責不許可事由の種類、内容、程度等の「免責不許可事由に関する事情」、③債権者の属性、破産者との関係、与信金額、債権回収状況等の「債権者側の事情」、④破産者の破産手続に対する協力状況、破産者の反省の有無・程度、破産者の生活状況、再生への意欲・見込み等の「破産手続開始決定後の事情」、⑤免責不許可決定が破産者の再生に及ぼす影響の程度、免責許可についての債権者の意見等の「免責許可決定のもたらす影響」が挙げられる[20]。ただし、これらの考慮要素の中でも破産者の「経済的再生」と「誠実性」に緊密に関連する事情、とりわけ破産手続申立後の上記④の事情が重点的に考慮されるべきである。免責制度の設計上、特定債権の保護は非免責債権の取扱いにおいて図られるべきところからは、免責の許否にあたって、債権者側の事情は一般的にはさほど重視されるべきではないと解される。

6　一部免責・条件付免責の可否

(1)　一部免責の可否

　裁判所が免責許可の決定をするにあたって、一部の特定債権につき免責対象から除外とする取扱い（縦割型一部免責）や、破産債権のうち一定割合のみを免責する取扱い（割合的一部免責）の可否について議論がある[21]。
　このような一部免責については、免責割合の判断について裁判官の裁量に過度に依存する危険があること、免責手続自体が一部免責の可否を定め得る審理構造になっていないこと、法文上も一部免責の許容性を認め難いこと、等の理由から消極に解するのが通説であり、現行の実務上も行われていない[22]。

---

[20] 『条解破産』1599頁。その他、裁量免責の考慮要素については、大阪高決昭58.9.29（判タ510号117頁）、東京高決平8.2.7（判時1563号114頁）、福岡高決平9.8.22（判時1619号83頁）参照。
[21] 『条解破産』1542頁。
[22] 『伊藤』539頁、『条解破産』1543頁、『基本構造』534頁。

(2) 条件付免責の可否

条件付免責とは、破産者に免責不許可事由が存すると認められる場合に、債権者に対して一定の期間内に一定の金額を弁済することを条件として、免責許可の決定をなす取扱いをいい、その可否について議論がある。

条件付免責の取扱いについては、債権調査を経ないで弁済が行われるため債権者間で不公平が生じる危険があること、破産者の経済的再生を妨げるおそれがあること、条件の設定について裁判官の裁量に過度に依存する危険があること、等の理由から消極に解する見解[23]がある一方、裁量免責の判断要素として斟酌できることから積極に解する見解がある[24]。

個人再生手続との役割分担が曖昧になる等の問題はあるものの、一部免責の取扱いと異なり、破産手続中の自由財産からの任意弁済がそれ自体違法であるとはいえない[25]。また、破産管財人の適切な指導監督下において、破産者の経済的再生を阻害しない範囲内で按分弁済を促し、裁量免責における「誠実性」の判断要素として考慮する取扱いは、破産者に重大な免責不許可事由が存するような事案においては、破産法の理念に沿った弾力的な実務運用として評価できることから、その限りにおいて許容されるべきであると解する[26]。

7 免責観察型管財手続

「免責観察型管財手続」とは、免責不許可事由に該当する行為の内容及び程度が重大であり、そのままでは免責許可が困難である申立事案を対象として、

---

[23] 『条解破産』1542頁、『基本構造』534頁。
[24] 後述の免責観察型管財手続においても、例外的に積立方式による按分弁済が実施されるケースがあるところ、このような取扱いは条件付免責の一種ともいえる。
[25] 最判平18.1.23（民集60巻1号228頁）。『条解破産』1601頁も、債権者に対する自由財産からの一部弁済を、裁量免責に有利に働く一事情として掲げる。
[26] なお、同時廃止基準を若干上回る額の財産がある場合において、基準超過額を債権者に按分弁済することによって同時廃止型の破産手続を認める実務運用がなされることがあるが、これは免責の判断と直接関連する問題ではなく、債権者間の公平を損なわない限り許容されるべきである。

大阪地裁で行われている破産・免責手続の運用の一つである[27]。

　免責観察型管財手続では、管財人を付して、破産者の経済的再生に向けた取組みの指導監督に当たらせるとともに、管財手続中の破産者の生活状況等を観察することを通じて、破産者の「経済的再生」や「誠実性」に関わる事情を調査させ、これを裁量免責の許否の判断要素とすることが主眼とされている。

　免責観察型管財手続の破産管財人は、破産者に家計簿や家計収支表を作成させて、家計の状況等を観察し、生活状況の改善のための指導監督を行い、これらの経済的再生に向けた破産者の取組状況を評価することが中心的な業務となる。また、破産者の免責不許可事由が特に重大であり、破産者の誠実性の補完を要する事案については、例外的に、破産者の収入状況等に照らして自由財産からの積立てを促し、申立代理人による按分弁済を実施させることもある。

　自由財産からの按分弁済を裁量免責の前提とする取扱いに関しては、前述の条件付免責の議論と関連して、否定的な見解もある。しかし、破産管財人の適切な指導監督の下、破産者の経済的再生を阻害しない範囲内で誠実性の補完を促すことにより、破産者の法秩序への復帰と経済的再生を図る免責観察型管財手続の運用は、免責制度の理念に沿った積極的な制度運用として許容されるべきものと解する。

8　免責不許可事由が相当程度ある場合の処理 ― 個人再生手続との選択

　債務者代理人としては、免責不許可事由が相当程度あるため、破産・免責手続を選択したとしても免責不許可決定が見込まれる場合、債務者に一定程度の収入が見込めるときには、任意整理や個人再生手続を選択することが考えられる[28]。

---

[27] 免責観察型管財手続の運用については、『運用と書式』315頁、『実践マニュアル』396頁、『破産150問』320頁〔白出博之〕に詳しい。

[28] 『個再100問』3頁〔服部一郎〕。

ただし、任意整理や個人再生手続は、将来において継続的に収入を得る見込みがある場合に利用可能な手続であり、そのような収入の見込みがないときには利用は困難である[29]。

このような場合、債務者の経済的再生を図る法的手段としては、破産・免責手続を利用するほかない。免責不許可事由があったとしても裁量免責の余地があることから、債務者代理人としては、破産・免責許可の申立を行った上で、裁量免責を得るべく、債務者の「誠実性」と「経済的再生」を支える代理人活動を展開することとなる[30]。

大阪地裁においては、前述のとおり、免責不許可事由が相当程度ある事案は、免責観察型管財手続に付されることがある。この場合、申立代理人は、破産者の家計管理を指導するとともに、管財人から追加積立てを指示されたときは、当該積立金の按分弁済を実施することが求められる。このように、免責観察型管財手続は、免責不許可事由が相当程度ある事案の最終的な受け皿としての機能も担っている。

9　非免責債権

免責許可の決定が確定したときは、破産者は、破産債権について責任を免れるのが原則であるが、非免責債権については、一定の政策的理由から免責の効果が及ばないとされる（破253条1項）。非免責債権の範囲は、当該債権を非免責債権として処遇する法目的に照らして判断されるべきところ、免責債権と非免責債権の区別は必ずしも明確ではなく、特定債権の保護の要請と破産者の経済的再生の衡量上、次のような点が解釈上問題となる。

①破産者の故意又は重過失による人の生命身体を害する不法行為に基づく損害賠償請求権（破253条1項3号）について、損害保険会社が被害者に保険金を

29　『個再100問』7頁〔鬼頭容子〕。
30　『基本構造』538頁。

支払った場合、代位取得した損害賠償請求権を非免責債権として行使することができるかという問題がある[31]。債権の法定移転という代位の効果を前提とすれば、非免責債権性の承継が肯定されそうであるが、非免責債権性を認めた同号の趣旨が被害者自身の保護にあり、免責制度の本旨が破産者の経済的再生にあることからすれば、非免責債権性の承継を認めることは必ずしも同号の趣旨に沿った合理的な取扱いであるとはいえない。非免責債権性が免責制度という破産法固有の制度に基づいて付与される属性であり、非免責債権性を認めた同号の趣旨が被害者自身の保護にあること、同号に掲げる債権も本来的には免責対象となるべき破産債権であることに鑑みれば、同号による非免責債権性の付与を属人的なものとして捉えることも可能であると解され、損害保険会社による代位行使は否定されるべきと考える[32]。

②破産者が知りながら債権者名簿に記載しなかった請求権（破253条1項6号）は、免責について債権者の意見申述の機会が奪われることから非免責債権として処遇される。同号の非免責債権には、破産者が過失によって債権者名簿に記載しなかった債権も含まれるとするのが通説裁判例である[33]。ただし、破産者の経済的再生という免責制度の趣旨に鑑みれば、「破産者が知りながら」という主観的要件は厳格に解釈すべきであり、不誠実性の徴表が認められず、単に保証債務の存在を失念していたような場合にまで過失の存在を認定すべきではない。

---

31 同種の問題は、同号以外の非免責債権の代位・求償の場合にも生じ得る。
32 『基本構造』548頁。
33 東京地判平14.2.27（金法1656号60頁）。

第3編 個人再生

第1章
個人の再生手続の概要と問題点

弁護士　佐藤三郎（第一東京弁護士会）

1　個人再生手続

(1)　制度の概要

　平成12年11月の民事再生法の改正により、個人を対象とした再生手続として、小規模個人再生の手続（民再第13章第1節）及び給与所得者等再生の手続（同章第2節）が創設されるとともに、住宅資金貸付債権に関する特則（民再第10章）が創設された。

　小規模個人再生及び給与所得者等再生の二つの手続を総称して、通常の再生手続の特則としての個人再生手続という。

　個人再生手続の利用対象者は、将来において継続的に又は反復して収入を得る見込みのある個人債務者であり、再生債権の総額（①住宅資金貸付債権、②別除権の行使によって弁済を受けることができると見込まれる再生債権、③再生手続開始前の罰金等の金額は除く）が5000万円を超えない者である（民再221条1項、239条1項）。

　小規模個人再生は、その将来継続的に得られる見込みの収入を弁済原資として、再生債権について、債務者が破産した場合の配当額を上回り（清算価値保障原則、民再174条2項4号）、かつ、民事再生法231条2項3号、4号の最低弁済額要件を満たした分割弁済を、3ヶ月に1回以上の割合で、原則3年以内（特別な事情がある場合には最長5年まで延長可能）に行うこと（民再229条2項2号）を内容とする再生計画案を作成し、再生債権者の同意を得た上で（民再230条）、裁判所の認可を受けることにより（民再231条）、権利の変更を受ける制度

である（民再232条）。

　給与所得者等再生は、給与又はこれに類する定期的な収入を得る見込みがある者であって、かつ、その額の変動の幅が小さいと見込まれる者を対象とする手続であり（民再239条1項）、清算価値保障原則、小規模個人再生の最低弁済額要件に加えて、再生債務者の収入や家族構成等を基礎に再生債務者の可処分所得を算出し、その2年分以上の額を弁済原資に充てる分割弁済を、3ヶ月に1回以上の割合で、原則3年以内（小規模個人再生同様最長5年まで延長可能）に行う（民再229条2項2号、244条）ことを内容とする再生計画案を作成し（民再241条2項7号）、再生債権者の決議を必要とせずに、債権者の意見を聴取した上で（民再240条）、裁判所の認可を受け、再生債権について権利変更を受ける制度である（民再232条、244条）。

　小規模個人再生は通常の民事再生の特則であり、給与所得者等再生はさらに小規模個人再生の特則であると位置付けることが可能である。

(2)　申立から開始決定までの手続

　個人再生手続の申立においては、債務者は、再生手続開始の申立に際し、破産手続開始の原因となる事実の生ずるおそれがあることなどを記載した申立書の中で（民再21条1項、民再規2条）、小規模個人再生手続あるいは給与所得者等再生手続を行うことを求める旨の申述をしなければならない（民再221条1項、2項、民再239条2項、5項）。債権者が個人再生手続を選択することはできない。

　また、負債総額が5000万円以下であることが判断できるように、①再生債権の額や原因、②別除権については、その目的である財産及び別除権の行使によって弁済を受けることができないと見込まれる再生債権の額（担保不足見込額）、住宅資金貸付債権についてはその旨を記載した債権者一覧表を提出することが義務付けられている（民再221条3項、244条）。住宅資金特別条項を定めた再生計画案を提出する意思があるときはその旨も予め記載しておく必要がある（民再221条3項4号、244条）。

第1章　個人の再生手続の概要と問題点

裁判所は、必要があると認めるときは、利害関係人の申立により又は職権で、個人再生委員を選任することができるとされており（民再223条1項）、東京地裁を初めとするいくつかの裁判所では、原則として全件個人再生委員が選任される。もっとも、多くの裁判所では、必ずしも個人再生委員を選任することなく、弁護士が代理人についていない事件、負債総額が大きい事業者の事件などで必要に応じて選任しているようである（再生債権の評価の申立があった場合は原則として法律上個人再生委員が選任される。民再223条1項ただし書）。個人再生委員は、個人再生手続に独自の制度であり、その取扱いは裁判所ごとに大きく異なっており、これを如何に利用するかは大きな問題であるので、本編第5章で詳述する。

　裁判所は、手続開始の要件を満たしていれば、再生手続を開始する決定を行う（民再221条、244条）。東京地裁では、書面による個人再生委員の意見を聴取した上で開始決定がされる。裁判所は、開始決定と同時に、債権届出期間のほか、届出があった再生債権に対して異議を述べることができる期間を定めなければならない（民再222条1項、244条）。

(3) 開始決定後の財産調査、債権調査等の手続

　再生債務者は、開始決定後遅滞なく、再生債務者に属する一切の財産につき再生手続開始の時における価額を評定し、財産目録を提出しなければならない（民再124条1項、2項）。再生債務者が個人であることから、貸借対照表の作成及び提出は不要とされている（民再228条、244条）。

　再生債務者は、開始後遅滞なく、再生手続開始に至った事情、再生債務者の業務及び財産に関する経過及び現状等再生手続に関し必要な事項を記載した報告書を提出しなければならない（民再125条1項）。もっとも、これらの事項に関しては、通常、申立書に予め記載されていることが多い。

　個人再生手続における財産調査は、基本的に再生債務者（及びその代理人弁護士）に委ねられており、清算価値がきちんと保障されていることを担保するためにも、誠実かつ正確になされる必要がある。そのため、再生債務者が財産

目録に記載すべき財産を記載せず、又は不正の記載をした場合には、裁判所は再生手続廃止の決定をすることができるとされている（民再237条2項、244条）。なお、清算価値の評価方法については、問題点が多いので、本編第2章で詳述する。

　再生債権者は、債権届出期間内に債権の内容及び原因等を裁判所に債権届出することにより再生手続に参加することができる（民再94条1項）。個人再生手続では議決権の額を届出する必要はない（民再224条、244条）。また、債権者一覧表に記載されている債権者は、債権者一覧表に記載されている再生債権について債権届出期間の初日に記載内容と同一の内容で届出があったものとみなされる（民再225条）。

　再生債務者及び届出再生債権者は、一般異議申述期間内に、裁判所に対し、届出があった再生債権の額又は担保不足見込額について書面で異議を述べることができる（民再226条1項本文、244条）。この点、再生債務者は、債権者一覧表に記載した再生債権の額及び担保不足見込額について、異議を述べることがある旨を債権者一覧表に記載（民再221条4項、244条）していない場合には異議を述べることができなくなるので（民再226条1項ただし書、244条）、注意が必要である。

　届出債権について再生債務者又は届出再生債権者が異議を述べた場合、当該再生債権者は、裁判所に対し、異議申述期間の末日から3週間以内に再生債権の評価の申立をすることができる（民再227条1項本文、244条）。再生債権の評価の申立があった場合には、原則として、個人再生委員が選任されるので（民再223条1項ただし書、244条）、裁判所は、個人再生委員の調査結果と意見を聴取した上で、当該再生債権の存否及び額、又は担保不足見込額を定める（民再227条5項〜8項、244条）。

　このように、個人再生手続においては、争いのある再生債権について、簡易な調査手続が設けられているのが特徴である。逆に、債権は手続内で確定されるだけなので、実体的な確定がされず、無届債権も失権しないし、債権調査の結果に執行力が付与されることもない。無届再生債権者は個人再生手続に参加

することはできないが、その債権は再生計画に定められた一般的基準に従って変更される（民再232条1項、244条）。もっとも、届出されなかったことについて、債権者に帰責事由がある場合には再生計画で定められた弁済期間が満了する時までの間は弁済を受けることができないという劣後的な取扱いを受ける（民再232条3項、244条）。

(4) 再生計画の作成から認可決定までの手続

　再生債務者は、裁判所の定める期間内に、再生計画の認可要件や履行可能性を踏まえて再生計画案を作成し（民再174条、231条、241条）、裁判所に提出しなければならない（民再163条）。再生計画案に関する問題点は、本編第3章で詳述する。

　裁判所は、申立により又は職権で、提出期間を伸長することができるが（民再163条3項）、再生計画案が提出期間（伸長されたときはその期間）内に提出されないときは、職権で再生手続の廃止をしなければならないとされている（民再191条1項2号、民再243条）。この点、裁判所は厳格に解しているので、再生債務者は、必ず期間内に再生計画案を提出するか、提出期間伸長の申立をするよう注意しなければならない。

　小規模個人再生手続においては、裁判所は、決議に付するに足りる再生計画案が提出されると、当該計画案を書面決議に付する（民再230条3項）。個人再生手続においては、議決権行使の方法は書面決議に限られる。

　付議決定がされると、裁判所は、議決権者に対し、再生計画案の内容又はその要旨及び再生計画案に同意しない者は裁判所の定める期間内に書面により同意しない旨を回答すべき旨通知しなければならない（民再230条4項）。

　再生計画案に同意しない旨を回答した議決権者が①議決権者の半数に満たず、かつ、②その議決権の額が議決権者の議決権の総額の2分の1を超えないときは、再生計画案の可決があったものとみなされる（民再230条6項）。再生計画案に同意しない旨を回答した議決権者が①議決権者の半数以上となり、又は、②その議決権の額が議決権者の議決権の総額の2分の1を超えた場合は、

裁判所は、職権で再生手続廃止の決定をしなければならない（民再237条1項）。

給与所得者等再生手続においては、書面決議に代えて、再生債権者の意見聴取がされる（民再240条）。

裁判所は、不認可事由がないときは、再生計画認可の決定をする（民再231条1項、241条1項）。東京地裁では、書面による個人再生委員の意見を聴取した上で認可決定がされる。個人再生手続においては、再生手続は、再生計画の認可の決定の確定によって当然に終結する（民再233条、244条）。

再生計画決定の確定後の手続について、通常の再生手続では監督委員が再生計画の遂行の監督をすることとされているが（民再186条2項）、個人再生手続においては、再生手続は当然に終結し、計画案認可後の履行監督といった手段は予定されていない。

そのため、再生計画の履行をいかに確保するかが個人再生手続においては重要な課題となる。この点、東京地裁では、再生債務者に個人再生委員の銀行口座に対し、申立書に記載した毎月の計画弁済予定額を所定の期日までに分割予納金として納付させることにより、履行テストを行っている。また、大阪地裁でも、手続進行中に、再生債務者に同様の積立てをさせ、再生計画案提出時に、その積立状況等についての報告書及びこれを裏付ける通帳の写しを提出させている。履行テストとして、同様の取扱いをしている裁判所は多く、その結果を踏まえて裁判所は履行可能性を判断しているようである。その他、履行可能性に関する問題については、本編第3章で詳述する。

(5) 計画の変更及びハードシップ免責

個人再生手続では、再生計画認可の決定があった後、やむを得ない事由で再生計画を遂行することが著しく困難になったときは、再生債務者の申立により、再生計画で定められた債務の期限について2年を超えない範囲で延長することができる（民再234条、244条）。

また、個人再生手続では、認可された再生計画に基づく弁済が4分の3以上進んでいるにもかかわらず、債務者の責めに帰することができない事由で再生

計画を完遂することができなくなった場合について、一定の要件の下、債権者の意見を聴いた上で、残債務の責任を免除するハードシップ免責の制度を設けている（民再235条、244条）。

(6) スケジュール

東京地裁では、個人再生手続について、標準スケジュールを作成して公表しており（本書332頁【資料17】）、申立から開始決定までが4週間（約1ヶ月）、再生計画案提出期限までが18週間、書面による決議に付する旨又は意見を聴く旨の決定までが20週間（約5ヶ月）、再生計画の認可・不認可決定までが25週間（約6ヶ月）で原則として終了する内容となっている。

大阪地裁でも同様のスケジュールを定めており（本書333頁【資料18】）、申立から開始決定までが2週間（約1ヶ月）、再生計画案提出期限までが9週間強（66日）、書面による決議に付する旨又は意見を聴く旨の決定までが10週間弱（69日）、再生計画の認可・不認可決定までが14週間強（100日）で原則として終了する内容となっている。

2　通常の再生手続

(1) 通常の再生手続の利用

民事再生法は「経済的に窮境にある債務者」であれば利用可能であり（民再1条）、個人債務者であっても通常の再生手続を選択することができる。再生債権の総額が5000万円を超える場合には、個人再生手続の要件を満たさないので、個人債務者が再生手続を選択しようとすれば、通常の再生手続を利用しなければならない。

通常の再生手続では、再生債権の内容に争いがあった場合には最終的には債権確定訴訟によって実体的に確定させることになる（民再111条）。また、個人再生委員よりも広い権限を有する監督委員が選任される（民再54条）。個人再生手続においては、否認の制度の適用が除外されており（民再238条）、清算価

値保障原則の中で再生債務者が保持しているものと算定して考慮したり、手続開始の要件としての不当な目的による申立か否かの判断（民再25条4号）で考慮したりするのみであるが、通常の再生手続では否認の制度の適用がある。

　申立から再生計画案の認可・不認可の決定までに要する時間の長さで考えれば、大きな違いはないが、手続の内容からすると、通常の再生手続は個人再生手続よりも重い手続といえる。

　個人事業者の再生の手続を考えた場合には、民事再生法229条1項が、個人再生手続における再生計画による権利の変更の内容について、少額債権の弁済の時期について別段の定めをする場合等を除き、再生債権者の間では平等でなければならないとし、同法155条1項を適用除外としているので（民再238条）、民事再生法85条5項後段の少額債権の弁済許可を個人再生手続において使うことができるか問題となる（本書215頁）。個人再生手続においても、これを適用又は類推適用し得るとする考え方もあるが、通常の再生手続を選択することにより、少額債権の弁済許可の制度を利用する余地もある。個人事業者の再生については、その他問題点が多いので、本編第6章で詳述する。

　また、再生計画による弁済方法・内容についても、通常の再生手続においては、弁済期間10年以内で（民再155条3項）、清算価値保障原則（民再174条2項4号）が適用されるにとどまるのに対し、個人再生手続では、弁済期間は原則として3年、最大でも5年とされており、弁済方法も3ヶ月に1回以上の弁済が必要であり（民再229条2項）、清算価値保障原則以外にも最低弁済額の定めがあるので（民再231条2項3号、4号）、個人再生手続では再生計画が作成できないような場合には、通常の再生手続の利用を検討する余地がある。

(2)　手続費用の問題

　もっとも、通常の再生手続の場合は、一般に、裁判所への予納金が200万円〜300万円以上と大きく、再生債務者にとって費用の負担が重いことが問題である。

　この点、東京地裁は、予納金を非事業者（なお、会社の役員や保証人の場合は

別途基準がある）で負債総額が5000万円未満の場合は50万円、5000万円以上である場合は80万円とし、事業者については、従業員を使用していない場合又は従業員として親族1人を使用している場合は100万円、従業員が4名以下の場合で負債額1億円未満の場合は200万円、従業員が5名以上の場合は法人と同様に扱うとしている（本書330頁【資料15】）。また、予納金の納付方法についても、申立時に6割、2ヶ月以内に残り4割を分割納付することを認め、柔軟な対応をしている。

同様に、大阪地裁は、非事業者については、負債総額が8000万円未満の場合は予納金60万円以上、8000万円から8億円未満までは70万円以上、8億円以上の場合は130万円以上としており、事業者については、従業員を使用していない場合又は従業員として同居の親族（同一家計）である場合は100万円以上、それ以外の場合は法人の場合の予納金の目安から100万円を控除した額としている（本書331頁【資料16】）。

このように、個人債務者の予納金には一定の配慮がされているようではあるが、それでも個人再生手続と比較した場合、大きな負担であるといわざるを得ない。

3　再生手続内における制度の選択

(1)　通常の再生手続と個人再生手続との選択

手続が簡素化・合理化されていること、手続費用に大きな違いがあることからすれば、まずは個人再生手続の適用を検討することになる。再生債権の総額が5000万円を超えるなど個人再生手続の要件を満たさないケースや少額債権の弁済、否認権の行使、再生計画案の内容等の観点から通常の再生手続を利用する必要性が認められるケースでは、手続費用も考慮した上で通常の再生手続を選択することになる。

(2) 個人再生手続内における手続の選択

　サラリーマン等の給与所得者が個人再生手続を選択する場合には、小規模個人再生と給与所得者等再生のいずれの手続を選択するか検討しなければならない。

　この点、民事再生法の改正により、小規模個人再生及び給与所得者等再生の手続が創設された際には、当初、サラリーマン等の給与所得者が多いことから、小規模個人再生よりも給与所得者等再生の方が利用されることが多いのではないかと考えられていた。実際、当初の利用件数においては、確かにそのような傾向があったが、次第に小規模個人再生の利用件数が増え、利用件数が逆転し、現在では圧倒的に小規模個人再生の方が多く利用されるようになっている。

　給与所得者等再生においては、再生計画案に債権者の同意が不要とされている点が長所と考えられていたのであるが、実際に小規模個人再生が運用されてみると、一部の公的金融機関等を除けば、債権者の不同意がほとんどないことが明らかになってきた。そのため、給与所得者であっても、可処分所得の2年分という最低弁済額の要件が加重される給与所得者等再生よりも小規模個人再生が選択されることとなったのである。

　なお、債権者の不同意が予想されるなどの理由により、給与所得者等再生を選択する場合には、可処分所得の大半を返済に回すことになることが予想されるので、経済情勢を考慮し、本当に定期的な収入を得る見込みがあるか、今後3～5年間の生活設計を考え、子供の進学や親の介護その他非日常的な多額の支出が生じないか等、家計の収支から見て弁済可能であることを慎重に確認した上で申し立てることが必要である。

(3) 他の再生手続への移行

　小規模個人再生を申し立てて開始決定があった場合に、途中で給与所得者等再生に変更することはできず、その逆もまた同様である。

　小規模個人再生を申し立てたが、開始の要件を満たさない場合には、裁判所

は、再生事件を通常の再生手続により行うことになる（民再221条7項本文）。給与所得者等再生を申し立てたが、開始の要件を満たさない場合も、同様に、裁判所は、再生事件を通常の再生手続により（民再239条4項）、又は、小規模個人再生により（民再239条5項）行うことなる。これらの場合に、再生債務者がその場合には再生手続の開始を求める意思がないことを明らかにしていたときは、裁判所は再生手続開始の申立を棄却しなければならない（民再221条7項ただし書、民再239条4項及び5項の各ただし書）。

　なお、給与所得者等再生では、再生債権者の決議なしに再生計画が認可されるので（民再240条）、破産免責に準じて考えられ、再度の利用には7年の期間制限があり（民再239条5項2号）、破産における免責不許可事由とされていることにも注意が必要である（破252条1項10号）。小規模個人再生にはかかる再申立制限はない。

(4) 住宅資金貸付債権に関する特則

　個人再生手続においては、住宅資金貸付債権に関する特則を利用し、住宅資金特別条項を設ける場合が多く、最近では半数以上を占めるようになっている。生活の本拠である自宅を保持したまま再建を図ることを可能にするという意味では、重要な制度であるが、その詳細については、本編第4章で詳述する。

第2章
個人再生における清算価値保障原則の再検討

弁護士　野村剛司（大阪弁護士会）

1　はじめに

　清算価値保障原則は、民事再生法を見ても、そのような言葉は出てこない。端的にいえば、個人再生手続を申し立てた再生債務者が、仮に破産した場合に、一般の破産債権者となるべき再生債権者に対し、どれくらいの配当が可能となるか評価し、その評価額である清算価値を上回る、すなわち清算配当率（破産配当率）を上回る弁済を行うべきとする原則である。民事再生法の条文では、小規模個人再生の場合は、再生計画案を付議するか否かの場面で、「再生債権者の一般の利益に反するとき」（民再230条2項、174条2項4号、認可・不認可の場面で231条1項）、給与所得者等再生の場合は、再生計画の認可・不認可の場面で、同様の表現が用いられている（民再241条2項2号）。また、再生計画の取消しの要件として、破産した場合の配当総額を下回ることが明らかとなったことが規定されている（民再236条、242条）。個人再生は通常の再生手続の特則であり、破産配当よりも多くの弁済を行うべしとする民事再生における大原則が適用されるのは当然のこととなる。

　このように、個人再生においては、破産時の一般の破産債権者に対する配当との比較を行うが、実際には再生債務者は破産するわけではないので、ここにいう清算価値は、いわゆる財産評定（民再124条）を行うことで算出する。すなわち、「評価」をするわけである。そして、この評価方法は、財産評定における評定の方針によるが、個人再生手続においては、個別の事案ごとに評定の方針を立てて評価されるものというよりは、多数の事件を処理する関係上、各裁

判所の運用において、原則的な評価方法が定められており、再生債務者は、その評価方法に従い、申立の際に清算価値を算出しているのが実情である。

2 個人再生において清算価値保障原則が問題となる場面

通常の再生手続においては、清算価値保障原則のみが最低弁済額を規律するものであるが（再生計画の認可・不認可の場面で考慮される。民再174条2項4号）、個人再生においては、最低弁済額について、小規模個人再生の場合は、①再生債権額の基準（民再231条2項3号、4号）、②清算価値保障原則、給与所得者等再生の場合は、①②に加え③可処分所得2年分の基準（241条2項7号）があり、その最も高い基準が最低弁済額を規律するものとなる。そのため、再生債権額基準で、①基準債権額500万円以下の100万円ライン、②基準債権額500万円超1500万円以下の2割ライン、③1500万円超3000万円以下の300万円ライン、④3000万円超5000万円以下の1割ラインを清算価値が上回ることになる場合に、清算価値の評価が大きく問題となってくる。

結局のところ、清算価値が100万円までの場合は、再生債権額の基準との関係上特段問題となることはなく、清算価値が100万円を超える場合が問題となる。このような場合は、破産事件であれば、管財事件となる可能性が高い。本稿で取り扱う場面は、このような問題状況にあることを大前提としている。

3 本稿の目的

本稿の目的は大きく三つある。

(1) 合理的な評価方法とすべき

一つ目は、個別財産の清算価値の評価方法につき、破産や通常の再生手続の場合と比較して、合理的な評価方法とすべきであり、この点を検討したい。実務の現状は、各裁判所により評価方法が定められている。この評価方法につい

ては、全国的におおよそ一致しているものもあれば、異にする場合もある（たとえば、後述するが、破産における本来的自由財産である99万円以下の現金であっても、清算価値に含める基準をとる裁判所もある。）。本稿では、個別財産の評価方法で問題となる点を指摘し、あるべき評価方法について検討したい。

(2) 自由財産拡張制度の趣旨を考慮すべき

二つ目は、破産における自由財産拡張制度の趣旨を考慮して清算価値を評価すべきであり、この点を検討したい。破産における自由財産拡張制度は、全国的な傾向として破産管財事件においてのみ適用され、同時廃止事件には適用されないとされている。この点には異論があるところであるが、個人再生において清算価値保障原則が問題となるのは、前述のとおり、再生債権額基準との関係で、清算価値が100万円を超える場合や、300万円を超える場合であって、破産であれば、管財事件となるであろう事案であり、基本的に破産管財事件を念頭に検討することで妥当な処理が可能となるはずである。

(3) 積上げだけでなく、控除の面も考慮すべき

三つ目は、全国的に、清算価値の評価の際、単純に個別財産の清算価値を積み上げるだけで算定しているが、積極財産だけでなく、消極財産（負債）を考慮すべきである。すなわち、清算価値を積み上げた上で、破産において一般の破産債権に優先することになる債権（負債）につき控除すべきであり、この点を検討したい。この点、通常の再生手続においては、個別財産の清算価値を積み上げた上で、破産手続において財団債権や優先的破産債権となる租税債権、労働債権、清算費用等を控除して清算価値（清算配当率）を算定している。同じ再生手続において、かような相違が存在していることは問題である。

このように、個人再生においては、清算価値が数十万円程度違うという事態が生じた場合、再生債務者にとって大きな負担となる。再生債権者としても、破産の場合の破産配当を大きく上回ることになる評価基準を求めているわけではないのであって、適切な評価方法や算定根拠が重要である。結局のところ、

再生債務者の経済生活の再生を図る目的（民再1条）と債権者に相当程度の満足を与えるべき要請の適切なバランスを運用の場面で考慮すべきということである。そして、本稿の目的とした3点につき運用上の是正を図ることが、個人再生手続の利用拡大のためにも必要であると考えている。

4　個別財産の評価方法

(1)　基本的に破産における評価方法による

　個別財産の評価については、清算価値は再生債務者が破産した場合を想定しており、基本的に破産における財産の評価方法によることになる。通常の再生手続における財産評定（民再124条1項）においては、原則として早期処分価値を基準とし（民再規56条1項）、財産目録及び貸借対照表には、財産の評価の方法その他の会計方針を注記することとされている（同条2項。なお、個人再生においては簡略化の観点で、適用除外とされている。民再規135条、141条）。この評定の方針については、清算価値の評価には一定の幅があることを想定しているものであって、合理的な根拠に基づく評価であれば、尊重されるべき性質のものである。

(2)　個別財産の具体的な評価方法

　ここでは、問題となる財産の評価方法につき検討したい。

a　現　金

　現金のうち99万円以下の現金については、破産において本来的自由財産とされており（破34条3項1号、民執131条3号、民執施行令1条）、清算価値の算定の場面でも当然に控除するべきであり、多くの裁判所では控除して評価している[1]。この点、一部の裁判所では、99万円以下の現金も清算価値に積み上げる運用であるが、是正を求めたい。

1　『伊藤』891頁脚注23、『個再100問』82頁〔池上哲朗〕参照。

b 預貯金

預貯金については、全国的には、口座残高を清算価値としている（履行可能性のための積立ての取扱いについては別稿（第3編第3章）に譲る。）。この点、大阪地裁では、破産手続において、普通預金を現金と同視する取扱いを行っているが、個人再生においても、普通預金については、現金と同視し、前述の現金とともに清算価値の算定の際に総額99万円までは控除するようになった[2]。全国的にも参考になる運用である。

c 過払金

昨今では、過払金があっても、貸金業者の資力の問題で、額面どおりの回収が難しくなっており、その評価方法につき、実際の回収可能性や回収にかかる費用相当額を考慮したものとすべきである（過払金の取扱いについては、第1編第3章参照）。

d 売掛金、貸付金

個人事業者の場合が多いが、実務上、額面での計上を求められているように思われる。この点、通常の再生手続の財産評定と同様に、破産の場合の減価要因や相手方の資力の問題も加味し、回収可能性や回収にかかる費用相当額を考慮した評価をすべきである。

e 否認対象行為

個人再生には、否認権の制度はないが（民再238条、245条で適用除外）、否認対象行為があった場合、清算価値に上乗せすることで処理されているのが実情である。ただ、たとえば偏頗弁済があった場合に、単にその全額を清算価値に上乗せするのは不合理である。すなわち、清算価値に上乗せすべき事情がある事案か検討の上、仮に上乗せすべきとしても、相手方からの回収可能性や回収にかかる費用相当額を考慮した評価をすべきである。また、その場合、相手方の債権の復活（破169条）を考慮し、その債権に対して想定される配当見込相

---

[2] 大阪地裁の破産における運用は、『はい6民』22頁、個人再生における運用は、月刊大阪弁護士会平成22年3月号65頁参照。大阪地裁の財産目録は、本書338頁【資料20】参照。

当額を控除した返還額を清算価値に上乗せするのが合理的であろう[3]。

5　他の手続との比較

　ここで、他の三つの手続（破産における同時廃止、破産管財、通常の再生手続）との実務上の比較をしておきたい。各手続における申立人（申立代理人）と裁判所の関係が運用を左右しているように思われることから確認しておきたい。

(1)　同時廃止との比較
　同時廃止となるのは、「破産財団をもって破産手続の費用を支弁するのに不足すると認めるとき」であり（破216条1項）、各裁判所で同時廃止となる基準が設けられている。基本的には書面審査であり、審尋は1回又は全く行うことなく決定を受ける。破産管財人は選任されないので、基本的には、申立人（申立代理人）と裁判所の二者関係である。
　この点、裁判所は、個人再生をかなり同時廃止と同様の手続と捉えているのではないかと思われる。すなわち、個人再生も書面審査で、原則として審尋を行わず、提出された書面により裁判所が判断し、小規模個人再生における再生債権者の関与も消極的同意にすぎず（給与所得者等再生の場合は意見聴取のみ）、実際には申立人（申立代理人）と裁判所の二者関係となっている（なお、東京地裁等、全件個人再生委員を選任する場合は、三者関係となる。）。ただ、同時廃止は、債権者に一切の配当を行わないが、個人再生は、相当額（基本的に100万円以上）の弁済を行うものであり、債務者の負担と債権者の満足の点で大いに異なることに注意すべきである。
　なお、この点は実務上の大問題であるが、同時廃止、個人再生いずれも、申立代理人の質が問われる場面が多く、全体的なレベルアップが必須であることは間違いないであろう。

3　破産における偏頗行為否認の際の運用上の工夫につき、『実践マニュアル』214頁参照。

(2) 破産管財との比較

　破産管財事件では、破産管財人が選任され、破産者の財産のうち、自由財産や自由財産として拡張された財産を除く破産財団を換価して、配当財団を形成し、破産債権者に配当する。破産管財人による自由財産と破産財団の仕分作業があり、破産財団についても現実に換価（又は破産財団から放棄）することで配当財団を形成する。ただ、多くの事案では、破産管財人の報酬や租税債権等の財団債権が多く、破産債権に対する配当がないまま、異時廃止となっている。

　個人再生は、もちろん破産をするわけではないので、再生債務者の財産を換価することはない。すなわち、財産をすべて評価することにより破産配当と比較し、再生計画に基づき弁済するものであって、異時廃止事案と比較すれば、確実に弁済を行うものであり、配当事案と比較すれば、評価された清算価値（清算配当率）より多くの弁済を行うことになる。

(3) 通常の再生手続との比較

　前述したとおり、通常の再生手続では、清算価値保障原則が最低弁済額を規律するものであるが、個人再生においては、再生債権額基準等の他の基準も最低弁済額を規律することになる。この点、個人再生では、実際のところ、最低弁済額を僅かに上回る額が「最高の」弁済額となっている現実がある。通常の再生手続では、再生債権者の積極的同意を得るために、清算価値を相当程度上回る弁済率となることが多いが、これは法律の求めるところではなく、再生債権者との事実上の関係を考慮したものであり、個人再生との違いとして大きく考慮すべき事由ではない（個人再生でも、再生債権額基準の方が清算価値を大きく上回る場合も多い。）。

　通常の再生手続においては、清算価値の算定基準時が問題となる場面があるが、基本的には、再生手続開始時で財産評定を行い、そこで算定された清算価値が再生計画案の弁済率との比較で用いられることが多い[4]。個人再生においては、再生計画取消しの定め（民再236条、242条）の存在[5]から、認可時と考え

られているが[6]、実務上は、個人再生の申立時において財産目録を作成し、その際、清算価値を算定している。その後に大幅な変動がない限り、申立時に算定した清算価値が利用されているのが実情であり、妥当な運用である。

(4) 比較からの検討

ここで、他の三つの手続と比較したのは、個人再生は、通常の再生手続の特則として、裁判所の大量処理になじむよう一定の定型化が必要であるが、申立人（申立代理人）にも妥当かつ予見可能性のあるものとすることは可能なはずであり、個人再生を特殊な手続と捉える必要はないのではないかと考えられるからである。また、運用上の一定の定型化したラインを超える事案の場合には、個人再生委員を選任し、その意見を聴くことにより、再生債権者の手続保障の面に配慮することが可能ではないかと考える。

6 自由財産拡張制度の趣旨の適用

個人再生は、平成13年4月に施行され、各地で当時の破産における個別財産の評価基準があり、それに従った運用が行われてきた。その後、平成17年1月に現行破産法が施行されたが、その際に、個人再生の運用にも影響するはずの点が実際には考慮されないままとなったのではないかと思われる。現行破産法では、自由財産の拡充と自由財産拡張制度の採用があり（破34条）、自由財産拡張制度については、各裁判所で運用基準が策定され、その後も徐々に改定され、概ね総額99万円以下は原則拡張相当とする運用が確立した（自由財産拡張については第2編第3章参照）。

---

4 木内道祥監修『民事再生実践マニュアル』（青林書院）186頁参照。
5 ただ、立法趣旨としては、債務者が財産を隠匿等していた場合を想定し、モラルハザード防止の観点から再生債権者の申立により再生計画の取消しを可能としたものとされている（『一問一答個再』265頁）。
6 『破産・民再の実務（下）』407頁〔松井洋〕、『個再100問』81頁〔木内道祥〕参照。

前述のとおり、破産における本来的自由財産を清算価値に含めないという運用は当然として、個人再生で清算価値保障原則が問題となるのは、清算価値が100万円を超える場合であって、破産であれば管財事件となり得る可能性が高い事案についてである。破産において管財事件になれば、実務上当然に自由財産拡張申立が行われ、全国的に確立した運用基準により、原則拡張相当とされる範囲内の財産については自由財産拡張相当と判断されているのである。この制度趣旨と破産管財事件における運用の実情を加味すれば、個人再生の清算価値の算定の場面に適用できてしかるべきである[7]。また、同時廃止基準や自由財産拡張基準の中で、換価を要しない財産を定めている裁判所があるが、この考え方の根本には、少額（多くは20万円以下）の財産は財産とみなさない（すなわち0評価）としているのであって、この考え方は個人再生における清算価値の算定の場面に取り入れることは容易なはずである（ここで個人再生を別異に取り扱う合理的な理由はない。）。

7　積上げだけでなく、控除の面を考慮すべき

(1)　問題の所在と問題提起

　個人再生の申立を行う際に、財産目録を作成し、併せて清算価値を算定しているが、どの裁判所の申立書式（たとえば、本書338頁【資料20】は大阪地裁の財産目録）でも、個別財産の清算価値の積上げを行い、清算価値を算定することになっている。この表だけを見ていると問題点を見出すことはできないが、通常の再生事件を経験した者（それも監督委員も経験した者）であれば、違和感があるはずである。通常の再生手続における財産評定は、その後の再生計画案の

---

[7]　野村剛司「自由財産拡張をめぐる各地の実情と問題点」自由と正義平成20年12月号57頁。『伊藤』891頁脚注23でも有力な議論として紹介されている。この点、『破産・民再の実務（下）』407頁〔松井洋〕は、個別事案としてはあり得るが、一般化は困難であろうと指摘する。ただ、東京地裁では、全件に個人再生委員を選任しており、運用上は十分可能と考えられる。

立案に大きく影響するため、細心の注意を払って行うが、監督委員の立場で財産評定を検討した際、再生債務者側は、単に個別財産の清算価値の積上げだけを行い、優先すべき債権（破産における財団債権、優先的破産債権）を控除していないことがあった。ちょうど、全国倒産処理弁護士ネットワーク編『個人再生の実務Q&A100問』の作成を編集事務局長として担当した際、この点を問題提起し、この中で、租税債権の滞納があった場合について、清算価値の算定時に控除すべきことを提唱していただいた[8]。また、同時期に、「自由と正義」に日本弁護士連合会倒産法制等検討委員会の特集を組み、その中で自由財産と自由財産拡張制度の趣旨を考慮すべきことを提唱した[9]。その上で、同委員会企画の個人再生シンポジウムで、本稿で採り上げている問題点を検討し、神戸大学の中西正教授の賛同を得た[10]。その後も一橋大学の山本和彦教授から資産のみならず負債についても考慮すべきとの指摘は正当な指摘であると賛同いただいている[11]。

このように、この指摘は当然の指摘ではあるが、実務では、一部考慮された事案があるものの、まだ表立っては採用されていないように思われる。そのため、申立代理人としては、たとえば、税金はできるだけ先に払ってから申立を行うようにするといった実務上の対策を講じているが、手持資金の都合で必ずしもすべての税金を先に払えるものでもなく、清算価値の合理的な評価を行うことで正当に処理されることが望ましい。

(2) 優先する債権の控除

a 租税債権

たとえば、再生債務者が公租公課庁と滞納の租税債権につき分納協議してい

---

[8] 『個再100問』80頁〔木内道祥〕参照。
[9] 野村前掲注7論文57頁参照。
[10] 個人再生シンポジウムの報告から（本書213頁）。
[11] 山本和彦「個人再生手続の現状と課題」『法システム(2)』285頁参照。『新注釈民再（下）』478頁〔飯田修〕、同541頁〔宇賀神徹〕にも反映されている。

る場合、この租税債権は、破産であれば、財団債権又は優先的破産債権になるべきものであり、清算価値から控除することは当然可能なはずである。清算価値は評価であり、退職金や保険といった今すぐに現金とはならない財産があり、滞納の租税債権がある場合に、財産としてのみカウントされるのは破産との比較で問題である。

　さらにいえば、滞納していなくとも租税債権として成立している分、すなわち、破産した場合に破産法148条1項3号に該当する租税債権（たとえば、固定資産税の場合であれば、具体的納期限（年4回）が未到来の固定資産税も財団債権となる。他の税目についても個別に検討すべきであろう。）も当然に控除すべきことになる。

　これらの点は、申立時に申立代理人が考慮しないままであったと思われるが、今後は、積極的に考慮すべきではないか。

b　労働債権（個人事業者の場合）

　個人事業者の小規模個人再生の場合、買掛金と売掛金の関係で、清算価値が大幅に増加する可能性がある。通常の再生手続では、従業員の給料、退職金（会社都合）、解雇予告手当を当然に控除して清算価値を算出しており、同様に控除が認められて然るべきであろう（個人事業者の小規模個人再生については第3編第6章参照）。

c　清算費用

　通常の再生手続では、清算費用として、破産の場合の破産管財人報酬相当額を控除することが行われているが、個人再生においても、少なくとも破産の際の予納金相当額（たとえば20万円から50万円程度）を控除することは認められても良いのではないかと考えている（もっといえば、配当事案の際の管財人報酬相当額を控除すべきであろう。）。

(3)　個人再生委員の活用場面

　このように、個別財産の清算価値の積上げだけでなく、自由財産拡張制度の趣旨の考慮や優先する債権の控除を個人再生に採り入れる場合に、多くの事案

は、申立代理人の書面による説明で足りるであろうが、清算価値の算定には幅があることから、清算価値が大幅に変動する可能性のあるような特殊な事案については、清算価値の評価の相当性の確認のために、個人再生委員を選任することが考えられよう。実際、個人再生委員を選任し、その意見を尊重する処理が行われている例もあるようである。

8 最後に

　今回指摘した3点は、以前から主張してきたものであるが、この機会にまとめて主張するものである。個人再生手続の利用が思ったほどには伸びない理由の一つとして、清算価値の算定が実際に破産を選択した場合よりも高額となる可能性が高いことが挙げられるのではないかと考えている。

　個人再生委員が全件選任される東京地裁においても、理解のある個人再生委員の場合には、かなり柔軟な清算価値の算定もあるようだが、そうでない場合も多いと聞く。全国的には、申立人（申立代理人）対裁判所の二者関係の構図の中で、裁判所において、個人再生は何か特殊な手続であるとの誤解があるのではないかと感じられて仕方がない。

　今回主張したところは、素直な感覚として受け入れやすい点であると考えている。そのためには、個人再生を申し立てる申立代理人において、十分に制度趣旨を理解し、適切な申立を行う努力も必要であるが、裁判所においても、合理的な運用を再度検討していただきたいところである。全国各地での議論が高まることを期待したい。

第3章
再生計画案作成における留意点と履行可能性判断のあるべき運用

弁護士　石川貴康（千葉県弁護士会）

1　再生計画案

(1)　再生計画案の重要性

　再生計画案の策定は、個人再生手続の中心的作業である。

　多くの裁判所では再生計画案のひな形について書式を用意しているので、形式面はそれを利用することが便宜であるが、代理人は実質的にも法律に適合した再生計画案を定められた期限内に裁判所に提出しなければならない。

(2)　再生計画案の内容

　補正ができない再生計画案が提出された場合には、手続は廃止（民再191条1項2号）となるので、その内容については提出前に十分に点検することが大切である。

a　最低弁済額

　申立時から再生計画案を提出するまでの間に再生債権額が増額したり、新たな財産が発見されるなどして、清算価値が増額することにより、申立時に想定していた最低弁済額も増加することがあり得ることには注意を要する。

b　弁済率（免除率）の算定

　免除率は小数点以下が割り切れない数字になることが通常である。

　この場合切り捨てる小数点以下を多くすればするほど最低弁済額には近づくが、法定弁済額に限りなく近づけなければならない理由はなく、実務上は、検

算の簡便さから、免除率は小数点以下2桁まで求めることを推奨している裁判所が多いが、妥当な運用である。

c 弁済期間

「再生計画認可決定が確定した日の翌月を第1回目として以後3ヶ月ごとに合計12回、各月の〇日限り、各12分の1の割合による金員を支払う」という実務上よく用いる再生計画案だと、最終の返済月が「再生計画認可決定の確定の日から3年後の日が属する月中の日」より2ヶ月早く弁済が終了することになる。

かかる再生計画案を提出すると民事再生法229条2項2号に抵触するとして裁判所から訂正（支払いを「翌々月を第1回目」とする）を求められることがあるが、このような取扱いは229条2項2号に反するものではなく許容されて良い（『新注釈民再（下）』462頁〔岡精一〕）。

d 3年を超える弁済期間を定める場合の注意点

3年を超える弁済期間を定める場合は「特別の事情」の存在について申立書や上申書などの提出を求める裁判所が多い。

3年の弁済期間では弁済が困難であること（延長の必要性）、弁済期間を延長しても再生計画案の遂行の見込みがあること（延長の許容性）が認められることが必要であるが、民事再生法が債務者の経済生活の再生を図ることを目的としている趣旨に鑑みると3年超の弁済期間を認める「特別の事情」は広く認められるべきであり、これを厳格に解する運用は適切でない。たまに家計収支表から3年で返済可能な弁済原資があると見込まれると3年での弁済を検討するように指示されることがあるが、代理人と再生債務者が、諸般の事情を考慮して5年の計画案を作成したのであれば、後は債権者の決議に委ねるべきであり、裁判所が弁済期間について再検討を求めるような運用は控えるべきである。

もっとも、債務者の意欲の減退など、期間が長期になることによるマイナス面もあり、代理人としては3年で支払いできないのかどうか、十分検討すべきことは当然である。

e　弁済期の間隔

弁済方法については、毎月返済する方法のほか、3ヶ月に1回以上返済する方法も可能である。振込手数料を節約したい場合等は3ヶ月に1回の弁済方法を検討する。

また、毎月払いの場合は、手数料の問題があるが、自動振替サービスの利用も検討に値する。

f　住宅資金特別条項と同意書の提出

住宅資金特別条項のうち、同意型（民再199条4項）を定めた再生計画案を裁判所に提出する場合は住宅資金貸付債権者の同意書の提出が求められるので、早い段階で債権者との協議を始めるべきである。

住宅資金貸付債権者（の担当者）が慣れていない場合には、代理人が同意書を作成して署名・捺印をしてもらうことも検討する。

g　再生債務者が負っている保証債務の取扱い

主債務者が期限の利益を喪失することなく弁済を継続している場合、債権者は主債務者から約定どおりの弁済を受けている限り、保証人である再生債務者から弁済を受けられなくても不利益はないはずであるから、保証人である再生債務者としては、債権者と協議の上、主債務者が期限の利益を喪失することなく約定弁済を継続している限り、再生計画に従った弁済を留保する旨の合意を行うことを検討する。

もっとも、主債務者が期限の利益を喪失した場合、再生債務者は再生計画上の分割弁済額のうち支払期が到来した分は一時に支払わなければならないので、かかる事態に備えて、弁済期ごとに再生計画に従った弁済金をプールしておく必要がある。

h　再生計画案における非減免債権の取扱い

非減免債権のうち債権額確定手続で確定した債権（但し、非減免債権か否かは手続内では確定しない）については、再生計画で定められた一般的基準に従って弁済し、弁済期間満了時に残額全額を弁済しなければならない（民再232条4項）。他方、債権確定手続で確定していない非減免債権については、原則とし

て、弁済期の満了時に全額を弁済しなければならない（民再232条5項）。

この残額の支払方法については再生計画案に記載する必要はないが、再生債務者としては期間満了後の支払いに備えて、再生計画に基づく弁済期間中からその分を積み立てておくことが望ましい（『大阪再生物語』189頁）。

　i　偏頗弁済と再生計画案

既に偏頗弁済等の否認対象行為が行われている場合において、再生計画案を作成する際に注意すべき点は偏頗弁済額を清算価値に加算する必要があることである。

もっとも、たとえば、法定の最低弁済額が100万円以上の場合において現在の清算価値が50万円で、否認権行使により、戻される金額30万円だとすれば清算価値は80万円なので、最低弁済額に影響するものではない（『大阪再生物語』191頁）。

　j　別除権付再生債権

別除権付再生債権について適確条項を定めた場合は不足額の確定に備えて返済予定額をプールしておく必要がある。

(3)　再生計画案の提出

　a　期限の遵守

再生手続開始決定と同時に、再生計画案の提出期限も定められるのが通常であるが、あくまでも終期を定めたものであるから、定められた提出期限を待って再生計画案を提出する必要はなく、可能な範囲で早期に再生計画案を提出する方が再生債務者、再生債権者双方の利益に資することになる。

また、提出期限の1週間前頃を目途に提出を推奨する運用をしている裁判所もある。

　b　伸長の申立

伸長の申立を行わないまま、1日でも再生計画案の提出期限を徒過したら手続を廃止するという厳格な運用を行っている裁判所もあるので注意を要する。間に合わない場合は事前に伸長の申立をすることを忘れない（民再163条3項）。

もっとも、筆者が個人再生委員を担当した事件で、当初提出された再生計画案に法律上の不備があったため、修正の指示をしていたところ、最終的な計画案の提出が提出期限の経過後であったという事案がある。明示の伸長の申立はなされていなかったが特に問題とされていない。理論的には黙示の伸長決定があったという運用であろうか。提出期限の伸長は再生債務者側の懈怠を救済する規定ではないので、安易な運用は好ましくないが、手続が廃止されて、再度の申立を行うことは再生債権者にも利益とはならないであろう。事案に応じた柔軟な運用が望まれる。

c　再生計画案の提出方法

　提出期限前に提出予定の再生計画案を裁判所に提出して、内容を確認してもらってから正本及び債権者人数分の写しを提出する運用をしている裁判所もあるが、担当書記官等によるチェックをしないで、提出された再生計画案をそのまま債権者に送付する運用を行っている裁判所もある。

　申立代理人としては裁判所によるチェックの有無にかかわらず、記載内容に間違いがないか確認すべきである。

d　弁済計画表（分割弁済表）

　実務上は、各債権者に対する弁済額及び弁済時期を明示した所謂「弁済計画表」を作成して、再生計画案とともに債権者に送付する運用を行っている裁判所が多い（『破産・民再の実務（下）』434頁〔田邉雅孝〕）。

　弁済計画表については再生計画案の内容との間に齟齬がないか確認すべきである。特に、免除率、各回の返済率、端数処理等は間違いやすい点なので注意を要する。

　また各回の支払金額にも端数が生じることが通常であるが、この端数は最終回で調整しても、初回で調整しても構わない。

　各回の支払金額は10円未満を切り上げて処理することが通常である。

　1000円未満を切り上げるような処理を行うと、特定の債権者だけ早めに返済が終わってしまうことになりかねないが、これは形式的平等に反する可能性があるので注意が必要である。

(4) 再生計画案の内容と形式的平等

個人再生手続では、厳格な形式的平等主義を採用しているが、この形式的平等主義の例外として以下のようなものがある（民再229条1項、244条）。

a 不利益を受ける再生債権者の同意ある場合

不利益を受ける再生債権者の同意がある場合は、弁済期や免除率について他の債権者と異なる不利益な定めを設けることが可能である。

親族や友人らが再生債権者である場合、同意を得て弁済期を遅らせたり、免除率を高くすることなどが可能である。

b 少額債権の取扱い

少額債権の弁済期については異なる定めが可能である（民再229条1項、244条）。

この点は通常の再生手続にも同様の規定があるが（民再155条1項ただし書）、個人再生手続では、弁済額は債権額に応じて平等でなければならない。

少額債権について弁済期を初期の一括払いや数回払いは認められるが、最後の2、3回にすること、最後に一括払いとすることは、少額債権者に不利益を与えることから、少額債権者の個別の同意を得ない限りは認められない。

どの程度の金額までが少額債権といえるかは、他の債権者とのバランスの問題であり、一律にはいえないが、たとえば大阪地裁では、1ヶ月当たりの弁済額が1000円に満たないことを基準としている。一つの基準として参考になる（『大阪再生物語』244頁）。

少額債権の弁済例としては、①初回に一括払い②最初の数回で返済する、どちらも可能であり、また、弁済方法を債権額に応じて細分化することも可能である。

c 利息・遅延損害金の取扱い

民事再生法84条2項に規定されている債権については不利益な扱いをすることができるが、これらの債権は全額免除とすることが通常である。

また、この規定の反対解釈から、再生手続開始前の利息の請求権や再生手続開始前の損害金等を不利益に扱う（たとえば、これらについても全額免除とする）

内容の再生計画案を作成することは形式的平等に違反することになる。

　もっとも代理人が、申立時に債権者一覧表を作成する際に、たとえば、消費者金融会社等の場合開示された取引履歴に基づいて、引直し計算を行うが、最終取引日での元本や利息で計算することが一般的である。この場合には取引最終日から開始時までの利息や遅延損害金は含まれていないが、これを再生計画案に反映させないことが許されるのか問題となるが、形式的平等に反するものではなく許容される（『実務解説 Q&A』312頁〔西田広一〕）。

(5)　再生計画案の決議

　小規模個人再生では債権者の消極的同意で足りるが（民再230条6項）、大口債権者が反対をすると、否決となるおそれもあるので、予め反対の意向を表明していたり、反対することが予想される大口債権者に対しては反対しないように交渉・説得する必要がある。

　その際は破産手続を選択するよりは経済的にメリットがある点を丁寧に説明することが肝要である。

　なお、筆者の経験では、給与所得者の要件を充足して、これによれば可処分所得が高くなることから小規模個人再生を選択している（弁済額が少ない）という理由から反対の意向を表明されたこともある。最低弁済額は100万円である事案であったが、それをある程度上回る弁済総額とすることで、反対をしないように説得をしたことがある。

　ただし、弁済額を増額することは履行可能性に影響を与えるので、再生債務者の返済能力を慎重に検討した上で、無理のない範囲に留めるべきである。

2　履行可能性

(1)　履行可能性を考える視点

　個人再生手続は通常再生のように認可後の監督委員による履行監督の手段は予定されていないので、履行確保をどのように図るかが重要であることは否定

できない。

　裁判所は履行可能性の判断を慎重に考える傾向があるが、履行可能性の判断を杓子定規に考えて、利用が困難となるような運用は妥当でない。

　特に収入の増減が激しかったり、収入自体が少ない場合、履行可能性に疑問があるとして開始決定自体に慎重になる運用は適切でない。

　民事再生法25条3号でも「認可の見込みがないことが明かであるとき」と開始決定時の棄却事由を限定している。

　他方で、付議決定に際しては「遂行される見込みがないとき」とされており（民再230条3項、174条2項2号）、開始決定時よりも慎重な判断が求められているようにも考えられるが、後述する履行テストによる積立てが行われている場合は原則として履行可能性はあると判断されるべきである。

(2)　**家計管理の重要性**

　相談時の債務者の家計状況から見て、家計収支に余裕がない、あるいは極めて乏しいと見られる場合には、通常は、再生計画案の履行可能性が否定される方向に傾くが、債務者が生活費を切り詰めるなどの方法により、再生計画案の履行に必要な毎回の弁済金額を支払うことが可能という場合も十分にあり得ることであるので、代理人は無駄な支出については、抑制するように指導すべきである。

(3)　**履行テスト**

　a　各地の運用

　多くの裁判所では履行確保の手段としての履行テスト（予定している毎月の計画弁済額に相当する金員の積立て）を求めて、再生計画案の提出時に、その積立状況に関する資料（積立状況報告書（本書352頁【資料27】）。積立専用通帳）の提出を受け、これを履行可能性に関する判断材料の一つとして付議決定又は意見聴取を行う運用を行っている。

　申立書・陳述書に記載された予定積立額が積み立てられていない場合には、

履行可能性がないものと判断される可能性もあるので、代理人としては履行テストの積立てがきちんと行われるように再生債務者を指導・監督すべきである。

b　履行テストの方法と積立管理

　何時から積立てを行うのかは裁判所により、運用が異なるが、大きく分けると、①個人再生手続の方針決定時、②個人再生手続の申立時、③開始決定時からの三つに分けられる。

　履行テストの積立てとしては、申立を行う裁判所の運用に合わせて積立てを行えば足りるが、この積立ては弁済原資確保のためのものであるから、積み立てた金員は清算価値に上乗せしない運用とすべきである（『大阪再生物語』186頁参照。なお、大阪地裁の平成22年4月以降の運用（開始決定後に積み立てられた金員に限り、清算価値に上乗せしない）について、月刊大阪弁護士会2010年3月号66頁を参照）。かかる運用を前提とすれば、早期に積立てを開始した方が再生債務者にとってメリットが大きいので、代理人は早い段階で積立てを指示すべきであろう。

　実際の積立ては、再生債務者に口座を開設させて、積立てをさせることでも問題はないが、再生債務者が勝手に積立金をおろしたり、積立てを怠り、後でまとめて行うようなことがないように注意を払うべきである。かかる観点からは代理人の口座に毎月振込みをさせて管理することを検討すべきであろう。

c　積立てが困難な場合

　給与等の差押えを受けている場合、開始決定により、差押えは中止されるので、早急に申立をして、速やかに開始決定を出してもらう。

　もっとも、認可決定までは差押えの効力が失われないので、開始決定後は差押債権者に取下げを求めるべきである。取下げがなされれば再生債務者は給料の全額を受け取ることができ、積立ても容易となるので、代理人としては開始決定を待たずに、早い段階から取下げを求めることが望ましい。

　差押債権者が非協力的な場合は中止命令の申立（民再26条1項2号）を行い、中止決定を受けた後、強制執行取消しの申立をすることを検討する（『個再100

問』229頁〔木村裕二〕）。

　差押えが中止され、第三債務者が、差押えの範囲分を供託したり、手元に保管している場合は、その報告をすることで積立てをしたことと同視して、その期間は履行テストの積立てをしなくても良いとする運用を行っている裁判所もあるが、代理人としては給与の全額を再生債務者が使えるようにして、積立てができるようにすることが望ましい。

　また、積立てができない原因が事故や入院など突発的な支出等、やむを得ない出費のためである場合は、その疎明資料と家計表を添付して報告することで積立てができない原因が一時的なものであり、履行可能性があることを裁判所に説明する。

(4) 履行可能性の判断基準を巡る問題
a　収入変動と履行可能性の判断
　申立前に収入が大きく減少している事実が認められると、裁判所は再生計画の履行可能性を否定する方向で考慮するのが通常であるから、代理人としては今後の収入の回復の見込みや現在の収入の維持の見込みなどを、「履行可能性欄」で具体的に説明することが必要となる。

　もっとも、予定弁済額の積立てをきちんと行うことができれば履行可能性は疎明されていると考えられるし、そのような運用が妥当であることから、代理人としては履行テストの積立てをきちんと行うように指導することが大切である。

b　親族の援助と履行可能性の判断
　親族からの援助を前提に履行可能性を判断することができるのか問題となるが、申立書添付の家計収支表から見た場合に可処分所得が乏しい場合でも、親族の援助・協力により毎回の弁済金の準備が可能であるとの事情が認められ、かつ、現実に再生計画案が認可されるまでの間に毎月再生計画案で定められた毎回の弁済金額を積み立てるなどの事情を踏まえて再生計画案を認可する運用を行っている裁判所が多いと思われる。妥当な運用である（『個再100問』133頁

〔萩野一郎〕)。

　もっとも、この場合親族から裁判所に対して再生計画案の履行に協力する旨の書面の提出を求められることがあるので、代理人としては書面の作成と取得を行っておくべきである。

c　住宅資金特別条項を定めた場合の履行可能性の判断

　住宅資金特別条項を定めた再生計画案の場合は、その不認可要件は「再生計画が遂行可能であると認めることができないとき」(民再202条2項2号)と規定して、積極的な遂行可能性の存在を要求しているが、実務上は、履行可能性を判定する場合に、住宅資金特別条項を定めているか否かにより、さほどの違いはないと思われる。

　住宅資金特別条項を定める予定の場合は弁済許可(民再197条3項)を利用して、開始決定後も返済を継続していることが多いが、それに加えて前述した履行テストの積立てを行っていれば履行可能性は認められると判断する運用が妥当である。

d　滞納公租公課と履行可能性の判断基準

　滞納処分を受ける可能性は履行可能性に影響するため、その交渉経緯や結果について、遅くとも再生計画案提出時までに裁判所に対する報告が求められることが通常である。

　課税庁は分割協議には応じてくれる場合が多いが、分割弁済の合意書の作成に応じることは通常は考えられないので、合意書や課税庁が作成した書面を求める運用は適切でない。

　実務上は、再生債務者側で作成した分納誓約書や交渉経緯を記載した代理人作成の報告書をもって裏付資料としている事案が多いと思われるが、妥当な運用である。

　筆者の経験として、分納の申入れとそれに基づく分割弁済用の納付書を交付してもらい、その写しを経過報告書に添付することで裁判所の理解を求めた例がある。

　なお、滞納処分の可能性が高い場合は資産を処分して弁済しておくことも考

えるべきである。この場合は偏頗弁済とならないので、清算価値に加算されることはない。

また、分割弁済の事実上の合意も難しく、再生債務者に資産もない場合は親族の援助を受けるなどして支払っておくことを検討すべきである（『個再100問』15頁〔佐藤昌巳〕）。

e 養育費の未払いと履行可能性の判断基準

再生手続開始決定後の養育費は、共益債権と理解される（民再119条2号、7号）ので、開始決定後の分は再生手続とは関係なく随時弁済する必要がある。

この養育費の支払いを行っても再生計画に基づく返済が可能でなければ履行可能性が否定されることになるが、通常は、養育費の支払いを行いつつ履行テストの積立ても行えれば、履行可能性はあると判断される。

また、筆者の経験として、養育費の随時弁済と同時に再生債権の弁済をすることが困難であると思われる債務者について、再生債務者の元妻と交渉を行い、再生手続による弁済をしている期間中は養育費の支払いを猶予する旨記載した合意書を作成して、裁判所に提出して履行可能性の判断要素としてもらったことがある。

第4章 住宅資金貸付条項のあるべき運用

弁護士　本山正人（第一東京弁護士会）

1　制度の趣旨と概要

　住宅を購入又は建築した場合、その費用を借入れによってまかなうことが多く、住宅及びその敷地には当該借入金を被担保債権とする抵当権が設定されるのが通常である。再生手続においては、抵当権は別除権として再生手続外で権利を行使することが認められており、再生手続の申立をすること自体が住宅の維持・確保につながるわけではない。そこで、民事再生法は、住宅資金貸付債権に関する特則の制度を設け、所定の要件の下で債務者がその所有する住宅の維持・確保を図りつつ経済的再建を図る途を開いている。破産手続では債務者が住宅を維持・確保し続けるのは困難であることから、住宅ローン以外の債務を整理することができれば住宅ローンは支払うことができるという債務者にとって、住宅を維持するために再生手続を利用するインセンティヴは強い。その結果、個人再生手続において住宅資金貸付条項を定めた計画案の提出がなされる割合は高く、東京地裁においては、住宅資金特別条項を定める旨の申述のあった申立が、全申立件数の約57％（平成22年1月～9月）に及んでいる。そして、その割合は制度の創設以降、一貫して増加傾向にある[1]。

　以上のように、住宅資金貸付債権に関する特則の制度は、再生手続において極めて利用価値の高い制度として機能しているのであるが、その一方におい

1　東京地裁においては、住宅資金貸付条項を定める旨の申述のあった申立が、平成13年（4月～12月）には18.1％であったものが、平成20年には50％となり、平成21年は54.7％である。

て、要件がやや形式的かつ定型的であり、条文の文言の複雑さとも相まって使いづらい面のあることも否定できない。

ここでは、住宅資金貸付債権に関する特則の制度が設けられて以降、その適用が問題となった場面について、いくつか取り上げてみたい。

2 住宅の範囲

(1) 住宅を賃貸している場合

民事再生法196条1号は、住宅資金貸付条項の対象となる住宅に関し、いくつか要件を定めているが、その一つとして「自己の居住の用に供する建物」であることを必要としている。これは、本制度が再生債務者の生活の本拠である住宅を確保するための制度であるが故に設けられた要件である。

同号は、「自己の居住の用に供する建物」であって、建物を自己の居住に「供している」ことまで求めてはいない。したがって、転勤等の事由により一時的に第三者に賃貸している場合は「自己の居住の用に供する建物」に該当する[2]。他方、郷里に購入した建物には両親が住み、再生債務者とその家族は都会で生活しているような場合には、再生債務者の生活の本拠を保護するという意味合いが乏しく、「自己の居住の用に供する建物」には当たらない。もっとも、さほど遠くない時期に生活の本拠を移すような事情がある場合には、「自己の居住の用に供する建物」に当たると解する余地もある。

(2) 申立直前に建物の所有権を取得した場合

住宅の要件として、個人である再生債務者が所有する建物であることが必要とされている（民再196条1号）。所有は共有でも良く持分の多寡は問わない[3]。

再生債務者が手続開始直前に共有持分を取得した場合においても、本特則は

---

2 『条解民再』917頁〔山本和彦〕、『新注釈民再（下）』234頁〔江野栄〕。
3 『条解民再』916頁〔山本和彦〕、『新注釈民再（下）』234頁〔江野栄〕。

利用できるとされている。具体的には、実質的に夫婦共有でありながら、夫又は妻のいずれか単独の所有権登記がなされている建物について、夫婦を連帯債務者とする抵当権が設定されている場合、真正な登記名義の回復を原因として持分移転登記を行い共有に改めた上で申立をするようなケースである。このような場合でも、本特則の利用は可能である[4]。

3　住宅資金貸付債権

(1)　被担保債権に住宅の購入等とは無関係な貸付金が含まれている場合

　住宅資金貸付債権に該当するためには、貸付債権が住宅の建設又は購入に必要な資金の貸付けより生じたものであることが必要である。貸付債権が住宅とは無関係な事業資金等の貸付けである場合には、住宅資金貸付債権には当たらず、そのような債権を被担保債権とする抵当権が住宅に設定されている場合には、住宅資金特別条項を定めることができない（後記4）。

　ところで、住宅に設定された抵当権の被担保債権に住宅の購入に係る費用の貸付金と事業資金の貸付金とが混在している場合がある。このような場合、基本的には住宅資金貸付債権には当たらないといえるが、住宅資金貸付債権とそれ以外の部分の区別が明確で、被担保債権から住宅資金貸付債権以外の部分を除外する旨の一種の別除権協定を結んだ場合や、住宅ローン部分が大部分を占め、それ以外の部分がごく僅かである場合などは、住宅資金特別条項を定める余地を認める見解がある[5]。また、住宅ローンとして借り入れた資金のうち一部を住宅の建設又は購入に使用したが、残りを他の用途に使用したという場合、借入資金の主要部分が住宅の建設又は購入の目的に使用されたときは住宅

---

[4]　始関正光ほか「個人再生手続の現状と課題」登記情報543号64頁以下。条文は「所有」を要件としており「登記」までは必要でないとする見解として『個再100問』194頁〔鹿士眞由美〕。
[5]　『破産・民再の実務（下）』460頁〔松井洋〕。

資金貸付債権に当たるが、流用部分の占める比率が大きければ住宅資金貸付債権に該当しないとする考えもある[6]。

(2) 住宅ローンとは別個に住宅購入に係る諸費用ローンを組んでいる場合

　住宅を購入する際に必要な仲介手数料、登記費用、税金等を支払うために、住宅ローンとは別個にこれら諸費用についてローンを組み、抵当権を設定している場合がある。196条3号は、「住宅の建設若しくは購入に必要な資金」としており、法文上は、住宅の建設もしくは購入に要する直接的な費用（請負代金もしくは売買代金）を指しているようにも読めるが、仲介手数料や登記費用、不動産取得税等は、事業資金のように住宅の購入と全く無関係なものではない。また、その支払いのための借入額も、一般的には、住宅ローンと比べれば低額である。更には、前記のように、住宅ローンと無関係な貸付けが被担保債権の中に混在していたり、あるいは、住宅ローンによる借入れを住宅の建設又は購入以外の目的に流用しても、その割合が僅かであれば、なお住宅資金貸付債権に該当するという見解もある。したがって、住宅ローンとは別個に諸費用のローンを組み、これを被担保債権とする抵当権が別途設定されていたとしても、その額が住宅ローンに比して僅かであれば、なお、住宅資金貸付債権に該当すると考えられる[7]。

(3) 住宅の請負代金を被担保債権とする場合

　民事再生法196条3号は、住宅資金貸付債権について、住宅の建設に必要な資金の「貸付け」としており、文言上は、請負代金債権は住宅資金貸付債権に

---

6 『条解民再』919頁〔山本和彦〕。
7 諸費用ローンの使途が契約上明確であり、その額も住宅ローンと比較してかなり少額な場合や、多少高額なローンであっても使途が不動産取得行為等に直接必要な経費の範囲内で明確になっている場合であれば、その額と使途を総合考慮して住宅資金特別条項の利用が認められる例があるとされる（『個再100問』162頁〔鈴木嘉夫〕）。

は当たらない。しかし、請負代金は住宅建設の対価であり、経済的な実質において建設資金の貸付けと大差はなく、請負代金債権も住宅資金貸付債権に当たると考えて良い[8]。住宅を購入した際の売買代金それ自体についても、「貸付け」ではないないが、同様に考えることができる[9]。

　もっとも、民事再生法は、住宅資金貸付債権について分割払いの定めのある再生債権であることを求めており、請負代金、売買代金が住宅資金貸付債権の対象になり得るとしても分割払いの約定があることが必要である。

4　住宅に住宅資金貸付債権に係る抵当権以外の抵当権が設定されている場合

(1)　民事再生法198条1項ただし書前段の趣旨

　民事再生法198条1項ただし書前段は、住宅の上に196条3号に規定する抵当権を除く担保権（民事再生法53条1項に規定する特別の先取特権、質権、抵当権又は商法もしくは会社法の規定による留置権）が設定されている場合には、住宅資金特別条項を定めることができないとしている。かかる規定が設けられたのは、上記のような場合に住宅資金貸付債権について特別条項を定めたとしても、他の別除権者が担保権を実行した場合には再生債務者が住宅を失うことになり、結局、住宅の維持・確保という目的が達せられないからである。

　この規定の趣旨は上記のとおりであるが、その適用を巡って、以下のような実務上の問題が生じている。

(2)　ペアローンの問題

　民事再生法198条1項ただし書をそのまま適用した場合に不都合をもたらす典型的な例として、ペアローンの問題がある。

---

[8] 『条解民再』919頁〔山本和彦〕。
[9] 『破産・民再の実務（下）』461頁〔松井洋〕、『新注釈民再（下）』238頁〔江野栄〕。

ペアローンとは、夫婦（あるいは親子）が住宅を共有している場合において、それぞれが金融機関から住宅資金を借り入れるとともに、その貸付金を被担保債権として住宅全体に各自を債務者とする抵当権をそれぞれ設定しているようなケースである。この場合、夫は妻に、妻は夫に対し自己の持分を担保提供（物上保証）しており、他人の債務のために住宅に抵当権を設定していることから、「法193条3号に規定する抵当権以外の担保権が住宅に設定されている」ということになる。すなわち、法文に忠実に従えば、ペアローンのケースでは住宅資金特別条項を定めることができない。

　しかし、たとえば夫婦が連帯債務者となって住宅ローンの借入れを行い、かかる債務を担保するため住宅に一つの抵当権を設定している場合には、上記のような問題は生じず、住宅資金特別条項を定めるに支障はない。いずれも夫婦で住宅ローンを組んで住宅を購入したにもかかわらず、その借入れ、担保の設定の仕方如何によって住宅資金特別条項の利用の可否が左右されるのは不都合である。また、198条1項ただし書の趣旨が、担保権実行により住宅を失うことを回避することにあるならば、他の担保権者による担保権実行のおそれがないのであれば、住宅資金特別条項の適用を認めて良いはずである。

　そこで、東京地裁、大阪地裁の実務においては、夫婦双方が住宅資金特別条項を定める旨の申立をした場合には、それぞれの住宅資金特別条項を定めた再生計画案の認可の効力によって担保権の実行が回避されることから、ペアローンのケースにおいても住宅資金特別条項の利用を認めている[10]。すなわち、実務の運用上の工夫によって、法文の形式的な運用により生ずる不都合を回避しようとする方策である。

　ところで、上記のように担保権実行の可能性がないということに着目するのであれば、必ずしも夫婦ともに申立をする必要はないということになる。たとえば、夫に住宅ローン以外の債務がある一方で、妻には住宅ローン以外の債務

10　『破産・民再の実務（下）』462頁〔松井洋〕、『個再100問』175頁〔野村剛司〕、『新注釈民再（下）』248頁〔江野栄〕。

が一切ないという場合において、実際には住宅ローンは専ら夫が支払っており、今後も原契約どおり支払う特別条項を定めるようなときは、妻の申立如何によって担保権実行の可能性が大きく変わるということはないはずである。東京地裁においても、夫婦の住宅ローン債務の負担の仕方、弁済状況、夫婦の収入状況、住宅ローン債権者の意向などの具体的事情を考慮して認定、判断すべきであるとして、夫婦いずれかの申立であっても住宅資金特別条項の利用の余地を残している[11]。

(3) 住宅ローン以外の抵当権が設定されている場合

　住宅の上に住宅ローン以外の事業資金等の借入金を被担保債権とする抵当権が設定されている場合は、法198条1項ただし書がまさに想定しているケースである。したがって、このようなケースにおいて住宅資金特別条項を定めようとする場合には、再生計画の認可・不認可の決定がなされるまでの間に当該担保権を消滅させておく必要があり、東京地裁においては、当該担保権を消滅させるか、再生計画認可決定までに消滅させることが相当の確度を持って見込まれ、個人再生委員が開始相当の意見を提出した場合に手続を開始する扱いとしている[12]。

　もっとも、担保権を消滅させるには被担保債権を弁済する必要があるが、再生手続開始後は再生債権の弁済が禁止されるため、再生債務者自身は弁済することができない。そのため、再生債務者自身が弁済をして担保権を消滅させるには再生手続開始前に弁済をしておく必要があるところ、当該債権が担保権でカバーされている範囲内であれば、一般に有害性を欠き、否認の対象とならない[13]。一方、弁済が担保権でカバーされる範囲を超えて行われた場合には、そ

---

[11] 『破産・民再の実務（下）』463頁〔松井洋〕。大阪地裁においても、住宅ローン以外に債務がない事案で、個人再生委員を選任し、担保権者の意向を聴取し、履行可能性について個人再生委員の意見を聴いた上で、住宅資金貸付条項の利用認めた例があるとされる（『個再100問』176頁〔野村剛司〕）。
[12] 『破産・民再の実務（下）』465頁〔松井洋〕。
[13] 山本和彦「個人再生手続の現状と課題」『倒産の法システム(2)』296頁。

の部分については本来否認の対象であることから、清算価値の算定にあたり弁済した額を加えて算定しなければならない。その結果、再生債務者には負担が大きくなることから、かかる事態を回避するためには、再生債務者自身が弁済するのではなく第三者が弁済するのが望ましいとする考えもある[14]。

　ところで、ここでも民事再生法198条1項ただし書の趣旨を押し進めた場合、別の考え方をとり得ないであろうか。すなわち、後順位担保権者が担保権を実行する可能性がないと見込まれる場合には、認可、不認可の決定までに担保権を消滅させることができなくとも住宅資金特別条項を認める余地はないであろうか。具体的な例としては、再生債務者が担保権者と別除権協定を締結し、再生債務者が別除権付債務を履行している限り担保権は行使されず、かつ、債務の履行の確度が高いと客観的に見込まれるような場合である。法文に明らかに抵触することや、別除権協定の内容如何によっては他の一般債権者を害することになることから、慎重に検討する必要はあるが、別除権協定の妥当性を個人再生委員が調査するなどの工夫により認める余地があるように思われる。

(4) 住宅を建て替えたことにより旧建物の抵当権が建替え後の建物に設定された場合

　住宅をローンで購入し、その後、当該住宅を建て替えた場合、住宅の建替費用の借入れに係る抵当権が設定されるとともに、旧建物を購入した際の借入れに係る抵当権が後順位に設定されることがある。後者の抵当権は、旧建物において設定されていた抵当権が新建物に付け替えられたものである。

　後順位の抵当権は、旧建物を購入するために行った資金の借入金を担保するためのものであり、新建物の建設に要した費用の借入金を担保するものではない。したがって、現存する新建物に関する住宅資金貸付債権以外の債権を担保するものであって、198条1項ただし書に抵触するといわざるを得ない。

14　『個再100問』168頁〔髙橋敏信〕。

しかし、住宅の維持・確保を目的とする住宅資金特別条項の趣旨からするならば、上記の結論はやや形式的にすぎ、再生債務者に酷なように思われる。一般に、住宅ローンの借換えについては、新たな住宅ローンが住宅資金貸付債権に当たるとされている[15]。とするなら、建替えについても、旧建物の住宅ローンの借換えがなされ、建替費用も含めて新たな一つの抵当権が設定されたような場合には、198条1項の要件を満たすといえないか、さらに検討の必要があると思われる。むろん、このようなケースにおいて住宅資金特別条項の利用を躊躇わないためには、立法上の手当てをするのが望ましいといえる。

5 保証会社による保証債務履行後6ヶ月を経過して再生手続開始の申立がなされた場合

　保証会社が保証債務を履行した場合には、その履行の日から6ヶ月を経過する日までの間に再生手続開始の申立をしなければ、住宅資金特別条項を定めることができない。これは、保証会社が保証債務を履行した場合においても住宅資金特別条項の利用を認めて住宅を維持・確保する余地を残す必要がある反面、保証債務の履行からあまりに長期間経過した後、巻戻しによりその効果を覆すことは、法律関係の安定を害することになるからである。また、保証債務が履行されてから相当な時間が経過しているという場合には、債務者は既に住宅を維持・確保しようとする意欲を失っており、実際上も、遅延損害金の額が膨らんで、履行可能な再生計画案を作成することが困難だからである。そこで、民事再生法は、保証債務の履行から6ヶ月以内に再生手続開始の申立を行うことを条件に、住宅資金特別条項の利用を認めたものである（民再198条2項）。

　以上のように、保証会社が保証債務を履行してから6ヶ月を経過した場合には、住宅資金特別条項を定めることを目的として申立をすることはできない。

15　『新注釈民再（下）』238頁〔江野栄〕。

ただ、上記のような立法趣旨に鑑みるならば、不利益を受ける金融機関や保証会社の同意があり、かつ、遅延損害金を考慮してなお履行可能な計画案を作成できるような事情がある場合には、住宅資金特別条項を定める余地を認めても良いように思われる。もとより現状においては、法文に明確に反することから、仮に金融機関、保証会社の協力が得られるのであれば、申立前に巻戻しと同様の効果を得た上で申し立てるのが無難であり、本来的には、この点についても、立法により解決されるのが望ましいといえる。

第5章
個人再生委員

弁護士　山下英樹（第二東京弁護士会）

1　個人再生委員の制度の概観

(1)　意　義

　個人再生手続は、個人のみを対象とし、通常の民事再生手続と異なり小規模の事件が想定されていることから、手続を簡素化するために、通常の民事再生手続にある監督委員や調査委員の制度はない。しかし、個人再生手続においても、一定の事項について裁判所を補助する機関があることが有益であることから、個人再生委員の制度が設けられている。

　以下では、まず個人再生委員の選任と職務内容を中心に制度を概説し、その後、実際の運用とその問題点について述べることとしたい。なお、引用する民事再生法の条文は小規模個人再生についてのものであるが、給与所得者等再生についても準用されている（民再244条）。

(2)　選任と資格

　裁判所は、個人再生の申立があった場合において、必要があると認めるときは、利害関係人の申立により又は職権で、1人又は数人の個人再生委員を選任することができる（民再223条1項本文）。ただし、再生債権の評価の申立（民再227条1項本文）があったときは、当該申立を不適法として却下する場合を除き、個人再生委員の選任をしなければならない（民再223条1項ただし書）。すなわち、適法な再生債権の評価の申立があった場合を除き、個人再生委員の選任は任意的である。選任は再生手続開始決定前でもできる。

個人再生委員の被選任資格には制限はないが、弁護士が選任されるのが通常である。複数選任することもでき、また、法人でも個人再生委員となることができるが（民再223条10項、54条3項）、いずれも実際にはまれであろう。

(3) 職務と権限

裁判所は、個人再生委員の選任の決定をする場合には、個人再生委員の職務として、次に掲げる事項の1又は2以上を指定する（民再223条2項柱書。以下、便宜上、順に「1号事項」「2号事項」「3号事項」という。）。

① 再生債務者の財産及び収入の状況を調査すること。
② 227条1項本文に規定する再生債権の評価に関し裁判所を補助すること。
③ 再生債務者が適正な再生計画案を作成するために必要な勧告をすること。

裁判所は、1号事項又は2号事項を指定する場合には、裁判所に対して調査の結果の報告をすべき期間をも定めなければならならない（民再223条3項、227条5項）。

1号事項を職務として指定された個人再生委員は、再生債務者又はその法定代理人に対し、再生債務者の財産及び収入の状況につき報告を求め、再生債務者の帳簿、書類その他の物件を検査することができる（民再223条8項）。また、2号事項を職務として指定された個人再生委員は、再生債務者もしくはその法定代理人又は再生債権者（1号事項をも職務として指定された場合にあっては、再生債権者）に対し、再生債権の存否及び額並びに担保不足見込額に関する資料の提出を求めることができる（民再227条6項）。なお、裁判所は、再生債権の評価をする場合には、2号事項を職務として指定された個人再生委員の意見を聴かなければならない（民再227条8項）。

2 個人再生委員の選任の運用と実務

(1) 各庁における選任の運用

　個人再生委員の選任の運用は、各地で大きく異なっており、また流動的でもあるので、申立に際しては事前に裁判所に確認する必要がある。

a 東京地裁

　東京地裁においては、申立受理後、職権で、全件について、1号ないし3号の事項すべてを指定職務として個人再生委員を選任するという運用が定着している。このような運用が目指すところは、個別の事案に即した柔軟かつ適切な処理と、手続の迅速化・簡素化などにあると考えられる。すなわち、裁判所が直接的に手続の進行を図ると書面に基づく厳格な審査により形式的・画一的な事件処理となりがちであり、また、手続自体の進行が遅くなる傾向があることは否めないが、知識及び経験が豊富な個人再生委員を選任することで、個別の事件に応じて具体的な諸事情を考慮した実質的な判断や事案にふさわしい処理が可能になり、また手続の簡素化が図れることなどが、このような運用の趣旨として挙げられている（『破産・民再の実務（下）』384頁〔松井洋〕）。個人再生委員の報酬は、弁護士代理による申立の場合は原則15万円、本人申立の場合（司法書士関与の場合も含む。）は原則25万円である。報酬は予納金から支払われるが、予納金は、後述のとおり、履行テストを兼ねて分割で納付する運用になっている。個人再生委員の指定職務には当初より2号事項も含まれているので、選任後に再生債権の評価の申立がなされても予納金の追納は必要ない。

b 大阪地裁

　これに対し、大阪地裁においては、個人再生委員の選任はかなり限定的である。すなわち、弁護士代理による申立の場合は、住宅ローンと保証債務を除いた負債額が3000万円を超える事業者の申立の場合に限って個人再生委員が選任されている。職務としては1号事項及び3号事項が指定されることが多い。予納金は原則30万円で、予納後に個人再生委員が選任される。本人申立の場合は個人再生委員が選任されることが多いが、司法書士関与の場合は個人再生委員

が選任されることは少ない。再生債権の評価の申立により個人再生委員が選任される場合は、予納金は原則5万円で、当該申立人が予納する。大阪地裁では、申立代理人の存在を基本として民事再生におけるDIP型を重視した運用が行われているということである（以上の大阪地裁のほか、各地の運用については、『個再100問』215頁〔野村剛司〕）。

c その他の庁

それ以外の各庁の運用であるが、まず、全件選任しているところは少数と思われる（新潟地裁、前橋地裁、水戸地裁、熊本地裁などは全件選任しているようである。）。それ以外は、大別すると、①一定の基準を設け（たとえば、負債額が一定額を超える、事業者である、本人申立であるなど）それを満たす場合に限り選任するか、②特に基準は設けずケースバイケースで判断するが選任しないのを原則とする、のいずれかである。このうち①は、本人申立の場合に限り選任する庁と、それ以外の場合でも選任する庁がある（かつては前者であったが後者に移行した庁もあるようである。）。札幌地裁は前者で、弁護士代理の場合には原則不選任、本人申立（司法書士関与の場合を含む。）の場合は原則として1号事項と3号事項を指定職務として選任されている（札幌地裁民事第4部再生係『個人再生Q&A』のQ41及びQ20）。仙台地裁でも、弁護士代理でない場合にのみ選任されている（安福達也・佐藤彩香「仙台地方裁判所第4民事部の事件処理の現状」NBL945号18頁）。なお、②の中には過去に選任した例がほとんどないような庁もあるようである。予納金は、通常の場合では5〜30万円くらいの範囲で庁によってかなりばらつきがあるが、20万円前後が多いようである。再生債権の評価の申立の場合では3万円前後が多いようである。

(2) 個人再生委員の実務

以下、主として、全件で個人再生委員が選任される東京地裁の運用を念頭に置いて、個人再生委員の実務を紹介する。

a 手続関与の概観

東京地裁においては、個人再生委員は申立受理直後に選任され、その後、裁

判所が、手続開始決定、再生計画案を書面決議（又は付意見聴取）に付する決定及び認可決定の各場面において、事前に個人再生委員から意見書を提出させ、それに基づいて判断を下している。

　まず、個人再生委員は、受任後直ちに申立書及び添付書類を精査するとともに、すみやかに申立代理人及び申立人本人と面接し、事情聴取と打合せを行う。東京地裁では、申立と同時に提出を要する添付書類は必要最小限のものとなっており、申立人の収入を証する書類などは申立後すみやかに追完すれば良いことになっているが、個人再生委員は、それ以外でも必要と判断したものがあればその追完を指示する（以後も同様）。

　東京地裁では、個人再生委員は、再生手続の開始要件の有無を調査し、受任後3週間以内に、裁判所に「意見書（開始要件）」を提出する。また、提出された再生計画案について書面決議（又は意見聴取）を実施するのが相当と判断した場合又は手続を廃止するのが相当と判断した場合は、裁判所に「意見書（付書面決議（付意見聴取）・手続廃止）」を提出する。さらに、書面決議（又は意見聴取）の実施後、認可要件の有無を調査し、裁判所に「意見書（認可要件）」を提出する。

b　分割予納金と履行テスト

　東京地裁においては、履行テストと個人再生委員の報酬の確保を兼ねて、予納金を分割で納付する運用となっている。具体的には、再生債務者は、申立書に記載した毎月の計画弁済予定額（住宅資金特別条項に基づく弁済予定額は含まない。）を、分割予納金として、所定の期日までに個人再生委員の銀行口座に振り込む方法によって納付する。初回は申立後1週間以内とされているが、給料日等の事情もあるので、その後個人再生委員と協議して毎月の支払時期を変更することも可能である。その後に計画弁済予定額が変わり変更後の額により再生計画案を立案した場合には、分割予納金の額は、以後、新たな毎月の計画弁済予定額に変更されるものとし、遡っての調整はしない。個人再生委員は、分割予納金が毎月予定どおり振り込まれるかどうかをチェックし、履行可能性の有無の判断をする。認可相当の意見書は、原則として6ヶ月分の分割予納金

の納付を受けた後に提出することとされているが、履行を怠る可能性が低いと個人再生委員が判断した場合はそれ以前でも認可相当の意見書を提出することがある。個人再生委員の報酬（原則15万円）はこの分割予納金から支払われることになっており、具体的には、終局決定（認可決定など）と同時になされる報酬決定後、個人再生委員は前記口座から報酬金額（及び振込手数料）を控除し、入出金明細書の交付とともに残額を申立代理人に振り込んで精算する。このため、分割予納金の6ヶ月分が報酬予定額に満たない場合には、認可相当意見書は、報酬予定額に達した後に提出することとなっている。

　c　再生債権の評価の補助

　東京地裁では、再生債権の評価の申立があった場合は、個人再生委員は、裁判所からその連絡を受けた日から原則として3週間以内に、裁判所に評価に関する意見書を提出する。この意見書は、結論を重視した記載で理由は可能な限り簡素なものとし、特殊な事情がない限り評価の理由の記載は不要で結論のみ記載すれば足りるものとされている（書証写し等も添付を要しない。）。東京地裁では、前述のとおり2号事項も当初から職務指定されているため予納金の追納は不要であるが、東京以外では、個人再生委員が新たに選任される場合又は選任されているが2号事項が指定されていなかった場合は、予納金の納付が必要となると思われる。

　なお、評価に関する意見の形成には、事案によっては、かなり骨の折れる証拠の収集・分析や困難な判断を伴う場合があるが、意見書の作成については、特に東京地裁のように記載等が簡素化されていない庁においては、判決書の起案に匹敵する負担になる場合も多いとの感想を聞くことがある。したがって、2号事項だけを指定職務とする個人再生委員の報酬額（予納金額）が現在各庁の主流と思われる3万円ないし5万円程度で良いのかどうかは、各庁において再検討していただきたい事項である。

　d　指定職務との関係

　以上が東京地裁における個人再生委員のおおよその実務であるが、1号事項と3号事項を別個独立の職務として個別に処理するというよりは、手続全体を

通じて裁判所の補助をする過程でおのずとこれらの職務が遂行されるというイメージである。別の見方をすれば、個人再生委員は、受任直後から1号事項と3号事項についての職務遂行を開始し、その時々の時点で1号事項に係る調査や3号事項に係る勧告の成果に基づき各意見書を提出し、その最終が認可要件意見書の提出ということになると思われる。東京の場合は、このような個人再生委員の手続全体を通じた実質的関与により前述のようなメリットを引き出そうということであろう。

　思うに、このような東京の実務の特徴は、指定職務に3号事項が含まれていることと密接な関連がある。適正な再生計画案の作成について勧告するためには、再生債務者の財産及び収入の状況はもとより、負債を含むすべての事情に目配りする必要があることから、一般に、3号事項を指定職務に含める場合は、個人再生委員が再生債務者に関するすべての状況を把握できるよう、手続の全過程を通して個人再生委員を関与させるのが合理的と考えられるからである。したがって、(各庁の運用にもよるが) 一般には、3号事項は、1号事項より職務の実質的な範囲は広範であるということができるのではないかと思われる。

3　個人再生委員の運用に関する問題点

(1)　報酬の負担

　個人再生委員の選任に関して障害となり得る一般的な要素は、個人再生委員候補の確保と個人再生委員の報酬 (民再223条9項) の問題であろう。前者は、いわば弁護士の偏在の問題であり地域性があるが、後者は、個人再生委員の報酬は再生債務者の負担となる (共益債権となる。) ため、全国共通の問題である。

　この報酬に関しては、東京地裁では、報酬額を比較的低額に抑え、その代わりに、個人再生委員が裁判所に提出する意見書などの書式を定型化する (特に問題がない場合はあらかじめ印刷されている項目にチェックするだけで足りる。) などの負担軽減の工夫がなされている。さらに、全件選任で事件数が多く、いっ

たん個人再生委員に選任されるようになるとある程度の間隔で選任が続いていくため、個人再生委員の実務に習熟でき、また、事件処理に要する時間や労力は事件ごとに当然異なるが、それも多数回の受任によっておのずと報酬額とのバランスがとれるようになっている。また、報酬額は履行テストを兼ねた分割予納金の積立ての中から支給されるので、再生債務者は報酬相当額を事前に一括で予納する必要はない。

このように、東京では、いわば大規模庁での全件選任のスケールメリットを生かして、デメリットも軽減しているということができよう。もちろん、報酬の負担に関しては、再生債務者は、分割予納とはいえ、報酬相当部分（それを超過する部分は再生債務者へ返還される。）は、再生計画に基づく弁済に備えての積立てなどの他の使途に充てることはできないから、資金繰りにゆとりはないであろう。しかし、再生計画に基づく弁済が可能なのであれば、それと月額で同等の分割予納金の納付もまた可能ということになるから、少なくとも過大な負担とはいえないであろう。なお、東京地裁では、再生計画における3年を超える弁済期間（民再229条2項2号括弧書）もかなり柔軟に認められている。

(2) 原則不選任の場合の問題点

一方、個人再生委員を選任しなければもちろん報酬負担の問題はないが、弁護士代理の場合に原則として個人再生委員を選任しないという運用が問題なくまわっていくためには、二つの条件があると思われる。一つは申立代理人たる弁護士の実務能力の平均的水準、もう一つは裁判所の事務負担のキャパシティである。この両者には相関関係がある。個人再生も含め、民事再生は、制度の構造や条文の規定振りなどそれなりに複雑である。筆者の個人再生委員としての個人的経験では、残念ながら、申立代理人が民事再生法をあまり正確には理解していないのではないかと疑われるケースも少なくない。それが端的に表れるのは最初の再生計画案（又はそのドラフト）で、初歩的な事項に関する不備が見受けられる場合が相当程度ある。そのような場合は、個人再生委員が3号事項に係る勧告権限を行使する場面ではあるが、実際にどこまでフォローする

かについては個人差があるのではないかと思われる。たとえば、問題点を指摘するにとどめそこから先は自力で修正してもらうか、最初から具体的な修正案まで示すか。おそらく後者の方が手間ははぶけるであろうが、個人再生委員は再生債務者の補助機関ではないことから、悩ましいところである。もちろん、個人再生委員が選任されていても裁判所によるダブルチェックはなされるが、一次的な作業からすべて裁判所（書記官）が引き受けるとなると相当な負担であることは容易に想像でき、そのような負担は手続の遅延にもつながりかねない。

　民事再生法223条１項本文は「必要があると認めるとき」は個人再生委員を選任できるとしており、必要性の有無を個別に判断することを想定しているようにも読めるので、その意味では、全件選任の東京方式はかなり思い切ったものではあろう。１号事項と３号事項は、まさしく申立代理人の職責であるはずであるから、この職責が適切に果たされる限り、弁護士代理の場合には個人再生委員は本来必要ないはずだという考え方もできよう。大阪の実務では、そのような機能は申立代理人が当然担うべきものとの考え方が強くあるのではないかと思われる。それが本来の姿かもしれない。特に、３号事項については、法がこれを個人再生委員の指定職務に加えたということは、裏を返せば、適正な再生計画案を作成する余地がある限りはそこへ導こうとの趣旨と解されるが、その必要性は本人申立の場合にこそ強く肯定される。

　しかし、いずれの庁でも、申立代理人がその職責を十分に果たせず、１号事項であれ３号事項であれ、原則不選任で問題が出てくるようなら、選任の必要性は高まるということになる。申立件数の推移にもよるが、将来これが増大していく局面があれば、裁判所としては、個人再生委員選任の範囲を広げていかざるを得なくなるのではないかと思われる。

(3) 個人再生委員の活用

a 活用の積極的意義

　ところで、個人再生委員の運用に関しては、特に利用者たる申立人サイドか

らは、選任による報酬負担の面などを重視して、ともすると全件選任の東京方式対それ以外という構図で論じられることが多いのではないかと思われるが、個人再生委員の選任を単なる負担としてとらえるのは適切でない。弁護士である個人再生委員であれば別の機会には申立代理人の立場にもなり得ることから、当該事案に特有の問題点を申立代理人と共通の土俵で、あるいは裁判所とは違った視点で検討することもある。事案に即した実質的で妥当な処理が図れるという点は、前述のとおり、東京地裁も個人再生委員選任のメリットして考えているようである。申立代理人は、問題点があれば個人再生委員と率直に協議するのが良いと思う。裁判所が信頼して選任した個人再生委員を納得させることができれば、裁判所の理解も得られやすいということはあるであろう。また、個別の事件の解決にとどまらず、そのような実務の積重ねにより、裁判所の具体的な運用や判断の基準がより実態に即したものに変わっていくことになる。

b 再生債務者の負担の軽減

そのような積極的な意義もあり、また、権利の変更という不利益を受ける立場にありながら手続への関与が限定的にしか認められていない債権者の利害も無視することができないことは当然であり、その債権者の理解を得るためにも、個人再生委員をもっと活用するという方向があっても良いと思われる。たとえば、一部の庁では考慮されているようであるが、弁護士代理の申立であっても、申立人が事業者の場合は、事業用資産の存否や評価など非事業者にない問題もあり、利害関係のない個人再生委員によるチェックは有益であろう（事業者の個人再生については第3編第6章参照）。

ただ、全件選任でない場合は、選任する場合としない場合とのギャップが大きくなりすぎないように、再生債務者の負担のハードルを低くすることは重要であり、報酬額を比較的低廉な水準に抑えられるかどうかという点はやはり大きなポイントとなろう。東京地裁のように、個人再生委員の煩瑣な事務負担を軽減してその分を実質的な職務遂行に振り向けることができるようにすることは一般的に有益であると考えられるが、それ以外にも、たとえば、職務として

1号事項を指定する場合でも、当該案件で裁判所が特に調査を要すると判断する事項があればそれを明示するなどして、注力すべき調査事項を「事実上」しぼって依頼するという方法もあるのではないかと思われる。また、事案を類型化して予納金額を決めている庁もあり、参考になる。すなわち、前橋地裁は前述のとおり全件選任であるが、事業者か否か、不動産を保有しているか否かで、予納金に3パターンがあるようである。東京方式でなくても、工夫次第では、各地の実情に応じて、選任のメリットを生かしつつデメリットを軽減することは可能であると思われる。

第6章 個人事業者の小規模個人再生

弁護士　千綿俊一郎（福岡県弁護士会）

1　はじめに

　本稿では、①個人事業者による個人再生手続の利用状況について確認するとともに、②将来における手続利用者増加の見通しなどについて検討した。
　その上で、③現在の法令・運用を前提に、個人事業者が個人再生手続を利用するにあたって留意すべき点を整理し、併せて、④法令及び運用上の問題点と今後の課題について、一部立法提言にまで踏み込んで主張した。
　本稿での記載内容については、できる限り、客観的なデータ・資料・文献等に基づいて、論じるよう努めたが、立法提言などに及んだ部分は専ら筆者の個人的見解であり、また、少ない経験に基づく誤解、誤り等も十分にあり得るため、批判的に検討いただければ幸いである。

2　個人事業者による個人再生手続の利用状況など

(1)　個人再生手続は、個人事業者から利用されているか

　立法担当者の解説によると、小規模個人再生手続は、主として商店主や農家などの個人事業者などを念頭に、給与所得者再生手続は、主としてサラリーマンを念頭に、それぞれ策定されたものである[1]。しかしながら、現実には、本書第1編第1章（本書5頁）において触れられているとおり、給与所得者も含

1　『一問一答個再』9頁。

めた大半の債務者が、小規模個人再生手続を利用しているのが現状であり（平成21年は全体の91.46％が小規模個人再生手続である）、運用上は「小規模個人再生＝個人事業者のための手続」という図式にはない。

この点、日弁連が実施した破産事件及び個人再生事件の調査[2]によると、個人再生手続の申立人のうち、事業者の占める割合は、2002年調査では13.92％であったものが、2005年調査では5.13％、2008年調査では5.59％となっており、決して十分利用されているという評価はできない[3・4]。

(2) 需要はないのか

他方で、昨今の長引く不況を考えた場合、事業者の「法的手続を利用して債務を整理したい」という需要が少ないとは考えにくい。

現実に、金融庁が、平成21年11月中に、各都道府県の商工会議所を対象に調査したところ、中小企業の業況（経営環境・収益等）や資金繰りは、相変わらず厳しい状況が続いているようである（現況感の「良い」と「悪い」の差はマイナス92ポイント）。悪化の要因としては、「売上げの低迷」の割合が最も大きく、次いで、「販売価格の下落」が続いている[5]。

また、中小企業金融円滑化法は、金融機関に対して、中小企業又は住宅ローンの借り手から申込みがあった場合には、貸付条件の変更等を行うよう努めることを求めているところ、法施行日（平成21年12月4日）から平成22年9月30日までの間に、中小企業から、貸付条件の変更等の申込みがあった件数は、1,133,494件にも及んでいる[6]。

---

[2] 47都道府県、50地裁のすべてから、高裁所在地は各50件、その他は各20件の無作為抽出した事件記録を調査したもの。
[3] 日本弁護士連合会消費者問題対策委員会編『2008年破産事件及び個人再生事件記録調査』11頁、103頁。
[4] これに対して、従業員もおらず、物的な資産、売掛金、「のれん」などもほとんどないと評価できるような事業者については、事業を継続しながら破産手続を選択する場合もあり得る。個人事業者の破産については本書20頁、59頁。
[5] 金融庁HP「中小企業の業況等に関するアンケート調査結果の概要」
http://www.fsa.go.jp/news/21/ginkou/20091222-3.html

このように、種々のデータからも、事業者が、景気の悪化を受けて、資金繰りにも大変苦労していることが、窺われる。

(3) 本来利用されるべき案件が埋もれていないか
　平成21年の統計によると、この年の自殺者総数32,845人のうち、原因・動機を特定できたのが24,434人であり、その中で経済・生活問題が原因とされるのは8,377人であって、約34％を占めている。そして、有職者の自殺者のうち、被雇用者は9,159人であるのに対して、自営業者と家族従事者は3,202人にも及んでいる[7]。これらのデータからも、経営の行詰りを理由に命を絶ってしまう事業者が少なからずいることが窺われる。
　これらの事業経営に行き詰まった人々が、個人再生を含めた法的な債務整理手続で救済されなければならない。
　かかる意味で、われわれ弁護士や裁判所など、債務整理手続に関与する者としては、本来、個人再生で救済されるべき事業者が、救済できているのか、常に検証を続けるべきである。仮に、法令、運用に問題があって、十分に活用できていないのであれば、速やかにこれを改善していくべきである。

(4) 今後の個人再生手続利用の見通し
　現在、個人事業者による個人再生手続の利用が増加していない背景としては、以下のような事情が考えられる。

a 中小企業金融円滑化法が功を奏している
　上記のとおり、中小企業金融円滑化法は、金融機関に対して、貸付条件の変更等を行うよう努めることを求めているところ、貸付条件の変更等の申込みが

6　金融庁HP「中小企業等金融円滑化法に基づく貸付条件の変更等の状況について」
　http://www.fsa.go.jp/news/22/ginkou/20101227-8.html
7　『平成22年版自殺対策白書』。なお、本稿において引用している同白書中の数値は、いずれも警察庁の「自殺統計」に基づく。
　http://www8.cao.go.jp/jisatsutaisaku/whitepaper/w-2010/html/gaiyou/index.html

あった1,133,494件のうち、条件変更が実施されたのは87.9％の995,861件である[8]。貸付条件を変更してもらうことで、倒産を免れた事業者も相当数存在しているものと推測される。

b　セーフティネット保証制度が功を奏している

中小企業信用保険法2条4項は、取引先等の再生手続等の申請や事業活動の制限、災害、取引金融機関の破綻等により経営の安定に支障を生じている中小企業者について、保証限度額の別枠化等を行う制度を定めているところ、その5号において、業況の悪化している業種の中小企業者を特に支援するための措置を講じることを定めている。

これを受けて、景気対応緊急保証（信用保証協会）、セーフティネット貸付け（日本公庫）、危機対応業務（商工中金）などの、中小企業の資金繰り対策としての貸付け、保証制度が設けられている。

景気対応緊急保証は平成20年10月31日～平成23年1月13日までの実績で1,367,229件、セーフティネット貸付けは平成20年10月1日～平成23年1月12日の実績で570,442件、危機対応業務は平成21年1月30日～平成23年1月12日の実績で60,957件の利用実績が報告されている[9]。

返済困難な状況にあっても、これらの制度を利用することで、新たな借入れにより乗り切っている事業者も多いことが窺われる。

c　過払金についての最高裁判例もあり、任意整理が多用されている

従前から、個人事業者の債務整理の方法として、任意整理は利用されていたが、最高裁が平成18年1月13日に、「債務者が、元本又は約定利息の支払を遅滞したときには当然に期限の利益を喪失する旨の特約の下で、利息として上記制限を超える額の金銭を支払った場合には、制限超過部分の支払は、原則として、貸金業の規制等に関する法律43条1項にいう『債務者が利息として任意に支払った』ものということはできない」と判示[10]して以降、過払金の請求が容

8　前掲注6参照。
9　中小企業庁HP「中小・小規模企業の資金繰り対策の実施状況」
　http://www.chusho.meti.go.jp/kinyu/shikinguri/jisseki/2011/01W2.htm

易となり、その傾向が強まっていることが窺われる。

　個人事業者が、商工ローン業者や消費者金融業者から、利息制限法を超える金利での貸付けを受けて、長期間取引を継続している場合は、多額の過払金の返還を受けることも容易となり、これを回収するだけで、当面の資金繰りの危機を回避することも多いのである。

d　今後の見通しはどうか

　以上に指摘した、中小企業金融円滑化法、セーフティネット保証制度、最高裁判決の三つの事情は、いずれも、期間限定的な事情であり、今後も引き続き、個人事業者の破綻が救済され続ける保証はない。

　また、中小企業金融円滑化法による措置は、支払いを繰り延べしてもらうだけにすぎず、将来的に、破綻する業者が続出する可能性も孕んでいる。

　また、多額の借入れに頼って事業を継続していた事業者が、さらに、セーフティネット保証制度を利用することで、負債額を増やしている場合もある。

　したがって、引き続き、個人事業者にとって、選択、利用しやすい手続運用、法令の改定等を検討していくべきである。

3　手続利用にあたっての留意点及び改善を要する点

(1)　手続選択の判断

　個人再生手続は「再建型」の債務整理であり、申立人には、「継続的に又は反復して収入を得る見込み」が認められなければならない（民再221条1項）。

　個人事業者の「収入の見込み」を判断するには、①事業者の財務内容、資産を把握した上で、②再生手続選択後も事業継続の見通しが立つこと（仕入先や販売先との取引継続の見通しなど）、③再生計画上の返済をなし得るだけの事業収益が見込まれること、④従業員がいる場合はその協力が見込まれること、⑤過半数の債権者からの消極的同意が得られる見込みがあること、⑥公租公課の

10　最判平18.1.13（民集60巻1号1頁）。

支払いにも目処が立つこと、⑦手続選択直後の混乱を回避することができること（短期的な資金繰りの見通しなど）、などを確認しなければならない。

以下、①～⑦のそれぞれについて、留意点を述べるとともに、保証人がいる場合の取扱い、住宅ローン特則に関連する問題、手続に要する費用の問題について検討する。

(2) 財務内容、資産等の把握

財務内容、資産を把握するためには、申告書等に基づいて、①事業内容（業界、業種）、②事業規模（売上規模、事業展開している地域）、③事業所の所在地（本店、支店、工場）、④組織体制（従業員数）、⑤主要取引先（買掛先、売掛先、メインバンク、手形債権者の有無、債権者一覧表）、⑥財務状況（3期分の申告書や、直近の帳簿など）、⑦資産（事業所の権利関係、申告書上現れた事業資産、自宅の所有関係）などを確認することになる[11]。

個人再生手続の申立書類に添付する書式としては、本書358頁【資料30】の「事業等に関する補充説明書」が参考となる。これは、福岡地裁における書式であるが、大阪地裁も同種の書式を用意している[12]。このような書類を作成しながら、財務内容、資産等を確認すると良い。

(3) 取引の継続

a　問題の所在

個人事業者に、事業継続に不可欠な仕入先や販売先がある場合には、これらの取引先との取引継続の見通しを確認しなければならない。

この点、特に、「買掛金の取扱い」が問題となる。買掛金が再生債権として

---

[11] 事業者の再生手続利用にあたって、確認すべき事項については、通常再生に関する文献であるが、木内道祥監修『民事再生実践マニュアル』（青林書院）29頁以下が参考となる。また、個人再生手続については、『大阪再生物語』132頁以下が、事業者（たこ焼き屋）の申立事案を取り扱っており、手続の流れを把握するためには必読である。

[12] 『大阪再生物語』165頁。

減免されれば、仕入先が取引継続に消極的となることも考えられるのである。

b 通常再生手続の場合

通常再生手続の場合は、密行して申立の準備をするため、通常、その間は弁済を継続することになる。そして、申立後開始決定までの買掛金は監督委員に共益債権とする旨の承認をしてもらえば（民再120条1項、2項）、随時弁済が可能である（121条1項、2項）。また、開始決定後も、「少額債権」として「事業継続に著しい支障を来す」などの事情により、裁判所の許可を得れば、弁済可能である（民再85条2項、5項）。さらに、開始決定後に発生した買掛金は、「再生手続開始後の再生債務者の業務、生活、ならびに財産の管理および処分に関する費用の請求権」として、共益債権に該当し（民再119条2号）、随時弁済が可能である（民再121条1項、2項）。

c 個人再生手続の場合　～受任後申立までの処理～

個人事業者の場合は、受任通知を出して、事業継続をしながら申立の準備をなし、一定期間が経過した後に申立をなすことも多いものと思われる（消費者金融や信販会社等の債権調査や資金の積立て等に時間を要するため）。

この場合の、「申立までの買掛金」について、他の一般債権と同様に支払停止してしまえば、取引継続が不可能となってしまうという問題がある（申立後に、共益債権や少額債権として承認ないし許可を得るなどして弁済が可能であることは、通常再生手続と同様である。ただし、個人再生の場合は、監督委員が選任されないので、裁判所の許可を求めることとなる）。

そのため、買掛先に対する受任通知発送については、事前に十分検討しておかなければならず、①取引停止されても構わない買掛先には通知を出して支払いを停止する、②取引停止されれば困る買掛先があれば、未払いが解消してから受任するなど、事前に依頼者と打合せしておく必要がある。そして、③解消できないくらいの額の未払いがあれば、原則として通知を出して支払いを停止せざるを得ないが、④事業継続のために必要不可欠な買掛先であることが明確に確認できれば、受任通知に「支払いは継続するので取引継続をお願いしたい」という趣旨の文言を入れるなどして事情説明をなし、受任後も支払いを継

続することとなろう。

　この点、個人再生の場合には、手続の簡易迅速のために否認権の規定が適用除外となっている（民事再生法238条は、第6章第2節の規定を適用除外としている）。

　もっとも、破産手続では否認権を行使されるのでこれを回避しようとして個人再生手続が申立されたような場合には、「不当な目的で再生手続開始の申立てがされたとき（民再25条4号）」に該当するものとして申立が棄却される可能性があると指摘される[13]。

　さらに、個人再生手続における弁済は、破産した場合に配当できる金額を上回らなければならないという清算価値保障原則（民再230条2項、231条1項、174条2項4号、241条2項2号）があるため、清算価値の算定にあたっては、破産した場合に否認権の対象となるべき偏頗弁済の額を、開始決定時点（『破産・民再の実務（下）』243頁〔中山孝雄〕）の清算価値に上乗せすべきとされる[14]。

　以上のようなリスクを検討した上で、買掛金のみ弁済を継続するかどうか決定すべきである。

d　運用改善のための提言

　しかしながら、今後の運用として、事業継続のために必要な買掛先であれば、弁済を継続することも許されると真正面から認めるべきではなかろうか。

　上記のように、通常再生手続を利用した場合に比すれば、個人再生手続が使い勝手の悪い状況にある以上は、運用改善を試みるべきである。

　まず、少なくとも、事業継続を前提に手続を準備している際に、そのために必要不可欠な買掛金の支払いをなしたような場合にまで「不当な目的で再生手続開始の申立がされた（民再25条4号）」と認定するのは、明らかに不相当である。

　さらに、事業継続のために必要な買掛金の支払いをなした場合には、（受任

13　『大阪再生物語』191頁、個人再生手続において、民事再生法25条4号が問題となった事例として、札幌高決平15.8.12（判タ1146号300頁）、名古屋高決平16.8.16（判時1871号79頁）がある。さらに、『個再100問』39頁参照〔山本伊仁〕。
14　『大阪再生物語』192頁。

通知時を基準時と設定し、その後、必要性を吟味した上でなされた支払いである限り）共益債権として支払いがなされた場合と同様、否認の対象となるべき偏頗弁済には該当せず、清算価値に上乗せする必要はないと考えることも可能である。

そして、「少額債権」については、「事業継続に著しい支障を来す」などの事情があれば、裁判所の許可を得て弁済が可能であるところ（民再85条2項、5項）、この具体例としては、原材料の供給業者が限られている場合、廃棄物処理について代替できる業者がいない場合、一定の地域内の運送業者が限られている場合などが例示されているが[15]、厳格にすぎるように思われる。この少額債権の弁済許可についても、柔軟に認めていく運用が必要であろう。

e 密行的に申立をなす場合の留意点

なお、個人事業者の事案について、密行的に申立をなす場合には、利息制限法の引直し計算等の債権調査が不十分にならざるを得ない。このような場合は、ある程度の残額を見込んで申立をなすことになる。たとえば、債権者一覧表上、利息制限法を超える貸付けをなしていた債権者など、残額が不明の債権者については、すべて異議の留保を付したまま申立をなせば良い（債権者が、債権調査手続において、利息制限法による引直し計算後の残高を届けてくれば、申立人は、これに対して異議を申述せず、金額を確定させることになる。あるいは、債権者が、引直し計算をせずに債権者届出をしてくれば、申立人は、引直し計算後の残高を超える部分についてのみ異議を申述することになる。）。

(4) 事業収益の見通し

事業収益の見通しの判断にあたっては、たとえば、福岡地裁の個人再生申立書式には、事業収支実績表というものがあり（本書363【資料31】）、このような書面を作成させることになる。このような書式がない場合は、通常再生における資金繰表を参照・利用すれば良い[16]。

---

[15] 『新注釈民再（上）』453頁〔森恵一〕、『個再100問』76頁〔千綿俊一郎〕。

事業収益は、景気動向などに左右されるので、あくまで将来を見通すことになるが、最も参考とされるのは過去の実績となる。もっとも、不採算事業の廃止や経費削減など、今後の収益改善措置が具体的に説明できる場合には、手続選択時点で収益性が乏しい場合にも、再生手続の選択に消極的になる必要はない[17]。

(5) 従業員の協力

個人再生を利用する事業者の場合は、従業員がいないか、家族数名ということが多いものと思われる。

しかし、個人事業者に従業員がいる場合には、事業継続を実現するためにも、従業員の不安を取り除くとともに、志気を維持し、手続に対する理解と協力を求めることになる。

この点、従業員対応としては、①雇用を継続するのかどうかの判断を経て、②雇用を継続するとすれば、従業員の給料等が、共益債権又は一般優先債権として支払いが継続されることを説明し、③他方で、買掛金の支払い等を担当する従業員に対しては、支払いの可否の判断について注意を要することなどを説明する必要がある[18]。

(6) 債権者の意向

小規模個人再生手続においては、再生計画の決議において、債権者からの積極的な同意を要求しておらず、不同意意見を述べる債権者が、議決権者総数の半数に満たず、かつ、議決権者の総額の2分の1を超えない限り、可決があっ

---

[16] 日本公認会計士協会近畿会のHPに「民事再生における資金繰表の参考書式」として掲載されている。
https://www.jicpa-knk.ne.jp/download/image/minjisaisei_sikinguri.pdf
[17] 『通再120問』2頁〔小林信明・大石健太郎〕。
[18] 民事再生手続における従業員対応については、木内監修前掲注11・131頁以下に詳しい。従業員に配布するペーパーのサンプル等もあり、参考になる。もっとも、個人事業者の案件では、権利関係もさほど複雑ではないため、これらのサンプルを参照して、要点のみを口頭で説明することでも足りると解される。

たものとされる（民再230条6項）。

　したがって、個人再生手続の適宜の時点で、メインバンクほか債権者からの問い合わせに対しては、誠実に対応する必要があるが、申立に先立って、メインバンクほか主要債権者に対して、申立をなすことの説明・報告をなす必要はないのが一般である。

　また、債権者数や権利関係もさほど複雑ではないことが多いため、前述のとおり、いったん受任通知を出した後に、申立の準備をして、裁判所に提出するという経過をたどることも多い（必ずしも、密行的に申立をなし、その後に、初めて債権者に通知を出すという流れをとる必要はないものと思われる。）。

　もっとも、給与所得者の事案と異なり、個人事業者の場合には、債権者の中に、リース債権者や別除権者（先取特権や商事留置権なども含む）があり、事業継続のために協定等を結ぶ必要もある[19・20]。

(7) 公租公課の取扱い

　公租公課については、自力執行力が認められているため、判決等を取得することなく、差押えをなすことが可能であるから、債務者が長期間の滞納をしているような場合には、受任直後に、売掛金を差し押えられることもあり、注意が必要である。

　また、民事再生手続では、手続開始前の公租公課は、一般優先債権とされ（民再122条1項、国税徴収法8条）、裁判所の命令がなければ、既になされている滞納処分や強制執行を中止することはできない（民再122条4項、121条3項）。

　さらに、滞納している公租公課の分納合意の有無、内容については、再生計画案の履行可能性の判断（民再174条2項2号）にも影響を及ぼすので、一般債

---

[19] リース債権者や別除権者がいる場合の、弁済協定の方法については、『個再100問』67頁、『大阪再生物語』135頁、木内監修前掲注10・353頁、全国クレジットサラ金問題対策協議会編『現在の多重債務解決実務』72頁参照。
[20] 別除権についての再生計画の定め（適確条項）の具体的な内容については、『個再100問』64頁〔辻泰弘〕、『大阪再生物語』145頁。

権と併せて、適切に支払いの見通しを立てていくべきである。

(8) 手続選択直後の混乱回避

　上記の検討を経て、個人再生手続を選択するとしても、特に、手続選択直後の混乱を避けるべく、短期的な資金繰りの見通しを確保しておくことなども重要となる。

　売掛金債権など金銭債権の回収にあたっては、債権譲渡担保などの担保権が設定されていないか、上記の公租公課による差押えのおそれはないか、相殺のおそれはないか、その他回収の阻害要因となる事情はないか検討しておく必要がある。受任や申立の前後に、大きな入金予定がある場合などは、申立代理人口座に速やかに資金移動するよう手配しておくべきである。

　また、倉庫や工場に保管されている商品、原材料や、事務所の什器備品等について、一部債権者から持ち出されたりしないように注意する必要がある。

　さらに、倉庫業者や運送業者に、倉庫料、運送料の未払いがあれば、商事留置権を主張されるおそれもあるので、別除権の受戻しの交渉をするなどの検討が必要となる。

　なお、個人再生手続においては、申立後開始決定までの間の保全処分（民再30条）が発せられないのが通常であるから、売掛金の回収等に関して、債権者の個別執行等を回避するため、できるだけ早い時期に開始決定を出したり、申立人の希望する日に開始決定を出すなどの工夫も必要となる。

(9) 保証人がいる場合の取扱い

a　手続選択に踏み切れるか

　消費者金融業者の貸付けにおいては、保証人を要求されることは少ないが、事業資金の借入れは、額も大きくなるために、親族や第三者の保証人を要求されることも多い[21]。事業者が、個人再生や破産など、法的な債務整理手続を選択した場合に、これらの保証人に対して、期限の利益を喪失して一括の金額による支払請求がなされるのが通常である（例外として住宅資金特別条項を定めた

再生計画。民再203条1項)。

　事業者としては、そのような事態となり、親族や第三者に迷惑をかけることを極度に不安視して、債務超過、支払不能状態に近づいても、なかなか法的整理手続に踏み出せないことが多い。

　しかしながら、債務超過で支払困難な状況に陥っている事業者に対しては、「結局、手続を遅らせればかえって迷惑をかけることになるのではないか。」、あるいは、「逆に、さらに別の人を保証人にしたり、他人の名前で借入れをしたりして、被害者を増やすのではないか。」、「どこかで決断しなければならないのではないか。」などと伝えて、手続の選択を促していくことになる[22]。

b　保証制度改革の提言

　この点、金融庁が設置した「新しい中小企業金融の法務に関する研究会」の報告書[23]では、「企業が経営困難に陥った場合においても、経営者が保証債務の履行請求を恐れることが、事業再生の早期着手に踏み切れないという傾向を助長し、事業価値の毀損が進むことにより企業の再建が困難となるという問題が指摘されている」などとされているし、中小企業庁が実施した「事業再挑戦に関する実態調査」においても、経営者が「倒産するにあたって最も心配したこと」として、「保証人への影響」が21.3％とされていて、「家族への影響」の19.5％を上回っている[24]。このように、わが国の保証制度は、倒産手続の障碍

21　もっとも、信用保証協会が、平成18年3月以降、第三者保証人の徴求を原則として禁止していることについて、中小企業庁 HP 参照。
　　http://www.chusho.meti.go.jp/kinyu/kinyu/2006/060331daisanshahoshou_kinshi.htm
　　さらに、金融庁は、平成23年2月28日に、「主要行等向けの総合的な監督指針」及び「中小・地域金融機関向けの総合的な監督指針」等の一部改正（案）を公表したが、そこでは、金融機関に対して「経営者以外の第三者の個人連帯保証を求めないことを原則とする方針を定めること」などが求められている。
　　http://search.e-gov.go.jp/servlet/Public?CLASSNAME=PCMMSTDETAIL&id=225010048&Mode=0
22　個人再生における保証人の取扱いについて、『大阪再生物語』137頁、159頁、208頁、『個再100問』62頁〔花田茂治〕。
23　金融庁 HP「新しい中小企業金融の法務に関する研究会報告書」
　　http://www.fsa.go.jp/news/newsj/15/ginkou/f-20030716-1.html

となっている一面を有することは否定できない。

　たとえば、アメリカにおいては、倒産法13章が、連帯保証人に対してもオートマチックステイ（取立禁止）が及ぶことを定めている。さらに、連帯保証人がついている債権については、返済計画の中で債権の100％と利息を支払うことが求められており、連帯保証人の存在が、倒産手続の選択を回避する原因とならないよう配慮されている[25]。

　また、フランスや韓国では、保証人保護のための特別法や規制が設けられており、解除権、比例原則、説明義務などが定められている[26]。

　近時、債務整理の現場で、問題に直面してきた弁護士ら実務家によって、個人保証の撤廃を意見する動きが見られる[27]。特に、現在、法務省において、民法（債権法）の改正作業が進められているところ、当然、保証債務についても、検討課題とされており、保証制度が抜本的に改革されることが期待される。

(10)　住宅ローン特則利用にあたって注意すべき事項

　住宅ローン特則を利用できることについては、通常の個人再生事案と同様であるが、個人事業者の場合は、自宅兼店舗・事務所の建物について、「その床面積の２分の１以上に相当する部分が専ら自己の居住の用に供されるもの」という要件（民再196条）を満たすか検討しなければならないことに留意する必要がある[28]。

　また、個人事業者の場合、商工ローン業者等が、自宅不動産に根抵当権仮登記を設定していて、民事再生法198条１項ただし書１文に該当して、住宅ロー

---

[24] 『2003年版中小企業白書』110頁以下。
[25] 日弁連消費者問題等対策委員会編『続・アメリカ破産事情調査報告』9頁。能登真規子「フランス倒産法における保証人の法的地位(2)」彦根論叢352号81頁によると、フランスも同様の措置をとっているようである。
[26] 孟観英「韓国における民法改正の動向と「保証人保護のための特別法」の制定」秋田法学50号67頁、大沢慎太郎「フランスにおける保証人の保護に関する法律の生成と展開(1・2)」比較法学42巻2、3号など。
[27] 道垣内弘人ほか「債権法改正の争点」ジュリ1417号63頁以下の各論考参照。
[28] ２分の１の疎明方法等について『実務解説Q&A』448頁。

ン特則を利用できない場合がある。もっとも、このような場合でも、第三者弁済等で仮登記を抹消して住宅ローン特則付きの個人再生手続を申し立てることは可能とされる[29]。

(11) 費用の問題

a 個人再生委員の費用

手続に要する費用の問題も無視できない。大半の裁判所では、個人再生手続は、弁護士ないし司法書士による申立がなされることを推奨し、本人申立の事案は極めて限られているのが現状である（2008年日弁連調査によると78.42％が弁護士申立事案、20.04％が司法書士提出事案である[30]）。また、事業者の申立事案については、個人再生委員を選任する裁判所は多い。その場合の予納金は、平均すると15～30万円程度である（詳細は本書第3編第5章参照）。

通常再生の申立に比すれば、これらの負担は、さほど大きくはないものの、たとえば、手形の決済など、様々な事情で、申立を急ぐ事情があるにもかかわらず、すぐには予納金が準備できない案件は相当数存在する。この点については、予納金の分納等で対応している裁判所もあり、注目すべきところではあるが、個人再生委員が選任された後に分納が不履行となった場合のリスクを、個人再生委員のみに負わせて良いのかという問題もあり、難しい判断である。

今後は、法テラスの活用などもあり得て良いと思われる。現在、予納金については、官報公告費用等少額なものを除いては、生活保護受給者の破産管財人費用のみ、法テラスの支給対象者となっているが、その支給範囲の拡大や支給金額の大幅な増額等も検討されるべきである（また、事業者案件は、申立代理人の負担も大きく、申立代理人が法テラスを利用する場合の報酬に適切に反映されるべきである）。

---

[29] その場合の具体的な手続や問題点について、『個再100問』166頁〔宇賀神徹〕、168頁〔髙橋敏信〕。
[30] 日本弁護士連合会消費者問題対策委員会編『2008年破産事件及び個人再生事件記録調査』12頁、86頁。

b 個人再生委員選任の要否

　また、たとえば、実質的には労働者と評価される請負契約を結んでいる者や一人親方はもちろん、従業員のいない事業者など、特に、事業収支や財産状況の把握に困難を要しないような債務者の場合には、個人再生委員を選任する必要のない案件もある。

　特に、個人の債務整理においては、簡易迅速さも重要であり、費用負担だけのために利用が制限されることは好ましくない。申立代理人が、事業収支や財産状況について、的確に把握し、資料等の提出をなしているような場合には、「財産及び収入を調査」したり、「再生計画案を作成するために必要な勧告」をなす個人再生委員の選任は不要な場合も多いものと思われる。

c 債務額要件との関係

　さらに問題であると思われるのが、個人再生の債務額要件（5000万円）を超えるために、手続を利用できない事業者が相当数存在することである。この場合、個人事業者であっても通常再生を利用することになるが、予納金の負担額は相当大きなものになる。しかし、たとえば、従業員もいないような個人事業者の場合に、数百万円単位の予納金を納めさせるのは現実的ではない。

　この点、東京地裁は、個人の事業者について、「従業員を使用していないか、親族1名の場合は100万円」、「従業員が4名以下で、その中に親族以外の従業員がいるか、2名以上が親族の場合は200万円（負債額が1億円以上の場合は法人基準額から100万円を控除した額）」としている[31]（本書330頁【資料15】）。大阪地裁も同様の基準を設けている（本書331頁【資料16】）。しかし、このような基準では、個人再生委員の費用15～30万円と格段の開きがあるし、また、このような基準を設けていない裁判所では、法人と同様の予納金を要求されるおそれもある。

　近い将来、前述のセーフティネット保証制度を利用して、総債務額が増加した後に支払停止に至る事業者の中には、5000万円を超える負債を抱える者も多

---

[31] 『破産・民再の実務（下）』35頁〔髙久洋子〕。

いのではないかと危惧される。

　このような問題点を回避すべく、債務額要件5000万円を引き上げる、ないし、この要件を撤廃する、すなわち、個人事業者を含む個人の債務者についてはすべて個人再生手続の利用を可能とする、などの法改正も必要である。

　少なくとも、従業員がいないか、ごく少数の事業者については、通常再生手続について、個人再生と同様の簡易な運用ができないか、速やかに検討すべきである。

第4編
研修会の報告

個人再生シンポジウム〜個人再生の理論と実務〜

〔2009年（平成21年）2月7日午後1時から4時　クレオにて〕

パネリスト	神戸大学大学院法学研究科	中西　　正	教　授(38期)
	第一東京弁護士会	高見澤重昭	弁護士(33期)
	大阪弁護士会	小松陽一郎	弁護士(32期)
	福岡県弁護士会	千綿俊一郎	弁護士(53期)
	仙台弁護士会	阿部　弘樹	弁護士(53期)
コーディネーター	大阪弁護士会	野村　剛司	弁護士(50期)

■趣旨説明

野村　それでは、本日の「個人再生シンポジウム〜個人再生の理論と実務」を始めさせていただきます。日弁連の倒産法制等検討委員会では、昨年（平成20年）6月27日に「破産・個人再生における手続選択と実務上の留意点」と題する研修（この報告は、本書248頁以下）を行い、東京、大阪、名古屋、福岡の各単位会の弁護士にパネリストとして参加していただきましたが、その際、個人再生についての運用がかなり区々であることがわかりました。また、昨年11月には、全国倒産処理弁護士ネットワーク編集の『個人再生の実務Q&A100問』（金融財政事情研究会、2008年）（以下、『個人再生の実務Q&A100問』のQを引用する場合があります。）が出版されました。今回のメンバーの多くはその編集に参加しておりますが、個人再生のスタンダードは何か、それを提供したいと考えてきました。今回、これらの流れを受けて、個人再生についての大きな問題点をピックアップし、まだまだ各地で議論が必要となる点を検討したいと考えております。今日は、東京、大阪、福岡、仙台の各単位会の弁護士と、そして学者の見地からもコメントいただきたくご参加いただきました。

■パネリストの紹介

野村 それでは、本日のパネリストの紹介をいたします。一言ずつご挨拶をお願いします。まず、最初に、神戸大学大学院法学研究科中西正教授です。

中西 神戸大学の中西です。私は、日本弁護士連合会が開催された消費者倒産関連のシンポジウムに2回出席させていただいております。最初は、平成6年に山形市で開催された人権擁護大会で、そこでは米国連邦倒産法のチャプター13手続の実務を紹介いたしました。次は、平成11年にこのクレオで開催されたシンポジウム「どうする破産法改正－消費者破産のあるべき姿をもとめて」で、そこでは、米国連邦倒産法の個人債務者倒産手続の概要と実務を、紹介しました。いずれもアメリカの法律と実務の紹介であったのです。その後、ご存知のように、わが国でも、わが国の実情に適した個人再生の特則手続が制定され、わが国の実情に適した実務が積み重ねられてきました。そして、今日のシンポジウムでは、取り扱う題材はすべて日本法に関わるものです。これは、まさに今述べた立法と実務の積重ねを反映したものであり、前回のシンポジウムから今日に至るまでの時の流れを感じるものであります。それでは、よろしくお願いいたします。

野村 ありがとうございました。続きまして、第一東京弁護士会から高見澤重昭先生です。

高見澤 第一東京弁護士会の高見澤です。本日は、東京地裁では全件個人再生委員を選任していることから、東京の実情をご説明するために参加させていただきました。

野村 ありがとうございました。続きまして、大阪弁護士会から小松陽一郎先生です。

小松 私は、日弁連、大阪弁護士会、全国クレジット・サラ金問題対策協議会メンバー等として、1985年頃から個人再生手続の創設運動に関わり、立法の過程でもいろいろな意見を申し上げ、制度創設後もその啓蒙に関わってきました。個人再生については自分の子どものような親しい気持ちを持っておりますので、その成長ぶりについて勉強させていただける今日のシンポジウムにはたいへん期待しております。どうぞよろしくお願いします。

野村 ありがとうございました。続きまして、福岡県弁護士会から千綿俊一郎先生です。

千綿 福岡の千綿です。福岡の弁護士会には、個人再生プロジェクトチームというのがありまして、裁判所との間で協議会を開催しております。私は、制度発足当初からそのメンバーとして関わってきましたので、今日はここに呼ばれてまい

りました。

それで、今までたくさんの債務者の方、たとえば、家を無くしそうになるところを救われた方を見てきましたし、債権者にとっても法的ルールに則ってきちんとある程度の支払いを受けられるということで、非常に良い制度だなと思っております。今日は各地のいろんな運用状況を聞いて、さらにより良い制度にしていくためにどういうふうにしたら良いかというのを私自身も勉強させていただきたいと思います。よろしくお願いします。

野村 ありがとうございました。続きまして、仙台弁護士会から阿部弘樹先生です。よろしくお願いします。

阿部 仙台の弁護士の阿部と申します。53期です。まだまだ弁護士として駆け出しですが、ちょうど53期は平成12年10月登録、個人再生は平成13年4月施行ということで、ほぼ個人再生の歴史とリンクしてというか、ダブって弁護士生活を送ってきております。とても愛着のある法律だと思っております。仙台の実務をご紹介しながら、今日私も勉強していきたいと思っております。どうぞよろしく

お願いいたします。

野村 ありがとうございました。私、コーディネーターの大阪弁護士会の野村剛司と申します。よろしくお願いします。

今日のメンバーは30期台が3名と50期台が3名というような布陣になっておりますが、ベテランの先生方と若手とで何とかやっていきたいと思っております。

本日の配付物の確認ですが、お手元に配付させていただいているレジュメが1頁から5頁まであります（本書245頁以下）。最後に、これは大阪地裁の個人再生の財産目録の書式（本書338頁【資料20】）を掲載させていただいております。

では早速、本題に入ります。今回のレジュメを見ていただきますと、全体で第1部から第6部まで6部構成になっております。今回の話は、いくつか大きな論点を取り上げるということにしております。それぞれがリンクしているということもありますので、話があちこち飛ぶ可能性もありますが、その点はご了承いただき、進めさせてもらいます。

第1部　総論～個人再生は使いやすい手続か？

〔1　統　計〕

野村 第1部、「総論～個人再生は使いやすい手続か？」というタイトルで始め

させていただきます。まず、1番の「統計」を確認してから中身に入りたいと思うのですが、レジュメに平成13年4月1日からの全国の新受件数を一覧にしております。大体2万6000件から2万7000件ぐらいで推移してきました。破産の件数は、平成15年の個人破産は24万2000件だったのですが、これをピークにどんどん減少していって、平成19年には個人破産は14万8000件まで減りました。これに対し、個人再生は、若干伸びていくというような形で推移してきたのですが、昨年につきましては、やや減少傾向に転じたようです。全体の数字はちょっとわかりませんが、東京地裁は増えている可能性があり、他は大阪も福岡も仙台もそれぞれ減少というようなことになっておりました。

野村 若干減少傾向にあるとはいえ、ずっと破産が減る中で個人再生は増えてきたということがありますので、どのようにして実際に個人再生手続が利用されているのか、この点からまず確認をしていきたいと思います。それが2番の「実際の利用の類型」ですが、この点、千綿先生から説明をお願いいたします。

千綿 私の方から3点、統計も踏まえてご説明したいと思います。

まず1点目が、先ほど野村先生からもご指摘がありましたが、個人再生は、基本的には制度発足からすると増えているということです。近時、若干減ったことはありますが、基本的には増えていっているということです。ここが破産事件と違うところかなと思います。破産事件は平成15年には約25万件、これが平成19年には約15万件で5分の3ぐらいになっているのです。しかしながら、個人再生事件は、基本的には増えてきているという

〔 2 実際の利用の類型 〕

点が1点です。

それから、2点目は、大きく二つの類型、小規模個人再生と給与所得者再生がありますが、このうち小規模再生の割合が増えているということです。レジュメの平成13年を見ていただきたいのですが、ここでは小規模個人再生が占める割合が27.9%です。これに対して給与所得者再生が占める割合は72.1%となっています。しかしながら、平成19年には小規模個人再生が88.8%、給与所得者再生が11.2%ということで逆転現象といいますか、小規模の方が圧倒的に利用されるようになっているという点が指摘されます。

それから最後に三つ目の指摘は、個人再生の特徴といえば住宅ローン特則だと思いますが、この割合が非常に増えているということです。東京地裁の平成19年の統計ですが、住宅ローン特則が付いている件数が46.4%。それから大阪地裁、

これは平成20年の統計ですが48％。福岡地裁、これも平成20年の統計ですが、住宅ローン特則付きが29.7％ということで、これはずっと増えているという、こういう三つの点の整理ができるかと思います。

野村 ありがとうございました。

〔 3 立法時に想定された類型と考慮した点 〕

野村 現状としてはこのような使われ方をしているのですが、3番の「立法時に想定された類型と考慮した点」について、個人再生手続の生みの親の1人、小松先生、お願いします。

小松 ご承知のとおり、この個人再生手続ができるまでは、基本的には消費者破産手続で消費者を救っていくというのがメインテーマだったと思います。そうすると、消費者あるいはサラリーマンが多いわけです。そのため、イメージとしては給与所得者等再生を利用するということが前面に出ていました。債権者の同意なしで手続を進めていきたいということで法制定がされました。ただ、もう一つツールとして零細企業の人にも対応できる小規模個人再生も創設されました。

この制度ができたときに、債権者がどういうふうに対応してくるんだろうというのが、実はなかなか見えなかったのです。消費者破産は債権者が反対しようがそのまま手続が進んでいく。一方、特定調停、あるいは分割弁済による任意整理の場合は、基本的には債権カットせずに債権者全員の同意を得る、という方向で進んでいました。そうすると、破産じゃなくて債権をカットするこの制度で債権者が同意してくれるのかどうかが見えなかったのです。そういう意味でも給与所得者等再生が使われやすいのではないかというイメージで進んでいました。

もう一つは住特条項、住宅資金特別条項については、当時の政府の一つのキャンペーンの仕方として、皆さん方住宅ローンで苦しんでいますでしょう、これを救うためにこの制度ができたのですよとは言っているものの、一般債権も支払えないなら住宅ローンも払えなくなっている人がいっぱいいるのではないかと想像しました。なかなか利用してもらえないのではないかということで、われわれはその利用率は全然予測できなかったというのが実際ですね。

さらに、条文がめちゃくちゃややこしい。いまだに覚えていますが、当初いろいろ法務省の参事官とかに講演してもらったときも、弁護士さんにも半分冗談で条文は読まないようにというふうに勧めておられたことがありました。

そうすると、破産と個人再生はどういうふうに使い分けができるのか。その棲分け論もなかなかはっきりしないという

のがありましたので、私どもとしてはそれも含めて法制度の施行までに各ツールのメリット、デメリットをきちんと整理して認識していただくことと、できるだけ簡単に申立ができる書式の統一化を頑張ろうということで、当初最高裁方式と大阪方式、二つの書式ができました。そして、先ほどご説明がありましたが、スタート時点では大体給与所得が7割でスタートしたのですが、途中からその利用割合が大きく変わっていったと、これが経過だと思います。

野村 ありがとうございました。この点につきまして、中西先生から理論面でコメントをいただきたいと思います。中西先生、お願いします。

中西 今、消費者破産、消費者倒産という言葉が出ましたが、この消費者倒産という概念は、実は非常に不明確な概念です。研究者の中にはいらないという人もおられます。法文上は、法人倒産と個人債務者、自然人の倒産という区別はありますが、消費者倒産という概念はありません。個人債務者の倒産の中で事業者倒産と消費者倒産に分かれるということになるわけですが、その二つの区別は、借りたお金の使途で行われているということになります。借りたお金を事業、収益の上がる事業に使い、そして破綻した債務者が事業者債務者ということになります。事業者は、倒産した場合であっても、一定の社会経済的な貢献もしているということになるのでしょう。

他方、借りたお金を単なる消費、利益の獲得とは関係ない消費に使った人が、消費者倒産ということになるというわけです。これも個人消費という面で経済に貢献していますが、事業者ほどではないということになるのかもしれません。マーケットの中で競争してうまくいかなかった事業者の中の一部が倒産ということになるのかもしれませんが、競争というのは負けた人もいないと成り立たないものでありますから、事業者が倒産したとはいっても、社会経済的には重要な役割を果たしたということが言えないわけでもありません。

こうした点に注目すると、消費者よりも事業者に関しては、信用供与者によるより大きな損失負担、あるいはより多様な損失負担があっても良いという考えも立つのかもしれません。これは、倒産した消費者の現在の取扱いが不当に有利であると、主張するわけでは決してありません。消費者は現在のままで概ね良いのですが、それと比べた場合、事業者はもう少し異なった損失負担のあり方があるのかもしれないといっているのです。こういうふうに考えると、消費者倒産という概念にも十分な実益があると思うのですが、問題は、そうすると、小規模個人再生において事業者と消費者で違う扱いがあり得るのかとか、あるいは破産免責で違う扱いがあり得るのかということに

なってくるのですが、これは非常に難しい問題で、後でそのうちの一部の問題を取り扱うということになります。

野村 ありがとうございました。本日は、事業者の個人再生もテーマとして取り上げたいと考えておりますので、また後でいろいろと出てくることになります。

〔 4 使いやすいのか、使いにくいのか？ 〕

野村 続きまして4番の「使いやすいのか、使いにくいのか？」ということで、この点は各地でそれぞれいろいろと思いがあるところです。4人の先生方に簡単にご指摘をいただきたいと思っております。まず、東京の高見澤先生、よろしくお願いします。

高見澤 私は任意整理の場合と比較すると、非常に使いやすい制度だと思っています。書式についてもかなり統一的な書式がありますので、非常に使いやすいのではないかと。気を付ける点としては主に2点あるのですが、清算価値保障原則と、あと再生計画案の立案のところがやや問題があるとは思いますが、それを除けば非常に手続的にも簡便ですし、弁護士がかける労力ということを考えても、非常に使いやすい制度です。ただ、残念ながら東京の場合では件数というのがあまり増えてなくて、法律相談センターでの統計ですと、最初の受任の段階では3％ぐらいしか一応個人再生の受任の率がないのが、非常に残念なところですね。

野村 ありがとうございました。続きまして、大阪の小松先生、お願いします。

小松 大阪は、昔から破産事件はずっと東京の半分です。ところが、この個人再生事件は、当初からずっと東京よりも多いという状況がありました。大阪だけは使いやすい、そんなことはないのですが。

大阪は、裁判所と協議しまして、「大阪再生物語」というすごい名前ですが、そういうマニュアル本まで作りました（最新版は、大阪地方裁判所・大阪弁護士会個人再生手続運用研究会編『改正法対応　事例解説　個人再生～大阪再生物語～』（新日本法規、2006年）（以下『大阪再生物語』といいます。））。事業者が出てくるのも"たこ焼き屋さん"、それから大阪弁でストーリーが作られているというたいへん親しみやすい本です。皆さんが申立をしやすいようにということでずいぶんと工夫をしましたし、申立書式も基本的には同時廃止等の消費者破産の申立書の書式をベースにして少し変えている、非常に取っ付きやすいものです。

それから、後ほど議論が出るかと思いますが、大阪では費用をできるだけ低廉にしましょうということもあって、個人

再生委員は原則選任しない。こんなことがいろいろ工夫されましたので、全体としては、大阪は比較的取っ付きやすい。1回やるとあとは楽というようなことで進んできたと思いますし、是非とも全国的にもそんな傾向が出ることを期待したいと思っています。

野村 ありがとうございました。続きまして、福岡の千綿先生、お願いします。

千綿 消費者の負債整理と言えば、大きく分けたら破産、個人再生、任意整理となるかと思います。それで、破産の場合は同時廃止であっても、免責のところをかなり説明しないといけない。免責不許可事由というのがありますので、そこをかなり聴き取りした上で、報告しないといけない。それに比べると個人再生は、そこがほとんどいらないのですね。その他は、清算価値算出シートなどが要りますが、これらは同廃事件の財産目録と同じような感覚で作成すれば良いので、同廃事件をやっていらっしゃる弁護士であれば、それほど抵抗感が無く申立できるのではないかと思っております。

それから任意整理の場合は、債権者の数が多いときは、それぞれ全社と和解しないといけませんが、個人再生の場合は一覧表に載せて減免率を出して、それで認可をもらうという手続ですから、債権者の数によっては任意整理よりも比較的容易な場面も出てくるかと思います。

今は消費者の債務整理に関しては過払金の処理がかなり中心を占めていまして、過払金としてお金が戻ってくるというような現状がありますから、個人再生手続をしなくても任意整理である程度進めていける事案というのがかなりあるのではないかと思います。ただ、この過払金というのは、おそらくあと数年で一段落すると思いますので、そうなってくると、ますます個人再生の役割が大きくなってくるのではないかなというふうに予想しているところです。

それで福岡の現状ですが、福岡も大阪ほど立派ではないのですがマニュアルを、裁判所の方でかなりご尽力いただいて作っております。件数的にも大阪、東京に引けをとらない、むしろ東京に比べるとかなりの割合で利用されているのではないかと思っておりますが、これも一つはマニュアルのおかげかなと思っています。

その中に弁済計画表というのがありますが、これは各債権者の債権額を入力して、それから減免率を入力すれば、それぞれの債権者に毎月いくらずつ払うかということがエクセルで自動計算できるようになっています。初回に少額債権として1回で払い終える、たとえば10万円以下を1回で払うという場合には、「10万円」という設定をすれば、それでバーッと支払いの一覧表が出てくるようになっています。それから3か月に1回の支払いにするときは、そういう設定をすれば

バーッと一覧表が出てくる。このようなソフトを、エクセルに非常に詳しい書記官の方に作ってもらいました。弁護士によってはこれを任意整理のときに使っているというところもあるぐらいで、かなり使える書式を作っています。このように、制度ができてから時間が経っていて、それぞれの地裁で工夫していると思いますので、これを共有化できれば良いなと思っています。

野村 ありがとうございました。最後に仙台の阿部先生、お願いします。

阿部 破産と比べてということになると、取っ付きにくさ、わかりにくさというのは当然あるのだろうと思います。ただ、これまでも大阪、福岡の例が出てきましたが、地裁ごとにマニュアルを作っていますよね。仙台でも個人再生手続実務マニュアルという、相当厚い、記載例、書式例とかをふんだんに載せた実務マニュアルを作っております。そのようなマニュアルに頼ってということになりますが、まずは一度やってみると、何だ、こんなものかと思うのが実情で、そういう意味では決して使いにくい制度ではないのではないかと思っております。

ただ、やったことがない人が、最も取っ付きにくい制度だと感じるとすれば、住宅資金特別条項だろうと思っています。ですが、住宅資金特別条項も、後で議論がありますが、9割がそのまま弁済型です。つまり、何らリスケジュールをしない、従前どおりに支払うという条項のそのまま弁済型が最も多いというのが統計データです。そして、現実にはちょっと延滞をしていても、申立の前に銀行に行って事前にリスケジュールをして延滞を解消してもらえば、そのまま弁済型の住宅資金特別条項が使えます。このように簡単に住宅資金特別条項を使えてしまうという、実務の知恵というべき事案も相当数あります。マニュアルに沿って経験をしていくと、そうすれば誰でもできるじゃないかというのが個人再生ではないかなと思っております。なので、ぜひ利用してほしいなというのが私の一番の思いです。

野村 ありがとうございました。個人再生については、一度はやってみてくださいというのが、皆さんからのメッセージだと思うのですが、今日は多くの事案は単純なパターンでできるのですが、少し難しいところというのがいろいろありまして、本に載っていないことも今日は議論をしてみたいと思います。その議論はすべて個人再生が使いやすくなるための議論だと思っていただけたらと思います。

第2部　清算価値保障原則

〔1　なぜ清算価値保障原則なのか？〕

野村　第2部「清算価値保障原則」に入ります。まず、1番の「なぜ清算価値保障原則なのか？」の点ですが、個人再生では破産の場合より多く弁済しましょうということが出てまいりまして、不認可の要件の中に、ここに書いております再生債権者の一般の利益に反するときという要件があります。この一般の利益というのが、いわゆる清算価値保障原則なのだ、というようによく説明されるのですが、この点、立法趣旨を再確認したいと思います。この点、小松先生、お願いします。

小松　ロースクールでこの174条2項4号等の条文を示して、学生に、これは何を書いているのかと聞いてもよくわからないという答えが多いところですが、実際には清算価値保障原則を定めているというふうに言われております。清算型と再建型の二つの倒産手続があるわけですが、再建型の場合は、仮に清算する場合に比べて、少しでもたくさん支払うので債権者は反対しないで、多数決で決まっても納得してねという、平たく言えば破産配当よりも少し多く弁済しますから許してくださいねというのが、基本的なコンセプトではないかと思います。

　これは通常の民事再生とか会社更生も一緒ですが、個人再生の場合は、もう1点考慮しなければいけないことがあります。多重債務者は、基本的にほとんど資産を持っていません。そうすると、清算価値保障原則だけだったら、それこそ1円だけ支払っても良いことになります。ここは日弁連もずいぶん大議論を政府側といたしましたが、いわゆる最低弁済額の100万円基準とか、5分の1とか10分の1基準が別個に設定されているというのがあります。

　それからもう1点、給与所得者等再生では、3年間で可処分所得をできるだけ払いなさいという別の考慮もあって、債権者の同意をなしにしています。

　しかし、ベースは最初に申し上げたように、破産よりはましですよ。だから納得してくださいねというのがこの原則ですね。

野村　ありがとうございました。これから、この原則を具体的な財産に当てはめていく作業をいくつかした上で、最近話題になっている点につき、なかなか難しい点もあるのですが、考えていきたいと思います。

〔 2 99万円以下の現金の取り扱い 〕

野村 まず一つ目が、2番の「99万円以下の現金の取り扱い」ということで、本日のレジュメの最後の頁に、一つ大阪地裁の財産目録の書式（本書338頁【資料20】）を掲載しましたが、このやり方は、真ん中が財産目録となっていまして、右側が清算価値の算出ということになっています。右側の清算価値を足し算すると、総合計ということで清算価値が出るというような表になっているのですが、まずこの中で1番に現金というのが書かれていまして、大阪のやり方を見ますと、金額を書いた上で手持ち現金から99万円を控除した残額を記載するということになっております。ですから、本来的には自由財産、破産における本来的な自由財産の99万円以下の現金というのは控除するというのがここでの取扱いなのですが、この点、東京ではいかがでしょうか。高見澤先生、お願いします。

高見澤 東京ではこれだけ明確な財産目録というのを作らないのですが、原則として99万円以下の現金については、自由財産として清算価値に含まないというのが一般的だと思います。ただ、東京では書式で清算価値の合計がいくらかということは金額として算出しませんので、その点若干東京ではアバウトになっていて、全件個人再生委員を選任するということも影響しているとは思うのですが、最終的には個人再生委員の判断ということにはなると思いますが、原則として含まれないということで結構かと思います。

野村 ありがとうございました。福岡についても、仙台についても、この点は同じく99万というのは控除するということになっているのですが、全国各地ではまだこの点控除を認めないという庁もありまして、やはり破産のときとパラレルだということを考えていただけたら改善するのではないかと思われます。

〔 3 退職金の取り扱い 〕

野村 続きまして、3番の「退職金の取り扱い」について、この点、大阪の財産目録の書式でいきますと、中程から下に、退職金欄があり、退職金の見込額の8の1を清算価値と評価するとなっているのですが、退職金についてもいろいろと問題点がありますので、その点も含めて、阿部先生、お願いします。

阿部 おそらくこれはほとんどの庁で、退職金については現時点での支給見込額の8分の1を清算価値としてカウントしなさいという扱いになっていると思います。皆さんもご承知のとおり、民事執行法上退職金は4分の3が差押禁止となっ

ております。そうすると、4分の1を清算価値としてカウントすべきではないかということになりますが、本人は現実に退職するわけでもありません。将来の会社の倒産リスク、あるいは本人の懲戒解雇リスク、そういうものを考えれば、さらに4分の1から半分に減じて8分の1を清算価値としてとらえるのが妥当だろうと、これが全国的なスタンダードとなって拡がっていったというのが、退職金についての8分の1ということと理解しております。

　退職金に関して問題となるのは2点かなと思っております。まず1点目が、その申立人が退職間際だという場合に、その退職金債権をどう評価するかというのが一つ目です。これについては、統一的に形式的基準というものが全国的にはないように見受けられます。場合を分けますと、認可決定時までに実際に退職をしてお金が払われてしまえば、それは預金債権になってしまいますので、全額を清算価値として把握せざるを得ないだろうというふうに考えられます。ただ、個人再生委員等の意見で、何分の1かを清算価値と見れば良いのではないかという意見があって、それを裁判所が認めてくれるというケースは別論となりますが、認可決定時までに預金債権になってしまえば、全額を清算価値として把握するというのが原則となると思います。

　次、じゃあ1年先に退職が見込まれる。6か月先に退職が見込まれる。3か月先に退職が見込まれる。それをどう評価するのでしょうかというところが、実は全国の庁において区々で基準が示されていないというのが実態かと思います。ある庁によっては、何か月以内に退職が見込まれる場合には何分の1にしなさいという基準を定めている庁もあるやに聞いておりますが、おそらくほとんどは基準化まではしていない。結局のところ、裁判所とも協議をして4分の1から8分の1の間で、退職金債権の評価として適正額を算出するということをするしかないだろうというのが、退職が間際に見込まれる場合の問題点ということになります。

　もう一つは、退職金を担保として借入れをしているという場合に、退職金債権の清算価値をどう評価するかという問題があります。もちろん退職金を担保とする借入れが有効であることを前提とします。たとえば労使間の書面による協定がある場合、合意による相殺が労働者の自由意思によるものと認められるに足る客観的事由がある場合、こういう場合には相殺できるということになっておりますので、そういう相殺が有効な場合に、退職金からその退職金を担保とした借入金の差額の8分の1で良いのか、それとも退職金全体の8分の1を清算価値として見込まなければいけないのかと、こういう問題があります。この点に関しても考

え方が分かれていまして、『大阪再生物語』217頁には、相殺が認められるのであれば、相殺後の退職金債権の8分の1として評価すれば良いとされています。

　その一方、民事執行手続では、私法上の債権については、給付から除外すべきものにはならないということを根拠として、そのような借入金の相殺などは見込まない。結局は退職金債権の8分の1として評価するしかないのだという見解があります。この点についても見解が分かれていますので、裁判所と協議の上、清算価値を算定しないといけないという、そういう二つの問題があります。

野村　ありがとうございました。退職金見込額が一定程度多額になってくるときに問題が生じてくるところです。

〔　4　第三者出捐の保険の取り扱い　〕

野村　続きまして4番の保険の場合は、保険解約返戻金です。問題は、「第三者出捐の保険の取り扱い」です。なかなか難しいところなのですが、千綿先生、お願いいたします。

千綿　たとえば、申立人本人の名前の生命保険がありまして、その解約返戻金がかなり高額だった。聞いてみると、お母さんが保険料をずっと払ってきていたというような事案があります。ここではそういう事案を想定していると思うのですが、親が子どもの保険料を立て替えて払ってきているという事案は意外に多くて、そういう場合ほど、解約返戻金が大きいのですね。そのために、実務上問題になっているということだと思います。この点も、『個人再生の実務Q&A100問』のQ51（108頁以下）に非常に的確にまとめていただいています。ここでは、ポイントだけ述べたいと思います。

　まず、保険契約者の認定の問題があると思います。預金者の認定の問題と似ている問題ですが、実際に保険料を拠出しているのが誰かという問題です。先ほどの事例だと保険料を拠出しているのがお母さんだということが、そもそも証明ができなければ、これは申立人本人のものとして計上せざるを得ないと思います。

　では、保険料はお母さんが拠出しているのだから、契約者は申立人本人じゃなくてお母さんだよというふうに常に言えるかというと、そう簡単ではないようで、お母さんが子どもに贈与していたじゃないかというような理屈もあるようです。それでは、お母さんの意思をどういうふうに考えるかということになりますが、『個人再生の実務Q&A100問』にも判断基準が載っています。たとえば税務申告の際の所得金額の計上のときに生命保険を控除していますよね。そういう控除を本人の申告の際にあげているかどうか。それから、契約者貸付を本人が受

けていたりするかどうか。それから、申立前の段階で特約なども含め保険金が給付されたときにこれを誰が受領しているか。そういったメルクマールで判断したらどうかと書かれております。

ですから、単純に本人名義だからといって、必ずしも清算価値に計上しないといけないというわけではない。この辺の分析をした上で、申立人代理人の方で、清算価値への計上の要否を検討するということになると思います。もちろん、清算価値に計上しないという判断をしたとしても、きちんと報告はしなければなりません。

野村 ありがとうございました。申立代理人が頑張らなければいけないところの一つにもなります。

〔 5 過払金の取り扱い 〕

野村 続きまして、5番の「過払金の取り扱い」で、これも悩ましいところなのですが、この点、小松先生、お願いします。

小松 今、過払金問題が一番クローズアップされているわけですが、破産では清算価値保障原則という枠の中で、現金は99万まで問題ないのですが、それ以外の部分はいわゆる自由財産拡張手続ということで管財人の意見を聴いて処理をしていくという、そういうスキームになってしまっています。この過払金問題をどう扱うのかはなかなか難しいところがあります。しかし、大阪では弁護士会と裁判所とでずいぶんと意見交換をしまして、非常にシンプルに処理できることになりました。今までは、管財人がついて、ほとんど何も考えないでOKしてしまう財産の種類として預金などの六つのジャンルがありましたが、それにもう一つ過払金の回収を加えていただきました。ただし、申立代理人が債権調査票を送りそのあと交渉しますから、現実に回収をしてしまった分、それから文書まではいらないのですが、金額いくらをいつ返還しますよという、はっきりとした合意ができた部分については、破産では自由財産拡張の第7ジャンルとして定型的に自由財産拡張を認めていくという処理になっております。

この考え方を何とか個人再生にも取り入れられないかということを今裁判所ともいろいろ意見交換をし始めているところですが、東京などと違いまして、大阪は個人再生委員を原則選任しない。条文では自由財産として認めるかどうかについて管財人が意見を言うというスキームになっており、それとの絡みがあったりして、そこから先は見えていません。われわれ弁護士側としてはできるだけ破産と個人再生の平仄を合わせるという意味でも、個人再生の中に今の過払金につい

て破産におけるのと同じような取扱いを取り入れてほしいということを希求しているところです。

野村 ありがとうございました。また自由財産拡張の話はこの後の項目でも出てまいりますので、もう一度考えたいと思うのですが、もう一方、千綿先生、いかがでしょうか。

千綿 実務上どういうふうにしているかというのを私の方から申し述べたいと思いますが、実際過払金を回収してしまった場合、それから回収がほぼ見込まれるような場合、これはやっぱり財産になりますので、清算価値に計上せざるを得ないのだろうと思います。

それで、破産のときもそうですし、個人再生のときもそうですが、過払金を回収した中から申立のための弁護士費用をもらう、それから過払金を回収した報酬も2割などの割合で弁護士費用をもらう。そういったことは当然あるわけで、そのあたりの範囲は破産の場合に配当の対象にはならないことが多いですから、これらは清算価値に計上しなくても良いだろうと考えております。ただ、申立の際に、具体的な内容をきちんと説明する必要があると思います。いくら、どこの業者から回収して、こういうふうに使いましたよといったことを説明した上で申立をするということが大事だと思います。

それからもう一つ細かい問題として、近時、貸金業者がなかなか過払金を払う資力がない、極端な場合、判決をとっても支払ってくれないとか、そういったところが増えてきています。そういった貸金業者に対する過払金債権について、額面どおり清算価値に計上するかという問題はあると思います。この点は、実際の回収可能性というのも当然考慮していくべきだと思いますから、個々の業者に関しては、ほとんど回収できていない現状だという報告書を付けて、それが疎明できれば、額面どおりに計上しなくても良いんじゃないかと思います。これも『個人再生の実務Q&A100問』のQ40（86頁以下）に載っておりますのでご参照いただければと思います。

野村 ありがとうございました。

〔 6 否認対象行為 〕

野村 続きまして、6番の「否認対象行為」に入ります。個人再生には否認権の制度がありませんが、この点も含めて、阿部先生、お願いします。

阿部 野村先生ご指摘のとおり、個人再生には否認権がありません。通常再生の否認権に関する規定が適用除外されています。それはどうしてかというと、個人再生、これを簡易迅速な手続にしましょうということで除外されたということに

なります。では、実際申立をする申立代理人の立場としては、申立人に否認対象行為があった場合にどうするんだろうということになります。この場合には、否認対象行為があった場合、ある財産がたとえば無くなっていたとしますね。そのような場合には、無くなった財産を取り戻した形で、つまりそれを申立人が保持しているという前提で清算価値を算定して、それで財産目録、あるいは清算価値算出シートに記載して、清算価値を算出するという対応をすることになります。

ただ、個人再生の場合には、最低弁済額が100万円ですから、100万円以下の否認対象行為であれば、あまり大勢に影響はないというふうになります。

野村 ありがとうございました。ここまでがどの庁でも問題になる話なのですが、ここから7番以降が今回新しく議論をしたいというところになります。順番に、問題の所在を私から説明させていただいて、皆さんに議論していただこうと思います。

〔 7 99万円以下の普通預金の取り扱い 〕

野村 7番の「99万円以下の普通預金の取り扱い」ですが、破産の場面では、大阪地裁ほか、いくつかの庁で、普通預金は現金と同視するという扱いが行われています。この点については、破産法改正の経緯でそのような話もありまして、大阪については去年（平成20年3月）ようやく認められました。

「清算価値」というのは、「破産の配当」のことだといえます。レジュメに書いた再生計画の取り消しの要件の中に配当のことが出てきます。ですから、先ほどの一般の利益がイコール破産配当ということであれば、破産で行われているやり方は、個人再生でも同じようにやるべきではないか、というところが問題提起ということになります。この点、まず大阪の話からですから、小松先生、お願いします。

小松 今ご説明していただいたとおりでして、現金で99万円をポケットに入れている人なんかいない。もともと定期・定額預金などは別にしても、普通預金はカードで出し入れするので、実質は現金と一緒じゃないですか。立法のときにもそこまでは入れましょうよという話にみんなでなっていたじゃないですか。ただ、立法技術でうまく表現できないということで、ああいう自由財産拡張のスキームになってしまったという経緯もあるわけですから、実質に着目してくださいということで、大阪はようやく普通預金も破産の場面でOKになったわけですね。今示されている条文を見ても、自由財産になれば、破産法34条5項との関係でも拡張手続がいらない。そうすると同

廃の方へも移行していくということにもなります。それと同じようなことが個人再生でも取り入れられないか。まだ、裁判所は最終的にうんとは言っておられませんが、大阪ではかなり前向きに考えておられて近々にそうなるのではないかと大いに期待しているところです[1]。

野村 ありがとうございました。この場合、東京の場合は全件個人再生委員が選任されるということで、もう既に実現されているのではないかと思われるのですが、高見澤先生、実情はいかがでしょうか。

高見澤 ここら辺、個人再生委員がどういう考え方によるかというところに基本的によると思うのですが、現状ですと、消費者破産を多くやっている先生方、クレサラ・多重債務問題に非常に理解がある人ですと、99万円の預貯金については、自由財産の中に含めて認めてしまうという例が非常に多いというふうに聞いています。ただ、明確な決定とかという手続はとらないものですから、それほど明確な議論というのはないのですが、現状を説明すればそういう状況になっていると思います。

野村 ありがとうございました。

〔8　一般優先債権、共益債権（破産における財団債権）の控除の可否〕

野村 続きまして、8番の「一般優先債権、共益債権（破産における財団債権）の控除の可否」です。ここでの問題としては、たとえば税金について多額の滞納があって、役所と分納協議をまとめた場合、毎月分割して支払っていきますが、租税債権は一般優先債権となりますので、清算価値の算定のときに当然控除すべきではないか、と思われます。この点、もちろん通常再生の財産評定の場面であれば必ず控除しているわけなのです。それと共益債権、たとえば、清算費用として、破産になった場合の管財人の報酬を考えた場合、管財人報酬額は一概には言えませんので、そこまでは言いませんが、個人破産の最低予納金、多くは20万円とされていますので、この20万円ぐらいを控除できないかというのが、ここでの考え方です。この点も高見澤先生、東京の場合は実現しているような感じもするのですが、いかがでしょうか。

高見澤 この点についても、東京の方では実質的にはほぼ実現をしているのではないかと思います。全件個人再生委員がついて、個人再生委員がOKと言えば、原則として裁判所の方ではその見解に従

1　大阪地裁では、平成22年4月以降、普通預金を現金と同視する取扱いとなった。本書135頁参照。

うということになっていますので、実質的にはこの点も東京では実現はされています。

野村 ありがとうございます。清算価値保障原則につきましては、算定の時期というのをどう見るかというのがありまして、法の建前と実際の実務上の取扱いという点で、この点につきまして阿部先生、いかがでしょうか。

阿部 清算価値の算定の基準時をどう見るかというのは、これも様々意見が分かれています。一番多い見解というのが、認可決定時を基準時とするという見解です。東京地裁で出している西謙二・中山孝雄編『破産・民事再生の実務［新版］下　民事再生・個人再生編』（金融財政事情研究会、2008年）407頁以下でも認可決定時説をとっています。それは、再生計画案の取消事由との関係で認可決定時における清算価値保障を満たす必要があるというのが論拠となっております。ただ、現実的には多分どこの庁でも申立時点の財産目録、清算価値算出シートがあって、その後大きな変動がなければ、そのままそれを清算価値として扱っているということですから、理論上は認可決定時となっていますが、実務上は、申立時ないしは開始決定時の財産で清算価値を算定しているというのが実際です。この点は理論と実務にやや齟齬があるのではないかと思われます。

野村 ありがとうございました。実務上は申立時ということで見ておりますし、申立時に控除できるものがあれば控除して良いのではないか、というようなところが、ここでの考え方です。大阪地裁の財産目録の作成方法をもう一度見ていただきたいのですが、どう見てもこれは個別の財産があって、右側で清算価値を評価し、それを積み上げていくものです。積み上げていって、最終、右下で総合計が出る。そこまでしかないのですね。ですから、積み上げた上で、さらに今度は控除していく。下げていくという視点を見ていきたいというのが、ここでの問題意識になります。

〔　9　破産における自由財産拡張との関係　〕

野村 もう一つ、9番の「破産における自由財産拡張との関係」を見ていきたいのですが、個人再生自体はそれほど歴史があるわけではないのですが、それよりも現行破産法は新しい、新しい制度の中に自由財産拡張制度を作りました。ですから、個人再生の方が先にスタートしていて、後から破産で自由財産拡張制度ができましたから、この関係があまり論じられてきませんでした。この点も高見澤先生に東京の考え方を伺いますと、もう実現しているのではないか、というような気がしているのですが、まず東京の実情をお願いします。

高見澤 東京は、ご承知のように全件個人再生委員を選任していますので、自由財産の拡張というのが個人再生委員の見解によって拡張が行われやすいという素地が最初からあると思います。

あともう1点としては、破産と個人再生を比較した場合に、個人再生の方が金銭を払って手続を終えるわけですから、利用するものにとって不利に扱われてはならないということがあると思います。そうすると、破産で認められている自由財産の拡張、東京ではかなり自由財産の拡張が破産管財人の意見によって幅広く認めていますので、個人再生の場合も個人再生委員が自由財産の拡張を、厳密には法律的には自由財産の拡張というのはないのですが、実質的な意味でそういう拡張を認めて、非常に幅広く弾力的に行っている例がありますし、現実に私も個人再生委員としてそのような処理を行っています。

野村 ありがとうございました。東京においては、個人再生委員次第という面があるのかもしれないのですが、同じように考えていただければ拡がるのではないかと思います。この点もう少し議論を深めたいところなのですが、大阪の小松先生、いかがでしょうか。

小松 先ほどちょっと申しました破産法34条5項で自由財産の拡張については管財人の意見を聴くことになっていますね。4項では自由財産を拡張するかどうかについては、いろいろな事情を総合的に考慮することになるので、いちいち裁判所はチェックできない。だから管財人の意見を聴くと、こういうスキームになっているのです。

しかし、一方、少数説でしょうが、同廃では管財人が選ばれないので、管財人が無いときは意見を聴かなくて良いのではないかという議論もありますし、それから、先ほど言いました破産で各地の裁判所が自由財産拡張の対象として認めている定型的なジャンルである、預金とか退職金などの一定の類型化されているものについては、そもそも自由財産拡張の必要性をほとんど判断しなくて良いのだということであれば、形式的に管財人の同意を得るだけの話じゃないか。ここをさらに推し進めていけば、私は自由財産の拡張制度ということを、個人再生委員を選任しなくても応用できる、利用できるのではないかというふうに思っているのですが、理論的には滅茶苦茶なのでしょうかね。

野村 ありがとうございました。各地で履行可能性の判断のために積立てを行っています。それを申立前に積立てを行っていたとしても、清算価値に含めないという運用をしているというところが多くあります。ですから、そういうこともいろいろと考えてやっているわけなので、先ほどの話で、普通預金は現金と同視するんだということをやれば、今の話も含

めて考えられますし、自由財産拡張の話も何とかできるのではないかと思っているところです。これからも各地でこのような議論をしていただけたらありがたいと思っております。この点につきまして理論面からいかがでしょうか。中西先生から総合的にコメントをいただきたいと思います。

中西 清算価値保障原則ですが、これもなかなか曖昧なところが多い概念であります。たとえば破産したときの価値を保障すると言っていますが、これは民事再生の履行がうまくいったときの話であって、もしうまくいかなければどうなるのかといったリスクも一緒に考えないといけないのですが、そういう視点は落ちています。ただ、今皆さんがお話しされたところは、理論的には至極当然なところで、基本的に問題はないと思われます。破産したときに優先権を最初に払って、自由財産も取り除いて、否認権で取り戻した財産は破産財団に入って、それをお金に換えて、破産債権者に配当する、これが清算価値保障の具体的な意味ですから、それに合わせて計算していくというのは当然なことだと思います。

問題なのは、民事再生に入ってくる債務者の中には、支払不能、つまり破産原因が備わっていない人もあるということです。この場合破産はあり得ないので、破産手続を選択した場合の価値を保障するという基準は機能し得るのかという疑問が生じるでしょう。しかし、その人たちは、破産手続が行われる場合、つまり支払不能に陥っているときより多くの財産を持って手続に入ってきているわけですから、そうでない場合より不利益な扱いを受ける根拠はありません。ですから、破産手続において自由財産として控除される財産は当然控除せねばならないし、優先権等の弁済原資も差し引くのは当然だと思います。このような場合、否認権は支払不能を原因とした否認はあり得ませんが、開始申立以降の否認というのはあり得るでしょう。そのような場合、否認により回復される財産は清算価値に含められるべきだと思います。そういったところだと思います。

そういうわけで基本的には皆さんお話しされたところで、理論的な問題はないというふうに考えております。

野村 ありがとうございました。力強いコメントをいただきまして本当にありがとうございます。

第3部　再生計画案と履行可能性

〔1　債権者平等は形式的平等か実質的平等か〕

野村　続きまして、第3部、「再生計画案と履行可能性」に入ります。当初、条文は読まなくて良いというようなお話が個人再生ではあったのですが、ここでもなかなか条文が引っかかってきてしまうところになります。レジュメに抜粋していますが、個人再生における再生計画案は、もちろん債権者平等ではないといけないのですが、形式的平等なのか、実質的平等までいけるのかというところを考えたいのです。通常再生については、155条1項で実質的平等というところまで進んでいるわけですが、個人再生の229条1項を見ますと、可能性があるのは少額債権の弁済の時期に別段の定めをするということぐらいしかありません。そうでなければ、再生債権者の間では平等なければならないという条文上の建前になっております。

　おそらく各地で再生計画案を作るときに、少額債権については配慮をしていると思いますが、そうでなければ形式的な平等で、その毎回の額が、ある債権者が少なくなってもそれは仕方ないというようなやり方だと思うのですが、東京地裁の場合は、基準債権ごとに時期を傾斜させていくというようなことが行われているということを聞きました。この点、高見澤先生、ご紹介いただけますでしょうか。

高見澤　東京地裁の実情としては、一つ、個人再生委員が承諾するということが条件なのですが、たとえば10万円以下については一括、10万から50万までのものについては1年、50万から100万までは3年、100万円以上の返済予定額については5年というような段階ごとに返済期間を定めるということも行われています。これは個人再生委員がOKをするということが条件になるのですが、この場合、最初の返済額というのは多くなりますが、なぜそれが良いかというと、実は東京の場合、全件個人再生を選任していることもあって積立てを行うので、積立てしたお金が個人再生委員の報酬が15万円ですので、戻ってくる場合というのが結構あります。戻ってきた積立金を原資にして、金額が少ないものについて最初に一括して支払うと後々負担が軽くなるので、こういう返済計画も現実的には認められているということです。

野村　ありがとうございました。私ども全くそういうことを考えておりませんでしたので、びっくりしたのですが、いろいろとやり方があるということをお聞きしました。

続いて、計画案の中ではないのですが、少額債権の弁済許可というのが通常再生の場合にはよく行われています。85条5項の後段に基づくものが多いのですが、これを個人再生の場面で使うことはできないのかということを今回考えてみました。もちろん適用除外にはなっておりませんので、使えるのではないかというようなことも考えたのですが、この点については、中西先生から理論面でコメントいただきたいと思います。

中西 85条の問題ですよね。最初に申し上げておきたいのですが、形式的平等というのは、破産法の場合、支払不能発生の時点で債務者の財産を拘束して分配する場合、優先権があっては公平で合理的な結果が出ないので、優先権を排除したという趣旨です。民事再生の場合、優先権の排除の要請は破産手続よりは緩和され、むしろ衡平の原則が妥当しますが、個人再生の場合は、簡易・迅速な処理のため、一転して、形式的平等が要請される、ということだと考えます。

先ほどお話ししましたように、事業者の倒産の場合、事業者の経済社会への貢献を考慮すれば、より多様な債権者による損失分担の手法が妥当し得ると思います。そう考えれば、民再法85条5項、155条1項ただし書の85条5項に関する部分は、事業者を対象とする小規模個人再生に類推適用され得るのだということも、不可能ではないと思います。

しかし、そうすると、形式的平等の根拠である簡易・迅速処理の要請との関係はどうなるのかが、問題となります。85条5項などを類推適用すると、手続の簡易・迅速性が害されるという反論もありましょうが、個人債務者が利用可能な費用対効果に優れた民事再生の特則を創るという小規模個人再生の趣旨からすると、個人事業者が利用可能な費用対効果に優れた民事再生の特則を創らねばならず、そのためには85条5項などの類推適用を認めた小規模個人再生が必要であるということになるのだと考えます。

しかし、他方、こういった扱いが正当化されるというのは、それは債権者が皆85条5項による弁済がされたことを知っていて、それも含めて計画が良いかどうか投票できるという手続保障があることが前提だと思われます。そういった点を考えると、手続保障には若干問題があるのではないかと思われます。ですから、小規模な事業者に適切な手続を創るのは良いのですが、それは個人再生の特則プラス85条5項などでいくのか、それとも通常再生をもっと使いやすくしていくのか、どちらかだという問題が出てくると思うのですね。これは非常に難しい問題で何とも言えないのですが、手続保障の面がパスできるのであれば、私は類推適用ないしは適用があっても良いのかなとは思うのですが、その点はいかがなものか、実務家の先生のお話を伺いたいと思

います。

野村 ありがとうございました。この点、小松先生、いかがでしょうか。

小松 やはり、簡易・迅速な個人再生手続のスキーム、という制度の特徴を重視すると、形式的平等を貫徹してゆこうとする制度設計との関係でもなかなか難しい問題となりますね。ちなみに、後ほども出てくると思いますが、たとえば、85条5項を使うとすると、少額債権者には優先的に弁済しましょう、全額払いましょうというイメージですね。50万円のうち10万円払ったら40万カットでというのもあるのですが。小規模事業者の場合、それをする必要がどの程度あるのかが、まだ私自身がイメージがわかないのですね。通常再生でも大体巨大なのを除いたら10万円までぐらいまでが少額債権で全額払うよ、みんな黙っておいてね、文句言わないでおいてねというレベルだと思います。

そうすると、小規模個人再生の場合、10万円にしたらみんな払わなければいけない。2万円にするのか、1万円にするのか、非常に複雑になってきて、制度設計としての形式的平等に反してくるので、やっぱり通常再生の方をもっともっと簡単にしちゃう、少額管財みたいな、超少額通常再生みたいなものを編み出す方が無難ではないのかなとも思います。そこはちょっとよくわからないのです。

野村 ありがとうございました。

〔 2 保証債務の取り扱い 〕

野村 続きまして、2番の「保証債務の取り扱い」です。これは再生債務者が連帯保証をしていて、主債務者は約定どおり弁済を続けているという場合、特段連帯保証債務履行請求権は、支払わなくても良いのではないかということがありまして、基準債権からも除外してしまっても良いのではないか、いろいろと議論が出てくるところなのです。この点、保証債務の取扱いにつき、千綿先生、お願いします。

千綿 個人再生の実務本や解説本はたくさんありますが、この保証債務の取扱いについてきちんと書いてくれている文献というのはあまりなかったのですね。それで、福岡などでも結構いろんな会員の方から、「保証債務の取扱いについて教えてください」と質問を受けていて、それで今回この『個人再生の実務Q&A100問』を作るときに、保証債務の件はかなり検討してもらって、いくつか執筆していただいております。

保証債務の問題については、大きく二つに分けられると思います。まず、申立人が保証人の場合、主債務者が別にいてきちんと継続して支払っている場合の問題。それから、申立人は主債務者ですが、他に保証人がいる場合の問題の二つ

があります。

　まず一つ目の申立人が保証人で、別に主債務者がいて、ずっと主債務者が払っていっている場合のことを簡単に説明したいと思います。実際上、主債務者が払っているので、保証人には請求が来ていないということが多い。ですから、保証債務の存在に気がつかないで申し立てをしてしまうこともあるかもしれません。しかし、それを良いじゃないかというふうに簡単に言えるかというところが、この平等の話と絡むかなと思います。この問題については、『個人再生の実務Q&A100問』のQ64（137頁以下）やQ27（60頁以下）等で触れています。まず大前提として、債権者から見たらどうかという点ですが、条文上は86条の2項で破産法の105条、あるいは104条の2項を引用しておりますので、再生手続開始のときに応じて有する債権の全額について、手続に参加することができると規定されています。したがって、主債務者が弁済を継続していても、開始決定時の全額で手続に参加してこられるわけですね。ですから、後で主債務者がつぶれた場合に、保証人たる申立人にどかっと請求が来る可能性がありますので、私としてはやっぱり保証債務であっても、きちんと手続に乗せてやるべきではないかと思っております。

　それで、じゃあ手続に乗せて、他の再生債権と同じように計画案を作って、実際の履行段階でどうするのかという問題があると思います。保証債務についても減免してもらった上で払っていくような計画案になると思うのですが、実際には主債務者が払っているので、債権者が保証人の弁済を受け取らないことも結構あると思います。あるいは「期限の利益は喪失していないよ」と言える場合もある。あるいは「期限の利益を再付与されたよ」と言えるような理屈も立つ。いくつか理屈はあると思いますが、いずれにせよ、実際は払わないということがあり得ると思います。その場合は、私なんかは無理して払わないでいっております。ただし、後で主債務者がつぶれたときは、やっぱり再生手続の開始決定時の額を基準に、減免率をかけた金額で請求が来る可能性がありますので、本当は再生計画案通りに積み立てさせておくのが良いのではないかなと思います。もちろん、金額にもよると思いますが。

　逆に、履行段階で、主債務者もずっと払っているが、債権者が、保証債務の分もちゃんと払ってくれよと言ってきたような場合は払わせていったら良いと思います。ただ、その代わり、主債務者の支払いと保証人の支払いとで、二重払いになっちゃうとまずいので、債権者に償還表みたいなものを作ってもらうといった工夫もあるかなと思います。

　次に、申立人が主債務者で、たとえば事業者で、他に保証人がいるというよう

な場合の取扱いですが、受任段階での問題も含めて、保証人に対する手だてをどうするかとかということもあります。
『個人再生の実務Q&A100問』のQ28（62頁以下）とQ89（200頁以下）等に触れていますので、ご参照ください。
野村 ありがとうございました。

〔 3　履行可能性の判定 〕

野村 続きまして、3番の「履行可能性の判定」です。履行可能性というのはいつ判定をするのか。申立のときに現在の各地の申立書では履行可能性についていろいろと書く欄があって、説明をするようになっていると思われます。なかなか開始決定が出ないというような場合もありまして、ちょっと裁判所が履行可能性について拘りすぎているのではないかというようなことを弁護士側が思うことはよくあります。この点につきまして、阿部先生、いかがでしょうか。

阿部 私の感覚ということになりますが、支部に行けば行くだけ、地方に行けば行くだけ、開始決定に慎重になる、開始決定が遅くなるという傾向があるのではないか、と思っています。それはどうしてだろうかと考えると、書記官、あるいは裁判所が履行可能性について開始決定を出す段階で考えすぎているのではないかというふうに思われるフシがあります。

この点に関しては、条文はあまり読みたくはないのですが、条文をちょっと引用させていただくと、再生計画が遂行される見込みがないときというのが、これが再生計画の不認可事由です。住宅資金特別条項を使う場合には、ちょっと書きぶりが逆転するのですが、再生計画が遂行可能であると認めることができないときが、再生計画不認可事由とされています。この点は後でじっくり条文を読んでいただきたいのですが、条文の書きぶりに違いはありますが、履行可能性はいずれも認可決定の際の要件にすぎません。

開始決定の要件というのは、再生計画案の作成もしくは可決の見込み、または再生計画の認可の見込みがないことが明らかであるときというふうにしか定められておりません。そうしますと、申立時点であまり将来の履行可能性をガチガチに審査するのはいかがなものかという問題意識は、実務家として持っていた方が良いと思いますし、その点はもし追加の資料とかいろいろと要求されるようなときには、法律上は履行可能性は認可決定の際の要件ではありませんかと主張して、実務上の取扱いを改善していければ良いのかなというふうに思っております。

野村 ありがとうございました。この履行可能性につきましては、先ほど積立て

に触れましたが、推奨されているところと、そうでもないところというのがあります。推奨されている庁ということで、大阪の実情を小松先生、お願いします。

小松 大阪では、計画案提出時に大体3か月分ぐらいは通帳写しを添付して積立状況等報告書を提出して毎月積立てができているかどうかを裁判所がチェックするというのが原則です。なお、裁判所としては受任時からもきちんと指導するように言っておられるようです。受任時の最初から見ておかなければ3年での弁済が可能なのだろうか、5年の方が良いのではないだろうかとか、あるいは誠実に返していきそうな人なのか判断の微妙な事案もあるでしょうから。このように、大阪では基本的には通帳をきちんと管理して履行テストをとるというふうにやっております。

野村 ありがとうございました。履行テストという意味では、東京地裁では分割予納金ということをやっておられると聞いておりますが、これについては申立後に始めるものでしょうか。高見澤先生、いかがですか。

高見澤 申立後、個人再生委員と面談して、個人再生委員から口座の指定を受け、それから積立てをすることになります。申立後1か月以内ぐらいから積立てが始まります。

野村 ありがとうございました。仙台の場合はどのようにされているのでしょうか。阿部先生、お願いします。

阿部 仙台では個人再生としての受任時からの積立てが求められています。仙台では個人再生委員は基本的には選任されませんので、受任時から弁護士の預り金口座に積立てをしていくということになります。再生計画案提出時に積立てがきちんとされていますよということを報告します。そのときは、仙台ではまだまだ弁護士が信用されているということなのかもしれませんが、通帳の提出までは求められません。弁護士のワンペーパーの書面だけで報告ということになっております。

野村 ありがとうございました。この履行可能性については、いろいろ言い出すと、個人再生の手続が重くなりすぎて、申立代理人の選択として破産の方が楽だというようなことになりかねない面はあります。最近指摘があるところとして、個人再生は認可され、弁済も少し始まった段階で破産に移行してしまっているというケースがあります。せっかく個人再生をやった上で破産の申立となったら、イメージが悪いというようなことを指摘されることがありますが、この点、阿部先生、いかがでしょうか。

阿部 これは全く私見というところですが、裁判所というのは多分失敗をおそれるというか、失敗はあまりしたくない、させたくないということがあるのだろうと思うのです。通常再生は、一度は経済

社会から排斥された人たちが再起をかけてチャレンジするものです。再生しようと頑張ってみたが、やっぱりだめだったということは良くあります。個人再生だって、当初は頑張ろうと意気込んで再生をやろうと決めたが、結局体を壊してしまってだめだった、というようなことは良くあります。一旦民事再生について認可決定を受けて、その後だめになったとしても、それはプラスの評価でもマイナスの評価でも全くないし、評価はニュートラルなのだろうと思います。

なので、個人再生をやったのにその後破産になったらイメージが悪いなどということをあまり考えずに、どんどん、特に住宅を持っている方については、個人再生が第一選択になるのでしょうから、ちょっと無理かなと思ってもやってあげるというようなことが大事なのではないかなと思っております。

野村　ありがとうございました。

〔　4　再生計画案の提出期限を徒過した場合の処理　〕

野村　続きまして、4番の「再生計画案の提出期限を徒過した場合の処理」です。この点は大阪の汚点じゃないかと私は思っているのですが、再生計画案の提出期限を1日でも徒過すると即廃止という運用が長年続いておりまして、何件も再度申立をするということで、無駄な手続をやっているということがあります。この点、東京の実情はいかがでしょうか。高見澤先生、お願いします。

高見澤　東京の方では利点と言えるかどうかは別として、提出期限というのは非常に緩やかに解釈されています。私自身、提出期限の当日に、今日が提出期限だと気がついてびっくりして書記官に連絡したところ、これはそんなに厳密な規定ではありませんのでというふうに書記官から慰めの言葉を受けたような記憶もありまして、あまり褒められた経験ではないのですが。そのほかにも私がやった事件では、個人再生委員と裁判所に再生計画案を期日の何日か前にファックスしまして、個人再生委員から何も連絡なかったものですから、気がついてみたら提出期限からもう2週間ぐらい徒過していたような場合で、慌てて個人再生委員に、これでどうですかと聞いて、再生計画案を裁判所に提出したこともあります。ですから、非常にこの点については緩やかに解されていると思います。

東京の実情を申しますと、再生計画案に問題があると、裁判所は個人再生委員を通じて代理人の方に連絡をするものですから、事前に個人再生委員の方に再生計画案をファックスしてOKをとって裁判所に出します。あるいは同時に個人再生委員と裁判所に再生計画案をファックスして、承諾をもらうというのが多いと

思います。

野村 ありがとうございました。大阪でもある程度見習いたいような気がします。今後も働きかけてみたいと思っております。

〔 5 履行と履行補助、監督 〕

野村 第3部の最後ですが、5番の「履行と履行補助、監督」です。再生計画が可決、認可された後の申立代理人の履行補助の面ですが、千綿先生、お願いします。

千綿 再生計画案が認可された後、履行段階で申立代理人がどのように関与していくかという点ですが、大きく分けたら二つあると思います。一つは、履行に関わる、つまり申立人、債務者本人からお金を預かって申立代理人が払っていく、支払いの代行をしていく方法。それから、もう一つは、債務者にきちんと各自で履行してもらうということになると思います。

どちらが良いのかというのは、一長一短あると思います。私個人の経験で言うと、最初の何件かは代行をしました。それは、メリットとして個人再生の場合は3か月に1回の支払いという再生計画を作成することができます。3か月に1回だと振込手数料が安く済みますので、そのあたりもあって、毎月私の作った口座にたとえば3万円を入れていただいて、私の方で3か月に1回、9万円を各債権者に分割して払ったというようなこともあります。

デメリットとしては、きちんと払ってもらえれば良いのですが、不履行になったときに、債権者からじゃんじゃん督促が来て、債務者に聞いたら、「来週までには払います」などと言って、そのやりとりがかなり煩雑だった。それから、その場合、通常代行されているところは、申立人本人から、振込手数料とは別に代理人の手数料をもらうことになると思いますが、申立人から見ると結構な負担になるなというふうに思いました。ですので、最近は、直接ご本人に払っていってもらった方が良いのかなと思っております。

ただ、その代わり、履行の監督の手続が個人再生の場合は無いですから、やっぱりきちんと払ってもらわないと、この制度の信用というのもありますので、そのための努力は必要かなと思っています。そのため、福岡のマニュアルには、認可決定後に申立代理人としてどういうことをして欲しいというのを書いていて、各債権者に振込先を聞く書式と、一覧性のある振込先を書いた表をサンプルとして掲載しております。

野村 ありがとうございました。

第4部　住宅資金特別条項

〔1　住宅資金特別条項の立法趣旨〕

野村　第4部に入ります。一番大きな問題になるところなのですが、ちょっと長いので、「住特条項」と略して話しをさせていただきます。まず、住特条項についても、立法趣旨をきっちり確認しておきたいと思います。この点、小松先生、お願いします。

小松　ご承知のとおり、破産では自分の自宅は保持できずに処分しなければならなかった。ところが、自分の土地建物を持って頑張りたいという人が多く、しかも住宅ローンで多額の負債を抱えている人がたくさんいる。特にバブル崩壊後、何とか家を持っておきたいのだが、リストラ、あるいは手取給与が減っていくという中で、大変苦しんでいる人たちがいます。そういう状況を踏まえて、何とか自宅を持たせてあげられないかというふうなことが大きなテーマとしてあがってきたわけです。

　基本的には再生手続でも本来は抵当権が付いていると、別除権として再生手続外になります。また再生手続をとっても、開始決定後は85条で弁済できないという縛りがあるのです。しかし、それに例外を認めて、債権者は抵当権を実行しない、その代わり全額支払うよというスキームで、特別に住宅の保持を認めましょうというのが、この住特条項の創設のコンセプトであると思います。全くびっくりするような例外を設けたということになろうかと思います。

野村　ありがとうございました。この点、理論的な面で中西先生からもコメントいただきたいと思います。

中西　民事再生は、担保権消滅許可請求の場合、担保権の不可分性は排除されていますし、それ以外のものも担保権を実行してもらえば良いわけですから、事実上、担保権者、別除権者というのは、不可分性を主張できないわけですが、この住宅資金特別条項だけは特別で、住宅の上に抵当権を持っている担保権者は、担保権が持っている価値を超えて、被担保債権全体について別除権的扱いを受けるという特別な規定です。だから、住宅資金特別条項というのは、債務者の保護でもあるのでしょうが、当該担保権者の保護でもあると言うことができると思います。

　どうしてこんな例外があるのかということですが、おもしろいことに、アメリカ連邦倒産法は総則規定で担保権の不可分性を否定しているのですが、住宅資金貸付債権と住宅上の担保権についてだけは例外的に不可分性を認めておりまし

て、しかも全体について優先的な扱いを認めています。つまり、わが国と同じなのです。その根拠なのですが、わが国で紹介されている限りでは、住宅ローンというのをなるべく低金利で抑えようと思えば、それに伴う損失をできるだけ小さく抑えるのが望ましいので、こういう例外を認めているのだということになっています。これは、わが国の民事再生法にも妥当するのでしょう。

野村 ありがとうございました。

〔 2 約定型（そのまま弁済型）が多いのはなぜか 〕

野村 大いなる例外を設けたわけですが、その中でも実際行われているのは、2番に書きました「約定型（そのまま弁済型）」です。結局、住宅ローンについては、何事もなかったかのように払い続けているという場面が多く、それをそのとおり払い続けますという住特条項を作れば、これは何も問題がありませんし、難しくありません。前半で話が出ましたが、この約定型がほぼ9割を占めているわけですが、このように多いのはどうしてかというところを考えたいと思います。阿部先生からご紹介いただいた、少し遅れても、結局リスケジュールをそこでしてしまって、それが約定ということでそのまま約定型の住特条項になっているということがときどきあるわけですが、この点ちょっと福岡では事情が違うようなことを聞きましたので、千綿先生、お願いします。

千綿 私も最近まで、福岡の運用は全国的な運用と変わらないと思い込んでいましたが、実はそうでもないということを知りました。法律上は199条の1項、2項、3項、それから同意型の4項ということで、それぞれについて規定がありますので、それぞれのパターンでやっているのかなと思っていました。住宅ローンの支払いが遅れた方については、1項では厳しいので、2項とか3項とか使うというようなことになっているのかなと思いましたら、大阪の方では、ほとんど申立の前にリスケジュールをして、基本的にはそのまま払い続ける1項の類型として申し立てているということでした。ですから、2項とか3項とかの利用があまりないという話を聞いてびっくりしました。

福岡は、1項、2項、3項のそれぞれの類型について、再生計画の案文をマニュアルに載せて、それに基づいて手続を進めています。ただ、実は、非常に条項案の記載が簡略化されていまして、具体的にいくら払うのかというのが明確でないというような問題もあります。その点については、銀行からもらったリスケジュールの具体的な償還表を付けて出して、それで補っているというような状況

です。その上で認可決定後にもう1回契約をし直すというような運用が多いかと思います。

それで、住宅ローン特則は何となく取っ付きにくいイメージがありますが、とにかく銀行の方に「リスケジュールをしてくれ」とお願いすることが肝要じゃないかなと思います。全国銀行協会が、個人再生手続に伴って金融機関はリスケジュールに協力する義務があるのだというような通達を出しております。ですから、申立前から銀行に対してリスケジュールを組んでくれとお願いして、「毎月いくら払うから」というようなことを言えば出してくれている現状です。これに関しても『個人再生の実務Q&A100問』のQ12（26頁以下）に、銀行に対してどういう文書を出したら良いかというようなことを、先ほど私が申し上げた全銀協の通達なども含めて、書いてもらっています。大阪なんかでは、申立前に組み直して、変更契約をした後に、そのまま支払う1項の型で申立をする。福岡なんかは、リスケジュールをもらって、個人再生の手続の中で1項、2項、3項の認可をもらって、その後に変更契約をする。ちょっと時間の順序が違うだけだとは思いますが、手続としては思ったほど難しくないと思います。

もう1点だけ補足させてください。実は、私は、最近の事例として、3項の利用が結構多いのですね。まず1項がそのまま払う型ですね。今までどおり払う。2項が住宅ローンの弁済期間を延ばす。3項は、さらに一般債権を支払う3年間ないし5年間の間だけ住宅ローンの支払いを若干減らしてもらうというような型です。簡単に言えばその三つのパターンがあります。3項は、そういう意味では債務者にとっては非常に使いやすい、メリットの大きい型ですから、一般債権への支払期間の経過後の支払いが大きくはなりますが、それが使える債務者については3項が、もっと活用されて良いのではないかなと思っています。

野村 ありがとうございました。約定型がほとんどで、2項型、3項型はときどきというのが全国的な流れだと思うのですが、この点、立法時の想定と食い違っているのでしょうか。小松先生、いかがでしょうか。

小松 完全に食い違っておりまして、もともと立法時には現在の197条3項にいう裁判所の許可を得て正常弁済型で払っていきますよというパターンが存在しませんでした。199条1項の期限の利益回復型、これがだめなら2項のリスケ型、それがだめなら3項、だめなら4項というコンセプトで制定されました。強硬な取立てを受けている債務者は、それを支払っていなければ、住宅ローンはそんな強硬な取立てはしないからそれも支払っているわけはないだろう、両方とも不払いだろうという前提で考えていたので

す。

ところが、強硬な取立てを受けても支払えないような状況の人が、実際には住宅ローンは払っているという方々がずいぶんおられる。さらに、申立前に比較的簡単に銀行等と協議してリスケができるような状況もかなり出てきまして、どんどんと正常返済型の率が増えてきました。大阪では、住特条項付は、もう全個人再生事件の半分の割合です。だから、当初全然予想していなかった状態です。結構なことではないかと思っています。

野村 ありがとうございました。住特条項につきましては、このように普通のパターンであれば何も問題がなく、何も難しいところがないので、どんどん使っていただけたらと思うのですが、ここからはちょっと難しいところ、こういうところもうまくいけば、もっと拡がるのになあというところですね。そういう点をいくつか挙げていきますので、ここが難しくても、約定型は全然関係ありませんので、あまり気にせずにここからの話は聞いていただけたらと思います。

〔 3 いつの時点で住宅を所有する必要があるのか 〕

野村 一つが、まず3番で、「いつの時点で住宅を取得する必要があるのか」、(1)申立時点、(2)建設時点、(3)途中の所有権移転と挙げさせていただいたのですが、この話につきましては、問題意識も含めて、阿部先生、お願いします。

阿部 住特条項を使うためには、申立人がいつの時点で住宅を所有している必要があるのかというところで、若干書籍によって見解の相違があるようなので、ちょっとお話をさせていただきたいと思います。

住特条項が使える住宅の定義については、個人である再生債務者が所有し、自己の居住に供する建物というふうに196条1号にありますので、申立時点でその申立人が建物を所有していなければならないというのは争いがないだろうと思われます。

では、建設の時点でその申立人が建物を所有していなければならないだろうかという点で、若干見解の相違が見られます。『大阪再生物語』255頁以下の見解では、原則として建設時点でも申立人が所有していなければならないのだとされています。つまり、建設時点で申立人が所有していなければ住特条項は使えないのだ、そういう書きぶりになっています。

ですが、条文を形式的に見ると、建設時点の所有というのは、私はどう読んでも読みとれないのです。住宅資金特別条項を定めた立法趣旨からすれば、現在の所有者の居住の利益を確保するというところが最大の主眼だと考えられます。建設時点の所有という点にこだわる必要はないのではないかと考えられます。

ということで、見解の相違はありますが、基本的には建設時点での建物所有というのは必要ないのではないかというのが、私の問題提起として頭に置いていただければと思っております。

そうすると、いろいろな段階で途中所有権移転があったとしても、基本的には申立時点において形式的に申立人が建物を所有していれば、それが共有であっても、単独所有であっても、条文上の形式的要件が満たされていれば住特条項は使えるだろうと。たとえば離婚とかをしても財産分与を原因として、妻がたとえば持ち分をもらう、所有権をもらって、それで現在の住宅資金貸付債務を妻が負っていて、居住もしていれば、住宅条項を利用できても良いでしょうと。そういう使い方もあるだろうというふうに思いますので、この点はまた工夫の余地がいろいろあるだろうと思っております。

野村 ありがとうございました。

〔 4 住宅ローン以外の後順位担保権者の取り扱い 〕

野村 続きまして4番の「住宅ローン以外の後順位担保権者の取り扱い」です。住宅ローン以外のたとえば商工ローン関係が後順位に抵当権を設定しているといった場合に、今までの工夫として第三者弁済によってこれを抹消するということが、行われてきたと思われます。この点、第三者が弁済をまだしていなくても、住特条項が認められる余地があるのではないかというような指摘がありまして、この点、東京で実例があるということですので、高見澤先生、紹介をお願いします。

高見澤 東京では全件個人再生委員が選任されるものですから、個人再生委員の方で承諾をして認められたケースとしてご紹介させていただきたいのですが、後順位にサラ金業者が抵当権を設定していた事例です。その被担保債権額がある程度まとまった金額だったので、認可決定時までに全額弁済をすることができない事情がありました。この住宅資金特別条項というのはできるだけ利用した方が良い制度ですし、それによって抵当権者の不利益というのは一切ありませんので、なるべく弾力的に活用をすることが望ましいという考え方が背景にあったと思うのですが、その弁済について第三者、第三者といっても親族の方ですが、親族の方がその債務については、きちんと自分が責任を持って返済していきますという念書を個人再生委員の方に提出をして、個人再生委員の方で履行が間違いないと判断して、この住宅が維持されるということについて、後順位抵当権が存在しても問題がないということで手続が進められて、住特条項が最終的に認められて、再生計画が認可までいったという事

例があります。これは、多分個人再生委員の力が非常に大きかったのかなと思います。いろいろ個人再生委員の方で助言をして、必要な書類を備えさせて、それで裁判所を説得して、最終的に認可までいったケースだと思います。

野村 ありがとうございました。個人再生委員のお力を借りるというところがあったのかと思うのですが、参考になる例かと思います。

〔 5 連帯債務・連帯保証と住宅資金特別条項 〕

(1) 住宅ローンの連帯債務・連帯保証

野村 次に、5番の「連帯債務、連帯保証と住宅資金特別条項」です。まず一つ目として、(1)「住宅ローンの連帯債務、連帯保証」です。ここでは、一つ事例を想定いたしますが、たとえば親子、夫婦のリレーローンと言われているものです。親子で不動産を共有し、親子で連帯債務、全体に抵当権が設定されているといった場合を想定いたしますが、このような場合の問題点と処理の方法につきまして、阿部先生、お願いします。

阿部 いわゆるリレーローンと言われているものですが、概念を整理すると、親子が共有している住宅で、その住宅のための貸付金として親子が連帯債務で金銭消費貸借契約を締結し、一つの抵当権が設定されている、そういうケースですが、これは住宅資金貸付債権の要件を形式的にあてはめれば、親子が双方で申立をしても、どっちかだけ単独で申立をしても、いずれにしても住宅資金貸付債権の要件にはあてはまりますので、問題なく申立ができるということになろうかと思います。

野村 ありがとうございました。

(2) 求償権の連帯保証

野村 続きまして、(2)「求償権の連帯保証」です。具体的にはちょっと後で説明していただきますが、保証会社の求償権について連帯保証をしているという場面が想定されますので、ちょっと口でいろいろ言ってもなかなか難しいところであるのですが、千綿先生、お願いします。

千綿 これもちょっと事案を説明しますが、夫婦共有の不動産があったとします。夫が主債務者だった。保証会社があって、その保証会社の求償権について妻が保証していたというような事案です。意外にこの保証会社がついているときに、求償権だけ別に保証人をつけているというのが、実務的には結構あって、そういう場合に問題になるかと思います。この場合、夫が申立をする分には全く問題ないのですが、妻が申し立てるときにどうなのか、ということが問題になります。特に、夫婦が離婚して、実際は妻が住んでいるとかというときに、妻が個人再生をして住宅を維持したいという

場合にどうかということで、問題となっている事案があります。

　これについては、所有の要件の点は、夫婦共有ですから、妻も所有していることになりOKなのですが、保証債務ですから、これが「住宅資金貸付債権」に当たらないのではないかということで、否定説の方が多いのかなと認識しています。

　ただ、住宅を維持する制度趣旨であるとか、現実にこれで認めて不都合がどういう場面であるのかなというところを考えると、ちょっと救ってあげたい事案のような気はしています。手続の利用がだめだとするのは、「保証債務だから住宅資金貸付債権に当たらない」という条文のあてはめのところだけなので、そこのところの解釈で少し緩やかにできないのかなというふうには思っています。

　それから、実務的な対応としては、申立前に、銀行に頼んで妻を連帯債務者にしてもらうとかいうことが可能であればクリアできるのかなというふうに思っています。

野村　ありがとうございました。

(3) **ペアローン**

野村　続きまして、3番の「ペアローン」です。この点につきましては、私もこの『個人再生の実務Q&A100問』のQ80（175頁以下）で書いておりますので、パネリストではないのですが、私から説明したいと思います。ここでの「ペアローン」は、次のような事案を想定します。共働き夫婦で共有、第1順位は夫婦の連帯債務の住宅ローンの抵当権が設定されている。2番目、3番目に、たとえば2番目に妻だけを債務者として住宅ローンを組んだ分を全体について抵当権を設定している。第3順位に夫だけを債務者として住宅ローンを組んで全体に抵当権が設定されている。

　このような場合に夫だけを見ますと、第2順位は妻が債務者で、全体に抵当権、夫の持ち分にも抵当権が設定されている。物上保証をしている状態ということになりますので、形式的に見ると住特条項に該当しないとも読めるのですが、この点につきましては、おそらく全国的に夫婦双方が申立をするということによってクリアしていると思われます。たとえば、大阪地裁の基準としては、同一家計を営んでいて、いずれもが個人再生の申立をし、住特条項を定めるといった場合にはOKというようにしているわけです。この点、もう一歩進みますと、夫は他に債務を負っていて、個人再生を申し立てたいが、妻は住宅ローン以外に全く債務がないということであれば、わざわざ妻について個人再生を申し立てる必要性もないだろうということで、大阪で私も個人再生委員をやった事案がありまして、その点についてはもちろん住宅ローンの債権者はOKであるし、履行可

能性、それももちろん夫婦での結局履行ということですから、履行可能性もあるということでOKして、認可された例がありました。同じく東京でも事例が報告されていますので、方向性としては単独申立ということも可能ではないかというように思われます。

このようにして、いくつかすぐには理解がしにくいところはあるのですが、『個人再生の実務Q&A100問』にも載っているところですので、いくつか見ていただきたいと思います。

〔 6 巻戻しと費用負担 〕

野村 続きまして、6番の「巻戻しと費用負担」です。住特条項はほとんどが約定型ですので、ほとんどこのケースに当たらないのですが、保証会社を代位弁済した上で巻き戻しを図るということが今の住特条項ではできるわけなのですが、競売の申立がされていると、担保権者が、その競売費用を負担してほしいというような話が出たり、保証料を増額するというような話が出たりするわけですが、高見澤先生、東京での実情はいかがでしょうか。

高見澤 東京でも実は巻戻しの件数というのは非常に少なくて、平成19年10月1日から平成20年9月30日までの1年間で、このうち巻戻しの件数は24件しかないのです。非常に寂しい状況かなと思います。巻戻しというのが非常に有効な規定であるということを考えると、これだけ件数が少ないのはちょっと弁護士の立場としても問題があるのかなということをまずお話をしたいと思います。

それで、競売費用についてなんですが、東京の場合の現状を説明しますと、1年、2年延滞でもなかなか競売の申立までいかないので、競売申立費用を払えと言われることは、実例としてそう多くはないのかなと思います。

あと、保証料の点ですが、私自身1件、1件ですからあまり自慢もできないのですが、巻戻しをやった経験がありまして、その場合には保証料の増額とかということを言われませんでしたので、あまり費用負担を求められるということは東京の場合にはないのかなと認識をしております。

野村 ありがとうございました。この点、大阪の実情はいかがでしょうか。小松先生、お願いします。

小松 大阪では、『大阪再生物語』263頁で指摘しておりますが、裁判所と弁護士会とでいろいろと議論をいたしまして、基本的には住宅資金貸付債権には当たらない。そうすると、再生債権でしかないだろう。契約で定められても再生債権でしかないだろう。したがってこれらの費用についても権利変更を受けて、普通の率で支払われるだけというスタンスを

とっておりますし、ときどきは議論が復活するのですが、今のところそのスタンスでずっといっているということであります。

野村 ありがとうございました。

〔 7 柔軟な解釈は可能か 〕

野村 続きまして、7番に、「柔軟な解釈は可能か」というタイトルを設けておるのですが、住特条項につきましては、弁護士側からすると、ネックは裁判所なのかなというところがありまして、それは何かというと、法の形式的な解釈というところに尽きるのではないかと思われるのです。この点につきましては、かなり東京地裁の場合は個人再生委員の意見を聴いて、柔軟な解釈が行われているように聞いております。

大阪で問題になった事案を想定しまして、この点について考えたいのですが、住宅ローンは親子の連帯債務になっていて、もちろん親子で不動産を共有にする予定だったのですが、実際上、登記は親が建物を所有、子どもは土地を所有というように分かれてしまっていた。この状態で子どもの方が住特条項を使いたい、そうすると、建物は親名義だけなので、子どもには共有持ち分がないという状態なのです。この点、一つの工夫として申立前に住宅ローンの債権者の了解を得て、子どもに一部持ち分を譲渡しておくといった工夫が東京で行われていると聞いたことがあるのですが、それをそのようにする予定であるので、まだ申立の段階でも、開始決定の段階でも、親の名義のままで進めることというのは可能なのかという問題について、東京の実情も踏まえて高見澤先生に考えていただきたいと思うのですが、よろしくお願いします。

高見澤 基本的には個人再生委員の考え方が非常に大きいところかなと思うのですが、結論的に言えば、可能ではないかなと思います。申立前にお子さんについて登記名義がなくても、認可決定までに建物について共有持ち分の一部が移転されれば、住特条項を使うことは十分可能だと。個人再生委員が個人の多重債務事件について非常に理解があって、住特条項を積極的に活用すべきであろうという立場であれば、間違いなく認められると思います。

私は基本的に思うのですが、こういう場合に抵当権者にとっては不利益というのはないわけですね。住特条項の場合には従前どおり支払いを継続しますので、抵当権者の不利益もありませんし、再生債権者にとっても別に不利益が生じないので、この点はある程度弾力的に解釈しても良いのかなと思います。

野村 ありがとうございました。今の点

も含めまして、理論的な側面で中西先生にコメントいただきたいと思います。

中西 住宅資金特別条項についても、他の法律の規定の解釈と同様に、実質的な解釈をせねばならないと思います。この場合の問題というのは、この規定が誰の利益をどう調整しているかだと思いますが、これまでにこの点をあまりきちんと議論していなかったというのが、こういう厳格な解釈の理由なのかなとも思います。債務者の将来収益というパイを、再生債権者と担保権者が奪い合う構造になっているわけですから、再生債権者が反対せず、自分たちの分配がこれで良いという消極的同意があって、実際借りたお金が住宅の取得のために使われたという実質があるのであれば、基本的には適用あるいは類推適用を否定する理由はないのかなという感じがいたします。

野村 ありがとうございました。住特条項につきましては、もう少し適用範囲が拡げられるのではないか。立法提言をしなければいけないのか、解釈で可能なのかというところにつきましては、今後も事例を積み重ねていかないといけないところだとは思いますが、方向性というのは今出たのではないかと思いますので、参考にしていただきたいと思います。

阿部 1点補足良いですか。

野村 どうぞ、阿部先生、お願いします。

阿部 1点補足をさせていただきますが、先ほど5の(1)のところで親子のリレーローンという話をさせていただきました。それは前提として連帯債務という前提で述べさせていただきましたが、たとえば子どもが単純な連帯保証という場合に、子どもが住宅資金特別条項を適用できるかとなれば、形式的には子どもの負っている債務というのは、連帯保証債務履行請求権なので適用できないということになります。ただ、これについては、東京地裁などでは個人再生委員の意見を踏まえて、住宅資金特別条項を適用したという事例があると文献には載っていますが、これも住宅資金貸付債権というところの解釈を形式的に見るのか、実質的に見るのか。実質的に見る方向にいけば、そういう解釈をどんどん広めていけるのかなと思っております。

野村 ありがとうございました。ここまでで第4部の住特条項を終わりにします。

第5部　個人再生委員

〔　1　個人再生委員の制度趣旨　〕

野村　続きまして第5部の「個人再生委員」です。まず、最初に1番の「個人再生委員の制度趣旨」につき確認しておきたいのですが、この点も、やはり小松先生、お願いします。

小松　個人再生委員の職務は、223条2項に書いてある三つに限定されております。通常再生では、監督委員とか、あるいは調査委員という制度があるわけですが、こういう制度を使うと、基本的には費用が高額になる。したがって、簡易・迅速な個人再生という制度との関係で費用対効果を考えると、こういう制度はとれない。じゃあ何もなしでやっていくのか、裁判所のチェックだけでやっていくのかというと、たとえば財産とか収入について少し疑問があって、チェックしなければならないというパターンもあり裁判所もたいへんになる。あるいは、再生債権についての評価の申立に対する処理のためにも裁判所に対する一定のサポーターがいる。

したがって、最小限度の職務の遂行機関を定めた。それがこの三つの職務に限定されている個人再生委員制度であるというふうにまとめられると思います。

野村　ありがとうございました。

〔　2　個人再生委員を選任するか　〕

野村　2番の「個人再生委員を選任するか」どうかという点につきまして、まず、個人再生委員の職務の2番目にあります再生債権の評価の申立があった場合、これについては全件選任をするというのは共通しておりますので、この点は省きます。その点を省いて、個人再生委員を選任する場面があるのかないのかというところを見たいのですが、先ほど来お話が出ておりますように、東京地裁については全件個人再生委員を選任するということになっておりまして、大阪、福岡、仙台につきましては、例外的な場合、極めて限定的な場合に選任をするというような、通常再生でDIP型と言っておりますが、個人再生においてもDIP型ということになっています。

今回は、申立代理人がいるケースというのを想定して話を進めさせていただきます。大阪と仙台については、極めて限定的というのは変わっていないのですが、福岡地裁については、昨年少し選任の場面を拡大するというような運用変更があったと聞いておりますので、まずこ

の点、千綿先生、ご紹介いただけますか。

千綿 福岡は、原則的に弁護士が申立する場合はつけないという運用でした。しかし、昨年（平成20年）の４月から裁判所の方から提案がありまして、負債が1,500万円以上、それから申立人が事業者という案件のときは、再生債務者の財産及び収入の状況などの確認が難しいというところがあったのかもしれませんが、このような事案については個人再生委員をつけることも検討させてほしいということでした。

　申立代理人としては、一番ネックになるのはやっぱり費用の問題で、申立代理人の弁護士費用も分割でもらっている上に、さらに個人再生委員の費用まで出さないといけないということになると、なかなか申立ができない。特に事業者なんかだと、開始決定を早くとらないといけないとかというときもあったりして、そこら辺が非常に悩ましいこともあるので、その辺は柔軟な対応をお願いしますというようなことを申し入れております。

　それで昨年の４月からですので、まだ運用といっても統計的な報告ができないのですが、一応先ほど私が申し上げた負債の1,500万と事業者というのをメルクマールとして見て、あとは事案ごとに判断しているというようなことでした。ですから、申立代理人としてはきちんと申立をして、「個人再生委員に収入状況などを調べてもらう必要がある」というふうに裁判所から思われないように、きちんと資料と説明をつけて申立しなければいけないかなと思っています。

野村 ありがとうございました。

〔　３　全件選任のメリット・デメリット　〕

野村 ここから皆さんで議論をしていただきたいと思うのですが、個人再生委員を全件選任することのメリット、デメリット、裏返すと、例外的選任のときのメリット、デメリットということになってきますが、まず東京の全件選任のメリット、デメリットということで、高見澤先生、よろしくお願いいたします。

高見澤 東京の場合には、個人再生委員の報酬が15万円に決められていまして、これは発足当時から15万円で、金額は変わっておりません。この負担がかなり問題にはなると思うのですが、東京では当初からずっと全件個人再生委員を選任してきましたので、あまり金銭面での抵抗はないのかなと思います。着手金は申立までになるべく分割でも良いから依頼者の方から受領して、申立後は、個人再生委員の銀行口座に３万もしくは弁済予定額を積立てするというようなことでやっているのが実情かなと思います。

　全件個人再生委員を選任するメリット

としては、どういう個人再生委員が選任されるかによって、はっきり言ってかなり違ってくるのですが、かなり多重債務事件に理解がある人ですと、いろいろ再生計画についての適切な助言を得られるというのが一つかなと思います。住特条項などにしてもそうですが、あとは返済予定表ですね。実際の返済計画をどういうふうに立てるかということに関しても、個人再生委員の方から適切な助言が与えられるケースがあると思います。私自身は、1件行ったのは、借地権の評価が問題になった事例で、借地権をどう評価するかによって、最低弁済額がかなり異なるものですから、申立代理人の方で算出してきた借地権の評価が高くて、最低弁済額は多くなって、返済予定額が1月で15万ぐらいのかなり多額になったような事例がありましたが、それでは履行が困難だと判断して、借地権の評価をもっと低くしても良いのではないかと助言して、最低弁済額を引き下げたことがあります。

その件については、裁判官から電話かかってきまして、再生債権者の不利益になるので、個人再生委員としてそれでも良いのかというようなことも言われましたが、いや、これで私としてはやりたいと言い、そのとおりになりました。裁判所も個人再生委員が強硬に意見を述べれば、最終的には反対はしないものですから、そういうメリットはあると思いますね。

ただ、実際223条2項で書かれている職務が三つあるんですが、こういう職務を現実的に個人再生委員が行っているかというと、私の個人的な感想からすると、ほとんどないのかなと。唯一確実に行っているのは、積立てについてはチェックしますので、履行確保については行っているのですが、そのほかには、たとえば再生債務者の財産状況を調査するとか、評価に関して意見を述べるということはほとんど事例としてはないと思います。

申立代理人がきちんとしていれば、再生計画案もきちんと作成しますので、再生計画に関する助言も、それほど事例はないなと思います。ですから、メリットとしては、非常に特殊な事例に限られてはしまうと思います。ただ、この15万円という金額も、以前は非常に安すぎるというような評価もあったのですが、現在、東京などでは国選事件なども奪い合いのような状況ですから、個人再生委員になりたいという人も非常に多くて、個人再生委員の候補者で困るということがないものですから、それほど個人再生委員の選任という点では問題ないのかなと思います。ただ、やはり問題となるのは、先ほどから何回も言っていますように、個人再生委員によっても対応に非常にばらつきがあるものですから、そこが非常に申立代理人としてはネックかなと

思います。

〔 4 例外的選任のメリット・デメリット 〕

野村 それでは、大阪からはどうでしょうか。小松先生、お願いします。

小松 東京対全国という感じがあるかと思うのですが、最初にやはり費用面が全然違う。個人再生委員用の15万円を支払うかどうかですね。弁護士費用の方は申立時点で大体30万円～40万円がベースになると思います。これは東京も大阪も共通だと思います。さらに、どこまで現実に回収されているか別にして、事件が終わったときの成功報酬も、東京は原則として30万円ということになろうかと思うのですが、大阪、あるいは多くの都道府県では、そういう成功報酬はいただいていないというところが多い。多重債務にあえいでいる人たちが、それだけの費用負担に耐えられるのかという点は、かなり大きなところではないかというふうに思っております。

じゃあ個人再生委員を選ばなかったときに、うまくいくのだろうかということがあるのですが、大阪の場合は裁判所が申立代理人弁護士を信頼するのでDIP型でやっていただいて結構ですという、この基本的な合意が必要です。裁判所とご一緒に、あるいはわれわれ自身がいろいろ研修したりして、スキルアップを図っているということが必要となります。これさえ確保できれば、私は例外的な選任

野村 ありがとうございました。

であってもメリットだけで済むと思うのですが。

それからもう一つのメリットは、予測可能性です。基本的には個人再生委員を選ばないので、できるだけ客観的に裁判所の考えはこうですよということを情報提供していく。具体的な実務まで提示していく。そうすると、多重債務者からの相談時点でも既にこの事件はどうなるのかなという予測可能性が高まるということがあります。ただし、デメリット面としては、この頃申立書でずさんなものが増えてきているそうです。裁判所、特に書記官がチェックなさいますので、書記官の業務がかなり増大しているということがあります。私どもは冗談で、猿でもわかる申立書というコンセプトでいろいろ工夫をしてきたのですが、ちょっとマニュアル化しすぎちゃって、少し変わった事例についての応用力を働かさないで、変な申立をするというのが増えてきているというご指摘がありまして、この点をどうすべきか、ということをデメリット問題として深刻に考えております。

野村 ありがとうございました。福岡の千綿先生、先ほどの話に補足してありましたらお願いします。

千綿 東京と大阪の申立件数がほぼ同じ

で、制度発足当初は大阪の方が多かったという点が指摘されます。この理由はおそらく個人再生委員を選任するかどうかにあるのではないかなと思います。東京でももっと個人再生手続を利用したいのだが、費用が用意できなくて申立できないという方がいらっしゃるのかなというふうに思っているのです。

消費者個人の多重債務整理手続は、やっぱり救ってあげないと生活ができないというところもありますので、ある程度簡易・迅速に進めないといけない。手続があまり重たくなってはいけないという観点も大事ではないかなと思います。

他方、やっぱりモラルハザードがあってはいけないので、そこは債権者との利益の調整があるのでしょうが、手続保障、手続的正義じゃないですが、債権者には申立の中身をチェックする手続は保障する、それから意見を言う手続も保障する、というふうなことでバランスを図れば良いので、申立の手続自体はできるだけ簡易・迅速にできるように運用も改善していくという視点がいるのではないかなと思います。

野村 ありがとうございました。仙台の阿部先生、お願いします。

阿部 仙台の立場としても東京で行われている個人再生委員の全件選任には断固として反対していきたいと思ってはいるのですが、これまでの議論を聞いていて個人再生委員選任のメリットは一定程度あるんだろうとは感じました。どうしても裁判所というのは保守的な判断をしがちになります。ですが、申立代理人が一応の根拠付けをした上で、個人再生委員もその取扱いを了承すれば、裁判所を動かすことができる、そして実質的な実態に即した解釈を勝ち取っていく、柔軟な運用を勝ち取っていくということができるという点では非常に良いかな、メリットがあるかなと思いました。最初から難しい案件だけ個人再生委員を選べれば良いのでしょうが、後になっていろんな問題出てくるケースもあるでしょうから、そういう意味ではメリットがあるかなと思います。

今まで出てきたところでもあるのですが、私なりに思った全件選任のデメリットとしては、高見澤先生のお話を前提にすると、じゃあ何で、選任する必要があるのかという必要性論だろうと思います。積立てをしてもらうだけだったら、申立代理人で良いでしょうといえます。あとは費用面、これは申立人の申立のしやすさという面もあるのですが、個人再生委員に対して積立て予納金を払うという運用をしていない庁では、通常は申立代理人の方に積立てをしてもらう。基本的には認可決定がおりれば、それは本人にお返しします。とすれば、全く財産も何もないところからスタートするのではなくて、再生債務者は10万、20万ぐらいのお金を持ってスタートができる。これ

というのは結構大きい。将来の履行可能性にとっても大きいと思いますね。ということからも、費用の問題というのは大きなデメリットだと思っております。

野村 ありがとうございました。いろいろと出ましたが、学者の観点からいかがでしょうか。中西先生、お願いします。

中西 間違いをチェックするという意味では、書記官室にやっていただくよりも、弁護士の先生の仲間の個人再生委員の先生がおやりになる方が良いのだと思います。それはコストの負担の面もあるし、それからチェックをするときの基準の問題ですよね。誰が基準を立てるかという問題から見ても良いのだと思うので、全件選任はだめだというのであれば、絶対間違いはないという教育体制を整えるということは大事なのかなと、第三者としては思いました。

ただ、1点、非常に興味深いところがあって、高見澤先生がおっしゃったのですが、裁判所が個人再生委員の意見を尊重するということを前提としました場合、個人再生委員がついた方が柔軟な解釈というか、現場をよく知った解釈ができるのかなというふうにも思いました。こういった点では、非常にメリットがある機関なのかなというふうにも考えましたが、それが全件選任を正当化するかどうかというのがこの問題のポイントかなと思いました。

野村 ありがとうございました。この会場はほとんど東京の先生方なので、アウェーでやっているのですが、例外的に選任をするという地域からしますと、今出ました使いやすいところだけうまく使うというところが良いのかなと思っております。

第6部　事業者の個人再生

〔1　個人事業者特有の考慮事由〕

野村 それでは最後の第6部「事業者の個人再生」に入ります。ここでは、事業者の個人再生ということで、1番で、「個人事業者特有の考慮事由」と書かせていただいたのですが、個人再生は、おそらくサラリーマン等は給与所得者等再生を使い、そうじゃなくても小規模個人再生がありますから、個人事業者も小規模個人再生ができますよという説明というのは、過去からありました。では、いざ個人事業者で個人再生を考えるといった場合に、通常の消費者であれば借入れをすべて棚上げするということだけで済みますが、個人事業者は日々事業を行っており、もちろん現金仕入れだけであれば特段問題はないのでしょうが、必ず掛

けになってきます。ですから買掛金もあるし、売掛金もあるというのが常態ということになってくると思われるのですが、そのような状態で普通の消費者における個人再生の場面と同じように考えておいて良いのかというのが、今回の問題意識です。なかなか考えてこなかった世界の話ですので、今までの議論の中にも出てまいりましたが、いくつかの観点から見ていって考えてみたいと思います。

〔 2 取引債権（買掛金）の取り扱い 〕

野村 一つが、2番の「取引債権（買掛金）の取り扱い」から見ていきます。この点につきましては、千綿先生、お願いします。

千綿 事業者の案件ですが、現状では、割合的に言うと非常に少ないのではないかなと思います。ただ、今後はものすごく増えるのではなかろうかというふうに思っております。統計的にも、消費者の倒産事件は減っているのですが、事業者の倒産事件は減っていないという点が指摘されます。

ということで、個人再生をもっと事業者案件で使いやすくするためにどうすれば良いのか、是非議論させて欲しいということでお願いしたところでした。

それで、今からご説明するのは買掛金の関係ですが、事業者としては、今後も取引先との付き合いを続けないと事業の継続は難しい、ですから買掛金をどうにか払いたいが、他に銀行、ノンバンク、サラ金などの借入金がいっぱいあって、これらに対する返済を減額してもらわないと払っていけない。ここのあたり、平等的な取扱いとどこまでやるかというのは、非常に悩ましいところだと思います。

それで、これも『個人再生の実務Q&A100問』のQ36（76頁以下）で、これは私が書いたのですが、買掛金の問題を扱っております。弁済をどこの時期でするかという観点から、問題を大きく二つに分けています。開始決定前の弁済の問題点、それから開始決定後の弁済の問題点です。

開始決定前に弁済することの問題点ですが、これはいわゆる偏頗弁済否認の問題ということになると思います。否認の規定については先ほどお話が出ましたが、個人再生については適用がありませんので、否認の問題はないのですが、不当な目的による申立とか、そういったあたりの要件で申立が棄却される可能性というのが全くないわけではない。ですから金額であるとか、あるいはどの程度事業に必要であるかというのをそれなりに検討して弁済させるというような配慮がいると思います。それからもう一つ、清算価値保障原則との関係で、「偏頗弁済で払った分は清算価値に乗せないといけ

ない」というルールがありますので、そのあたりがポイントとなってくるかと思います。

それから、開始決定後の弁済ですが、これは民事再生法85条で支払いが基本的に禁止されますので、そういう対応にならざるを得ない。しかし、例外的に払う理屈が立たないかということで、検討しています。そして、今日の前半の話で出ましたが、85条5項後段の少額債権の弁済許可ですね、読み上げますと、「少額の再生債権を早期に弁済しなければ、再生債務者の事業の継続に著しい支障を来すとき」、このような場合は裁判所の許可を得て弁済することが認められるということです。じゃあ、このような許可を受けた弁済をやっている事例があるかというと、私自身は経験もありませんし、それほどないと思います。具体的にどんな例が文献上あがっているかというと、全国倒産処理弁護士ネットワーク編『新注釈 民事再生法 上』(金融財政事情研究会、2006年) 403頁以下[2]には、「原材料の供給業者が限られていて、ここから原材料を納入しないと事業継続ができない。そのためにはここに対して支払わないとまずいよ」というようなときに弁済が許されることになっています。それから、「廃棄物処理などで、他に業者がいないというようなところ」、それから、「運送業者でここの業者しか運んでくれるところがない」というような、代替性が無いような取引先であれば、一応理屈としてはいけるのではないかと思います。代替性がある業者であれば、お客さんであったとしても、そこは再生債権として支払いを止めることになるのだろうと思います。

それから、申立後開始決定前の債権を、開始決定後に払うためには、共益債権化して支払いを認める規定があります。それから開始決定後の買掛金についても、同じく共益債権として払うことができますので、補足説明しておきます。

野村 ありがとうございました。できれば個人事業者で、正直ベースで個人再生の申立をしても、うまく救われる方法というのが考えられたら良いなというのが、今回いろいろとパネリストの皆さんと議論した中での方向性なのです。

〔 3 リース債権と弁済協定 〕

野村 事業者の場合にリース債権があるということがときどきありますが、これについては、弁済協定という方法でクリアしてきた経緯がありまして、この点に

---

[2] 全国倒産処理弁護士ネットワーク編『新注釈民事再生法(上)〔第2版〕』(金融財政事情研究会)453頁〔森恵一〕)。

つきまして阿部先生、お願いします。

阿部 例を出してわかりやすく言えば、個人事業主、個人タクシー事業者がいたとして、タクシーの車両をリースで購入していたというケースを想定すると、タクシーがなければ事業が成り立たない。タクシーがなければ、将来再生計画の履行もままならないというようなケースでどうするかということです。通常再生であれば、監督委員がつきます。監督委員の許可を得て、共益債権化の許可をとって支払うということになるのでしょうが、個人再生ではどうするかということで、これまでの実務での取扱いを見ますと、裁判所の要許可事項とはなっていませんので、再生債務者の判断で、リース業者とリース債権者、あるいは信販会社と弁済協定を締結します。その弁済協定を締結して、その債権が119条2号、または119条5号に基づく共益債権であるということで継続して弁済を行っていく、そういう扱いを行っているのが一般だろうと思います。

ただ、事業継続に不必要な弁済協定までが認められるものではないというところは十分注意していただきたいと思いますね。事業継続に不必要なもの、それについて弁済協定で弁済をしたとしても、それは弁済禁止に違反するので、再生計画の不認可事由になってしまう。要は、事業継続に真に必要なものなのかどうなのか、それをきちんと見極めた上で、できれば裁判所などと事前に協議をしておいて、弁済協定を締結し、共益債権として弁済というのが良いのだろうと思います。

野村 ありがとうございました。今の弁済協定というのは、共益債権にするという捉え方になるのですが、通常再生の場合でリースの債権は、別除権付再生債権として取り扱っていることが多いと思われるのですが、この点、理論面で中西先生からコメントをいただきたいと思います。

中西 リース料債権は、基本的に倒産債権で、ただそれに目的物、あるいはその目的物の利用権の上に担保権が付いているという構成でいくのであれば、担保物の価値だけ払えば良いということになるとも思われますが。

野村 ありがとうございます。今回の中でも通常再生と同じように考えるべきという点があったのですが、個人再生におけるリース料債権の取扱いは、個人再生特有というようなことで実務上行われているような感じがします。

〔 **4　個人の通常再生との関係** 〕

野村 4番の「個人の通常再生との関係」です。もちろん個人でも通常再生は可能です。今までは個人再生の要件を満たさない場合、再生債権が5000万を超え

るような場合に個人の通常再生を想定してきたわけですが、事業者の個人再生を考えていった場合に、どちらでやるのが良いのか。今回、少額債権の弁済許可、85条5項の後段の話が出たりもしました。この点、ちょっと締めのような形になるのですが、小松先生、通常再生もよくやられている中で比較していかがでしょうか。

小松 アプローチの仕方としては、一つは通常の民事再生を簡素化していく発想があります。もう一つは現在の個人再生手続の中で適用除外になっておってうまく利用できないという部分があれば、それは一部改正をすることによって利用の道を開く。こういう二つのアプローチの仕方があります。

　もう1点大事なことは費用の問題です。通常の再生では、たとえば大阪でも予納金は最低200万か300万円以上と、事業者の場合にはなっています。これをグッと低額化できないかという問題です。今東京地裁と大阪地裁で零細事業者向けの5,000万超えの通常再生を利用するとした場合、低廉な費用が公表されております。東京の再生事件が多いのは、実はそれもあるからということなので、大阪も途中で真似しまして安くしたのですが、それでも法人の代表者と抱き合わせでない、単独の零細事業者ではうまくゆかない。たとえば負債額が5,000万円以下、それから少額弁済の問題が出てき

たら何とかクリアしちゃう。弁済協定は中西先生のご指摘ありますが、しかるべく対応する。裁判所への報告で済ます。というふうにやっていくと、何か簡単にうまく処理できそうなパターンもありそうですよね。ひょっとすると、それにふさわしい事例が出てきたときに、通常再生で無理しないで、個人再生で何とか利用してみるというような実績を積み重ねていけば解決の糸口が出てくるかも知れません。まだ、現在は抽象的に議論していてもう一つ前へ進んでいない段階かなというふうには思っております。

野村 ありがとうございました。福岡の千綿先生、今回この問題を提起していただいたこともあるのですが、今までの話をお聞きになって、どうですかね、福岡でもやれそうな感じになりますか。

千綿 やっぱり多くの弁護士にやってもらわないといけないので、この『大阪再生物語』のモデルケースみたいなのをもう少し広く研修していく必要があるかなと思いますね。

　それから、どうしても事業者の負債というのは保証人付きが多いですよね。保証人に迷惑をかけられないからといって、どうにかこうにかやってきて、人の名前で借りたりとか、また保証人を付けて、また他のところから借りたりとか、どんどんどんどん被害者を増やしていっている。早く再生すればいけたのに、そういう手続をとらずに来たので、いよい

よどうにもできなくなって「もう夜逃げしないといけない」とか、本当に悲惨な事例もありますので、できるだけ法の制度を準備してあげて、しかも弁護士がきちんとそれを使えるようになっていかないといけないかなと思います。

野村 ありがとうございました。

■最後に

野村 予定いたしました項目は全部何とか触れることはできました。議論といってもなかなか一方的な話になってしまった面もあるかもしれませんが、この機会に問題提起をさせていただけたと思いますので、各地で議論をしていただきたいと思います。

それでは、最後に、パネリストの皆さんから一言ずつコメントをいただきたいと思います。まず、高見澤先生からお願いします。

高見澤 今回、東京の一員ということで参加させていただいたのですが、東京と地方とでは個人再生にかかわらず、いろんな点でずいぶん大きな違いがあるのかなと思いました。東京でやっていますと、東京に埋没してというか、あまり疑問点というのを持たないんですね。たとえば個人再生委員の15万の報酬についても、全然疑問を持ちませんし、弁護士報酬などに関しても、破産なんかで着手金とか報酬もらうことについて、疑問を持たないのですが、やはりそれではちょっとまずいのかなと反省しています。特に個人再生などについては、件数があまり増えていないこともあって、立法的な解決が必要な場面が多いと思います。そのためにはやっぱりいろんな地域の個人再生事件をやっている弁護士が交流して建設的な意見を裁判所などに対して申し上げるのが非常に重要だと思います。特に個人再生については、今各地域の弁護士が垣根を越えて、意見交流して、立法的な解決の方法を提言していくことが必要だと痛切に感じました。

野村 ありがとうございました。小松先生、お願いします。

小松 この制度創設の端っこに関わった者として、子どもが生まれて7年目、ようやくかなり頑張って歩き出したところでありますが、親としてはもっともっと立派に成長してほしいという気持ちでいっぱいです。やはり気になるのは、各地域によって申立率が違うという数字が厳然としてある事実です。これはどうしてなのでしょう。国際的に見ても、昨年11月に秋田で近隣諸国の裁判官らと倒産法制について議論させていただいたのですが、お隣の韓国も、それから最近個人再生制度ができた台湾でも、向こうの方

がはるかに日本よりも個人再生の利用率が高いのです。日本では自殺、心中が年間7,000人、8,000人というむごい数字が続いている中で、破産と個人再生という二つのツールがあるのにその利用率について諸外国と比べても低くさらに地域差が厳然として存在する。ここを何としても専門家である弁護士が、食わず嫌いをやめて頑張っていただきたいという感じがしております。

　中西先生が10年度ほど前に、「自由と正義」、1999年の11月号ですが、お書きになりました「アメリカ合衆国における消費者倒産法制」という論文の一番最後のところに、アメリカのことについて、アメリカ合衆国における調査研究が示すように、申立率の高低は弁護士会、裁判所の取組み如何にかかっているものと思われると、厳しくご指摘をしていただいておりますので、われわれみんなで力を合わせて、やってみたら簡単という個人再生手続の利用率を高めていただけたらと思っております。

野村　ありがとうございました。千綿先生、お願いします。

千綿　今日はちょっと難しい話が多かったのですが、個人再生は簡単だ、簡単だと一方では言いたい気持ちもあります。ときどき重箱の隅を突かないといけないような細かい問題があって、今日は特にそういうのを取り上げたのですが、若い会員の方も含めて、これから過払金の処理が収束した後で個人再生をたくさんやっていただかないといけないかなと思っています。そのためにはやっぱり本当にシンプルなケース、債権者が5社、6社、サラリーマンで、任意整理にすれば200万、300万払わないといけないが、個人再生だったら100万で良いというようなケースを1回やってみられると、思ったより簡単だなと思っていただけるものと思います。それから、われわれもやっぱりもうちょっと研修を、そういったモデルケースについて、相談、受任、それから履行段階までをざっと通すような研修とかも工夫していかないといけないかなというふうには思います。

野村　ありがとうございました。阿部先生、お願いします。

阿部　これから過払いの数が少なくなっていくだろうと思います。過払いは少なくなっていったとしても、多重債務相談自体はなくならないはずです。そのときに、選択できる法的スキームとして破産しか弁護士が懐に持っていないとすれば、もしかしたら失わずにすんだ住宅を失ってしまう債務者もいるはずだというふうに考えれば、個人再生のスキルというのは、やはり消費者から相談を受ける立場の弁護士が、最低限持っていなければならないスキルだろうと思っています。そういうことからしても、ぜひ食わず嫌いをやめていただいて、1回はやっていただければ良いのかなというのが1

点。

　あとは、解釈面で言えば、やはり個人再生の一番の特質というのは住宅を保護する、居住を保護するというところです。ただ、住宅資金特別条項のところの条文の文言がいかにも形式的すぎて、実態とうまく合致しないというところがあるので、解釈面としては、その住宅資金特別条項の文言の解釈の実質化というか、場合によっては法改正、そういうところまでいければ良いのかなというふうに今日この議論を通じて一番思いました。

野村　ありがとうございました。最後に、中西先生からコメントをお願いします。

中西　私の感想は、最初に申し上げたとおりでありまして、今日の話を聞いておりましても、平成12年の立法以来の実務の積重ねの大きさというものを本当に感じました。こういう機会を与えていただいたことを感謝したいと思います。どうもありがとうございました。

野村　ありがとうございました。以上で本日のシンポジウムを終了させていただきます。今日の話をきっかけに、各地で議論していただけたらありがたいと思っております。また、私どもの方に情報をお寄せいただきたいと思っております。

　ご清聴ありがとうございました。

■閉会挨拶

木内　日弁連倒産法制等検討委員会の委員長の木内道祥です。今日はこれでこのシンポジウムを終えることになりますが、今回の個人再生のシンポジウムは、突っ込んだ議論と取扱い例の紹介という狙いでやりましたので、聞いておられる方で、もし個人再生について全く経験のない方がおられたら、ちょっと難しいというか、呑み込みにくいことがあったかもしれません。

　今日の話にも出ましたが、破産と比べまして、個人再生は最低100万円は払わないといけませんから、破産のときに申立代理人として非常に気をつかう「財産をいくら残すことが可能か、残すためにはどういう理由が必要か」ということについては、100万円までなら残す理由を気にする必要は全くありません。また、免責不許可事由というのも気にする必要がありません。住宅ローンについては、ほとんどの事案が「そのまま弁済型」が可能なケースですから、銀行も全く反対しないというか、むしろ歓迎してくれます。こういうふうに、典型例で言いますと、破産と比べても非常に使いやすい手続ですので、債務整理の依頼があったときには、個人再生というのを使ってみようということを心掛けていただきたいと

思います。

これを機会に今までやったことがないという方も、ぜひ手掛けていただきますようお願いします。ありがとうございました。(了)

日弁連研修会

「個人再生シンポジウム～個人再生の理論と実務～」

平成21年2月7日午後1時から4時

パネリスト	神戸大学大学院法学研究科	中西　　正　教　授（38期）
	第一東京弁護士会	高見澤重昭　弁護士（33期）
	大阪弁護士会	小松陽一郎　弁護士（32期）
	福岡県弁護士会	千綿俊一郎　弁護士（53期）
	仙台弁護士会	阿部　弘樹　弁護士（53期）
コーディネーター	大阪弁護士会	野村　剛司　弁護士（50期）

〔配付資料〕
1　本レジュメ
2　財産目録（大阪地裁）

第1部　総論～個人再生は使いやすい手続か？
1　統計
　　全国的には、平成19年までは増加傾向、平成20年以降はやや減少傾向

	新受件数	うち小規模	割合 (%)	うち給与	割合 (%)
平成13年	6,210	1,732	27.9	4,478	72.1
平成14年	13,498	6,054	44.9	7,444	55.1
平成15年	23,612	15,001	63.5	8,611	36.5
平成16年	26,346	19,552	74.2	6,794	25.8
平成17年	26,048	21,218	81.5	4,830	18.5
平成18年	26,113	22,379	85.7	3,734	14.3
平成19年	27,672	24,586	88.8	3,086	11.2

2　実際の利用の類型
3　立法時に想定された類型と考慮した点
4　使いやすいのか、使いにくいのか？

第2部　清算価値保障原則
1　なぜ清算価値保障原則なのか？

「再生債権者の一般の利益に反するとき」
       （174条2項4号、230条2項、231条2項、241条2項2号）
   2 99万円以下の現金の取り扱い
   3 退職金の取り扱い
   4 第三者出捐の保険の取り扱い
   5 過払金の取り扱い
   6 否認対象行為
   7 99万円以下の普通預金の取り扱い
       再生計画の取消しの要件「計画弁済総額が、再生計画認可の決定があった時点で再生債務者につき破産手続が行われた場合における基準債権に対する配当の総額を下回ることが明らかになったとき」（236条、242条）
   8 一般優先債権、共益債権（破産における財団債権）の控除の可否
       通常再生では、当然に控除している。
   9 破産における自由財産拡張との関係
第3部　再生計画案と履行可能性
   1 債権者平等は形式的平等か実質的平等か
       個人再生の場合は、「・・・不利益を受ける再生債権者の同意がある場合又は少額の再生債権の弁済の時期・・・について別段の定めをする場合を除き、再生債権者の間では平等でなければならない。」（229条1項、244条）
       通常再生の場合は、「・・・再生債権者の間では平等でなければならない。ただし、不利益を受ける再生債権者の同意がある場合又は少額の再生債権・・・について別段の定めをし、その他これらの者の間に差を設けても衡平を害しない場合は、この限りでない。」（155条1項）
   2 保証債務の取り扱い
   3 履行可能性の判定
   4 再生計画案の提出期限を徒過した場合の処理
   5 履行と履行補助、監督
第4部　住宅資金特別条項
   1 住宅資金特別条項の立法趣旨
   2 約定型（そのまま弁済型）が多いのはなぜか
   3 いつの時点で住宅を所有する必要があるのか
    (1) 申立時点
    (2) 建設時点
    (3) 途中の所有権移転
   4 住宅ローン以外の後順位担保権者の取り扱い
   5 連帯債務・連帯保証と住宅資金特別条項
    (1) 住宅ローンの連帯債務・連帯保証
    (2) 求償権の連帯保証
    (3) ペアローン
   6 巻戻しと費用負担
   7 柔軟な解釈は可能か

第5部　個人再生委員
1. 個人再生委員の制度趣旨
   個人再生委員の職務は3つ（223条2項）
   ①再生債務者の財産及び収入の状況を調査すること
   ②再生債権の評価に関し裁判所を補助すること
   ③再生債務者が適正な再生計画案を作成するために必要な勧告をすること
2. 個人再生委員を選任するか
3. 全件選任のメリット・デメリット
4. 例外的選任のメリット・デメリット

第6部　事業者の個人再生
1. 個人事業者特有の考慮事由
2. 取引債権（買掛金）の取り扱い
3. リース債権と弁済協定
4. 個人の通常再生との関係

【東京地裁の通常再生の予納金基準から抜粋】
①従業員を使用していないか、又は、従業員として親族1人を使用している事業者
　　　　　　　　　　　　　　　　　　　　　……………………………100万円
②親族以外の者、又は、2人以上の親族を従業員として使用している事業者（従業員が4名以下である場合に限る）　　………負債額1億円未満　200万円
③5人以上の従業員を使用している事業者
　　　　　　　……負債額1億円未満　300万円（法人基準表と同じ）

【大阪地裁の通常再生の予納金基準から抜粋】
①従業員を使用していないか、又は、従業員が同居（同一家計）の親族である場合の事業者　　　………………………100万円（うち補助者費用40万円）
②①以外の事業者　………負債額1億円未満　200万円（うち補助者費用80万円）

【主要参考文献】（出版年月の新しい順）
1. 全国倒産処理弁護士ネットワーク編『個人再生の実務Q＆A100問』（きんざい、平成20年11月）
2. 西謙二・中山孝雄編『破産・民事再生の実務［新版］下　民事再生・個人再生編』（きんざい、平成20年1月）
3. 木村達也・宇都宮健児・小松陽一郎編『個人債務者再生手続実務解説Q＆A［新版］』（青林書院、平成19年9月）
4. 大阪地方裁判所・大阪弁護士会個人再生手続運用研究会編『改正法対応　事例解説　個人再生～大阪再生物語～』（新日本法規出版、平成18年2月）

> ## 破産・個人再生における手続選択と実務上の留意点
>
> 2008年（平成20年）6月27日午後1時から3時30分　クレオにて
>
> | | | | | |
> |---|---|---|---|---|
> | パネリスト | 東京弁護士会 | 大迫恵美子 | 弁護士 | （46期） |
> | | 大阪弁護士会 | 鈴木　嘉夫 | 弁護士 | （50期） |
> | | 愛知県弁護士会 | 山田　尚武 | 弁護士 | （44期） |
> | | 福岡県弁護士会 | 岡　　精一 | 弁護士 | （53期） |
> | コーディネーター | 大阪弁護士会 | 野村　剛司 | 弁護士 | （50期） |

■趣旨説明

野村　本日の研修会は、日弁連倒産法制等検討委員会の企画で、「破産・個人再生における手続選択と実務上の留意点」と題し、主に申立代理人の立場で検討いたします。今日の研修が皆さんのお役に立てればと思っておりまして、それが趣旨の一つなのですが、もう一つ、今回、事前にパネリスト間で打合せをしている中で、東京、大阪、名古屋、福岡の各地裁の運用基準や運用状況にかなり違いがあり、今回の内容から各地でこれは使えるというところがありましたら、各地で運用改善に向けて使っていただけたらと思います。そういう二つの趣旨を今日の研修に込めて行いたいと思っておりますので、よろしくお願いします。

■パネリストの紹介

野村　まずパネリストの紹介をいたします。最初に、東京弁護士会の大迫恵美子先生です。

大迫　東京弁護士会の大迫と申します。日頃から、破産・個人再生の事件の申立代理人としてこの制度を利用させていただいております。また、東京地裁が、破産法改正前から運用しておりました少額管財事件については、実験的に行われました当初から破産管財人として関わらせていただき、その後は個人再生の個人再生委員もさせていただいている関係で、破産管財人・個人再生委員の立場からも、申立代理人の実務を見させていただ

いております。そういった経験を踏まえまして、今日こちらでお話をさせていただきたいと思います。よろしくお願いいたします。

野村 続きまして、大阪弁護士会から鈴木嘉夫先生です。

鈴木 大阪弁護士会からまいりました鈴木嘉夫です。私も弁護士登録以来、消費者保護委員会、それもクレ・サラ部会というところにいます。それから日弁連でも消費者問題対策委員会の多重債務部会に4年前から来させていただいております。あとは大阪で裁判所との管財協議会、それから個人再生の協議会があるのですが、それにも参加させていただいています。そういう面から、今日皆さんのお役に立てるお話ができればと思います。よろしくお願いいたします。

野村 続きまして、愛知県弁護士会から山田尚武先生です。

山田 愛知県弁護士会の山田尚武と申します。名古屋では、倒産法問題委員会に所属し、全国倒産処理弁護士ネットワーク（全倒ネット）の一員としても勉強させていただいております。今日は諸先輩方の中で勉強させていただきたいと思いますので、よろしくお願いいたします。

野村 続きまして、福岡県弁護士会から岡精一先生です。

岡 福岡県弁護士会からまいりました岡精一と申します。私も福岡県弁護士会の中では、倒産業務支援センター委員会というのがございまして、そこで副委員長をやっておりますが、主として個人再生を中心に、裁判所との協議等を行っております。また消費者委員会にも属しております関係で、破産・個人再生を含めた申立代理人としての立場で動くことが大半でございます。そういう意味で、私も拙い経験ですが、その中で考えたり思ったりしていることが多少ありますので、お役に立てればと思って、今日はパネリストとして参加させていただきました。よろしくお願いいたします。

野村 最後にコーディネーターとして、私、大阪弁護士会の野村剛司と申します。日弁連倒産法制等検討委員会の委員です。よろしくお願いします。

では早速内容の方に入りたいのですが、本日の配付させていただいておりますテキスト[1]について確認いたします。これは最初に目次（略）がございまして、そこに出典も全部書かせていただいております。それからレジュメが2枚ありまして（本書293頁以下）、あとは資料

---

1 この研修会のテキストは、日弁連で別途販売されている。
2 資料集については、本書において必要な範囲で掲載し、省略したものは、できるだけ出典を記載している。

集で、資料1から30まであります[2]。みなさんのお役に立てるようにまとめたつもりです。パネリストの先生方にはご発言のときにこの資料集の該当頁を指示していただきますので、皆様もそのときは見ていただきながらお願いしたいと思います。

第1部　破産・個人再生申立事件の概況

野村　では、早速第1部の「破産・個人再生申立事件の概況」から入らせていただきます。この点、統計資料はこの資料集にはございませんが、大まかに全国的な傾向について、私から先にまず簡単に説明をさせていただきます。

破産事件につきましては、平成15年の申立件数が約25万件で、ここがピークだったわけですが、そこから毎年減少傾向にありまして、昨年（平成19年）は約15万8,000件の申立件数があったという統計が出ております。今年（平成20年）もまた同じように減っていって、14万件ぐらいではないかという予想が出ているところであります。その中でも、まず同時廃止につきましては、これはもうどんどん減少していっているわけなのですが、管財事件の方が横ばいというか、全国的に見るとジワジワ増えているという状況です。破産管財人の選任率についても増加傾向にあるのではないかと思われます。破産管財人の選任率については、昨年（平成19年）20％を超えておりますので、もちろん東京・大阪が引き上げているということもありますが、全国平均でも20.9％の選任率になっております。個人再生につきましては大体2万6,000件台、2万7,000件台と横ばいを続けておりますが、この後各地の実情をコメントしていただくのですが、今年（平成20年）になって、もしかしたら減少傾向にあるのではないかという話もありまして、どれぐらいになるのかはもう少し見てみないとわからないという状況にございます。

これが全国的なところなのですが、パネリストの皆さんから各地の実情なりも含めて感想的なものを述べていただけたらと思います。まずは大迫先生からお願いします。

大迫　まず東京から申し上げます。東京は全国の中で破産管財事件そのものの数が減っていないという点に一番の特徴があろうかと思います。その減っていない理由としては、第1に、東京地裁が破産事件の受付の運用に際し、迅速さを優先して、管轄の微妙なものを厳重に排斥しないことに原因があるのだ、と指摘され

ております。中には、これは良くないことと批判的に見る向きもあろうかと思います。

それから、第2に、東京地裁の破産の手続が、申立代理人にとって非常に使い勝手が良い、ということがあろうかと思います。これもいろいろご批判があるのかもしれませんが、この2点が、申立件数を減らさない原因になっているのではないかと思っております。

それから東京の2番目の特徴としまして、やはり大きな企業の破産事件がたくさんあって、それを主として取り扱う企業倒産専門の弁護士が多数いるということと、他方、私どものような、消費者破産ばかり扱ういわゆる消費者弁護士も多数いて、両者が重なり合わず、それぞれ別の世界で仕事をしているという実態がございます。それが東京の特徴的なところではないかと思います。つまり企業破産事件を申し立てる弁護士と、消費者事件をたくさん扱う弁護士とが同一でない、そのため、手続や財団形成についての考え方がかなり違い、場合によっては、それぞれ出身母体を異にする申立代理人と破産管財人との意見が割れてしまうという現象もよく見られます。弁護士の数の少ない地方では、同じ先生が両方の事件をやっているので、そう大きく意見が分かれることはないのではないかと思います。東京の特徴としてはそんなことが挙げられるのではないかと思っております。

野村 ありがとうございました。続きまして大阪の鈴木先生、お願いします。

鈴木 大阪では、破産は全体的に申立が減っているという状況です。まず、同時廃止事件は大分減っています。それから管財事件は逆に増えているという状況です。全体としての数は減っているが、管財事件が増えているというのが現状です。これについて原因を考えてみると、大分過払金の請求について弁護士に浸透してきて、破産ではなくて、任意整理で済んでしまうという案件が多いのかなと思っています。管財事件が多いということは、自由財産の拡張のための申立が増えていることだと思います。特に大阪の場合は、過払金について自由財産拡張が割と認められるようになりましたので、その件数が増えているのかなという感じを持っております。

それから個人再生ですが、これが若干減っています。10％まではいきませんが、7、8％減っているというのがこの前の協議会で統計として出ていました。この原因については、ちょっと私の方は思い当たるところはないのですが、そんな状況です。

野村 ありがとうございました。続きまして名古屋の山田先生、お願いします。

山田 名古屋の場合は、平成15年に約7,300件あった破産が、平成19年には約4,200件ということで、約40％減少して

います。同時廃止事件は大きく減少し、管財事件はほとんど減少せずに、横ばいという状況です。再生について申しますと、平成15年には30件弱だった通常再生が、平成19年も同じく30件弱ぐらいで、これはあまり減ってはおりません。個人再生につきましては、平成15年が約700件あったのが、平成19年の約600件ちょっとということで、15％ぐらい減少しています。傾向としては、他の地域とそれほど変わらないと思います。もちろん特定調停も大きく減少しておりますので、全般的な倒産事件は減少傾向にあろうかと思います。

「名古屋は元気が良い」ということを言われていて、だから「破産も少ない」ということが一部に言われますが、そういう傾向がはっきりあるかどうかわかりません。しかし、名古屋も最近は、将来的な見通しは別として、倒産事件は少し少なくなっているな、と感じております。

野村 ありがとうございました。最後に福岡の岡先生、お願いします。

岡 福岡も破産につきましてはどんどん減少しているということで、全国的な傾向と変わっていないという認識ですし、資料的にもそういうふうになっております。あえて特徴的なものを挙げるとすれば、先ほど他のパネリストの方のお話では、全国的には、個人再生が大体横ばい、あるいは減少している、名古屋などはかなり減少しているということでしたが、そういう中で、福岡ではこれが増えているという点がございます。調べましたところ、平成17年に約1,100件の新受事件数があったようです。平成18年に1,270件ほどになりまして、平成19年には1,480件ということで、かなり増えてきております。ただ今年、平成20年は、昨日裁判所の書記官に聞いてみたところ、現在までの時点では昨年より新受事件数は少し減っているということでございます。

この原因については、私としてもよくわからないのですが、過払いの問題もありまして、破産しなくても良いという側面があるのかなというのも考えられますし、あとは個人再生というものについてある程度研修等を毎年やっていたりする関係もあって、弁護士ないし司法書士で、従前より理解といいますか、個人再生もそんなに難しくないということでやれるようになったのかなという気がしないでもないです。施行された当初は、法律相談に行っても、30分のうち25分は条文だけをずっと探していた弁護士さんがおられたとか聞きましたので。ただ、個人再生が本当にどういう存在意義があるのかというのは、もうしばらく経って、今後もいろいろ難しい問題が生じて来ると思われますので、そのときに、その真価が問われてくるのではないかと思っております。

野村 ありがとうございました。今回は四つの単位会からご参加いただいておりますが、他のところもということとなると、様々な傾向が出てくるかと思います。そこまではちょっと今日は捉えきれないのですが、主にこの後出てくる話題で、各地で違うというところも出てまいりますので、そこはいろいろ比較してみるとおもしろいと思います。

第2部　手続選択と申立代理人の留意点

〔 1　手続選択（債務整理も含め）〕

野村　続きまして、第2部の「手続選択と申立代理人の留意点」に入らせていただきます。まず1番の「手続選択（債務整理も含め）」ですが、自然人（個人）の場合で考えますと、弁護士が選択する方法は、基本的には任意整理（債務整理）、特定調停、個人再生、破産という四つが考えられるわけですが、弁護士はあまり特定調停はやりませんので、任意整理、個人再生、破産での手続選択というところをこれから見ていきたいと思います。本日は破産・個人再生というタイトルなのですが、手続選択の面では任意整理（債務整理）についても含めて検討したいと思います。

〔 2　手続選択の一般的考慮要素 〕

野村　そこで、2番の「手続選択の一般的考慮要素」ということで、【資料1・資料集5頁】（略）を見ていただきたいのですが、ここから【資料4・資料集20頁】（略）までが本日のパネリストの鈴木先生に大阪弁護士会の会報に連載いただいていた債務整理の関係の文献です[3]。これを基にしながら、鈴木先生から一般的な考慮要素、もちろんこれは債務者の経済的な更生というのが一番大きな問題になるのですが、それも踏まえて、一般的な考慮要素と具体的な注意点を少しご説明いただけますでしょうか。

鈴木　では【資料1・資料集5頁】（略）の私の拙い原稿を見てください。任意整理・個人再生というのは、基本的には債務の一部を支払って、債務者の経済的な再起更生を図るという手続です。これに

---

[3] 鈴木嘉夫「多重債務者の債務整理方法（第1回～第4回）」月刊大阪弁護士会平成19年9月号～12月号に連載。

対して破産は、財産を換価して、それを配当に回して、残りは免責されて支払わないということです。まず収入とか財産とかで債務を支払えるのかというのが一つ大きなメルクマールになると思います。そこで【資料1・資料集5頁】（略）の1のところで収入の有無・額ということを挙げさせていただきました。個人再生について言えば、ご存じのとおり収入というのは利用要件の一つになっています。収入のない人は個人再生を使えないという面もありますので、この点は大きなメルクマールとなります。

それから債務額です。これが一番大きいのかとは思いますが、個人再生の場合は5,000万円を超える場合は利用できませんし、任意整理だと、あまり多くなると支払えないという場合もあります。それから、財産の面ですが、財産があれば、破産の場合ですと支払不能の要件に引っ掛かる場合もありますし、個人再生ですと、清算価値保障原則で、せっかく債務を圧縮したのに、結局かなりの額の返済をしなければいけないという場合も出てきます。

また、人間が生活をしていれば、入ってくるお金だけではなくて支出もありますので、支払うとなれば、入ってくる方だけではなくて、支出の方も考えないといけない。要するに、収入と支出のバランスが大事でしょうから、そういうところの聴き取りということが大きいかと思います。単に表に出ている支出だけではなくて、税金や国民健康保険料等も、多重債務者、消費者破産の場合は滞納している場合もありますので、任意整理や個人再生を使う場合はそういうことも考慮に入れないといけないということがあると思います。

最後ですが、借入れの原因、ご存じのとおり、破産の場合は免責不許可事由がありまして、浪費とかギャンブルの場合はそれに当たると言われています。それから、個人再生の給与所得者等再生の場合は、過去の破産や再生の利用が申立の制限事由に当たると思われます。破産ですと、7年間は大体2度目の免責は無理だということもありますので、そういう過去の法的な整理の履歴とか借入れの原因なんかも選択の基準になるのではないかということで書かせていただいております。

野村 ありがとうございました。もう少し具体的なところを見ていきたいのですが、大迫先生、過払金が見つかって、破産をしなくてもよくなったというようなことが、最近であればあると思うのですが、そういうような点につきましてはいかがでしょうか。

大迫 今は、債務整理の手続選択には、過払金の存在が大きな影響を与えるものと思います。少し前は、破産申立のとき、20万円以上の過払金債権があると、裁判所によっては、必ず破産管財事件に

し、しかも、申立前に申立代理人が過払金を回収してはならないのが原則、と言っていたところもありました。過払金は破産管財人が回収すべきものだから、申立代理人が先に回収して現金を財団に引き継ごうとすると、何か、違法なことが行われたかのように、厳しい調査をされたりいたしました。ですが、東京地裁では、現在は、過払金はできるだけ申立代理人のところで回収してから破産申立をするのが基本になっています。破産管財人の仕事を減らし、破産管財事件の係属期間を短くする目的があるのだと思います。

受任後、申立前に過払金を全部回収するのが基本ということになりますと、過払金がいくら回収できるかが、手続選択に大きな影響を与えることになります。任意整理も、以前は、少額の長期分割払いが主流でしたが、ある程度まとまった過払金が集まりますと、元本を多少割っても一括なら和解できる、ということで、7割であるとか6割5分であるとか、そのあたりの金額で一括弁済をしてしまうことが可能になったわけです。そうしますと、任意整理を選択する幅がかなり広くなりました。

また、その場合、任意整理ができるかできないかというぎりぎりのときには、逆に、破産管財事件にしたときは、自由財産拡張なども視野に入れると、回収した過払金をどのぐらい債務者の生活資金に使えるのかということも、手続選択の際の重要な要素になってまいりました。

ですから、過払金がいくら回収できるのか、これを徹底的に調査して、回収し尽くすというところが、まず手続選択の入口になるということです。そのため、取引履歴の開示を強く求める、あるいはそれができないときに、本人の資料と本人の記憶に基づく仮計算等で、できるだけ正確な金額を割り出して訴訟で回収を図るとか、そういう努力も必要になってまいります。

ただし、過払金が重要なのは、今だけの話なのかも知れません。貸金業者が、過払金支払いの重圧に耐えられず、次々に倒産していきそうな気配もありますので、過払金を当てにした処理の仕方は、近い将来不要な知識になる可能性もあります。

したがいまして、現在のところだけでも、過払金の回収を徹底的にするというところから債務整理に入るのが大事な点ではないでしょうか。

野村 ありがとうございました。続きまして、岡先生。債務者ご本人の希望とかやる気とか、そういった主観的な面もあるのですが、そういったところはどのように考慮しておられますか。

岡 これは各申立代理人のスタンスの問題もあるのでしょうが、私自身は、基本的には経済的再生ということが一番重要であるといいますか、これを重視して考

えておりますので、破産というとどうしても敗残者的なイメージがあって嫌だという方はもちろんいらっしゃいますが、個人再生、破産、任意整理とそのデメリットをいろいろ比較してみるとほとんど差はありません。そういう中でどうやって今後人生設計をしていくかという場合に、やはり債務ゼロからスタートする方が立直りというのは一番やりやすいのではないかという側面がありますので、これは弁護士さんによって違うのでしょうが、私の場合はかなり説得して、破産の方向に持っていくといいますか、破産したらどうですかという形にすることが多いです。

ただ、やはり人生観といいますか、そういうものもおそらく関わると思うのです。どうしても少しでも良いから支払ったという結果を得た方が、今後前向きにというと大げさですが、すっきりした気持ちで生きていけるという方もいらっしゃいますので、その辺は、破産といっても他の手続と比べそんなにひどいデメリットはないんだよということを十分説明した上で、どうしても個人再生と言われれば、ある程度は考慮します。ただ、もう経済的に全く無理な場合は、もちろんそれは無理ですねということであきらめてもらっているというようにしております。

野村 ありがとうございました。続きまして、山田先生、個人再生を選択したいというときは、履行可能性というところが条件になってくるわけですが、この点は、考慮としてはどうでしょうか。

山田 今、岡先生のお話にもありましたが、履行可能性というのは重要かつ悩ましい問題です。もちろん本人が法律事務所に来た瞬間から、これは破産だというふうに言い切っているような事案では良いのですが、本人なりの思いや考え、または周りの人のご意見などがあって、やはり破産は避けたいという話をされたような場合、何とか再生でいきたいといったときに、今野村先生がおっしゃった履行可能性という観点から慎重な検討をしなくてはいけません。たとえば、あまりに収入が低額で生活費すら怪しいのではないかというケースもございますし、家族の協力がそれでも得られれば良いようなものも、家族もどうもあまり協力している様子が見られないとか、一般優先債権、要するに税金の滞納とか、そういうのがいっぱいあって、それが再生計画に影響を及ぼす懸念があるような場合とか、収入、職があるとはいっても、たとえば派遣社員だったり、またはその派遣期間も短かったり若干不安定だなと思うようなケースについて、履行可能性については、慎重に本人と話し合う必要があるのではないかと思っております。

では一歩進んで、やっぱり破産にしようという場合、「説得」という言葉が先ほどありましたが、なかなかこれは難し

いところです。私の場合、基本的には本人の選択に最後の最後まで委ねて、本人には「こういう問題があるよ」と、「こういうふうになったらこうなるよ」「履行できないかもしれないよ」ということを十分話していって、その上で本人に決断をしてもらうという方法が良いと思いますし、そうあるべきだと思っております。

やはり、頑張りたいという気持ちは大事にしてあげたいなという気持ちがあって、何とか尽力しようといつも思っております。

野村 ありがとうございました。

〔　3　手続ごとに異なる基準の確認　〕

野村 いろいろと考慮すべき点はあるのですが、各地で手続ごとに基準が異なるというところがございますので、その手続選択をするにあたって、債務者の方はそんな基準がどうなっているというのはあまりご存じないわけですから、弁護士がちゃんと理解しておかなければいけないのですが、レジュメの3番の「手続ごとに異なる基準の確認」に進みます。まず、純粋に同時廃止にできるラインというのが、これも各地で違いまして、少し私から説明いたしますと、東京地裁の場合は、現金も含めて各項目の資産が20万円未満であれば、同時廃止ができるラインだということになっているのですが[4]、大阪地裁の場合は、現金と普通預金は99万円以下、それでほかの各項目については20万円未満というラインがありまして、20万円未満といっても、合計が99万円以下であることが条件になっております。続いて名古屋地裁の場合も、現金については99万円以下です。これを除いて、各項目の資産が30万円未満であって、合計については40万円未満であることが必要だということになっております。最後に福岡地裁については、こちらは現金も含めて合計が50万円未満というようになっておりまして、こう言っただけでも、純粋に同時廃止になる、その資産については換価しなくても良いというラインが、このように異なっております。

これを超える財産があった場合に、按分弁済を行うことで資産を減らして、同時廃止にするという処理が可能かどうかということにつきましては、この点、東京と福岡は今も按分弁済というやり方はありませんので、大阪と名古屋について、各先生から紹介をいただきたいと思うのですが、大阪の場合はいかがでしょ

---

[4] 西謙二＝中山孝雄編『破産・民事再生の実務〔新版〕（中）』（金融財政事情研究会）220頁〔杉本正則〕。

うか。鈴木先生、お願いします。

鈴木 大阪の場合は、【資料10・資料集36頁】（本書299頁【資料2】）です。下の欄の4行目に「単純化して申し上げますと・・・」いうところが出ていると思いますが、現金99万円、今野村先生からご紹介がありましたが、大阪地裁はこの4月から普通預金も現金と同じように見るので、現金と普通預金は99万円以下、これは按分弁済の必要はありません。現金以外の財産が、各項目別で20万円未満であれば按分弁済の必要はありません。逆に20万円以上になってしまうと、これは全額按分弁済をしなければなりません。たとえば22万円の保険の解約返戻金があった場合は、22万円引く20万円の2万円ではなくて、22万円全部を按分弁済しないと、同時廃止は認めてくれません。それから、ダブルスタンダードと書いてありますが、現金、普通預金以外の財産は20万円未満、トータルが99万円です。現金と普通預金と合わせて99万円を超える場合は、その超過部分を按分弁済すれば良いということです。ただ、この按分弁済が使えるのは、現金と普通預金を除いた財産をプラスして100万円までです。ほかの財産が100万円を超えた場合は、按分弁済を使えないと、このような基準になっております。

野村 ありがとうございました。続きまして、名古屋については、山田先生、お願いします。

山田 【資料14・資料集54頁】（本書301頁【資料3】）です。資料集54頁（本書301頁）の下から3分の1ぐらいのところに、破産手続開始のための按分弁済とあります。基本的には、名古屋も40万円を超える資産があった場合については、その資産を換価する、もしくは処分相当額を積み立てるなどして按分弁済をして、その上で同時廃止ということが可能です。

先ほど大阪の鈴木先生からも説明がありましたように、これが可能な資産の総額は100万円を一応の目途とするということですので、そのような基準になっております。

野村 ありがとうございました。ここまでが同時廃止の場合の基準ですが、次に自由財産拡張について、今のところ全国の裁判所は、自由財産拡張の制度というのは、破産管財事件に限るという運用をしています。この点については、いろいろ弁護士側は言いたいところはあるのですが、今の運用を前提として話は進めたいと思います。これにつきましても、各地で運用の基準が異なりますので、話し出すとまた長くなるのですが、これを各地の特徴ということで、一言ずつご紹介いただけたらと思います。東京の大迫先生からお願いします。

大迫 東京地裁では、自由財産の拡張について明確な基準が設けられているのかどうかは、よく分かりません。おそら

く、はっきりした基準はないと思います。自由財産の拡張が問題になると、破産管財人と申立代理人との協議によって決めることになっておりますので、破産管財人がその必要性について理解してくれれば、場合によっては相当大きな額の自由財産拡張も認められることになっております。

【資料9・資料集31頁】（略）をご覧いただきたいのですが、ここに東京地裁の例が5件出ております[5]。それぞれ、事案ごとにバラバラですが、比較的多額の自由財産の拡張も認められているのは、その事件の破産管財人が判断して許可してくれたからということです。すべて破産管財人の判断に任され、裁判所はほとんど口出ししないということになっておりますので、申立代理人は、破産管財人を強く説得するという、その努力が大切になってまいります。どうしても破産管財人と協議が整わないときだけ、裁判所に調整してもらうことになっております。

野村 ありがとうございました。ただいまの【資料9・資料集31頁】（略）に五つの事案が載っているのですが、東京ではないものから見させていただきます

と、多額のものは簡易配当ということで処理がされていますので、破産者本人に残してあげる分はこれだけ、それと債権者に配当する分はこれだけというようなことを、破産管財人と申立代理人の間で調整されたのかなというような感じで見ております。

補足説明をさせていただきましたが、続きまして、大阪の鈴木先生、お願いします。

鈴木 大阪の場合は、【資料11・資料集45頁】（略）です。これは、破産法が16年に改正された当初の自由財産の拡張の基準[6]でして、その後変容もありまして、それについてちょっと説明を加えさせていただきます。

まず大阪の場合、現金と、そこに書いてある、ここでは1から預金、保険から始まってずっとあって電話加入権まで6でして、今はプラス過払金の7です。この7ジャンルと現金、さっき言った普通預金の合計が99万円の枠内であれば、原則拡張OKです。99万円枠、悪い言葉でいうと、「ぶっ込み99万円」という言い方をしています。大阪らしくて良いのかもしれませんが、これらの財産が99万円の枠内であれば、原則拡張OKです。20

---

[5] 西謙二＝中山孝雄編前掲注4・66頁〔松井洋〕。
[6] その後改定され、平成22年1月以降の自由財産拡張制度の運用基準は、大阪地方裁判所・大阪弁護士会破産管財運用検討プロジェクトチーム編『新版 破産管財手続の運用と書式』（新日本法規）70頁以下。本書311頁【資料7】。

万円以下というのがところどころ出ていますが、この七つのジャンルについては特に20万円ということは考慮しなくて良いということになります。これが基本的な特徴という形になっていると思います。

野村 ありがとうございました。この基準につきましては、裁判所にもう少し直してくださいというお願いをしておりますが、今のところ出ているものがこれですので、資料としてはこのようにさせていただいております。

続きまして、名古屋の山田先生、お願いします。

山田 名古屋の自由財産拡張制度の運用基準については、【資料15・資料集61頁】（本書313頁【資料8】）にございます。名古屋の特徴なのかどうかわかりませんが、名古屋の場合は、破産管財人が自由財産の拡張の申立に対して、遅くとも第1回の債権者集会（財産状況報告集会）の1週間前までに書面で意見することになっております。したがって、書面で意見をしないという地域がいくつかあるようですが、名古屋の扱いとしては、破産管財人が書面をもって意見をします。という理由で、自由財産の拡張が、名古屋が特に厳しくなっているかどうかということまではわからないわけですが、一律書面を要求している点では、きっちりと自由財産の拡張制度を運用判断していこうということが表れているのかなというふうに思います。

野村 ありがとうございました。最後に福岡の岡先生、お願いします。

岡 福岡は、【資料17・資料集67頁】（本書321頁【資料12】）をご覧いただきたいと思います。その前の【資料16・資料集64頁】（本書308頁【資料5】）に、福岡の同時廃止基準があるわけですが、これは先ほど紹介されましたように、現金も含めて、とにかく全財産の合計が50万円未満の場合に同時廃止となります。それ以上の場合は管財事件になるわけですが、そうなった場合に、第1の1というところに書いてあるように、ここに(1)から(9)に書いてある財産、現金であれば99万円未満、預貯金とか解約返戻金が20万円以下の場合、自動車もそうですが、こういうものについては、基本的に換価しない。つまり、基本的に自由財産扱いするわけですが、第1の2のところに、前項により換価等をしないことが財産状況報告集会において、裁判所によって了承された財産については、自由財産拡張の裁判があったものとして取り扱うと。こういう形で定型的にと言いますか、処理されています。

ただ、財産状況報告集会までに時間がある場合には、ちょっと遅いのではないかという指摘もされているところですが、その場合には、また別途自由財産拡張の申立をするということになろうかと思います。

野村 ありがとうございました。この自由財産拡張の運用基準につきましては、【資料30・資料集94頁】（略）を開いていただきますと、全国の基準を調査させていただいたときの報告があります[7]。これをもう少しめくっていただきまして、資料集103頁以下（略）に50庁分のデータが掲載されていますので、今の4庁以外の庁の先生方はこの表を見ていただきたいと思います。この表のデータは昨年（平成19年）の9月段階ですので、また運用が変わっているということがあるかもしれません。またそのときは情報をお寄せいただきますと幸いですので、よろしくお願いします。

先ほど大阪の鈴木先生から、大阪地裁では過払金も自由財産拡張の対象になっているという紹介があったのですが、この点をもう少し説明いただけますでしょうか。

鈴木 【資料12・資料集48頁】（本書324頁【資料14】）になります。昨年（平成19年）の3月に大阪地裁から公表された過払金の取扱いです。自由財産拡張については、資料集48頁（本書325頁）の下の方に管財事件、新しい自由財産拡張というところで書いてありますが、原則1、2、3の要件を満たせば、自由財産拡張はOKですよということです。過払金の返還額及び返済時期について合意ができている、あるいは既に過払金を回収済みであることが必要です。ですから、純然たる過払金返還請求権は、自由財産拡張をそのままスルーするというわけにはいきません。少なくとも合意までできていて、それから、財産目録に記載があることが必要です。あとでわかって言っても遅いということです。さらに、先ほどの99万円は超えないという基準があります。

同時廃止は上の方ですので、まず30万円未満かどうかです。先ほど同時廃止の場合は、大阪は20万円という基準があったと思いますが、過払金の場合は30万円という基準です。30万円未満の場合は、別に原則回収不要です。それから30万円以上の場合は、このままでは同時廃止ができないので、管財事件に移行するか、先ほどの按分弁済をするかということです。

どのような場合に按分弁済をするかということですが、過払金から回収費用・報酬、弁護士の報酬費用も引いて構いませんが、それらを控除した後の額が20万円未満になってしまった場合は按分弁済しなくて良いことになります。30万円の過払金があったが、報酬等で18万円をいただいたとかということになれば、按分

---

[7] 小松陽一郎＝野村剛司「自由財産拡張制度の各地の運用—自由財産拡張基準全国調査の結果報告と過払金の取扱い—」事業再生と債権管理118号107頁以下。

弁済をする必要はありません。20万円以上100万円以下という基準がありましたが、この場合は按分弁済をすることになります。過払金が100万円を超える場合は、これは管財事件へ移行ということになります。

その点で、大迫先生からも当初ご説明がありましたが、過払金の調査ということは必要になってくると思うのです。私の先ほど拙い原稿をもう一度見てほしいのですが、【資料4・資料集23頁】（略）です。これは、今私が破産の受任通知として使っている書式ですが、真ん中ぐらいを見ていただきたいと思います。「そこで・・・」というところで、債権調査票は大阪地裁と決まっておりますので、これを出してください、その後に利息制限法により引直し計算書の提出が大阪地裁から指示される場合があるので、利息制限法の制限率を超えて貸付をされた場合には、引直し計算書、だめな場合は取引履歴の添付をお願いしますということで、ここでは普通の明朝体になっていますが、ゴシックとか太字で書いて出しています。

その受任通知の関係でご説明を加えたいと思います。【資料7・資料集29頁】（略）あるいはその前の【資料5・資料集27頁】（略）を見てください。これは、今私が使っている任意整理や個人再生の受任通知ですが、これが先ほどの【資料1・資料集8頁】（略）、あるいは【資料3・資料集18頁】（略）とちょっと違っているのです。資料集18頁（略）の方で言うと、個人再生ですが、下の方にガイドラインという言葉が出てきていると思います。資料集18頁（略）の方で、「通称ガイドライン」というところです。それに対して、資料集29頁の方をまめくっていただくと、その言葉が消えていると思います。これは昨年（平成19年）の12月19日から貸金業法の本体施行というのが始まりまして、それに伴ってガイドラインがなくなりました。まるっきりなくなったかというと違いまして、名前を代えて、「貸金業向けの監督指針」という形で残っています。それをガイドラインという言葉を消して、今こういうふうに受任通知として使っています。参考にしていただければということで、今日の資料集に挙げさせていただきました。

野村 ありがとうございました。参考書式ですので最新版になっております。使っていただけたらと思います。

もう一つ大阪地裁では、先ほど普通預金につきまして現金と同視するという話があったのですが、これにつきましては、【資料13・資料集52頁】（略）を開けていただけますでしょうか。これはまだ新しい話で、今年（平成20年）の3月の大阪弁護士会の月報[8]に載ったものなのですが、3月ごろから普通預金につきましては現金と同視して考えることになり

ました。先ほどから出ておりますが、大阪のネックは、同時廃止で20万円以上の財産があると、全額按分弁済をしなければいけないというところだったのですが、一歩前進しまして、預金については現金と同じく99万円以下は按分弁済不要ということになりました。これにつきましては、自由財産拡張は、99万円枠の基準でやっておりますのでさほど影響はないのですが、同時廃止の方で大きな影響があるというところになります。全国的には、既に各地で、普通預金については現金と同じく扱っても良いであろうという話は進んでおりまして、大阪が一番初めというわけではございません。ですが、明確にこういう形で紹介できるものということで資料にさせていただいております。また、これも参考にしていただけましたらと思います。

ここまでが手続ごとに異なる基準の確認ということです。

〔　4　具体的な事例を踏まえて　〕

野村　レジュメの第2部の4番「具体的な事例を踏まえて」ということになりますと、もう少しこういう場合はどうかというので見ていきたいのです。大迫先生、債務者の方が自宅を残したいという希望をよく言われると思うのですが、履行可能性が少し低いのではないかというときでも、個人再生を申し立てるということにすべきなのでしょうか。その点はいかがですか。

大迫　私自身は、任意整理もそうですが、債務者の方が長期にわたって支払っていくという決意をされているときには、慎重にそのお話を聞くことにしております。多重債務者の常ですが、やはり金銭感覚がその時点でかなりずれてしまっているので、自分がどの程度の生活資金が必要なのか正確に分かっていない方が多いと思います。特に住宅を守りたいために個人再生とおっしゃる方の中には、多重債務の原因がまさにその住宅ローンの支払いである場合も多いので、今後個人再生をすることによって本当に住宅ローンが払いきれるのかどうか、こちらから相当強く疑念を申し上げて、ご本人に考えていただいております。

そもそも、住宅の購入自体に無理があったのではないかと思うような、非常に高額なものをお買いになっていたり、その人のライフスタイルからいって、そ

8　大阪地裁第6民事部「はい6民です　お答えしますvol.124」月刊大阪弁護士会平成20年3月号63頁以下。その後、同編『破産・個人再生の実務　はい6民です　お答えします』22頁以下に掲載されている。

の家が本当に必要なのかどうか分からないようなものもあります。ご家族の反対などがあって、どうしても住宅を守りたいとおっしゃる方がいるのですが、私自身は相当の懸念を持って強く申し上げて、本当にやりきれるのかというところで、かなり踏み込んだ話を本人とさせていただいております。

野村 ありがとうございました。山田先生、多額の浪費があるような場合、このときには、やはり破産は回避した方がよろしいのでしょうか。

山田 浪費がある場合には免責は受けられませんので、これを回避して個人再生ということが、本には書いてあります。実際問題として、破産ではなく個人再生の申立の理由の一つとして、浪費とかギャンブルがあるのは現実だと思います。

しかし一方で、裁判所の裁量免責もある意味弾力的に運用されていますので、チャレンジして自己破産、裁量免責を勝ち取れば、かえってリフレッシュスタートができます。免責不許可事由があるから個人再生なのか、あえてチャレンジするのかというのは大変悩ましい問題だと思います。

ただ、多額な浪費がある場合には、その浪費をやめさえすればある程度の収入があるケースも多いですので、そういう場合は履行可能性の点についてある程度自信を持っていけるという考え方もできます。むしろそういうケースについては、やはりオーソドックスに個人再生の選択というのが有力なのではないかなと思っております。

これに対して、もう浪費もあって履行可能性も厳しい、ないしは浪費も収入の安定性もぼろぼろというケースは、いずれにしても仕方なく自己破産の申立をして、あとは裁判所の裁量免責に期待する、ないしは少額管財における免責観察型にもっていってもらって、何とか免責をお願いしていくという方法になろうかと思います。

野村 ありがとうございました。

〔 5 破産・個人再生に共通した申立代理人の留意点 〕

野村 続きまして、5番の「破産・個人再生に共通した申立代理人の留意点」に入りたいと思います。いろいろと申立書を作るときに考えておかなければいけないというところも含めて見ていきたいのですが、また大迫先生、お願いします。債権者の漏れを防ぐというのが必要だと思うのですが、そういうときの聴き取りの工夫といったようなところはいかがでしょうか。

大迫 消費者金融とか取立ての厳しい債権者については、早く取立てを止めてほしいために、ご本人が申告しない例は珍しいと思うのです。ただ、中にはあまり

にも怖いので、仕返しを恐れて、あそこだけは触りたくない、と隠している例もあります。また、取立てが緩やかなところ、勤め先、恩のある友人知人、身内など本人が強く隠したいと思っているところを聞き出すのが難しい場合があります。

忘れてしまいがちなのは、たとえば現住所の前に住んでいたところの滞納家賃、それから水道、光熱費なんかですよね。あと、解約してしまった携帯電話の代金。こういうのは、本人としてはもう終わったことだと後回しの気持ちでおりますので、弁護士に伝えるのを忘れてしまっていることもあります。

これらを聞き出す工夫といっても、それほどたいしたことはないのですが、やはりご本人の生活のことをいろいろと順々に聞いていく、そうすると、たとえば、引っ越したことがあるといえば、以前の家賃の滞納はなかったかとか、失業していた時期があったといえばその間の生活や返済資金をどうしたのか、身内の援助を受けたのではないかなど、こちらから事情を聞いていくことによって探り出していく、それに尽きるのではないでしょうか。

そのほか、保証債務、それから離婚後の慰謝料なども、ご本人が支払い義務を意識していないことが多いらしく、聞き落としてしまうことがよくあるのですが、これらも、弁護士の方から聞けば、ご本人に隠すつもりはないので、発見できるのではないでしょうか。

野村 ありがとうございました。続きまして、鈴木先生。先ほどの過払いの関係になるのですが、取引履歴の開示というのはどこまで求めるべきなのでしょうか。

鈴木 もう一度【資料12・資料集48頁】（本書324頁【資料14】）を見ていただきたいのですが、これは先ほど言いました平成19年に公表された基準です。運用基準の要旨の1、どのような場合に過払金調査を要するかということです。平成19年の場合で、平成11年以前からの取引です。それから隣頁を見ていただきたいのですが、上の方に平成18年中に申立を受理した事件は平成10年ということになっています。だから、引き算をして8年ということになります。今年でいえば、平成12年以前から取引がある場合は、裁判所から過払金の調査を指示されます。じゃあ平成12年以降の場合は調査しなくて良いのかというと、私はそうではなくて、先ほどの【資料4・資料集23頁】（略）、この受任通知を平成12年以前の取引かどうかで区別して出していません。全債権者に出しています。

なぜかというと、債務者の勘違いというか、借換えからの分しか申告しないという債務者も多いので、もしかしたらその前からあるという可能性もあるので、全債権者に出しています。その結果、本

人が申告したよりも前からあって、過払いになったというケースもあります。

　それと、最高裁で取引履歴の開示義務が信義則上認められたといっても、中小の貸金業ではなかなか出してこないところがあるのが実情です。その場合には、開示再請求書というのを出して、その書式も【資料6・資料集28頁】（略）にあり、ここも貸金業の改正がありましたので、下の方に帳簿の閲覧謄写請求がありますと記載しています。これに違反すると罰金もありますし、行政処分がありますというのを付け加えるようにして出しています。これでも、もちろん出してこない業者がありますので、破産の場合は上申書を付けて、履歴の調査ができませんでしたということをすれば良いと思います。基本的には、全債権者に履歴の開示を求め、計算し直すということをしております。

野村　ありがとうございました。続きまして、岡先生。債務者本人に対して、申立代理人としてどのようなことを説明しておくべきか、というところで、何かお願いします。

岡　これは普通に、偏頗弁済してはだめですよとか、要するに一部の人にだけ返してはだめですよとか、財産隠匿は詐欺犯罪になったり、免責が出なかったりしますよとか、そういうことでその点の注意が基本です。ひどい人になると、弁護士のところに来た後、また借入れとかす

る方も昔はちょっとおられましたが、そういう点も注意深く注意する必要があると思います。

　また、ちょっと視点が違うかもしれませんが、たとえば夫婦の方なんかの破産なり個人再生の相談の場合に、ご主人は忙しくて来られなくて、奥さんだけ来ていろいろ説明して、じゃあ受任しましょうかとなったようなときに、やはりご本人、ご主人が来られていないので、ご主人の方がわかっていなくて、たとえば友人だけに返してしまったりするなどのことがたまにあるので、その点の注意は必要かなと。だから、必ず本人と会ってきちんと話をするということが必要で、そういう受任の仕方そのものが悪いのかもしれませんが、実際上はそういうこともないではありません。

　あと似たような話で、たとえば会社に行ったらお金を借りていて、給料で天引きされているというようなケースで、個人再生なんかは弁済禁止になるので、その辺もきちんと聴き取りをして、そうしないようにするとかという注意が必要だろうと思います。

野村　ありがとうございました。今の債務者の方に対して、受任後の浪費を防止したりする意味も込めて、家計簿をつけた方が良いのではないかというような指摘もよくあるのですが、この点については、鈴木先生、いかがでしょうか。

鈴木　まず大きな意味としては、大概破

産の場合は、家計収支表というのを裁判所に出すと思うのです。それから、個人再生も同じように出します。破産の場合だったら支払不能の要件の一つの基準になるし、個人再生では、それプラス履行可能性というところの判断になります。その資料のために家計簿をつけるという意味もありますが、もっとそれを越えてという意味では、先ほど大迫先生も言っていましたが、そういう多重債務者は経済観念がかなり麻痺している場合があります。しかも、受任通知を送って取立てが止まり、一方で、サラ金とかから借りられなくなります。今まで借りて何とか生活してきた人も、自分の収入で生活しなければいけないということになります。

そうすると、入ってくるものが決まっていますから、無駄な出費を避けなければいけないことになります。いわゆる浪費につながりますが、そこを自分のところで管理してもらわなければいけないということで、家計簿をつけさせるということを、私はできるだけやっています。そうすることによって、債務者からも「無駄遣いをどれだけしていたかがわかりました。」という声も結構聞かれます。

それから、やはりこれから破産、個人再生でその人の人生が終わりではないですから、生活再建という意味でも、家計簿をつけるくせを債務者にさせるということは大事かなと、私は思っています。

野村 ありがとうございました。ちょっと視点を変えるのですが、債務者の方との委任契約について少し問題があるのではないかという点を、山田先生からご指摘をいただいたので、少しご紹介をいただけますか。

山田 個人再生手続の受任をした場合、一体どこまでの範囲を受任したのかというのが、最近の一つの関心事でございます。というのは、申立代理ですので、委任関係は認可決定の確定までで、そこで手続が終わったら終わりかなという考え方があります。これに対して、履行段階も含めて、やっぱり弁護士が入って、お約束して、アドバイスして案を作って、債権者にお示しした以上、その後も当然これは弁護士の委任の範囲かどうかは別として、弁護士の領域の範囲であるという考え方も、他方の極であるかと思います。

これはどういう場合に問題になるかというと、たとえば個人再生手続の履行段階になって、履行が遅れる。そうすると、1回、2回遅れると、弁護士も債務者の人に連絡して、「遅れていますから頑張ってくださいね」と言うと。しかし、これが3回、4回遅れてくる。こっちも何か債権者みたいで取り立てにくい。向こうも払えないから、弁護士に連絡もできない。そうなってくると、何となく疎遠になってくると。そうすると、債権者の方から、「もう先生、直接請求

させてください」と言ってくる。弁護士の方も委任を受けてしまっているし、費用も全部もらってしまっているし、辞任とも言いにくいし、どうしようかなということになる。となると、はたと自分は一体どこの範囲、ないしはどこの時点まで委任契約の内容だったのか、ないしは委任関係が継続するのかというのが問題になってきて、考えなければいけないということがあるわけです。

これについては、それぞれの立場、考え方があるかと思いますが、少なくとも受任の段階では、どこまで面倒を見させてもらうかという点については、ある程度突っ込んだ説明を、できれば委任契約書を作った方が良いのかもしれません。そういう形で突っ込んだ説明をしておかないと、いざ、あまり履行してくれないので辞任しようと思ったときに、再生債務者の間にトラブルがあってもいけないというふうに思っております。

最近、自分はどこまでこの個人再生事件の委任を受けているのか。その時間的限界はどこまでか。そういうことの問題意識を持って、さかのぼって契約段階で、どういうことを本人さんに説明しておいたら良いかということを考えなくてはいけないと思っております。

野村 ありがとうございました。ここまでで第２部を終わらせていただきまして、ここからは個別に破産の同時廃止、破産の管財申立、個人再生申立といったように、それぞれの分野で留意点を見ていきたいと思います。

第３部　破産・同時廃止申立ての留意点

〔 １　申立準備段階 〕

野村　第３部の「破産・同時廃止申立ての留意点」に入ります。まず、１番の「申立準備段階」で、申立書を作成するにあたっていろいろと資料を収集しなければいけないのですが、ときどき忘れてしまうということもあります。そういう忘れやすいものというのは、どんなものがありますでしょうか。大迫先生、お願いいたします。

大迫　東京地裁の場合、申立書は非常に規格化が進んでいて、添付資料も、定型的なものを要求されますので、私自身も、あるいは破産管財人として申立代理人の仕事を見ている場合でも、この資料が特に忘れられやすいなというものは、ありません。申立書の記載の順に従って、指示どおり添付していけば良いのです。

ただ、申立代理人の立場で注意しなければならないのは、本人に指示して用意

させるものの中で、比較的用意に時間のかかるもの、それから本人が取りにくいものについては、早い段階から指示をしておかないと、申立が遅れてしまいますので、そういう意味で、忘れやすいというのではありませんが、早い段階で気がついて、指示しておく必要があると思います。

一つは、銀行預金について、通帳の記載が不十分なとき、たとえば途中経過が「おまとめ」などと称して、一括記載になっている部分です。あるいは以前の古い通帳をなくしてしまっている部分もそうです。この部分について、銀行の取引履歴を出してもらう必要がありますが、出るまで時間がかかりますので、早い段階で指示しておかないと、申立が遅くなってしまいます。

それから、車の値段ですとか、不動産の値段といったものは、不動産屋等販売業者2社の見積りで、値段を評価するのですが、値段の見積りを二つの業者からとってくるようにと指示しても、なかなか書いてくれる業者がない、ということもあります。このように、本人にとりにくい書類もありますので、早めに指示しておく必要があろうかと思います。

あと私自身の失敗ですが、添付したクレジット契約書がたくさんあった事件で、契約書の裏面のコピーをとり忘れまして、注意をされたことがあります。

野村 ありがとうございました。

〔 2 申立段階 〕

野村 続きまして、2番「申立段階」、申立書を作成する際の工夫といったところで、鈴木先生、いかがでしょうか。

鈴木 多くの裁判所では定型書式が作られていると思うので、それを利用するのが簡便かなと思います。書き方についても裁判所から指示が出ている場合が多いので、それをきちんと見て書くべきです。ただ、申立代理人の方で、これは説明をしておきたいなとか、定型書式にないこと、あるいはちょっとしか書いていないことについて説明したいなと思う場合は、上申書をつけた方が良いかと思います。別に定型書式に書いてあること以外に書いてはいけないというルールはありませんので、それは裁判所の事務処理のために作られているようなところもありますから、申立代理人としてここは説明しておきたい、たとえば免責の不許可事由があって、それについての何か理由があるとか、できるだけ管財事件ではなくて、同廃で終わりたいという場合であるとか、それから、財産の処分について何か理由がある場合ということがあれば、上申書をつけて説明しておけば、スムーズに開始決定まで行けるのではないかと思います。

野村 ありがとうございました。

〔3　申立後免責許可決定まで〕

野村　3番の「申立後免責許可決定まで」ですが、同時廃止の場合は、開始決定と同時に廃止決定も出ますので、そこまでかと言いますと、その後に免責許可決定をいただかないといけないという話になりますので、申立代理人としては免責関係のフォローもしなければいけないというところが残ります。最近、免責審尋期日を設けないという庁がかなり多くなってきております。破産しても、一度も裁判所に行かずに終わってしまうというところが多くなっていると思うのですが、そういう場合は、申立代理人が、今までの裁判所が行っていた説明と同じものはしておかないといけないのだろうなと思いますし、免責不許可事由がある場合は、それについてフォローしていかないと、裁量免責の問題が残ってくるのです。

もう一つそれに関連しまして、非免責債権のこともあります。気を付けなければいけないという点で、債権者一覧表に記載漏れがあった場合、このような場合はどのようになるかにつきまして、山田先生、お願いします。

山田　債権者一覧表に記載漏れがあった場合、これは非免責債権となります。これは皆さん方が思っておられるとおりでございます。条文の文言は、破産者が知りながら債権者名簿に記載しなかった請求権と書いてあって、知りながら債権者名簿に記載しなかった請求権というのを文言どおり見ると、わざとあえて隠すためにというところまで含まれるのは当然でございます。しかし、うっかりと忘れていたというときも、これは故意ではないのだから知りながらではないのではないかというふうに、文理的に誤解してしまうおそれが、誤解といって良いかどうか別かもしれないのですが、文理的に思い込んでしまうという可能性があるのではないかと思います。

これに対しては、東京地裁、下級審ではありますが、債権者一覧表に記載しなかったことについて破産者に過失があったら、それは非免責債権であるという判例が、平成15年6月24日ほか、判例検索の中で非免責債権と入れれば、いくつか出てくるわけです。そうすると、過失により記載しなかったというのは極めて規範的な判断になってしまいますので、申立代理人としては十分注意しておく必要があると思います。

先ほど大迫先生の方からありましたが、破産債権者から漏れないように、漏れやすい類型、たとえば連帯保証債務は注意が必要です。今言った携帯電話とか、金額の小さいものなら良いわけですが、身内の連帯保証債務の保証人に5年前になっていて、1回も銀行から請求を

受けたこともなくずっと本人が忘れていたという場合です。後から、過失の有無が問われてしまうということがあるわけです。この判例について、僕も十分評釈等も勉強をしているわけではございませんが、少なくとも「過失があったら問題になり得る」ということは頭の片隅に置いておく必要があります。過失があってもこれは非免責債権で良いんだという説で戦われる人もいるのかもしれないですし、やっぱりちょっと怖いから、債権者名簿から漏れないように十分注意しようという、二つの方針があるかと思います。しかし、少なくとも過失という判断は諸般の事情が考慮されてしまうので、とても怖いということは頭の片隅に置いておく必要が、自分自身の経験からもあるなと思います。

ですから、最近はちょっと怖いので、事あるごとに何度も何度も、本人に「忘れていないか、忘れていないか」と言って、何気なく送り状に「忘れていませんか。今一度確認してください。」ということをやっているわけです。これは十分注意する必要があるのではないかと思います。

野村 ありがとうございました。

第4部　破産・管財申立ての留意点

〔1　申立段階〕

野村　続きまして、第4部の「破産・管財申立ての留意点」に入ります。まず1番の「申立段階」の際に、今まで破産事件が激増した数年前の時期ですが、このころから各地で少額管財等の簡易な管財手続が行われてきまして、その中で申立代理人と破産管財人と役割分担をするというようなことをやってきました。それが、低廉な予納金につながっていったということがあったわけですが、この点、ここ数年やってきてみて、各地の実情や問題点がございましたら、ご紹介いただけたらと思います。まず、東京の大迫先生からお願いします。

大迫　東京では、少額管財事件を導入したときに、低廉な予納金で破産管財人をつけられることの見返りというか、反面というか、代わりに申立代理人が相当な部分準備し、破産の申立後も引き続き働いてもらうということにいたしました。破産管財人は申立代理人に資料の収集や調査など、いろいろとお願いして、協力を得ながら事件処理をし、代わりに安い管財人報酬に甘んじるという、これが申合せになっておりましたので、そういう方針で行われていると思います。

ただ、私自身経験しましたが、ある申立代理人の方が、自分の債務整理受任契約は、依頼者の破産によって終了したんだとおっしゃって、自分はもう申立代理人ではないから協力はできない、と言われ困ったことがあります。その方は、債権者集会に出席するのはサービスだと主張されていました。ただ、それは希な例で、通常の申立代理人は、最後の最後まで一生懸命ご協力くださっています。

野村 ありがとうございました。続きまして、大阪の鈴木先生、お願いします。

鈴木 残念ながら徹底されているとは言い難いかなという印象です。私も結構破産管財人をやらせていただいているのですが、特に事業者の破産の場合、事業用の賃借物件の明渡しが済んでいないとか、従業員関係ですが、解雇していない、離職票を書いてあげていないとか、そういうことをやるから破産管財人の費用が安くなるというようなところがあったと思いますが、なかなか徹底しきれていないかなと思います。私がそういう厄介な事件を回されているだけなのかもしれませんが、そんな印象です。

野村 ありがとうございました。続きまして、名古屋の山田先生、お願いします。

山田 申立代理人と破産管財人の役割分担というのはいろいろなテーマがあると思うのですが、一つここで申し上げたいのは、未払賃金の立替払制度の準備、段取りをどこまでやるかという問題です。額とか金額はもちろん破産管財人が証明するわけですが、私は、未払賃金の立替払制度の用紙を準備して、従業員の振込先とかその他いろいろな事項を記載するのは基本的には申立代理人にお願いすべき事柄なのではないかなと思っております。申立代理人のときにいつもやっていて、破産管財人のときもいつもやっているという人が、私の周りにもちらほらおります。ということは、いつもどちらもやっていない人というのがいるわけです。この会場には多分東京の先生が多いと思いますが、この中でいつも申立代理人のときもやったことはないし、破産管財人のときもやったことがないなという人は、多分それはいつもやっていない人なわけです。やはりどちら側の立場ではやっていないといけないわけです。未払い賃金の額を確定したりすると、従来の社会保険労務士の先生とコミュニケーションをとったり、ないしは従来の従業員にも1回念のために確認したりとか、そういう作業も含まれてきますので、やはり申立代理人としては賃金台帳を渡せば良しとか、給与計算をすれば良しというわけではなく、立替払いの書類も全部準備して、あとは破産管財人が判を押すだけというところまで持っていかないといけないと思います。

野村 ありがとうございました。ここはいろいろとあるところだと思います。私

は、申立代理人には、資料をちゃんと集めていただいて、破産管財人が証明できるように資料提供していただき、破産管財人は証明をするために確認をして、破産管財人の立場でできるだけ用紙のとりまとめもしてあげています。これはサービスなのかもしれませんが、そんな感じでやっております。

　続きまして、福岡の岡先生、お願いします。

岡　福岡は、少額管財というのは比較的導入が遅くて、少額管財といえば免責を判断するだけの免責調査型の少額管財が中心ですので、少額管財で特に問題点はどうなのかなというのは、ちょっと私にはわかりません。

　ただ普通の管財で、先ほど鈴木先生がちょっと言われましたが、賃借物件があって、明渡しが済んでいないとか、そういうときに申立代理人としてはできるだけやっておいた方が破産管財人に迷惑がかからないし、今後逆の立場もあるしとかいろいろあって、できるだけやっておこうとするのですが、それはあまりやりすぎて不明瞭な形になるのも嫌だなというところもありまして、その辺は悩むところですが、福岡の場合、会員が全員参加できる、倒産関係の質問をするようなメーリングリストがありまして、そこでいろいろ、こういう場合はどうしたら良いんだとか、どこまでやったら良いんだとか、いろいろメールが飛び交っていまして、破産管財人に詳しい人なんかが、ああだこうだという回答をしたりしていますので、比較的お互い申立代理人と破産管財人のコミュニケーションといいますか、そういうものはとれているようなイメージを持っております。

野村　ありがとうございました。ちょっと話題が変わりますが、法人の代表者が自然人（個人）として破産申立をするという場面がありますが、こういう場面で法人の申立もすべきなのかどうかというところにつきまして、山田先生、ご意見をお願いします。

山田　今、法人と法人の代表者がいて、もちろん両者同時に破綻するわけですが、その場合、法人の代表者個人については、免責を獲得するために破産の申立をしたいという場合があります。そのとき法人をどうするかという問題が、今、野村先生のご指摘だと思います。法人がある程度の規模があって、法人にお金があれば、これは迷わず法人も同時にやるのが普通です。問題は法人にほとんどお金がないというケースに、それでも法人を頑張ってやる必要があるかという点だと思います。会社はそのままにしておけば、あとは何とかなっちゃうよというような考え方は、やっぱりいけないんだろうなということです。法人の債権者はいつまでも自分の債権がどうなるか、不確定な状態に陥って、決算等でいろいろご苦労されることもあるわけです。もちろ

ん代表者の破綻を受けた裁判所にも、「法人の債権者から代表者の破産の話は聞いたが、法人はどうなっているのだ。」、という問合せがくるわけです。裁判所の書記官から、「いや法人は申し立てておりませんので、代表者だけです。」と言われても、債権者も、「はい、わかりました。」と納得はあまりできないだろうと思います。

　そう考えると、本来的には同時申立をすべきであるというのは変わらないと思います。ただその場合、法人も含めての予納金となると、実際問題大変なので、そこで申立代理人としてはなかなか難しい判断になります。申立代理人としては、「法人は破産しなくても良いから、個人だけやっておきましょう」ということは、進んで言っては絶対にいけないとまず思います。本来的には、法人も一緒に破産すべきだということはきちんと説明して、ある程度理解を得て、それでもどうしても駄目なときには、じゃあ法人を破産できないことについてどういうふうな形でフォローできるのか。場合によっては、債権者にそういうものを書いた旨の手紙を書かせて挨拶させるとか、何か善後策がないのかという点も、本人と一緒に頭を使って考えることもあるのではないかと思っております。

　いずれにしてもあるべき姿というのはあるわけで、それに金銭的理由で法人の申立ができなかった場合については、何がしかの手当ても考えなければいけないのかなと思っております。

野村　ありがとうございました。大阪でも、かつてそういう議論がありましたが、必ずしも法人の申立までしろとまでは言わない、ということで落ち着いておりますので、そこは事案ごとによく考えてということになるかと思います。

　それから、また話は変わるのですが、破産管財人がつくパターンですが、申立代理人の立場で、まず申立前に財産状態をちゃんと調査しておこうということをやった方が良いと思うのですが、この点は、鈴木先生、破産管財人の立場からという意味でご指摘をいただけたらと思います。

鈴木　申立後、開始決定後、財産が見つかった場合は、原則、自由財産拡張は難しいというか、不相当という原則があります。ですから、せっかく認められた自由財産拡張の制度ですから、それを利用するためには財産調査をしっかりしておいた方が良いと思います。

　破産管財人の立場から言うと、郵便回付で発見される場合が多いと思います。今の時期ですと、株主総会があるので、株式、それから暮れになると保険の解約返戻金、ほかに会員権などです。私の例だと、30万円も残金がある預金が発見されたとかというものがありました。ですから、せっかく自由財産拡張という制度があって、破産者でもある程度の財産は

残せるようになりましたので、財産の調査はしっかりするということは申立代理人の義務というか、責務として大事かなと思います。
野村 ありがとうございました。

〔 2 申立後開始決定まで 〕

野村 続きまして、2番の「申立後開始決定まで」に入ります。この期間は短い期間ですが、基本的に申立代理人から破産管財人候補者に引継ぎを速やかにするというところが大切なところだと思います。

それと、予納金の関係です。各地で違いまして、東京のように、開始後、財産状況報告集会の1週間前までにというような長いスパンもあれば、もちろん開始決定までに予納金は裁判所に納めなければいけないというところもありますので、そこはまちまちです。いずれにしても、速やかに開始決定が出るように、引継ぎ、予納金の点を注意するということになると思います。

〔 3 開始決定後免責許可決定まで 〕

野村 3番の「開始決定後免責許可決定まで」に入ります。管財事件の場合は、破産管財人に対して協力をしないといけないというところが出てくるかと思いますが、この点につきまして、岡先生、お願いします。
岡 今おっしゃられたように、破産者、あるいは破産代理人、特に破産者ですが、破産管財人に対する説明義務、破産法40条です。それから、重要財産開示義務、41条。それから、免責に関する調査への協力義務、これは250条だと思いますが、こういうのがありますので、それについては一応きちんと依頼者に説明をしておくということが必要だと思います。
野村 ありがとうございます。申立代理人にも先ほど委任契約の話はありますが、もちろん説明義務がありますので、そちらを果たしていただかなければいけないというところはご注意いただきたいというところです。

もう一つ、こちらでも免責の関係のフォローを、申立代理人としてはしなければいけないと思いますが、山田先生、少し説明をいただけますか。
山田 免責関係のフォローというのはなかなか難しいわけです。やはり漏れている債権者というのはあり得るわけですので、常々漏れている債権者のことは頭に置いておく必要があります。本人は破産手続開始の申立が終って、開放感でいっぱいです。場合によっては、免責不許可云々の関係で、債権者からいろいろなご

意見があったときには、誠実な対応をする必要があると思っております。

また、たとえば浪費型の人の事件の場合、本人は「浪費しない」というふうな誓約的なことは、当然申立段階で言っています。それに対して浪費的な行状が再び見られたら、申立代理人は、やはり本人のリフレッシュした後のためにも、債権者の皆さん方は多大な損害を被っているんですよという説明も含めて、少なくとも手続段階だけでは手続の感銘力をある程度意識して、本人とコミュニケーションをとる必要があるのではないかと思っております。

野村 ありがとうございました。ここまでで破産関係は終了といたします。

第5部　個人再生申立ての留意点

〔1　個人再生内の手続選択〕

野村　第5部の「個人再生申立ての留意点」に入ります。

個人再生の話は、先ほど、今年になって減少傾向にあるのではないかという話がありますが、ここ数年はじわじわと伸びてきているところですので、使いやすい個人再生の手続という意味でいくつか見ていきたいと思います。

まず一つ目が、「個人再生内の手続選択」ですが、個人再生には小規模個人再生と給与所得者等再生の二つがあります。立法当初は給与所得者等再生の方が多くなるだろう、と言われていて、施行後、実際に多かったのですが、徐々にそれが逆転しまして、現在ではほとんど小規模個人再生が9割、給与所得者等再生が1割というような状況にまでなってきています。こういうような逆転現象が生じたのはなぜなのでしょうか。鈴木先生、お願いします。

鈴木　まず一つ目は、給与所得者等再生の場合の返済の総額の基準なのですが、債権額による基準と清算価値による基準にプラスして可処分所得による基準があると思います。それがかなり大きい人が多いです。サラリーマンで年収が結構あって、可処分所得が1年間でたとえば60万円あったとすれば、その2年間を払わなければいけないという規定がありますから、120万円になってしまいます。そうすると、せっかく100万円まで圧縮したのに、結局120万円払わなければいけないとか、さらに可処分所得が多くて、200万円払わなければいけないという人が出てきます。

それともう一つは、小規模個人再生が最初敬遠されたのは、不同意があったらこれが廃止されてしまうということにあ

りました。債権者数の半数に満たない、それから債権額の2分の1を超えないということが要件だったと思いますが、その不同意があった場合に廃止されてしまうのでということで、債権者からの不同意を慮って、小規模個人再生を避けるということがありました。サラリーマンだったら給与所得者等再生に行くという場合が多かったと思いますが、実際始まってみると、反対がほとんどありませんでした。不同意はほとんどないというのが実情です。今、よく言われている反対するところとすれば、公務員の共済組合、あるいは街金ぐらいかなと思います。ですから、どうしても可処分所得という要件がない小規模個人再生の方に流れるというのが自然な流れかなと思います。

野村 ありがとうございました。個人再生ではもう一つ、住宅資金特別条項の点がありまして、これにつきまして、統計の数字の全体がどれぐらいかわからないのですが、たとえば大阪ですと、昨年（平成19年）約4割の事案で住宅資金特別条項が使われております。聞きますと、福岡でも約3割が使われているとのことですが、このように住宅資金特別条項が多く使われているのはどういう理由なのでしょうか。岡先生、お願いします。

岡 福岡でも、今、野村先生からご紹介がありましたが、書記官に資料を出してもらって計算をしてみましたら、3割くらい、昨年（平成19年）は3割を少し切る程度です。大阪が4割。これが多いというのかどうか判断に迷うところかなという気がしていますが、確かに住宅を維持できるというのは個人再生の目玉といいますか、重要なメリットであることは間違いないわけです。本当にこの制度が必要な方にとっては意味があると思います。ただ、先ほど大迫先生もご指摘になっておられましたが、ちょっと無理な住宅購入をしていて、それを支払っていくことが本当に意味があるのか。たとえばあと5年ぐらいで定年になるのに、住宅ローンがあと15年なり20年なりあったり、あるいはボーナス加算が20万円とかで、しかも毎月のもかなり高いと。そういう状態で、確かに家を持ちたいという希望というのはあるのでしょうが、本当に意味があるのかなという点は考えた上で申し立てる必要はあるだろうと思います。合理的に考えれば、今の世の中でそんなに家にこだわらなくても良い。ご本人の希望はいろいろございましょうが、そういう側面があるのかなと思います。

先ほど多いか少ないか微妙だなと言いましたのは、逆に他方で6割から7割はそういうニーズとは関係なく申立がなされているということです。ただ、これも先ほど山田先生もおっしゃっていましたが、たとえば免責不許可事由に該当する規定がないということで、免責不許可に

なりそうな人がこちらを選択するというのがあり得るのかなと思いますが、裁量免責等で頑張れば、免責されないというケースは、実際はかなり少ないと思います。だから、本当に破産では免責されないから、こちらを選択しているのかなという疑問がないではない、メリットとしては一般には挙げられていますが、どうなのかなと。

それから、業種によっては、警備業や保険外交員等が破産すれば仕事ができなくなるからということも本とかにメリットとして書いてありますが、警備業、保険外交員の方の申立がそんなに多いのかな、どれぐらい影響があるのかなという気がしています。だから、これも本当にそうなのかなという感じです。これはちょっとあまり自信がないのですが、特に保険外交員の場合は、保険業法を調べてみたら、別に仕事をしてはいけないというふうにはならないと、私個人は思っているのですが、これはちょっと自信がないので指摘だけさせていただきます。

ですので、個人再生の本当のメリットは何なのかなというところは、よくわからないところが私自身はまだあります。先ほどちょっと再生の方に出ました本人のやる気というか、やはり払いたいんだとか、そういうこともあるのかもしれないし、あるいは、少しでも払う方が美徳であるという考え方があるのかもしれないし、そういうところが結構影響をしているのかなという気がしております。

野村 ありがとうございました。個人再生につきましては、負債総額の上限があるわけですが、それを超えてしまった場合というときに、個人で通常再生を行うことはできるのでしょうか。鈴木先生、お願いします。

鈴木 お答えとしては「できます」ということになります。法律上、別に問題はありません。ただ、ご存じかと思いますが、通常再生の場合は予納金が非常に高いというのがありまして、200万円、300万円と言われています。

大阪の場合は、ある一定の要件の場合、個人のときは予納金をもっと下げようということが去年から公表されています。今日のテーマでいうと、非事業者についてちょっと紹介しますと、負債が8,000万円未満の場合は予納金が60万円ぐらいでできます。それから、8,000万円から8億円までは70万円、8億円を超えた場合は、130万円の予納金がいります。私も、先日通常再生で、個人の方の監督委員をさせていただきました。その場合は、計画案の認可決定が確定したら、もう監督命令が解除されて、履行の監督まではしなくても良いということになっています。

野村 ありがとうございました。もちろん東京地裁はもっと前から個人の通常再生について、低廉な予納金で受け付けていると聞いておりまして、法人の通常再

生の場合に、代表者も通常再生を申し立てているということが、多分東京の再生事件の事件数の多い理由だろうと言われていると聞いております。ですから、大阪は、今鈴木先生から紹介があったのですが、なかなかまだ個人での通常再生というのは少ないというように、裁判所からは聞いております。

鈴木 一応件数は、平成19年で再生全体では47件あったそうですが、そのうち7件が個人の通常再生というふうに聞いています。

野村 ありがとうございました。

〔 2 申立てから開始決定まで 〕

野村 続きまして、2番の「申立てから開始決定まで」に入ります。個人再生につきましては、破産の場合よりも書式がいろいろと細かく作られている面があるというような気がするのですが、まず債権者一覧表の作成という面から見ていきたいと思います。また鈴木先生になりますが、作成のときの注意点をお願いします。

鈴木 大阪の場合ですと、破産の場合は、債権調査票が申立から遡って6か月以内のものという制限はあるのですが、個人再生はないのです。ですが、一応裁判所からはできるだけ新しいものを出してくださいと言われています。古いものですと、遅延損害金が膨らんでしまって、債権額が増大して、再生計画にも影響し、当初の予定が狂ってしまう場合もあります。それから、代位弁済とか債権譲渡をして、債権者一覧表の送り先が変動した場合や商号変更、合併と、これは必ず反映させてくださいというふうに指示がありますので、その点は気をつけるべきと思います。

野村 ありがとうございました。債権の中には税金も出てくるわけですが、税金を滞納しているような場合はどのようにしておけばよろしいのでしょうか。岡先生、お願いします。

岡 税金の滞納は履行可能性というところに非常に大きな影響を与えて、場合によっては「再生計画が遂行される見込みがない」ということで不認可ともなりかねません。そこで、これをどうやって解消するか問題となるわけですが、実情としては、相談すれば、市役所なり国なりは分納協議に大体応じてくれます。そう無理なことは言ってこないようで、払える範囲で支払えば良い、とりあえず5,000円ずつでも良いとかというようなケースもあります。それで、そういう分納協議を、これは代理人がしても良いですし、本人が窓口に行っても結構きちんとしれくれるようですので、そこをきちんとすることが重要ではないでしょうか。

野村 ありがとうございました。続きま

して、財産目録の作成ですが、財産目録の作成にあたっては、清算価値保障原則との関係が大きな点になるのですが、資料集には財産目録と清算価値の算出のための計算表が、東京地裁以下4庁分を並べておりますので、資料集を見ながら少し特徴を説明していただこうと思います。まず、東京の大迫先生からお願いします。

大迫 東京の場合は、個人再生の制度が入りましたときに、できるだけ破産の事件で使っている申立書を利用するという方針で作られましたので、申立のときに使う資料、それから報告書として出すべき資料は、破産の場合とほとんど変わりません。

清算価値に関しては、清算価値チェックシートというのを財産目録の後につけるということで、簡便に計算して額が出せるようになっております。

【資料18・資料集70頁】（本書334頁【資料19】）からですね。この財産目録が東京で使われているものですが、この「財産目録（一覧）」と「財産目録（細目）」は、個人再生も破産事件も共通です。そして、【資料19・資料集74頁】（本書346頁【資料23】）が清算価値チェックシートですが、財産目録で記入してきた数字をここに当てはめて書き込んでいくということになります。現金からあるわけですが、これも破産と全く同じ考え方で計算されておりますので、破産で自由財産として確保される99万円、現金総額からそれを除いたものがここに書かれていくことになります。その他のものについては、20万円を超える部分についてだけ書くということになります。そして、その足し算をした総額が出て、これが清算価値ということになるわけです。

野村 ありがとうございました。続きまして、大阪の鈴木先生、お願いします。

鈴木 大阪は、【資料20・資料集75頁】（本書338頁【資料20】）です。この財産目録は、清算価値のシートと代用しているという形で見ていただければと思います。現金については、99万円を控除した額を書くことになっています。それからいろいろほかのところについては説明書があります。特徴的なのは敷金のところです。60万円控除できます。関西はかなり敷金が高いのです。100万円ぐらいあるときもあるので、60万円控除できます。それから、退職金は8分の1です。それから、不動産は時価から5％を控除した額から引いた債権を控除します。過払金はどこに書くのというと、その他の財産のところです。残念ながら、これは99万円を引けないという状況です。

野村 ありがとうございました。続きまして、名古屋の山田先生、お願いします。

山田 名古屋は、【資料21・資料集76頁】（本書339頁【資料21】）が財産目録です。そして、一部事業者の場合の追加

用というのが資料集79頁に入っておりまして、清算価値算出シートが【資料22・資料集80頁】（本書347頁【資料24】）に入っております。

　それほど特色があるものではございません。一つは、どうしても慣れないうちは、財産目録を書きながら、いつの間にか清算価値のことが頭に出てきて、つい うっかり清算価値の方で引いてしまったものを財産目録に書くというようなことがございます。財産目録はあるがままに書くことです。現金100万円あれば100万円を書くということが基本で、その後で、清算価値算出シートの方で引いていくという考え方でございます。もちろん慣れている人は別に何ということはないわけですが、ありのままのものと、規範的な評価をした後のものを分けるということを、心がける必要があるかと思います。

野村　ありがとうございました。続きまして、福岡の岡先生、お願いします。

岡　福岡は、【資料23・資料集81頁】（本書343頁【資料22】）です。横書になります。財産目録と書いてありますが、これが清算価値算出シートと兼用になっております。それで、1の現金のところに、たとえば90万円と入れますと、ここはエクセルで自動計算で清算価値がゼロになるように、要するに99万円が引かれるという形になっております。財産目録と清算価値算出シートが一体となっていると

ころが一つの特色かなと思いますが、あとは2の過払金という項が、実は今年（平成20年）の3月の改定で新たにできまして、従来はおそらく4の金銭給付請求権の項の貸付金、求償金のあたりに記載しておりましたが、過払金の項が独立してできたという点がちょっと変わったところかなと思います。

野村　ありがとうございました。清算価値は破産の場合とパラレルであるべきなのですが、若干個人再生のときは違うような形でされているところがあるかに思います。いくつかこういう形で資料として出させていただいておりますので、またどういうのが良いのかと、各地で考えていただくときの参考にしていただけたらと思います。

　続きまして、履行可能性の検討のところですが、もちろん履行可能性については認可要件の話になってくるのですが、できるだけ前倒しで検討するというのが実務上行われていると思います。その中で、積立てをさせるといった運用をしているところが多いと思うのですが、これについても資料集にいくつか資料を載せておりますので、それを見ながら各地の運用について紹介していただきたいと思います。まずは、東京の大迫先生からお願いします。

大迫　東京の場合は、ご承知のように全件個人再生委員がつきます。ですから、その個人再生委員の費用になる予納金が

必要になるわけですが、積立てをすることによってその予納金の部分は確保しつつ、履行可能性をチェックするということになっております。

個人再生委員の費用は、弁護士が代理人でついている事案については15万円。それから、本人申立、この本人申立という中には、司法書士が書類を整えている場合も含まれますが、この場合は25万円というふうに個人再生委員の費用は決まっております。ですから、それに満つる額が積み立てられるまで、積立期間として積立てが可能かどうかを見るというふうになっております。

【資料24・資料集84頁】（略）に東京の個人再生の申立書がありますが、この申立の理由等の2番のところに、この計画弁済予定額を記入することになっておりまして、これを毎月積み立てていくことになります。原則として申立後1週間以内に、1回目を積み立てるということになっております。大体6か月積立てを見ることになっておりますので、その間6か月の間に必ず遅滞なく積み立てられるかどうかということが、認可決定を出すための重要なポイントになります。

野村 ありがとうございました。続きまして、大阪の鈴木先生、お願いします。

鈴木 大阪の方は、まず【資料26・資料集86頁】（本書349頁）です。これは申立書の陳述書と一体になっている分なのですが、そこの第5の履行可能性の4のところに、弁済原資の積立額、現在ある、ないと記載します。予定額とか、履行可能性については、家計収支表を見ながら書くということになっています。

それから、再生計画案提出時については【資料27・資料集88頁】（本書352頁【資料27】）です。ここでも、積立ての状況を書かなければいけないことになっています。履行可能性についても書かなければいけません。これに積み立てた数字を添付しなければいけないし、もし予定どおりの積立てができない場合は、その理由をきちんと説明しなければなりません。

これはあってはいけないことなのですが、積み立てたお金からお金を引き出している再生債務者が散見されるということが、裁判所の協議会でいくつか出ていました。そういうことから、私は大阪でもこういう場でしゃべる機会が結構多いのですが、その場合には、積立ての通帳については代理人の方で管理できるような、代理人口座でなくても良いですが、必ずその積立てがわかる別口座を作って、しかも代理人がある程度管理できるような状況にしてくださいということを、事あるごとに言っている状況です。

野村 ありがとうございました。続きまして、名古屋の山田先生、お願いします。

山田 【資料28・資料集89頁】（本書353

頁【資料28】）の「履行の可能性等に関する報告書」を、名古屋の場合は利用しております。これは、申立時点で裁判所の方から提出をお願いされるというもので、申立代理人自身が署名押印するという形になっております。

履行の可能性等というふうに書いてあって、次頁です。弁済原資の積立状況について、認可確定時までの積立予定額とか予定月額とか、現在の額はもちろんということで、こと細かに履行の可能性について報告書を出させております。

名古屋では比較的これが浸透しておりますので、裁判所にもかなりの程度提出されていると思いますが、これが慣れていないと、「ここまで言うのか」と思うかもしれません。比較的慣れてみると、こういうものを出さなければいけないので、きちんと債務者の話を聞くのですということで、本人にもうまい説明の材料にもなりますし、本人にも自覚を促すこともできるので、やはりこれも履行可能性をいろいろな意味で担保するという役に立っているのではないかと思っております。しかし、実際聴き取っていると、なかなか面倒くさいなと思うこともあるのも実情でございます。

野村 ありがとうございました。最後に福岡の岡先生、お願いします。

岡 福岡は、【資料29・資料集91頁】（本書355頁【資料29】）でございます。これは、申立のときに大まかな再生計画案の作成方針を記載する書面ですが、第1の2の(3)のところに、予定としては1か月当たりいくら弁済になるかというのを記載します。そうすると、開始決定の際にこの額を毎月積み立ててくださいという指示が裁判所から出ます。あとは、開始決定後に積み立てて、中間報告、最終報告の際に、これだけの積立があったという報告をすれば足りるということで、そんなに複雑な書式等はございません。そして、第3項に、再生計画の履行可能性について、意見といいますか、説明する欄がありまして、ここに記載すれば足りるということです。試験積立てとここの記載、あと予測家計表等を考慮して、履行可能性を考えているという状況です。

野村 ありがとうございました。続きまして、住宅資金特別条項の点ですが、この場合、住宅ローン会社と事前協議というのが大切になると言われているのですが、この点につきまして、鈴木先生からご紹介をお願いします。

鈴木 住宅資金特別条項を使う場合は、多くの場合は約定どおり支払っていて、再生計画案でも同じように約定どおりというのが多いと思うのです。その場合は、簡単な通知で約定どおり払いますのでということを知らせておけば、住宅ローンの債権に関わるものは何も必要ありません。ただ、リスケジュールを利用しよう、あるいは同意型でやろうと思う

と、やはり事前協議をしておかないと、リスケジュールについては、弁護士がやるといっても難しいですし、同意型ですと、同意書がとれないということもありますので、それで廃止になってしまう場合もありますから、きちんと事前協議をすることが大事です。リスケジュールをするのをちょっと回避するといったら変ですが、その工夫で、私が何回かやった例で、まず申立前にリスケジュールをしてしまいます。住宅ローンの債権者に事情を説明します。もちろん返済は苦しいというような資料は出さないといけないのですが、それを出して、もうリスケジュールをしてしまって、計画案としては原契約書及び変更契約書に基づいて払うことにします。つまり、約定型で払うという計画案にすれば簡単にできます。そういう工夫をしたこともあります。

野村 ありがとうございました。裁判所に聞きますと、約定型、条項でいけば1項型が多いと聞いているのですが、今のような鈴木先生の申立前にリスケジュールをしてしまって、それを約定型にするというのも含まれているということになるわけです。参考にしていただけたらと思います。

〔 3 再生債権の届出、異議申述、評価 〕

野村 続きまして、3番の「再生債権の届出、異議申述、評価」ですが、ここにつきましては、評価の申立があった場合に、不適法却下する場合を除いて、必ず個人再生委員をつけなければいけないということになってくるのですが、最近はあまり多くないと聞いております。大阪地裁の本庁で、昨年3件しかなかったというようなことを聞いております。多分施行当初からはいろいろとあったのでしょうが、大体債権者とも折り合いがついてきているのかなというのが、この件数に表れているのかもしれません。

〔 4 再生計画案 〕

野村 続きまして、4番の「再生計画案」に入ります。再生計画案につきましては、原則としては3年というのがよく言われているところなのですが、この点、5年という最長期間にするのは難しいのでしょうか。鈴木先生、お願いします。

鈴木 簡単に言えば、返済が苦しいという事情を説明できれば5年というのは、裁判所が認めてくれることは多いです。よほどのことがない限り、事情を説明して、返済が苦しい、そんな計画では無理なので、それを4年、あるいは5年に延長することは大丈夫だと思います。

メルクマールとしては、余剰が月3万円だと3年計画というのは、ちょっと難しいと思うのです。やはり3万5,000円から4万円ないと、100万円を3年で返すのはちょっと難しいと思います。ですから、2万円だったら大丈夫という人も結構いますので、その場合は5年計画ということにします。やはり家計収支表とか、そういう資料を出さないと、裁判所にもわかってもらえませんので、そういう事情を書きます。それから、ボーナスはあまりあてにしない方が良いですね。今の時代では、ボーナスがこれだけ入るから、年間にならすとこれだけだということをあてにしないで、月々の給料収入に基づいて、支出と比べて余剰が3万円以上出るかどうか、3万円では先ほど苦しいと言いましたから、4万円ぐらい出るかどうかで3年計画にするか、それ以上延ばすかということをメルクマールにしたら良いと思います。

もう一度戻りますが、そういう事情をきちんと説明できれば、裁判所としては5年計画を十分に認めてくれています。

野村 ありがとうございました。大阪地裁の実情としては、5年というのはかなり通っておりまして、それほどハードルは高くないと言われております。裁判所はあまりそう言いたくないらしいのですが、弁護士側から見ていると、そうであるというのが実情です。それも参考にしていただけたらと思います。

続きまして、個人再生の場合も、再生計画案は提出期限というのが定められますので、それまでにちゃんと出さなければいけない。それと、個人再生はかなり早いスピードで手続をやっていくというのが、多分どの庁でも行われていると思うのですが、その点のスケジュール管理的なところにつきまして、鈴木先生、お願いします。

鈴木 開始決定が出ますと、スケジュール表というか、再生計画案の提出期限というのが書かれてくると思います。この期限を守らないとどうなるかというと、手続廃止です。ですから、今までやってきたことは全部パーになってしまいます。ですから、提出期限はきちんと守ってくださいということになります。

大阪地裁の場合ですと、提出期限の1週間前にできるだけ出してくださいというアナウンスをされています。評価の申立があっても、基本的に大阪の場合は、提出期限を伸長しますので、大体異議の申述期間が終わったら出すというのが通常です。裁判所の方としては、提出期限が今日ですから出してくださいねということは言ってくれませんので、きちんと自分でスケジュール管理をしなければいけないということだと思います。

野村 ありがとうございました。実際大阪でも、ときどきそういうケースがあると聞いておりますので、気を付けていただきたいと思います。

大迫先生、廃止になった場合に、これは破産ということになってしまうのでしょうか。

大迫 東京の場合は、廃止になる場合は非常に限られておりまして、今のように提出期限とかで廃止になるということはありませんので、そこは全然違うわけです。一番心配なのは履行ができなくなったときの話です。そのときも、直ちにそのまま破産に移行するという運用はされておりません。ただ、どうするのかということで、普通は申立代理人の方に債務者の方からご相談があるわけですから、申立代理人と債務者が話し合って破産をしようということになると、改めてそれを裁判所の方に申し立てるという形になります。

野村 ありがとうございました。大阪の場合も、提出期限を徒過して廃止になったとしても、牽連破産にはならないという運用ですので、再申立をしてもう1回個人再生の手続をやり直しているというのが実際です。

続きまして、この再生計画案、先ほど鈴木先生から、小規模個人再生で不同意になるケースが少ないので小規模個人再生が多くなっているという指摘があったのですが、大口の債権者がいた場合、その場合でも反対ということについてそんなに注意しなくても良いのかどうかという点について、山田先生からご自身の経験ということでご指摘をいただきたいと思います。

山田 これは反省しきりなケースでございます。ある個人事業者のケースで、ほとんど唯一の大口債権者の公的金融機関に弁済率20％の再生計画案が反対されて、これで否決されてしまいました。すぐさま再度の申立をして、それを25％に引き上げて、最終的には同意をいただいて事なきを得たわけではございますが、やはり根回しというか、債権者とのコミュニケーションを徹底的にしておけば良かったなというふうに、今でも改めて思っております。

この公的金融機関というのはどこの県にも市にもございますので、皆さま方も、その想定は少し頭の片隅に置いておく必要があるのではないかというふうに思っております。

野村 ありがとうございました。

〔 5 認可後履行段階 〕

野村 続きまして、5番の「認可後履行段階」のところに入ります。先ほどから少し出ておりますが、この履行段階の履行補助を申立代理人として行う必要があるのかという点につきましては、いろいろとあるのですが、鈴木先生の経験からご紹介をいただけたらと思います。

鈴木 理想を言えば、履行補助までして

あげたら良いのかなと思います。この個人再生という制度趣旨からすれば、監督委員がつきませんし、個人再生委員も遅くとも認可決定で終わってしまいますので、あとは申立代理人が債務者についているだけです。そうすると、どうしても履行補助を見てあげた方が、スムーズにいくかと思います。ただ、そこまでやるかというと、どうしても滞った場合に債権者の代わりになってしまうところがあると思います。もともとは代理人ですので、そこはちょっとジレンマであって、私も基本的にはしていません。ただ、振込用紙のコピーを必ず振り込んだら送ってくださいというような指示はしています。

　これが私の基本的なスタンスでしたが、今１件だけ履行補助をやり始めました。個人再生の履行をしている人を、前は５、６件一緒に抱えていたときがあったのですが、いま１、２件になっているので、そのうち１件だけやり始めているのがあります。申立前から大丈夫かなというところがあって、どうしても住宅を維持したいという強い希望があったので、一人ぐらいなら見られるかなと思って、始めました。それから、大阪の裁判所の裏の銀行が非常に協力的で、振込用紙を作ってくれているので、ちょっと楽かなと思いながらやり始めたのですが、強制はできないのかなという感じはします。ただ、履行補助まではいかなくても、履行の面倒はできるだけ見てあげた方が良いのかなというのは、私は印象を持っています。

野村　ありがとうございました。履行をしている間に、債務者の方から弁済が厳しくなりましたというような相談を受けることもあるわけですが、そうなってきた場合には、岡先生、どうしたらよろしいでしょうか。

岡　全く払えなくなって放置しているということになれば、もちろん場合によっては再生債権者の方から申立をされて、再生計画が取り消されるということもございます。ただ、事実上は、少し遅れても、債権者の方と連絡をとりながら、こういう事情ですので少しずつですが払っていきますのでというコミュニケーションをとっていれば、そういう取消決定を求める申立をするということはあまりないのではないかと思っております。

　ただ、いずれにしても、再生計画の変更ということができます。これは金額は変わりませんが、あと２年まで延ばせるわけですから、そういうのは当然弁護士でないとできないし、また４分の３の支払いが終わっていれば、ハードシップ免責という制度もありますので、この辺の活用を考える必要があると思います。

野村　ありがとうございました。

〔 6　個人再生委員 〕

野村　最後の項目になりましたが、6番の「個人再生委員」につきまして、先ほどの評価の申立のときは全件つくわけですが、それ以外の部分ということで見ていきたいのですが、先ほど、東京は全件個人再生委員がつくということだったのですが、大迫先生、ほかから見ると、全部はつけなくても良いじゃないかというように思えるのですが、何か東京の実情があるのでしょうか。

大迫　全件弁護士をつけるというのは、東京にはもともと弁護士が多いから可能だということが背景にあっての制度だと思います。ただ、個人再生委員をつければ費用がかかりますから、よく消費者弁護士が黙っているものだ、被害者に15万円も出させて良いのかというような批判をいただくことがあります。確かに、そういう面はありますが、東京の消費者弁護士が、それに対してあまり文句を言わないのは、やはり全件個人再生委員がついていることによって、事件処理が非常にやりやすい面があるわけです。先ほど再生計画案提出の期限徒過で廃止になると聞いたときには、ちょっと怖くなりましたが、東京の場合、期限の徒過では廃止にならないのは、再生計画案を提出した後、中身を個人再生委員がチェックする必要があるからだと思います。そのチェックの段階で、「ここを直してください。」という指示があって、「これではまだダメです。」などと、何度かやりとりがあったりすることがあるのです。そうすると、場合によっては期限が徒過してしまうわけですが、それで裁判所が直ちに何かを言ってくるということはありません。あまりにも間が空くと、個人再生委員の方に「どうなっていますか。」というお問い合わせがあって、慌てるということもあるのですが、その場合、誰のせいで遅れているのか分からないこともあります。間違いを点検する個人再生委員が遅くて止まっているのか、申立代理人の回答が遅くて止まっているのか、直ちには分からない、そういう問題があるものですから、そこをあまりつき詰めて、では廃止にするぞというような取扱いがしにくいわけです。このように、肝心なところで個人再生委員を通さなければならないために、逆に融通が利くという面があります。期限だけでなく、認可決定に関しても再生委員が本人を見て柔軟に意見を出してくれるという面もあります。そういうことがいくつかあるので、申し立てる側も、15万円を払っても良いかなということで、運用がうまくいっているのではないかと思っております。

野村　ありがとうございました。大阪は逆に、もうほとんどつけないという運用

をしているのですが、それはどうしてなのでしょうか。鈴木先生から、ご説明をいただけますでしょうか。

鈴木 裁判所の言葉を借りれば、申立代理人の弁護士を信頼しているということです。ですから、司法書士関与の申立の場合は、一応予納金15万円を払って、問題がなければ返還するというシステムになっています。

大阪で、どういう場合につくかというと、非常に限定的で、まず個人事業者で、それから、住宅ローンと保証債務を除いた債務が3,000万円を超える場合です。この場合に限って、個人再生委員を弁護士代理の場合でもつけます。もちろん非常に申立自体がお粗末な場合は個人再生委員をつけることを考える場合もありますが、一応基準としては今言った基準です。個人事業者で住宅ローンと保証債務以外の債務が3,000万円を超えるケースがどれくらいあるかというと、平成19年で6件というふうに聞いております。

野村 ありがとうございました。続きまして、名古屋の山田先生、お願いします。

山田 名古屋の場合も、大阪と同じで、本人もしくは司法書士関与の申立のときにのみ個人再生委員を選任するという運用になっております。職務内容は、計画案の策定について勧告することということで、その職務も限定されております。ただ最近は、簡単な事案については、今のような場合でも選任しないこともあるということも聞いております。

野村 ありがとうございました。福岡の岡先生、最近福岡では基準が変わったと聞いておりますので、ご紹介いただけますでしょうか。

岡 明確な基準というほどでもなくて、また、裁判所と内々の合意というようなもので、正式な文書を交わしているというのではないのですが、福岡はもともと大阪、名古屋よりもっと限定的で、本人申立のとき以外は、原則として個人再生委員はつけなかったのです。司法書士関与の申立の場合も、初めてであるとか、書面がかなりひどいという特殊なケースでしかつけていないということでした。ところが、今年の3月、ほかの庁の動向等も関連するのでしょうし、あと福岡は最初に申し上げましたように、個人再生の申立が増えてきているという事情があって、しかし書記官は増えないということで、裁判所がちょっとたまらないというようなことだと思うのですが、個人再生委員をある程度つけたいと。そして先ほど大阪の方で出ましたが、基本的には金額が多いケースが念頭に置かれていて、福岡の場合は、基準としては、債務が1,500万円以上の場合と、あと自営業者、あるいは法人の代表者、あるいは以前そうであった方につけたいということでした。

ただ、やはり、個人再生委員をつけると、そのぶん予納金がかかるわけですので、弁護士会の方としては、できるだけつけないでほしいという形で裁判所と話し合いをしまして、現在のところ、先ほど言いました1,500万円以上の債務がある場合と、あと法人の代表者、あるいは自営業者の方の場合で特に問題があるケース、財産状況の混同とかがあり得そうな、特に問題があるという、そういう限定をした場合にやるということで一応合意しています。大体今年の4月、5月で7件あったというふうに聞いておりますので、年間40、50件ぐらいになるのかなという感じでございます。

野村 ありがとうございました。用意していた項目は以上ですが、今回このパネリスト間で何度か協議をしながら、いろいろと話がこんなに違うのかというのが正直なところだったのです。今日のこの研修を終えるにあたって、パネリストからそれぞれ感想を少しいただけたらと思います。大迫先生から順番にお願いします。

大迫 私自身も、今回ほかの庁の方々のお話を聞いて、本当に制度が違うのでびっくりいたしました。おっしゃっていることの意味が全くわからないということがいくつもありました。

東京の特徴は、やはりある程度費用はかけて、その代わり手続的には緩やかにやると。これは事件が大量であるという

こともありますし、弁護士の数が多いということもあるのでしょうが、破産は、本来管財事件が原則なので、できるだけ破産管財事件にする方向で運用したいと、裁判所も考えておりますし、そういう運用になっております。それから、個人再生の方は個人再生委員が全件つくことになっています。

さきほど、費用が高くなっているのに、東京の消費者弁護士が、よく黙っているものだ、というお話が出ましたが、実は、弁護士が関与した方が、以前の裁判所が深く関与していたときより、免責を得たり、自由財産を拡張したり、そのほか、依頼者の利益のためになることが多い、という感触を得ています。ややもすると杓子定規になりがちな裁判所を説得するよりは、同じ弁護士である破産管財人、個人再生委員を説得する方がかなり楽なのです。弁護士であれば、同じような事案をたくさん扱って、問題点を理解してくださっていますので、たとえば相当ひどい免責不許可事由のある債務者の事案であっても、ひざ詰めで説得すれば、最後はわかってくださって、裁量免責の意見を書いてくれるという例をいっぱい見てまいりました。ほとんどの東京の弁護士は、現在の東京の制度に満足しているのではないかと私は思っております。

鈴木 私はこの企画をいただいたときに、本当に時間内に終わるのかなという

のが一番心配で、打合せのときもいろいろな話が出て、それをよく野村先生の方でコーディネートしていただけたかなと思います。

東京の運用については、全件管財で、全件個人再生委員がついて、ちょっとおかしいのではないのというようなことをずっと思っていたのですが、大迫先生の話を聞いて、一理あるなというところもありました。名古屋と福岡もいろいろな手続の違いがあるなと思いました。だから、大阪がベストだとは思いません。ただ、大阪は同時廃止の発祥の地というか、そこから始まったので、同時廃止が少なくなることは、私としては死守していきたいという思いで今やっています。

一番は、破産自体がなくなれば良いと思うのですが、そういう方向で、これから何とか努力していければと思っております。今日はどうもありがとうございました。

山田 名古屋の山田でございます。本日は長時間ご清聴ありがとうございました。

先ほど野村先生から、地域によって運用や実情が違う、やり方も違うというお話があったのですが、そのとおりだと思います。と同時に、実はそれぞれ弁護士によってかなりやり方も考え方も違うなと改めて感じた次第でございます。

私の話を聞いていても、ふむふむというところもあったかもしれないし、え

えっというところもきっとあったと思います。私も妻に「あなたは自分のやり方が普通で、自分のやり方が常識的だと思っている」というふうによく言われます。多くの弁護士も、自分の申立代理人のやり方が普通であって、自分の管財業務のやり方が常識的であると思っているわけです。やはり研修の機会に勉強するとか、仲間同士で話し合ったり、たとえば書記官にはあまりぶっきらぼうにはせず、ちょっとフレンドリーにして、何気なくヒントをいただくとか、そういうことで少しずつ直していくしかないのかなというふうに思っています。

最後に、私の独断と偏見という点で一つだけしゃべらせていただきます。申立代理人から破産管財人への引継ぎという点で、野村先生からスピーディーにというお話がありました。名古屋の場合は、特に問題がない限りは、無審尋で破産手続開始決定が下ります。事前に裁判所の書記官さんから「山田先生、破産管財事件をお願いします。利害関係だけチェックしてください」と。そして、何日の午後5時なら5時に下りるということで、私は破産管財人にめでたく就任するわけですが、私にとって、そこから24時間というのが申立代理人との間の貴重な時間なのです。私は、24時間は申立代理人さんには電話しないで黙っています。それで24時間以内に申立代理人さんから電話をいただいて、「破産、よろしくお願い

します。つきましては、債務者本人を連れてきますので、引継ぎの日程を決めてください」というふうに、私は24時間以内に電話をしてほしいといつも思っておりますし、名古屋の若手向けの研修の中では、24時間以内にお電話を必ずしてくださいと申しております。私は、24時間以内にお電話をいただけないと不機嫌になりますということも言っております。

　それともう一つ引継ぎのときにお願いしているのは、必ず引継ぎ資料の受取書を準備してきてくださいということです。原本資料を紙袋にポンと入れて、「引継ぎ資料です。基本的にみんなコピーがあるから大丈夫です。何か足りないものがあったら言ってください」と、こういう引継ぎをやられるケースは、大体その後苦労する管財事件が多いのです。特に若手の皆さん方に申し上げたいのは、引継ぎのときには、細かな債権者の資料についての受取書は要りませんが、預金通帳とか印鑑とか何かの権利書とか保険証書などは、必ず一覧リストにして持って来てくださいということです。

　24時間以内に私にご連絡をいただいた方、かつ引継書を持ってきた人に対しては、私なりの心の中だけのサービスなのですが、債務者本人の前で、「立派な先生にやっていただいて、資料もきっちりしておりますので、大変安心しておりま す」ということを必ず言うことにしてお ります。それができない人のときは、私はそれを言いません。これは私の強い思い込みの一つでございますので、そういう頑なな人もいるなということを、頭の中のどこかに入れておいていただければと思います。ちょっと長くなって恐縮ですが、以上です。

岡　福岡の岡でございます。本当に私の感想も、地域によってこんなに違うんだなと。ですので、野村先生や鈴木先生が按分弁済とかの話しを、最初の会合のときに話されていて、何のことか全然わからない。大迫先生もそのような感じだったようです。しかし、今度は大迫先生と私の中では、私は裁判所を念頭に考えているが、大迫先生は個人再生委員を念頭に考えているとか、またよくわからないと。そういうのもいろいろあるなと思いました。

　それで、いま全倒ネットの方で本を編集中なのですが、それでも全国いろいろ違うので、そういうのを踏まえて書くとなると、なかなか大変だなという感想を持ちました。

　ただ、他方で、先生方と今回パネリストをするということで、メールなり何なりでやりとりをしていたのですが、基本的な発想、たとえば、住宅資金特別条項を使うときに、住宅というとみんな無理しているのではないかなとか、免責なんかももっととれるのではないかとか、その辺の発想なんかは結構似通っていたの

で、その点では逆に本質は一緒なのかなという気もいたしました。
　今日は本当に十分なお話は力がなくてできませんでしたが、どうもありがとうございました。

野村　ありがとうございました。時間となりましたので、これで終わらせていた

だきたいと思います。一つでも二つでも役立つ点がありましたら、ありがたいと思いますし、また各地での議論のきっかけになりましたら、それもありがたいと思います。ご清聴、ありがとうございました。（了）

日弁連特別研修会

「破産・個人再生における手続選択と実務上の留意点」

平成20年6月27日午後1時から3時30分

パネリスト　　　東京弁護士会　　大迫惠美子　弁護士（46期）
　　　　　　　　大阪弁護士会　　鈴木　嘉夫　弁護士（50期）
　　　　　　　　愛知県弁護士会　山田　尚武　弁護士（44期）
　　　　　　　　福岡県弁護士会　岡　　精一　弁護士（53期）
コーディネーター　大阪弁護士会　　野村　剛司　弁護士（50期）

〔配布資料〕
　1　項目レジュメ（本紙）
　2　資料集

第1部　破産・個人再生申立事件の概況
第2部　手続選択と申立代理人の留意点
　1　手続選択（債務整理も含め）
　2　手続選択の一般的考慮要素
　3　手続ごとに異なる基準の確認
　4　具体的な事例を踏まえて
　5　破産・個人再生に共通した申立代理人の留意点
第3部　破産・同時廃止申立ての留意点
　1　申立準備段階
　2　申立段階
　3　申立後免責許可決定まで
第4部　破産・管財申立ての留意点
　1　申立段階
　2　申立後開始決定まで
　3　開始決定後免責許可決定まで

第5部　個人再生申立ての留意点
1　個人再生内の手続選択
2　申立てから開始決定まで
3　再生債権の届出、異議申述、評価
4　再生計画案
5　認可後履行段階
6　個人再生委員

第5編
資料集

資　料　集　目　次

【資料１】　裁判所統計資料（平成20年〜22年）……………………………　297
【資料２】　同時廃止基準（大阪地裁）……………………………………………　299
【資料３】　同時廃止基準（名古屋地裁）…………………………………………　301
【資料４】　同時廃止基準（広島地裁）……………………………………………　307
【資料５】　同時廃止基準（福岡地裁）……………………………………………　308
【資料６】　同時廃止基準（仙台地裁）……………………………………………　310
【資料７】　自由財産拡張運用基準（大阪地裁）…………………………………　311
【資料８】　自由財産拡張運用基準（名古屋地裁）………………………………　313
【資料９】　自由財産拡張基準（広島地裁）………………………………………　316
【資料10】　自由財産拡張基準（高松地裁）………………………………………　318
【資料11】　個人破産の換価基準（東京地裁）……………………………………　320
【資料12】　個人破産の換価基準（福岡地裁）……………………………………　321
【資料13】　個人破産の換価基準（札幌地裁）……………………………………　323
【資料14】　破産事件における過払金の取扱いについて（大阪地裁）…………　324
【資料15】　民事再生事件の手続費用（東京地裁）………………………………　330
【資料16】　民事再生事件の手続費用（個人用）（大阪地裁）……………………　331
【資料17】　個人再生の標準スケジュール（東京地裁）…………………………　332
【資料18】　個人再生の標準スケジュール（大阪地裁）…………………………　333
【資料19】　個人再生・財産目録（東京地裁）……………………………………　334
【資料20】　個人再生・財産目録（大阪地裁）……………………………………　338
【資料21】　個人再生・財産目録（名古屋地裁）…………………………………　339
【資料22】　個人再生・財産目録（福岡地裁）……………………………………　343
【資料23】　清算価値チェックシート（東京地裁）………………………………　346
【資料24】　清算価値算出シート（名古屋地裁）…………………………………　347
【資料25】　個人再生委員意見書（認可基準）（東京地裁）………………………　348
【資料26】　陳述書（抜粋）─履行可能性等（大阪地裁）………………………　349
【資料27】　積立状況等報告書（大阪地裁）………………………………………　352
【資料28】　履行可能性報告書（名古屋地裁）……………………………………　353
【資料29】　再生計画作成方針（福岡地裁）………………………………………　355
【資料30】　個人再生・事業等に関する補充説明書（福岡地裁）………………　358
【資料31】　個人再生・事業収支実績表（福岡地裁）……………………………　363

【資料1】 裁判所統計資料（平成20年～22年）

1−1 破産事件と個人再生事件の新受件数（全国・管内別）

地裁管内別	平成20年 破産	うち個人	うち法人その他	個人再生	平成21年 破産	うち個人	うち法人その他	個人再生	平成22年 破産	うち個人	うち法人その他	個人再生
全国	140,941	129,882	11,059	24,052	137,957	126,533	11,424	20,731	131,370	121,150	10,220	19,113
東京	25,845	22,566	3,279	2,545	26,063	22,392	3,671	2,561	24,097	20,725	3,372	2,468
横浜	6,109	5,652	457	957	6,506	5,961	545	894	6,969	6,450	519	976
さいたま	4,132	3,830	302	958	4,087	3,790	297	903	4,672	4,371	301	887
千葉	3,509	3,299	210	1,009	3,746	3,505	241	886	4,052	3,799	253	915
水戸	2,169	2,023	146	374	2,192	2,047	145	339	2,458	2,311	147	326
宇都宮	1,700	1,584	116	301	1,520	1,412	108	231	1,554	1,434	120	257
前橋	1,706	1,574	132	262	1,782	1,643	139	255	1,650	1,530	120	253
静岡	2,710	2,480	230	491	2,822	2,554	268	378	2,825	2,590	235	401
甲府	684	614	70	69	648	594	54	62	710	665	45	59
長野	1,705	1,560	145	293	1,791	1,630	161	297	1,574	1,455	119	267
新潟	1,710	1,636	74	424	1,576	1,513	63	322	1,623	1,572	51	317
大阪	13,398	12,197	1,201	2,317	13,719	12,487	1,232	2,028	13,184	12,119	1,065	1,947
京都	2,933	2,737	196	509	2,904	2,667	237	449	2,697	2,491	206	441
神戸	5,967	5,564	403	1,246	5,628	5,208	420	1,014	5,486	5,122	364	978
奈良	1,545	1,451	94	266	1,553	1,459	94	246	1,334	1,270	64	234
大津	1,040	960	80	269	1,161	1,066	95	236	1,044	971	73	204
和歌山	1,136	1,065	71	120	981	927	54	106	952	904	48	125
名古屋	5,818	5,398	420	958	5,783	5,210	573	791	5,656	5,068	588	737
津	1,288	1,194	94	387	1,345	1,243	102	368	1,250	1,133	117	255
岐阜	1,740	1,572	168	390	1,722	1,524	198	278	1,468	1,312	156	227
福井	740	650	90	99	642	568	74	106	596	525	71	92
金沢	1,048	941	107	206	1,056	922	134	139	990	897	93	146
富山	820	704	116	191	726	637	89	157	664	578	86	106
広島	3,288	3,151	137	335	3,274	3,110	164	313	2,846	2,738	108	254
山口	1,684	1,594	90	302	1,600	1,525	75	251	1,383	1,312	71	181
岡山	2,017	1,873	144	292	1,749	1,638	111	243	1,649	1,556	93	205
鳥取	856	790	66	131	782	736	46	113	631	601	30	90
松江	806	740	66	73	684	634	50	66	571	537	34	68
福岡	6,581	6,259	322	1,868	6,592	6,239	353	1,519	6,472	6,179	293	1,182
佐賀	1,245	1,182	63	294	1,133	1,090	43	213	912	870	42	145
長崎	2,055	1,945	110	319	1,716	1,631	85	261	1,581	1,526	55	210
大分	1,439	1,330	109	137	1,266	1,200	66	155	1,091	1,035	56	107
熊本	2,125	1,982	143	403	1,849	1,738	111	288	1,667	1,576	91	197
鹿児島	2,239	2,164	75	246	1,848	1,804	44	226	1,706	1,660	46	192
宮崎	1,678	1,601	77	353	1,429	1,367	62	286	1,221	1,174	47	194
那覇	1,145	1,082	63	172	997	961	36	135	1,003	970	33	97
仙台	2,935	2,792	143	470	2,772	2,645	127	409	2,807	2,674	133	381
福島	1,553	1,425	128	365	1,584	1,484	100	297	1,493	1,410	83	323
山形	1,217	1,111	106	223	1,111	1,029	82	176	960	885	75	151
盛岡	1,706	1,621	85	235	1,624	1,540	84	166	1,457	1,394	63	162
秋田	1,362	1,252	110	303	1,243	1,163	80	192	1,194	1,126	68	220
青森	1,983	1,895	88	320	1,875	1,799	76	280	1,606	1,544	62	245
札幌	5,989	5,708	281	1,542	5,837	5,616	221	1,171	5,431	5,223	208	1,091
函館	750	733	17	171	670	656	14	98	632	617	15	115
旭川	861	779	82	141	835	767	68	127	658	606	52	122
釧路	1,073	1,002	71	218	966	920	46	219	972	931	41	163
高松	950	858	92	127	943	841	102	105	779	727	52	107
徳島	847	800	47	119	752	708	44	94	697	661	36	83
高知	1,357	1,303	54	94	1,432	1,374	58	104	1,226	1,190	36	89
松山	1,748	1,659	89	158	1,441	1,359	82	157	1,220	1,136	84	121

(注) 平成22年の数値は速報値である。
【本統計資料は、最高裁判所民事局からご提供いただいたデータを編集委員においてまとめたものである】

1-2 破産管財人選任事件数と選任率(全国・管内別)

地裁管内別	平成20年 開始決定	平成20年 管財人選任	平成20年 管財人選任率	平成21年 開始決定	平成21年 管財人選任	平成21年 管財人選任率	平成22年 開始決定	平成22年 管財人選任	平成22年 管財人選任率
全 国	139,326	37,810	27.1%	135,180	39,941	29.5%	129,576	37,851	29.2%
東 京	25,534	13,062	51.2%	25,522	14,078	55.2%	23,585	12,422	52.7%
横 浜	5,947	1,546	26.0%	6,288	1,826	29.0%	6,808	1,832	26.9%
さいたま	3,942	1,225	31.1%	4,008	1,235	30.8%	4,522	1,291	28.5%
千 葉	3,461	830	24.0%	3,631	859	23.7%	3,935	919	23.4%
水 戸	2,128	384	18.0%	2,157	389	18.0%	2,318	427	18.4%
宇都宮	1,657	380	22.9%	1,505	338	22.5%	1,518	339	22.3%
前 橋	1,686	240	14.2%	1,768	330	18.7%	1,588	331	20.8%
静 岡	2,705	645	23.8%	2,639	775	29.4%	2,829	807	28.5%
甲 府	690	186	27.0%	595	191	32.1%	726	187	25.8%
長 野	1,631	334	20.5%	1,760	485	27.6%	1,559	452	29.0%
新 潟	1,716	338	19.7%	1,571	339	21.6%	1,539	350	22.7%
大 阪	13,165	3,566	27.1%	13,400	3,983	29.7%	13,252	3,576	27.0%
京 都	2,904	628	21.6%	2,732	700	25.6%	2,748	656	23.9%
神 戸	5,947	1,500	25.2%	5,420	1,493	27.5%	5,479	1,456	26.6%
奈 良	1,434	336	23.4%	1,560	443	28.4%	1,313	405	30.8%
大 津	1,133	285	25.2%	1,090	333	30.6%	1,048	271	25.9%
和歌山	1,120	380	33.9%	993	349	35.1%	967	297	30.7%
名古屋	5,691	1,241	21.8%	5,573	1,597	28.7%	5,546	1,793	32.3%
津	1,249	354	28.3%	1,314	383	29.1%	1,262	401	31.8%
岐 阜	1,665	430	25.8%	1,695	428	25.3%	1,464	464	31.7%
福 井	760	194	25.5%	638	182	28.5%	588	179	30.4%
金 沢	1,076	328	30.5%	1,034	380	36.8%	949	318	33.5%
富 山	791	367	46.4%	748	368	49.2%	645	273	42.3%
広 島	3,102	398	12.8%	3,240	550	17.0%	2,778	495	17.8%
山 口	1,753	273	15.6%	1,566	207	13.2%	1,383	193	14.0%
岡 山	1,995	391	19.6%	1,697	297	17.5%	1,593	265	16.6%
鳥 取	820	153	18.7%	809	129	15.9%	620	82	13.2%
松 江	831	151	18.2%	660	145	22.0%	552	132	23.9%
福 岡	6,561	982	15.0%	6,514	956	14.7%	6,415	862	13.4%
佐 賀	1,247	151	12.1%	1,108	123	11.1%	907	159	17.5%
長 崎	2,125	337	15.9%	1,741	358	20.6%	1,565	301	19.2%
大 分	1,430	428	29.9%	1,226	335	27.3%	1,103	312	28.3%
熊 本	2,019	735	36.4%	1,764	623	35.3%	1,661	618	37.2%
鹿児島	2,197	280	12.7%	1,867	227	12.2%	1,716	220	12.8%
宮 崎	1,681	351	20.9%	1,357	263	19.4%	1,295	242	18.7%
那 覇	1,116	145	13.0%	937	124	13.2%	1,049	143	13.6%
仙 台	3,026	935	30.9%	2,791	811	29.1%	2,683	841	31.3%
福 島	1,580	395	25.0%	1,582	392	24.8%	1,489	456	30.6%
山 形	1,281	241	18.8%	1,078	260	24.1%	1,016	296	29.1%
盛 岡	1,677	261	15.6%	1,669	337	20.2%	1,401	276	19.7%
秋 田	1,328	406	30.6%	1,239	399	32.2%	1,160	376	32.4%
青 森	1,946	206	10.6%	1,894	251	13.3%	1,613	245	15.2%
札 幌	6,059	711	11.7%	5,774	644	11.2%	5,160	948	18.4%
函 館	755	57	7.5%	669	39	5.8%	635	45	7.1%
旭 川	886	271	30.6%	833	236	28.3%	631	193	30.6%
釧 路	1,020	154	15.1%	969	161	16.6%	983	179	18.2%
高 松	917	174	19.0%	954	180	18.9%	791	120	15.2%
徳 島	834	66	7.9%	697	71	10.2%	718	58	8.1%
高 知	1,332	117	8.8%	1,472	107	7.3%	1,246	80	6.4%
松 山	1,776	262	14.8%	1,432	232	16.2%	1,225	268	21.9%

(注) 平成22年の数値は速報値である。
【本統計資料は、最高裁判所民事局からご提供いただいたデータを編集委員においてまとめたものである】

【資料2】同時廃止基準（大阪地裁）

大阪地裁における管財手続と同時廃止手続の振分基準・同時廃止の按分弁済基準

　以下は、大阪地方裁判所第6民事部編『破産・個人再生の実務Q&A－はい6民です　お答えします－』（大阪弁護士協同組合）14頁、22頁以下、45頁以下を基に、編集委員においてまとめたものである（詳細については、同書を参照されたい。）。また、大阪地方裁判所・大阪弁護士会破産管財運用検討プロジェクトチーム編『新版破産管財手続の運用と書式』（新日本法規）12頁以下の同時廃止との手続選択の項も参照されたい。

1　現金及び普通預金の場合
　　現金及び普通預金については、合計99万円以下であれば按分弁済の必要はなく、同時廃止手続をとることが可能。

2　現金及び普通預金以外の財産の場合
　　現金及び普通預金以外の財産は、項目ごとに見て、20万円未満の場合には、按分弁済を行わずに同時廃止手続をとることが可能。これに対し、20万円以上の場合には、その全額を按分弁済の対象とすることで同時廃止手続をとることが可能となる。
　　過払金については、過払金調査の結果、回収未了の過払金の額面額が合計30万円未満の場合または過払金を回収して、実際の回収額から相当な範囲の回収費用・報酬の控除をした残額が20万円未満の場合には、按分弁済の必要はなく、同時廃止手続をとることが可能。これに対し、未回収過払金額面額の合計が30万円以上の場合または回収費用等控除後の回収済み過払金合計額が20万円以上の場合、全額を按分弁済の対象とすることで同時廃止手続をとることが可能となる（詳細は、平成19年3月6日付の大阪地方裁判所第6民事部「破産事件における過払金の取扱いについて」参照）。

3　99万円超過の場合
　　現金及び普通預金並びに20万円未満の財産の合計額が99万円を超える場合、99万円を超える部分について按分弁済の対象とすることで同時廃止での処理が可能となる。

4　直前現金化・普通預金化の取扱い
　　申立時には現金または普通預金の形で保有していても、実質的危機時期以降に定期預金や保険等を解約して現金化した場合には、現金または普通預金としては扱わず、現金化される前の状態を前提に管財手続と同時廃止手続の振分け及び按

分弁済の要否を検討することになる。
　もっとも、現金化した財産を既に相当額の弁護士費用ややむを得ない生活費等の「有用の資」に充てている場合には、振分けの基礎となる財産または按分弁済の対象から外れる。
　これに対し、将来「有用の資」に充てる予定であるからとの理由で、振分けの基礎となる財産または按分弁済の対象から外れることは原則としてない（例外として認められた事例はある。）。

5　管財手続に移行する場合
　実質的価値の総額が100万円を超える場合には、原則として按分弁済による同時廃止の扱いを認めず、一般管財手続に移行する。

【資料3】同時廃止基準（名古屋地裁）

■平成23年3月1日配布

新・同時廃止に関する運用基準

平成16年12月1日改正
平成17年1月1日施行
平成17年7月1日改訂
平成21年1月1日改訂
平成23年3月1日改訂

名古屋地方裁判所民事第2部破産係

第1 基本的な考え方

1 総額40万円基準
　債務者の資産総額（否認による増加見込みを含む。以下同じ。）が40万円（通常管財事件の最低予納額）に達しない場合に同時廃止とする。

2 個別項目（単品）30万円基準
　債務者に30万円以上の価値のある個別資産がある場合には，債務者の資産総額が40万円を超えるおそれがあるので，資産総額が40万円以上あるものとみなす。
　この場合には，その資産を換価し，あるいは処分価額相当額を積み立てるなどし，按分弁済することで同時廃止の要件（法216条1項）を満たすものとする。

3 破産手続開始のための按分弁済
　債務者の資産総額が40万円以上の場合は管財事件となるのが原則であるが，
　① 「同時廃止事件チェック報告書」の提出があり，それによって，
　② 現在判明している以上の財団の形成が今後期待できず，
　③ 管財人が行わなければならないような業務がないと認められるときは，
その資産を換価し，あるいは処分価額相当額を積み立てるなどし，按分弁済のうえ同時廃止とすることができる。
　なお，上記処理をする債務者の資産総額は100万円までを一応の目処とするが，100万円を超える場合であっても，債権者間に著しい不公平が生じるおそれがない場合（例えば，利率の不均衡により元利合計額に格差が生じることがない場合）には同時廃止とすることができる。

第2　資産価値の算定及び換価等に関する留意点

1　差押禁止物
 (1) 財団に属しないので資産としてカウントしない。
    (例) 現金99万円
      破産者及び家族の生活に欠くべからざる衣類家具寝具
      平成3年3月31日以前契約の簡易生命保険の還付請求権

 (2) 現金に関する留意点
   申立て直前に資産を換価（現金化）した場合には，資産価値の把握につき以下のとおり扱う。
   ① 破産申立費用（弁護士費用）の調達や生活費の捻出など，目的の如何を問わず，残現金は換価前の資産とみなす。
    (例) 申立て直前に生命保険を解約して返戻金100万円を取得し，破産申立費用や生活費に60万円を費消し40万円が手元に残っている場合，40万円の保険解約返戻金請求権があるものとみなす。
   ② ただし，収入の途がない（僅かな収入しか見込めない場合も含む。），あるいは，医療費が必要である等，申立人の経済生活の維持・再生のため必要がある場合には，申立て直前の現金化の残金であっても，資産としてカウントしない。
   ③ なお，「申立て直前」とは，概ね，申立て日の半年前か受任通知日付の3か月前かの，どちらか長い方とする。

2　預貯金（払戻請求権）
  各預貯金の合計額が30万円以上の場合には，解約を指示する。

3　生命保険等（損害保険を含む）
  各生命保険等の解約返戻金の合計額が30万円以上の場合には，解約あるいは返戻金相当額の積立てを指示する。
  ただし，現に医療給付を受けているか将来医療給付を受ける蓋然性が高い場合，あるいは高齢で再度の保険加入ができない場合などは，生命保険の貯蓄性を否定して資産として評価しない扱いとすることもできる。

4　退職金請求権
 (1) 積立対象となる退職金予定額
   退職金予定額の8分の1相当額が20万円以上の場合（退職金予定額が160万円以上の場合）には，相当額の積立て（(2)参照）を指示する。

【注1】
　退職金請求権について差押え可能な範囲は退職金予定額の4分の1相当額（民事執行法152条2項）であり，その額でもって資産価値の判断をしている庁もあるが，当庁では，将来，実際に退職金が受給されるかどうか不確実な要素も多いことから，更に2分の1を乗じた8分の1相当額をもって資産価値の判断をすることとしている。
　なお，按分弁済の対象は，債務者に30万円以上の価値のある個別資産がある場合であるが，退職金予定額については，従前の20万円以上（8分の1相当額）の基準を維持する。
(2) 積立額
　退職金請求権について積立てを指示する場合の積立額は，原則として退職金予定額の8分の1相当額とするが，将来受給し得る可能性や退職金額の多寡等を考慮して4分の1相当額まで増額しうる。
　なお，積立てに要する期間は半年から1年程度を目処とする。

5　自動車，オートバイ
(1) 所有権留保がない（残債がない）場合
　個々の自動車等の処分価格が30万円以上の場合には，換価あるいは処分価格相当額の積立てを指示する。
　処分価格の判断にあたり，推定新車価格（※実際の購入価格ではなく，メーカーが発表している車両本体価格）が300万円以下の国産車であり，かつ，初年度登録後7年以上経過したものについては，原則として無価値とみなすことができる。ただし，中古車市場の動向等に照らして，無価値と評価することが相当でない場合は，査定書を提出させた上で判断する。
　その他の自動車等については，一律に査定書を提出させた上で，その価格を参考に個別に判断する。
(2) 所有権留保がある（残債がある）場合
　所有者に引き上げさせ，あるいは，引き上げ処理しない（無価値と評価した）ことの確認をとり，それを示す資料の提出を待って同時廃止処理をする。

6　電話加入権
　1本2,000円で換算する。

7　高価品（宝石，毛皮，絵画，時計，和服等）等
(1) 所有権留保がない（残債がない）場合
　個々の高価品の処分価格が30万円以上の場合には，換価あるいは処分価格相当額の積立てを指示する。
(2) 所有権留保がある（残債がある）場合

所有者に引き上げさせ，あるいは，引き上げ処理しない（無価値と評価した）ことの確認をとり，それらを示す資料の提出を待って同時廃止処理をする。

8 不動産
(1) 提出すべき資料と無価値判断のあり方
　ア　担保権が設定されている不動産の場合，不動産価格の資料として，まず「A」を提出させ，(2)の①の条件を満たさない場合には，「Bのいずれか」の資料を提出させることとし，(2)の①ないし④のいずれかの条件（オーバーローン基準）を満たす場合に無価値とみなすことができる。
　　　　A ：固定資産税評価額等証明書（固定資産評価証明書）
　　　　B1：近隣の不動産業者2名の時価に関する査定書
　　　　B2：不動産執行手続中の最低売却価額を証する書面
　　　　B3：不動産鑑定士作成の鑑定評価書
　イ　なお，債務者の他に共有者が存するときには，債務者の持分だけでなく不動産全体について上記の条件（オーバーローン基準）を満たした場合に無価値とみなす。
　　また，不動産全体について上記の条件（オーバーローン基準）を満たさない場合であっても，共有者（物上保証人）からの求償及び不動産持分の処分の困難性等を考慮し，無価値と評価することができる。
　【注2】
　　不動産価額が高額となる見込みがある場合は，管財事件としたうえで任意売却に至った場合の財団組入額もかなりの額が見込まれるので，財団形成の可能性の有無について慎重に検討する。
　【注3】
　　賃借地上の建物の場合，近隣の不動産業者の査定書では借地権価格を考慮していないことが多いので，注意を要する。

(2) 提出資料毎の審査基準
　① 固定資産評価証明書の場合
　　　建物の担保する被担保債権額が固定資産税評価額の1.5倍以上である場合，土地（宅地）の担保する被担保債権額が固定資産税評価額の2倍以上である場合は，無価値とみなすことができ，上記Bの不動産価格の資料の提出は要しない。
　　　なお，共同担保が設定されている不動産は，各不動産の固定資産税評価額に対し，その種類に応じた率（建物1.5倍，土地2倍）を乗じた後の合計額以上の被担保債権額がある場合には，不動産価格の資料の提出が不要となる。

② 近隣の不動産業者2名の時価に関する査定書の場合
　　当該不動産が担保する債権額が当該不動産の時価（査定額の平均値）の1.5倍以上である場合，無価値とみなすことができる。
③ 不動産執行手続中の最低売却価格を証する書面の場合
　　当該不動産が担保する債権額が当該不動産の最低売却価額の2倍以上であるときは，無価値とみなすことができる。
　　なお，2倍未満の場合は期間入札の結果を待って，売却がなされた場合は余剰があれば按分弁済させ，不買の場合には無価値とみなすことができる。
④ 不動産鑑定士作成の鑑定評価書である場合
　　当該不動産が担保する債権額が当該不動産の時価の1.2倍以上であるときは，無価値とみなすことができる。

9　債権（預貯金払戻請求権を除く）
　債権合計額が30万円以上の場合には，回収あるいは債権額相当額の積立てを指示する。
　なお，回収不能・困難であるときは本人の陳述書のほかにその内容を裏付ける客観的資料（例えば転居先不明の印のついた郵便物）を提出させた上で無価値と評価することができる。

10　資産価値の算定・按分弁済の指示等の例
(1)　債務者の保有資産として，①現金20万円（申立て直前の現金化によるものではない），②預金残高合計10万円，③生命保険解約返戻金合計20万円があり，他に換価価値のある資産がない場合には，②及び③はそれぞれの項目で30万円未満であり，②と③の合算額も30万円で40万円未満となるので，同時廃止として処理することができる。⇒第1の1及び第2の1

(2)　債務者の保有資産として，生命保険解約返戻金12万円が3口ある場合には，同一項目内での合計額が36万円になるので解約をさせ又は相当額を積み立てて全額の按分弁済を指示するか，S管財とする。⇒第1の2・3

(3)　債務者の保有資産として，自動車28万円（査定価格）と生命保険解約返戻金20万円1口がある場合には，それぞれの項目で30万円未満であるが，合算額が48万円で40万円以上となるので，換価又は相当額を積み立てて全額の按分弁済を指示するか，S管財とする。⇒第1の2・3

(4)　申立て直前に生命保険を解約して100万円の返戻金を取得し，申立費用と生活費に60万円を使い，申立て時点において現金40万円を保有している場合，生命保険解約返戻金40万円を保有しているものとみなし，40万円以上となるの

で，換価又は相当額を積み立てて全額の按分弁済を指示するか，S管財とする。
⇒第1の2・3，第2の1(2)①

(5) 申立て直前に生命保険を解約して100万円の返戻金を取得し，申立費用と生活費に60万円を使い，申立て時点において現金40万円を保有しているが，失業保険や年金収入もなく（あるいは僅少で），直ぐには就職することも見込めないような場合には，(4)とは異なり，生命保険解約返戻金40万円を保有しているものとはみなさない扱いもあり得る。⇒第2の1(2)②

第3 債務者が個人事業者，会社代表者の場合の留意点

1 **個人事業者**
次の条件を満たしている場合，同時廃止処理をすることができる。この場合，必要に応じて債権者に対する意向聴取を行い，否認行為等の有無を調査する。
(1) 債務者が所有する事業用資産と生活用資産の処分価値の合計が40万円に満たないこと。
(2) 申立時に事業を廃止している場合，あるいは事業を継続している場合でも申立後に事業による新たな債務（元本）が生じないこと（債務を確定できること）。

2 **会社代表者**
以下の処理を行った上で同時廃止とすることができる。
(1) 必要に応じて行う債権者に対する意向聴取によって否認行為等の有無を調査する。
(2) 債権者に対する意向聴取の結果及び確定申告書，決算報告書等により資産の有無を判断する。
(3) 会社について破産申立てがされていない場合は，会社資産の有無について資料の提出を求め会社の資産の清算状況や会社からの借入金等がないか（会社資産が代表者に流出していないか）を確認する。

※ 法人の同時廃止は認めない。

以　上

【資料4】同時廃止基準（広島地裁）

同廃事件と管財事件の選別基準

1　資産の総額が60万円を超えない場合は同廃事件とする。
(1)現住居の敷金，電話加入権1本，家財道具及び動産（現在価値が20万円を超えないもの）は，資産に含めない。
(2)業者査定価格が5000万円を超えない不動産（農地，山林及び原野を除く。）を所有している場合，以下に該当する場合には，オーバーローン（資産価値のないもの。）と認定することができる。
　　被担保債権の残債が，固定資産評価額の概ね1.5倍以上の場合又は業者査定価格の概ね1.3倍以上の場合
(3)農地，山林及び原野を所有している場合，以下に該当する場合にはオーバーローン（資産価値のないもの）と認定することができる。
　　被担保債権の残債が，固定資産評価額を上回る場合
(4)清算配当による同廃は原則として認めない。

2　業者査定が5000万円を超える不動産を所有している場合は，被担保債権の残額にかかわらず原則として管財事件とする。

3　軽微とは言えない免責不許可事由がある場合には，原則として管財事件とする。
　　ただし，免責のため任意の積立配当を希望する場合には，同廃事件とすることができる。
　　なお，積立期間は6か月以内とする。

4　不明朗な財産処分，否認対象行為が認められる場合には，原則として管財事件とする。

【資料5】同時廃止基準(福岡地裁)

同時廃止基準について

平成17年 1月 1日
福岡地方裁判所第4民事部破産係

第1 破産手続開始申立事件につき,同時廃止として処理する事件と,管財事件として処理する事件との進行振り分けにつき,次のとおり申し合わせをする。

1 破産手続開始決定時において,債務者が有する次の(1)から(9)までの財産の総額が50万円に満たない場合で,かつ,申立てが債務者(自然人に限る。)によりなされた場合のみ,同時廃止とすることができるものとする。
  (1) 現金(弁護士への預け金を含む。)
  (2) 預貯金
  (3) 生命保険契約解約返戻金
  (4) 自動車
      ただし,初年度登録から5年を経過したものについては,外車もしくは排気量2500ccを超えるものでない限り,処分見込価額を0円とみなす。
  (5) 居住用家屋以外の敷金返還請求権
  (6) 電話加入権
  (7) 退職金債権の8分の1
  (8) 家財道具
  (9) 動産又は債権(有価証券その他の財産権を含む。)
  ((8)及び(9)については,差押えを禁止されているものを除く。)
2 1に該当し,同時廃止として処理することができる場合であっても,以下の類型に該当する場合には,同時廃止として処理することができないものとする。
  (1) 法人代表者型
      債務者が代表者の地位にあった法人について,破産手続開始申立て等の法的整理がなされていないにもかかわらず,債務者のみについて破産手続開始申立てがあった場合。(財産混同の可能性もあるため)
      ただし,法人の営業停止時に既に法人としての財産が存在していなかったなど,財産混同の可能性がない場合や,債務者に明らかにみるべき財産がない場合を除く。
  (2) 個人事業者型
      債務者が現に個人事業を営んでいる場合や過去(原則として6か月以内)に営んでいた場合。
      ただし,債務者に明らかにみるべき財産がない場合を除く。

(3) 資産調査型
　　保証債務や住宅ローンを除いた債務が3000万円以上ある場合（資産調査をする必要があるため）
　　ただし，債務者に明らかにみるべき財産がない場合を除く。
(4) 否認対象行為調査型
　　偏ぱ弁済行為が認められ，否認権の行使により金銭その他の財産を取り戻す必要のある場合，並びに，財産分与・贈与などについて，否認権の行使が可能かどうかを管財人により調査する必要がある場合（任意の交渉での回収にとどめるのか，訴訟まで行うのかは，形成可能な財団の規模によって判断せざるを得ない。）。
　　ただし，否認行為の相手方に明らかにみるべき財産がない場合を除く。
(5) 免責調査型
　　免責の許否を判断するのに，管財人による免責不許可事由の有無に関する事実調査及び裁量免責の可否についての調査が必要であると認められる場合。
　　ただし，免責不許可事由の存在が明らかで免責不許可が確実な場合を除く。
(6) 財団形成型
　　ア　長期積立型
　　　　予定退職金などについて長期の積立を要する場合。
　　イ　不動産型
　　　　破産財団に不動産がある場合。
　　　　ただし，当該不動産の権利関係や現状に照らし売却が困難であることが客観的に明らかである場合や，被担保債権額が固定資産課税評価額の1.3倍を超えている場合を除く。
　　ウ　不当利得型
　　　　現に利息制限法の引き直し計算による不当利得返還請求訴訟が係属しており，かつ，勝訴の見込みがある場合。
第2　例えば，給与振込みにより，預貯金の残高が申立時点で一時的に高額となっているにすぎない場合など，事件の進行振り分けを第1の基準によることが相当でないと認められる場合には，これと異なった取扱いをすることができるものとする。

以　上

【資料6】同時廃止基準（仙台地裁）

同廃事件と管財事件の振分け基準（同廃基準）について
（平成17．1．1から実施）

仙台地方裁判所第4民事部

　管財事件と同廃事件の振分基準は下記のとおりとする。

第1　管財事件
　　以下の1から3までの要件のうち，いずれかを満たす場合には，原則として管財事件として手続を進めることとする。
　1　次の①から⑤に該当する財産が1つでもある場合
　　①　119万円以上の現金を保管している場合
　　②　20万円以上の預貯金（複数ある場合にはその合計額）がある場合
　　③　20万円以上の生命保険の解約返戻金（複数ある場合にはその合計額）がある場合
　　④　破産手続開始決定時に退職するとした場合に支払われる退職金の8分の1に相当する額が20万円以上の場合
　　⑤　その他評価額が20万円以上の財産がある場合
　2　1の要件にいずれも該当しない場合で，下記要件に該当する場合
　　　1の要件のどれにも該当しない場合でも，下記①〜③のいずれかに該当するときは，原則として管財事件として手続を進行させることとする。
　　①　不動産を所有している場合に，その被担保債権の残額が当該不動産の時価の概ね1.5倍以下の場合
　　②　保管現金が20万円以上ある場合で下記ア又はイに該当する場合
　　　　ア　現金の形成過程が不明又は不自然である場合。
　　　　イ　本来財団を構成する財産を直前に現金化している場合。
　　③　財産の合算額が下記ア・イに該当する場合
　　　　ア　保管現金が99万円以上ある場合で，その保管現金から99万円を差し引いた額とその他の財産の額の合算額が20万円以上の場合
　　　　イ　保管現金を除く財産の合算額が40万円以上の場合
　3　管財事件とすることが相当な場合
　　　前記1，2にかかわらず以下の場合においては，管財事件として手続を進めることとする。
　　①　財産調査が必要な場合
　　②　免責不許可事由について調査が必要な場合
第2　同時廃止事件
　　第1によって管財事件の要件に該当しない事件は，同時廃止事件として進行させることができる。

【資料7】自由財産拡張運用基準（大阪地裁）

自由財産拡張制度の運用基準

1 拡張の判断の基準
　拡張の判断に当たっては，まず①拡張を求める各財産について後記2の拡張適格財産性の審査を経た上で，②拡張適格財産について後記3の99万円枠の審査を行う。なお，99万円を超える現金は，後記2の審査の対象とはならず，後記3の99万円枠の審査の対象となる。

2 拡張適格財産性の審査
(1) 定型的拡張適格財産
　　以下の財産は，拡張適格財産とする。
　① 預貯金・積立金（なお，預貯金のうち普通預金は，現金に準じる。）
　② 保険解約返戻金
　③ 自動車
　④ 敷金・保証金返還請求権
　⑤ 退職金債権
　⑥ 電話加入権
　⑦ 申立時において，回収済み，確定判決取得済み又は返還額及び時期について合意済みの過払金返還請求権
(2) (1)以外の財産
　　原則として拡張適格財産とならない。
　　ただし，破産者の生活状況や今後の収入見込み，拡張を求める財産の種類，金額その他の個別的な事情に照らして，当該財産が破産者の経済的再生に必要かつ相当であるという事情が認められる場合には，拡張適格財産とする（相当性の要件）。
(3) 手続開始時に財産目録に記載のない財産
　　原則として拡張適格財産とならない。ただし，破産者が当該財産を財産目録に記載していなかったことにつきやむを得ない事情があると認められる場合については，その財産の種類に応じて(1)又は(2)の要件に従って拡張適格財産性を判断する。

3 99万円枠の審査
(1) 拡張適格財産の価額の評価
　　原則として時価で評価する。
　　ただし，敷金・保証金返還請求権（前記2(1)④）は契約書上の金額から滞納賃料及び明渡費用等（原則として60万円）を控除した額で評価し，退職金債権（同⑤）は原則として支給見込額の8分の1で評価し，電話加入権（同⑥）は0円と

して評価する。
(2) 現金及び拡張適格財産の合計額が99万円以下の場合
原則として拡張相当とする。
なお，後記(3)の場合に99万円超過部分に相当する現金を破産財団に組み入れることにより，財産の評価額を組入額分低減させ，実質的に拡張を求める財産の額を99万円以下とすることが可能である。
(3) 現金及び拡張適格財産の合計額が99万円を超える場合
原則として99万円超過部分について拡張不相当とする。
ただし，破産者の生活状況や今後の収入見込み，拡張を求める財産の種類，金額その他の個別的な事情に照らして，拡張申立てされた99万円超過部分の財産が破産者の経済的再生に必要不可欠であるという特段の事情が認められる場合には，例外的に拡張相当とする（不可欠性の要件）。

【資料8】自由財産拡張運用基準（名古屋地裁）

自由財産拡張制度の運用基準

◆ はじめに
　この基準は，個人である債務者の破産手続において，自由財産拡張の申立てがされていることを前提とした，原則的な運用基準を示すものである。

1　下記の①ないし⑥の財産であって，その評価額（注1，2）が20万円以下の場合
　　個人である破産者が有する下記の①ないし⑥までの財産については，原則として，拡張相当として換価等を行わない（ただし，注に示した例外的取扱いがあるほか，後記4における99万円上限基準が適用される場合があることに留意する。）。
　　なお，下記の①ないし⑥の財産であっても自由財産拡張の申立てがないものについては，破産管財人の判断により換価等を行うものとする。
　　　　　　　　記
　① 預貯金
　② 生命保険解約返戻金
　③ 自動車（注3）
　④ 居住用家屋の敷金債権
　⑤ 電話加入権（注4）
　⑥ 退職金債権（注5）
　　（注1）例えば，預貯金が複数口あるなど，同じ項目の財産が複数ある場合には，個々の財産を評価した上で，それを合算した項目別の総額をもって「評価額」とする。
　　（注2）評価額は20万円を超えるが，拡張申立てをした財産についての項目別総額が20万円以下の場合には，原則として，当該拡張申立てをした財産については拡張相当として換価等をしない。これに対し，拡張申立てがないものについては換価等を行うものとする。例えば，破産者が生命保険解約返戻金として17万円のものと13万円のものの2口を有しており，そのうちの1口17万円のものについてのみ拡張申立てをした場合において，拡張申立てがされた1口17万円のものについては，原則として，拡張相当として換価等をしないが，拡張申立てがない別の1口13万円のものについては換価等を行う。
　　（注3）推定新車価格（実際の購入価格ではなく，メーカーが発表している車両本体価格）が300万円以下の国産車（軽自動車を含む。）のうち，初年度登録後7年を経過しているときは，原則として，無価値とみなすことができる。
　　　　なお，破産管財人は，換価等を要しない場合であっても，自賠責法上の保有者責任との関係で放棄等の早急な処理を要することに留意する。

(注4) 電話加入権が複数本ある場合は，1本を除きすべて換価する。
(注5) 原則として，退職金債権の支給見込額の8分の1で評価するが，近々退職金支給が行われることが見込まれる場合には，退職金債権の支給見込額の4分の1で評価するなど，事案に応じた評価を行う。

2 前記1の①ないし⑥の財産であって，その評価額が20万円を超える場合
 (1) 破産者の生活状況や収入見込みに照らして，当該財産について拡張を認めることが相当でない事情がある場合は，拡張不相当として換価等を行う。(注6，7)
 (2) 上記(1)以外の場合（当該財産について拡張を認めることが相当でない事情がない場合）は，原則として，拡張相当として換価等を行わない（ただし，後記4における99万円上限基準が適用される場合があることに留意する。)。
　　(注6) 拡張を認めることが相当でない事情があるかどうかは，破産管財人の意見を聴いた上，具体的事案ごとに個別に判断するが，次のような類型については，原則として，拡張を認めることが相当でない事情があるものとして取り扱うものとする。
　　　ア 破産者の世帯収入が継続的又は反復して一定水準以上を維持する見込みがあり，毎月の家計収入において相当程度の余剰が生じている，又は生じることが見込まれる類型
　　　　〔例〕
　　　　・破産者自身又は同居の配偶者や親族が比較的高い収入を得ており，家計収支表上継続的に相当程度の余剰が生じることが見込まれる場合
　　　　・直近の家計収支表上余剰は少ないが，支出において浪費が認められ，それが改善されれば，継続的に相当程度の余剰が生じることが見込まれる場合
　　　イ 当該財産が破産者の経済的再生に必要とはいえない類型
　　　　〔例〕
　　　　・所有の自動車が事業や通勤等のために必要とはいえない場合
　　(注7) 退職金債権の支給見込額の8分の1相当額が20万円を超える場合には，8分の1相当額を最低基準として，事案に応じて積立てを指示する。その際の積立期間については，退職金債権の支給見込額の多寡，他の換価業務の状況等にもよるが，概ね1年間を目途とする。

3 前記1の①ないし⑥以外の財産及び破産手続開始後に発見された財産の場合
　原則として，拡張不相当として換価等を行う。
　ただし，破産管財人の調査の結果，破産者の生活状況や今後の収入見込みその他の個別的な事情に照らして，当該財産が破産者の経済的再生に必要不可欠であるという特段の事情が認められる場合には，破産管財人の意見を聴いた上，例外的に，

拡張相当として換価等を行わないことができる（ただし，後記4における99万円上限基準が適用される場合があることに留意する。）。（注8）
  （注8）破産手続開始後に発見された財産については，破産法が破産者等の説明義務を強化するとともに，破産者に重要財産の開示義務を課していることなどの趣旨に鑑み，当該財産が破産手続開始後に発見された経緯等を考慮して，特段の事情の有無の判断を慎重に行うことに留意する。

4　前記1ないし3の指針に従って拡張されると，最終的に自由財産の合計額が99万円を超える場合（注9）（注10）
 99万円を超えないよう配慮して，換価等を行う財産を選択する。（注11，12）
  （注9）破産者が有する現金についても合計額に算入されることに留意する（なお，ここに予納金は含まれない。）。
  （注10）換価等により得られた金銭の額及び換価等をしなかったものの価額の合計額が99万円以下である場合において，破産管財人の意見を聴いて相当と認めるときは，当該換価等により得られた金銭から破産管財人報酬及び換価費用等を控除した額の全部又は一部を破産者に返還させることができる。この場合，上記により破産者に返還された範囲については，自由財産拡張の裁判があったものとして取り扱う。
  （注11）同じ項目の財産が複数ある場合は，その一部を選択することができる。
  （注12）99万円を超える拡張の申立てがされた場合には，原則として認めないものとするが，破産管財人の調査の結果，前記3の特段の事情が認められる場合には，破産管財人報酬及び換価費用等を考慮した上，裁判所と99万円を超える拡張の可否について十分協議する。

5　この基準によることが不相当な事案への対処
 この基準によることが不相当と考えられる事案については，破産管財人の意見を聴いた上，この基準と異なった取扱いをする。

【資料9】自由財産拡張基準（広島地裁）

自然人管財事件の換価基準と自由財産範囲の拡張制度の運用方法

第1　換価基準
1　換価を要しない財産（原則として，財産目録に記載を要しないもの）
　　現住居の敷金，電話加入権1本，家財道具及び動産（1点20万円以上の高価品を除く。）
2　財産目録に記載を要するもの
　(1)　原則
　　　1以外の財産（自由財産である現金を含む。）は全て記載する。
　(2)　退職金等の取扱い
　　　退職金は，原則として，支給総額の8分の1を財産目録に記載する。ただし，以下の場合で，破産手続開始決定日から6か月以内に退職が見込まれる場合は，支給総額の4分の1を財産目録に記載する。退職金・期末・勤勉手当（ボーナス）等で，破産手続開始決定がなされた際に既に支給済みのもの（現金，預金を問わない。）は，その全額を財産目録に記載する。
　　ア　定年退職をする場合
　　イ　自己都合又は勧奨等により退職をする日が既に決定している場合
3　財産目録に記載を要するが財団組入をしない財産の指定
　　破産管財人は，破産者からの自由財産範囲拡張の申立前に，財産目録記載の財産について，総額99万円の範囲内（自由財産である現金を含む。）で，換価をせず，財団組入をしない財産を指定することができる。ただし，破産手続費用（管財人報酬，官報公告費用等）は，この指定財産には含まない。
4　破産管財人が，任意売却をした場合，自動車等の売却代金又は不動産の財団組入金は，原則として，全て財団へ組入することとし，自由財産範囲の拡張を認めない。
5　この基準は，破産者に総額99万円までの自由財産を残すことを保証するものではない（下記第2の2の(2)の必要性や不可欠性の程度による。）。また，財産目録提出までに，評価が困難な財産（例：不動産等）は自由財産に含まれないことがある。
第2　自由財産範囲拡張の裁判の運用方法
1　原則
　(1)　代理人弁護士申立事件の場合
　　　破産者からの申立て及び破産管財人の意見に基づいて裁判を行う。申立てがなされた場合，破産管財人からの意見書（又は財産目録）提出を待って速やかに裁判を行う。
　(2)　本人申立事件の場合（司法書士関与の事件は本人申立てに準ずる。）
　　　破産管財人から，上記第1の3の財産目録が提出された場合は，直ちに下記3のとおりの職権で裁判を行う。

2　申立てによる拡張の裁判
 (1)　破産者は，自由財産範囲の拡張を希望する場合は，自由財産範囲拡張の申立書を提出しなければならない（破産手続開始申立書に自由財産範囲拡張の申立てに関する内容を記載して拡張の申立てに代えても差し支えない。）。
 (2)　破産者は，拡張の申立て（破産手続開始申立書に記載する場合を含む。）にあたって，破産者が拡張を希望する財産を所持しなければならない必要性や不可欠性を疎明しなければならない。なお，必要性の程度は事案によって異なり，同一物が複数拡張対象に含まれる場合など，必要性の程度が低い対象物の場合は，併せて不可欠性の疎明をしなければならない。
 (3)　拡張の裁判は，①拡張の申立書又は管財人の意見書に裁判所の許可印を押す方法，②管財人提出の財産目録に許可印を押す方法，③別に許可決定を作成する方法のいずれによっても構わない。
3　職権による拡張の裁判
　　破産者からの申立前に，管財人が，上記第1の3で財団組入をしない財産の指定をした場合，裁判所は，財産目録記載の現金以外の財産のうち，換価をせず財団組入をしないものについて，職権で自由財産拡張の裁判をすることができる。

【資料10】自由財産拡張基準（高松地裁）

自然人管財事件における自由財産の範囲拡張の裁判制度運用基準

1　総論
　　自然人である破産者が破産手続開始決定時に有する財産のうち，差押禁止財産（破産法34条3項1号及び2号本文の範囲）を除く財産を対象として，破産管財手続において，当裁判所が，自由財産拡張の裁判により，これを認める範囲の運用基準を示すものである。
2　換価等をしない財産
(1)　個人である破産者が有する次のaからfの財産（以下，「換価不要財産」という。）については，原則として，拡張相当として，破産手続における換価又は取立て（以下，「換価等」という。）をしない。
　　a　預貯金のうち，相殺後の残高が20万円以下であるもの（複数口ある場合は，その合計額が20万円にみつるまで）
　　b　保険契約のうち，保険解約返戻（予定）金が20万円以下であるもの（複数口ある場合は，その合計額が20万円にみつるまで）
　　c　自動車のうち，処分見込評価額が20万円以下であるもの1台
　　d　破産者が現在居住用として使用している家屋の敷金・保証金返還請求権で，滞納賃料を控除した債権額が20万円以下であるもの
　　e　電話加入権
　　f　退職金債権のうち，支給見込額の8分の1相当額が20万円以下であるもの（ただし，退職金支給が近々行われることが明らかである場合には，支給見込額の4分の1相当額で評価するなど，事案に応じた評価を行う。）
(2)　ただし，換価不要財産の評価額合計が，現存保有現金を含め，99万円を超える場合には，99万円を超える範囲について，上記(1)の規定を適用せず，換価等を行う。なお，破産者の生活状況や今後の収入見込みに照らして，多くの自由財産を残すことなくして，破産者の経済的再生が可能と見込まれ，換価等をしないことが不相当と認めるときは，50万円を超える範囲（現存保有現金のうち，99万円の範囲内のものは除く）についても，事案に応じて，その一部又は全部につき，管財人の意見を聴いて，上記(1)の規定を適用せず，換価等を行う。
3　換価等をする財産
(1)　破産者が換価不要財産以外の財産を有する場合には，当該財産については，換価等を行う。
(2)　ただし，現金及び換価不要財産の評価額合計が99万円以内である破産者のうち，その経済的再生のために，換価不要財産以外の財産の一部又はその全部を継続保有させることが必要不可欠と見込まれ，相当と認めるときは，換価不要財産以外の財産の一部又はその全部についても，現金及び換価不要財産を含めて総額99万円の範囲内で，管財人の意見を聴いて，上記(1)の規定を適用せず，換価等をしないものとすることができる。

4 注意事項
　(1)　なお，20万円を超えて，99万円以内の現金を所持する者について，破産手続開始申立時を起算点として，その1年以上前から現金として保有していたものか否かにつき，釈明を求めた上，同申立以前1年内に，他の資産を現金化したものである場合（法166条参照）には，その現金化の必要性，相当性につき，管財人を通じて，調査の上，その必要性，相当性が明確でない場合には，現金化前の資産を破産手続開始決定時点で保有するものとして取り扱うことがある。
　(2)　破産手続開始後に発見された財産については，原則として，拡張不相当として，換価等を行う。
　(3)　免責不許可事由が認められる事案については，この基準に照らし，換価等を要しないものについても，自由財産拡張の裁判を行わず，その一部又は全部につき，管財人等の意見を聴いて，換価等を指示することがある。
　(4)　この基準により換価等を要しない財産についても，換価の上，得られた金銭のうち，99万円を超えない範囲で，この基準に照らして，その一部又は全部につき，破産者に返還する措置ができる。
　(5)　この基準により，換価等をしない措置及び換価の上，得られた金員の破産者への返還措置が採られたものについては，その範囲内で自由財産拡張の裁判があったものとして取り扱う。
　(6)　この基準によることが不相当と考えられる特段の事由が認められる事案については，管財人の意見を聴いた上，この基準と異なった取扱いをすることがある。

【資料11】個人破産の換価基準（東京地裁）

個人破産の換価基準

1 換価等をしない財産
 (1) 個人である破産者が有する次の①から⑩までの財産は，原則として破産手続における換価又は取立て（以下「換価等」という）をしない。
  ① 99万円に満つるまでの現金
  ② 残高が20万円以下の預貯金
  ③ 見込額が20万円以下の生命保険契約解約返戻金
  ④ 処分見込価額が20万円以下の自動車
  ⑤ 居住用家屋の敷金債権
  ⑥ 電話加入権
  ⑦ 支給見込額の8分の1相当額が20万円以下である退職金債権
  ⑧ 支給見込額の8分の1相当額が20万円を超える退職金債権の8分の7
  ⑨ 家財道具
  ⑩ 差押えを禁止されている動産又は債権
 (2) 上記(1)により換価等をしない場合は，その範囲内で自由財産拡張の裁判があったものとして取り扱う（ただし，①，⑨のうち，生活に欠くことのできない家財道具及び⑩は，破産法34条3項所定の自由財産である。）。
2 換価等をする財産
 (1) 破産者が上記①～⑩に規定する財産以外の財産を有する場合は，当該財産については，換価等を行う。ただし，破産管財人の意見を聴いて相当と認めるときは，換価等をしないものとすることができる。
 (2) 上記(2)ただし書により換価等をしない場合には，その範囲内で自由財産拡張の裁判があったものとして取り扱う。
3 換価等により得られた金銭の債務者への返還
 (1) 換価等により得られた金銭の額及び上記1(1)の①～⑦の財産（⑦の財産の場合は退職金の8分の1）のうち換価等をしなかったものの価額の合計額が99万円以下である場合で，破産管財人の意見を聴いて相当と認めるときは，当該換価等により得られた金銭から破産管財人報酬及び換価費用を控除した額の全部又は一部を破産者に返還させることができる。
 (2) 上記(1)により破産者に返還された金銭に係る財産については，自由財産拡張の裁判があったものとして取り扱う。
4 この基準によることが不相当な事案への対応
  この基準によることが不相当と考えられる事案は，破産管財人の意見を聴いた上，この基準と異なった取扱いをするものとする。

【資料12】個人破産の換価基準（福岡地裁）

自然人の管財事件における換価基準

第1 換価等をしない財産
1 破産者が有する次の(1)から(9)の財産については，破産手続における換価又は取立て（以下「換価等」という。）をしない。ただし，破産管財人の意見を聴いて相当と認める場合は，法定自由財産でないものについて，換価等をすることができる。
 (1) 99万円に満つるまでの現金
 (2) 預貯金（残高合計が20万円以下である場合に限る。）
 (3) 生命保険解約返戻金（見込額合計が20万円以下である場合に限る。）
 (4) 自動車（処分見込額合計が20万円以下である場合に限る。）
   ただし，初年度登録から5年を経過したものについては，外車又は排気量2500ccを超えるものでない限り，処分見込額を0円とみなす。
 (5) 居住用家屋の敷金返還請求権
 (6) 電話加入権
 (7) 退職金債権のうち支給見込額の8分の7相当額（8分の1相当額が20万円以下である場合には，当該退職金債権の全額）
 (8) 家財道具
 (9) 差押えを禁止されている動産又は債権
2 前項により換価等をしないことが財産状況報告集会において裁判所によって了承された財産については，自由財産拡張の裁判があったものとして取り扱う。

第2 換価等をする財産
1 破産者が第1の1項(1)から(9)に規定する財産以外の財産（財産の種類が同(1)から(9)に該当しない財産と合計額が上限額を超える財産の双方を含む。）を有する場合には，当該財産については，すべて換価等を行う。ただし，破産管財人の意見を聴いて相当と認めるものについては，換価等をしないものとすることができる。
2 前項ただし書により換価等をしないことが財産状況報告集会において裁判所によって了承された財産については，自由財産拡張の裁判があったものとして取り扱う。

第3 換価等により得られた金銭の破産者への返還
1 換価等により得られた金銭は，破産管財人の意見を聴いて，換価等しない財産（第1の1項(7)の財産については，退職金支給見込額の8分の1で評価し，同(8)(9)の財産の額は算入しない。）との合計額が99万円に満つるまでの範囲内で相当と認める額を，破産者に返還することができる。
2 前項の規定により破産者に返還することが財産状況報告集会において裁判所に

よって了承された金銭については，自由財産拡張の裁判があったものとして取り扱う。

第4 自由財産拡張の申立て等
1 破産者は，第2の1項ただし書，第3の1項又は第5の適用により自由財産とすることを求める場合は，速やかに，裁判所及び破産管財人に対し，自由財産の拡張に関する上申書を提出するとともに，破産管財人に対し，協議の申出を行う。裁判所ないし破産管財人が第1の1項ただし書を適用しようとする場合で，破産者が換価等しないことを求めるときも同様とする。
2 破産管財人との協議が整わない場合又は自由財産とすることが財産状況報告集会において裁判所によって了承されないことが見込まれる場合は，裁判所に対し，自由財産拡張の申立書を提出する。財産状況報告集会の前に自由財産とすることを求める場合も同様とする。
3 裁判所は，自由財産拡張の申立てを却下する場合又は財産状況報告集会の前に自由財産拡張を認める場合は，自由財産拡張の申立てに対する明示の裁判を行う。

第5 この基準によることが不相当な事案への対応
　この基準によることが不相当と考えられる事案については，破産管財人の意見を聴いた上，この基準と異なった取扱いをすることもできるものとする。

【資料13】個人破産の換価基準（札幌地裁）

個人破産の財産の換価について

1 換価等をしない財産
 (1) 個人である債務者が有する①から⑩までの財産については、原則として、破産手続における換価又は取立て（以下「換価等」という。）をしない。
　① 99万円に満つるまでの現金
　② 残高が20万円以下の預貯金
　③ 見込額が20万円以下の生命保険解約返戻金
　④ 処分見込価額が20万円以下の自動車
　⑤ 居住用家屋の敷金債権
　⑥ 電話加入権
　⑦ 支給見込額の8分の1相当額が20万円以下である退職金債権
　⑧ 支給見込額の8分の1相当額が20万円を超える退職金債権の8分の7
　⑨ 家財道具
　⑩ 差押えを禁止されている動産又は債権
 (2) 1(1)により換価等をしない場合には、その範囲内で自由財産の範囲拡張の裁判があったものとして取り扱う。
2 換価等をする財産
 (1) 債務者が1(1)の①から⑩までに規定する財産以外の財産を有する場合には、その財産については、換価等を行う。ただし、破産管財人の意見を聴いて相当と認めるときは、換価等をしないものとすることができる。
 (2) 2(1)ただし書により換価等をしない場合には、その範囲内で自由財産の範囲拡張の裁判があったものとして取り扱う。
3 換価等により得られた金銭の債務者への返還
 (1) 20万円を超える預貯金の払戻し又は20万円を超える生命保険解約返戻金の返戻があった場合において、破産管財人の意見を聴いて相当と認めるときは、その金銭の中から20万円を債務者に返還させることができる。
 (2) 換価等により得られた金銭の額及び1(1)の①から⑦までの財産（⑦の財産にあっては、退職金の8分の1）のうち換価等をしなかったものの価額の合計額が99万円以下である場合において、破産管財人の意見を聴いて相当と認めるときは、換価等により得られた金銭から破産管財人報酬及び換価費用を控除した額の全部又は一部を債務者に返還させることができる。
 (3) 3(1)、(2)により債務者に返還された金銭に係る財産については、自由財産の範囲拡張の裁判があったものとして取り扱う。
4 この基準によることが不相当な事案への対処
　　この基準によることが不相当と考えられる事案については、破産管財人の意見を聴いた上、この基準と異なった取扱いをするものとする。

【資料14】破産事件における過払金の取扱いについて（大阪地裁）

重　要

平成19年3月6日

申立代理人・破産管財人各位

破産事件における過払金の取扱いについて

大阪地方裁判所第6民事部

> 当部における過払金の取扱いについてお知らせします。
> 同時廃止事件については，既に昨年からこれに基づいた運用を開始していますが，管財事件についても，早速運用を開始させていただきます。特に，管財事件における自由財産拡張基準については，従前の基準を一部変更することになりますので，十分にご注意ください。

――――運用基準の要旨（詳しい説明は，2枚目以下をご覧ください。）――――

（同時廃止事件）

1 どのような場合に過払金調査を要するか
　平成11年以前（同年を含む。）に取引を開始した利息制限法超過の貸金契約については，過払金の調査が必要となる。
2 どのような場合に過払金の回収を要するか
　調査の結果，額面額（引直し計算した後の過払金返還請求権額）の合計額が，
　(1) 30万円未満の場合　→　原則として回収は不要。
　(2) 30万円以上の場合　→　このままでの同時廃止はできない。管財事件に移行するか，額面額の合計をあん分弁済するかしない限り，申立代理人において過払金の回収を要する。
3 どのような場合にあん分弁済を要する（又は，あん分弁済が可能）か
　過払金を回収し，そこから相当な範囲の回収費用・報酬を控除した後の合計額が，
　(1) 20万円未満の場合
　　→　原則としてあん分弁済は不要（もともとの額面額の合計額が30万円以上であったとしても，回収額から上記回収費用・報酬を控除した後の額が20万円未満なら，あん分弁済は不要。）。
　(2) 20万円以上100万円以下の場合
　　→　原則としてあん分弁済が可能。
　(3) 100万円を超える場合

→ 原則としてあん分弁済はできない（管財事件へ移行する。）。

(管財事件～新しい自由財産拡張基準)

　以下の要件を充たす過払金は，原則拡張相当とするが，これを充たさない過払金は，従前どおり，原則拡張不相当（「必要不可欠性の要件」を充たす場合にのみ拡張相当）となる。

① 破産申立てまでに，過払金の返還額及び返還時期についての合意ができているか，又は，既に過払金を回収済みであること。
② 申立時に提出する財産目録にその旨が記載されていること。
③ 拡張対象となる財産の評価額が合計99万円を超えないこと。

同時廃止事件における過払金の運用基準

1　過払金調査の対象となる取引

　平成18年中に破産申立てを受理した事件については，平成10年以前に取引を開始したものについて調査をお願いしていましたが，平成19年に破産申立てを受理した事件については，平成11年以前に取引を開始したものについて調査をお願いします。
　なお，利息制限法の制限内の取引であることが明らかな場合には原則として調査を求めませんし，住所も分からないようないわゆるヤミ金についても調査を求めません。

2　調査結果の報告とその添付文書

(1) 裁判所から過払金調査を求められて調査を行う場合
　　調査の結果が出ましたら，過払金の有無・額を記載した報告書を提出してください。その際，申立代理人作成の引直し計算書を添付してください（ただし，必要に応じて，業者作成の取引履歴の提出を求めることがあります。）。
(2) 申立前に過払金調査が済んでいる場合
　ア　申立前に過払金がないことが判明している場合
　　　申立前の過払金調査によって過払金がないことが判明している場合は，債権者一覧表の備考欄にその旨を明記してください。また，債権調査票に申立代理人作成の引直し計算書を添付してください。
　イ　申立前に過払金があることが判明しているが回収未了の場合
　　　申立前の過払金調査によって過払金の存在・額が判明しているが，回収は未了

である場合は，財産目録の「14　その他，近日中に取得することが見込まれる財産」の欄に，次のとおり記載してください。
　　(ｱ)　まず，申立時点で既に業者との和解ができている場合は，「金額（円）」欄に，額面額（利息制限法に引き直した後の過払金返還請求権額をいいます。）及び和解額を，「額面額（和解額）」といった形で記載してください（和解契約書ができている場合は，これも提出してください。）。また，入金時期についても付記してください。
　　(ｲ)　これに対し，申立時点で業者との和解ができていない場合は，「金額（円）」欄に，「額面額（和解未了）」といった形で記載してください。また，交渉状況についても上申書等でお知らせください。
　ウ　申立前に過払金の回収を完了している場合
　　申立前に過払金の回収を完了している場合には，財産目録の「現金」欄に回収額（控除している費用等があれば控除後の額）を記載することになりますが，それが過払金を回収したものであるという来歴を必ず付記してください。また，上申書等により，和解内容，控除した費用，既に「有用の資」に充てている場合はその額及びその具体的使途についても明らかにしてください。

| 3　過払金についてのあん分弁済基準 |

(1)　あん分弁済基準の概要
　ア　どのような場合に過払金の回収を要するか
　　過払金調査の結果，額面額の合計が30万円未満となる場合には，過払金の回収は必要ありません。そのまま同時廃止決定をすることになります。
　　これに対し，額面額の合計が30万円以上となる場合は，そのままでは同時廃止決定をすることはできません。この場合，管財事件に移行するか，額面額の合計をあん分弁済しない限り，申立代理人において過払金の回収を要することになります。
　イ　どのような場合にあん分弁済を要する（又は，あん分弁済が可能）か
　　上記のように過払金の回収を要するとされた場合，実際の回収額から相当な範囲の回収費用・報酬の控除をした残額によって，次のとおり，あん分弁済を要するか（又は，あん分弁済が可能か）が決まります。
　　すなわち，上記残額が20万円未満の場合は，原則としてあん分弁済は必要ありません（もともとの額面額が合計30万円以上であったとしても，上記残額が20万円未満であれば，原則としてあん分弁済は必要ありません。）。
　　これに対し，上記残額が20万円以上100万円以下の場合は，あん分弁済によって同時廃止をすることが原則として可能となります。
　　一方，上記残額が100万円を超える場合は，原則として，あん分弁済によって同時廃止をすることはできません（管財手続に移行することになります。）。

(2) 補足説明

ア 上記の基準は、他の財産についての考え方（月刊大阪弁護士会2006年9月号47頁「増刊はい6民です お答えします『同時廃止申立てQ&Aver 2.0（弁護士用）』Q54」等参照）を、基本的にそのまま当てはめたものです。

したがって、申立前に過払金を回収したことにより、申立時には現金となっている場合であっても、実質的危機時期以降に回収したものである限り、現金化する前の過払金債権として扱うことになりますから、上記の基準に基づいてあん分弁済の要否が判断されることになります（ただし、後述の新しい自由財産拡張基準のとおり、管財手続に移行して自由財産拡張申立てをすれば、原則として拡張相当ということになります。）。

また、現金化した財産を既に相当額の弁護士費用ややむを得ない生活費等の「有用の資」に充てている場合は、その部分についてはあん分弁済の対象から外れることになります。

イ ただし、過払金については、①額面額の合計が30万円未満であれば回収を要しないものとしている点（したがって、額面額が30万円未満であれば、その後に20万円以上の支払を受ける旨の合意ができた場合であっても、原則としてあん分弁済を求めることはありません。）、②実際の回収額から、相当な範囲の回収費用・報酬の控除を認めている点において、若干の修正を行っていることになります。

4 あん分弁済額の確定手続

申立代理人は、業者との合意ができて回収額が確定し、控除を求める回収費用・報酬の額も確定したところで、裁判所に対し、あん分弁済額及びあん分弁済を行う時期の見込みを報告してください。この報告に当たっては、和解契約書も添付していただきますが、和解契約書の作成が間に合わない場合は、和解内容を記載した上申書を提出し、和解契約書は後日追完してください。

裁判所は、控除を求める回収費用・報酬の額が相当であり、申立代理人の報告どおりのあん分弁済額が相当であると考えれば、原則として同時廃止決定をします。他方で、上記控除額の相当性に疑義が生じ、これが払拭できなければ、当該事件を管財手続に移行させていただくことになります。

管財事件における過払金の運用基準

1 過払金に対する自由財産拡張の従前の取扱い

従前、過払金については、当部における自由財産拡張制度の運用基準（「破産管財手続の運用と書式」423頁）の「3」に該当する財産（過払金債権）に該当するもの

とみて，原則として拡張不相当であり，「必要不可欠性の要件」を充たす場合に限って拡張相当とする扱いとしてきました。

2 新しい自由財産拡張基準～原則拡張相当となる過払金

しかし，一定の条件を充たす過払金については，自由財産拡張制度の運用基準の「1」に該当する財産に含まれるものとみて，拡張対象となる財産の評価額が合計99万円を超えない限り，原則として拡張相当とする扱いに改めることとしました（したがって，自由財産拡張制度の運用基準の「1」に該当する財産は，これまでの6項目から，一定の条件を充たす過払い金を含めた7項目に変更することになります。）

ただし，過払金が原則拡張相当となるためには，以下のいずれかの条件を充たす必要があります。
① 破産申立てまでに，申立代理人と業者との間で，過払金の返還額及び返還時期についての合意ができている場合（なお，返還金の振込先は，申立代理人名義の預り金口座のように，申立代理人が管理する口座としてください。）
② 破産申立てまでに，申立代理人が業者から過払金を回収し，現金化している場合

3 新しい自由財産拡張基準についての補足説明

(1) 業者との間の「合意」について

2①にいう「合意」については，書面による合意に限らず，口頭での合意であっても差し支えありません。ただし，書面による合意に至っていない場合は，申立時に裁判所に提出する財産目録等に，口頭での合意が既にできていること及びその合意の内容を必ず明示してください（なお，業者との間に過払金の返還に係る確定判決があるような場合も，合意ができている場合に準じて考えます。）。

他方，「合意」は破産申立時にできていることが必要です。したがって，破産申立後に合意ができたとしても，原則拡張相当と扱うことはできず，従前どおり過払金債権として，「必要不可欠性の要件」を充たさない限り，拡張不相当となります。

(2) 費用等の控除と財産目録等への記載方法

申立代理人は，同時廃止の場合と同様，回収ないし合意済みの過払金からも，相当な範囲で回収費用・報酬を控除することができます。

まず，過払金につき合意済みの場合は，「⑯その他の財産目録」の「簿価等」欄に和解額を，「回収見込額」欄に回収費用・報酬を控除した後の金額を，「備考」欄に額面額や回収費用・報酬として控除を希望する額を注記しておいてください。

つぎに，過払金につき回収済みの場合は，財産目録の「現金」欄に，回収費用・報酬を控除した後の金額を記載してください（過払金を回収した分であることも付記してください。）。また，「申立直前の処分行為等一覧表」にも記載し，「参考となるべき事項」欄に，和解内容や回収費用・報酬として控除した金額を記載してくだ

さい（回収済みの過払金の一部を既に「有用の資」に充てている場合は、同様に充てた額及び具体的使途を記載してください。）。
　なお、将来的には、定型書式である「破産申立書（自然人・管財事件用）」に「過払金目録」を追加することを検討しております。

| 4 　予納金準備のための過払金回収の可否、回収後の保管 |

　過払金が存在するために管財事件となった場合（同時廃止事件から移行する場合を含む。）であっても、管財事件としての予納金を要することは他の事件と同様です。
　この予納金を準備するために、申立代理人が過払金を回収したり、既に回収済みの過払金を予約金に充てたりすることは否定されるものではありません。ただ、この場合、回収した過払金から予納金分を管財人に対して引き継ぐとともに、その残額（ただし、回収費用・報酬及び既に「有用の資」に充てている場合はその額も除きます。）については、自由財産拡張についての判断が出るまで申立代理人において保管しておいてください。

※　個別事案につき、過払金回収の要否、あん分弁済の要否等について疑問が生じた場合は、ご遠慮なく当部までお問い合わせください。

【資料15】民事再生事件の手続費用（東京地裁）

民事再生事件の手続費用一覧

【通常再生事件】
1　申立手数料（貼付印紙額）　10,000円
2　予納金基準額（法人・個人とも申立時6割，開始決定後2か月以内に4割の分納を認める）
　(1)　法人
　　　法人基準表のとおり
　　　関連会社は1社50万円とする。
　　　ただし，規模によって増額する場合がある。

法人基準表

負債総額		基準額
	5千万円未満	200万円
5千万円～	1億円未満	300万円
1億円～	5億円未満	400万円
5億円～	10億円未満	500万円
10億円～	50億円未満	600万円
50億円～	100億円未満	700万円
100億円～	250億円未満	900万円
250億円～	500億円未満	1000万円
500億円～	1000億円未満	1200万円
	1000億円以上	1300万円

　(2)　個人
　　①　再生会社の役員又は役員とともに会社の債務の保証をしている者の申立　25万円
　　　ただし，会社について債権者集会の決議がされた後の申立ての場合は35～50万円
　　②　会社について民事再生の申立てをしていない会社役員の申立て
　　(1)　会社について法的整理・清算の申立てがされた後の申立て　50万円
　　(2)　会社について法的整理・清算を行なっていない場合
　　　　負債額5000万円未満　　80万円
　　　　負債額5000万円以上　　100万円
　　　　負債額　50億円以上　　200万円
　　　　ただし，債権者申立ての破産手続が先行している場合，公認会計士の補助を得て会計帳簿の調査を要する場合などにおいては，金額が増額される。
　　③　非事業者（①又は②に該当する場合を除く）
　　　　負債額5000万円未満　　50万円
　　　　負債額5000万円以上　　80万円
　　④　従業員を使用していないか，又は従業員として親族1人を使用している事業者
　　　　100万円
　　⑤　親族以外の者又は2人以上の親族を従業員として使用している事業者（従業員が4人以下である場合に限る）
　　　　負債額1億円未満　　200万円
　　　　負債額1億円以上　　法人基準表の基準額から100万円を控除した額。
　　⑥　5人以上の従業員を使用している事業者
　　　　法人基準表のとおり
3　予納郵便切手　3,880円
　　　（内訳　420円×4枚，200円×2枚，80円×20枚，10円×20枚）
　　　※　法人・個人を問わず，関連事件についての郵便切手は予納不要

【個人再生事件】
1　申立手数料（貼付印紙額）　　10,000円
2　予　納　金　　　　　　　　　11,928円
3　予納郵便切手　　　　　　　　1,600円（内訳　80円×15枚　20円×20枚）

【資料16】民事再生事件の手続費用（個人用）（大阪地裁）

民事再生事件の手続費用について（個人用）

大阪地方裁判所第6民事部

1 申立手数料（貼用印紙額）
   1万円
2 予納金の目安（監督委員選任型の場合）
 (1) 再生法人の代表者の申立て　40万円以上（原則，補助者を使用しない）
    ただし，法人の再生手続の計画案提出前に申し立てた場合に限る。それ以外の場合は，後記(2)の基準による。また，再生法人の役員や法人の債務の保証をしている者についても債務の内容等を考慮し，同様の取扱いを行う場合がある。
 (2) その他の個人の場合
  ① 法人代表者，役員（上記(1)の場合を除く。）
     負債額8000万円未満　　　90万円以上
     負債額8000万円以上　　　120万円以上
     負債額　8億円以上　　　　200万円以上
  ② 非事業者（原則，補助者を使用しない。）
     負債額8000万円未満　　　60万円以上
     負債額8000万円以上　　　70万円以上
     負債額　8億円以上　　　　130万円以上
  ③ 従業員を使用していないか，又は従業員が同居（同一家計）の親族である場合の事業者
                             100万円以上
  ④ ③以外の事業者
     法人の場合の予納額の目安（別紙2の2（編注：略）記載の表の「申立時の予納金額」欄を参照）から100万円を控除した額（負債額1億円未満の場合であれば200万円以上）
 (注1) 実際の金額は具体的な事案の内容に応じて異なります。
 (注2) 対象事件は，個人の通常再生申立事件で，かつ代理人弁護士による申立事件のみとします。
 (注3) 負債総額には，住宅ローンの残額及び別除権行使によって回収可能な金額を含みます。
 (注4) 原則，補助者を使用しないとされている類型であっても，補助者を使用した場合には，その費用分が加算されます。
3 予納郵券
   8200円（内訳　500円、50円、20円、10円各10枚、80円30枚）

【資料17】 個人再生の標準スケジュール（東京地裁）

個人債務者再生手続標準スケジュール

東京地方裁判所民事第20部

手　　続	申立日からの日数
申立て	0日
個人再生委員選任	0日
手続開始に関する個人再生委員の意見書提出	3週間　※
開始決定	4週間（1月）※
債権届出期限	8週間
再生債務者の債権認否一覧表，報告書（法124Ⅱ・125Ⅰ）の提出期限	10週間
一般異議申述期間の始期	10週間
一般異議申述期間の終期	13週間
評価申立期限	16週間
再生計画案提出期限	18週間
書面決議又は意見聴取に関する個人再生委員の意見書提出	20週間
書面による決議に付する旨又は意見を聴く旨の決定	20週間（5月）
回答書提出期限	22週間
認可の可否に関する個人再生委員の意見書提出	24週間
再生計画の認可・不認可決定	25週間（6月）

※　給与差押えのおそれ等がある場合には，個人再生委員の意見を聴いた上，同委員の意見書の提出期限及び開始決定の時期を早めるものとする。

【資料18】個人再生の標準スケジュール(大阪地裁)

【現在の標準スケジュール】

(かっこ内は申立てからの日数)

① 申立て
　　↓　2週間
② 手続開始決定(14日)
　　↓　4週間
③ 債権届出期間の終期(42日)
　　↓　3日後
④ 異議申述期間の始期(45日)
　　↓　2週間
⑤ 異議申述期間の終期(59日)
　　↓　1週間
⑥ 再生計画案提出期限(66日)
　　↓　3日後
⑦ 書面による決議に付する旨の決定又は意見聴取決定(69日)
　　↓　4週間
⑧ 書面による決議の回答期間又は意見聴取期間満了(97日)
　　↓　3日後
⑨ 認可決定(100日)

【資料19】個人再生・財産目録(東京地裁)

財産目録(一覧)

* 1から16の項目について、あってもなくてもその旨を確実に記載します。
　【有】と記載したものは、別紙(細目)にその部分だけを補充して記載します。

1　申立時に保有する現金　　　　　　　　　　　　　　　　　【有】　【無】
2　預金・貯金　　　　　　　　　　　　　　　　　　　　　　【有】　【無】
　　□過去2年以内に口座を開設したことがない。
3　公的扶助(生活保護、各種扶助、年金など)の受給　　　　　【有】　【無】
4　報酬・賃金(給料・賞与など)　　　　　　　　　　　　　 【有】　【無】
5　退職金請求権・退職慰労金　　　　　　　　　　　　　　　【有】　【無】
6　貸付金・売掛金等　　　　　　　　　　　　　　　　　　　【有】　【無】
7　積立金等(社内積立、財形貯蓄、事業保証金など)　　　　　【有】　【無】
8　保険(生命保険、傷害保険、火災保険、自動車保険など)　　【有】　【無】
9　有価証券(手形・小切手、株券、転換社債)、ゴルフ会員権など　【有】　【無】
10　自動車・バイク等　　　　　　　　　　　　　　　　　　　【有】　【無】
11　過去5年間において、購入価格が20万円以上の物　　　　　【有】　【無】
　　　　　　　　　(貴金属、美術品、パソコン、着物など)
12　過去2年間に処分した評価額又は処分額が20万円以上の財産　【有】　【無】
13　不動産(土地・建物・マンション)　　　　　　　　　　　 【有】　【無】
14　相続財産(遺産分割未了の場合も含みます)　　　　　　　 【有】　【無】
15　事業設備、在庫品、什器備品等　　　　　　　　　　　　　【有】　【無】
16　その他、換価・回収が可能となる財産　　　　　　　　　　【有】　【無】
　　□過払いによる不当利得返還請求権　　　□その他

財産目録（細目）

* 該当する項目部分のみを記載します。

1 現金　　　　　　　　　　　　　　　　　　　　　　　　＿＿＿＿＿＿円
  * 申立時に保有する現金があれば全額を記載します。

2 預金・貯金
  * 解約の有無及び残額の多寡にかかわらず各通帳の表紙を含め、過去２年以内の取引の明細がわかるように全ページの写しを提出します。
  * 表紙を含めた通帳の写しを提出しますので、口座番号は記載しません。

金融機関・支店名（郵便局を含む）	口座数	申立時の残額
	口	円

3 公的扶助（生活保護、各種扶助、年金など）の受給
  * 生活保護、各種扶助、年金などをもれなく記載します。
  * 受給証明書の写しも提出します。
  * 金額は、１か月に換算します。

種類	金額	開始時期	受給者の名前
	円／月	平・昭　年　月　日	

4 報酬・賃金（給料・賞与など）
　申立書添付の収入一覧記載のとおり

5 退職金請求権・退職慰労金
  * 退職金の見込額を明らかにするため、使用者又は代理人作成の退職金計算書を添付します。

6 貸付金・売掛金等
  * 相手の名前、金額、発生時期、回収見込の有無及び回収できない理由を記載します。
  * 金額は、回収可能な金額です。

相手方	金額	発生時期	回収見込	回収不能の理由
	円	平・昭　年　月　日	□有　□無	

7 積立金等(社内積立、財形貯蓄、事業保証金など)

種　類	金　額	開　始　時　期
	円	平・昭　年　月　日

8 保険(生命保険、傷害保険、火災保険、自動車保険など)
　＊申立人が契約者で、未解約のもの及び過去2年以内に失効したものを必ず記載します(出捐者が債務者か否かを問いません。)。
　＊保険証券及び解約返戻金計算書の各写し、失効した場合にはその証明書(いずれも保険会社が作成したもの)を提出します。

保険会社名	証券番号	解約返戻金額
		円

9 有価証券(手形・小切手、株券、転換社債、ゴルフ会員権など)
　＊種類、取得時期、担保差入の有無及び評価額を記載します。
　＊証券の写しも提出します。

種　類	取　得　時　期	担保差入	評価額
	平・昭　年　月　日	□有　□無	円

10 自動車・バイク等
　＊車名、購入金額、購入時期、年式、所有権留保の有無及び評価額を記載します。
　＊自動車検査証又は登録事項証明書の写しを提出します。

車　名	購入金額	購入時期	年　式	所有権留保	評価額
	円	平・昭　年　月　日	年	□有　□無	円

11 過去5年間において、購入価格が20万円以上の物
　　(貴金属、美術品、パソコン、着物など)
　＊品名、購入価格、取得時期及び評価額(時価)を記載します。

品　名	購入金額	取　得　時　期	評　価　額
	円	平成　年　月　日	円

12　過去2年間に処分した評価額又は処分額が20万円以上の財産
　＊過去2年間に処分した財産で、評価額又は処分額のいずれかが20万円以上の財産をすべて記載します。
　＊不動産の売却、自動車の売却、保険の解約、定期預金の解約、ボーナスの受領、退職金の受領、敷金の受領、離婚に伴う給付などを記載します。
　＊処分に関する契約書・領収書の写しなど処分を証明する資料を提出します。
　＊不動産を処分した場合には、処分したことがわかる登記簿謄本を提出します。

財産の種類	処分時期	入手額	使途	処分の相手方
	平成　年　月　日	円		

13　不動産（土地・建物・マンション）
　＊不動産の所在地、種類（土地・借地権付建物・マンションなど）を記載します。
　＊共有などの事情は、備考欄に記入します。
　＊登記簿謄本を提出します。
　＊遺産分割未了の不動産も含みます。

不動産の所在地	種　類	備　考

14　相続財産（遺産分割未了の場合も含みます）
　＊被相続人、続柄、相続時期及び相続した財産を記載します。

被相続人	続　柄	相　続　時　期	相続財産
		平・昭　年　月　日	

15　事業設備、在庫品、什器備品等
　＊品名、個数、購入時期及び評価額を記載します。

品　名	個　数	購　入　時　期	評　価　額
		平・昭　年　月　日	円

16　その他、換価・回収が可能となる財産
　＊相手方の名前、金額及び時期などを記載します。
　＊現存していなくても回収可能な財産は、清算価額算定の基礎となります。
　＊ほかの項目に該当しない財産（敷金、保証金など）もここに記載します。

相手方	金　額	時　期	備　考
		平・昭　年　月　日	

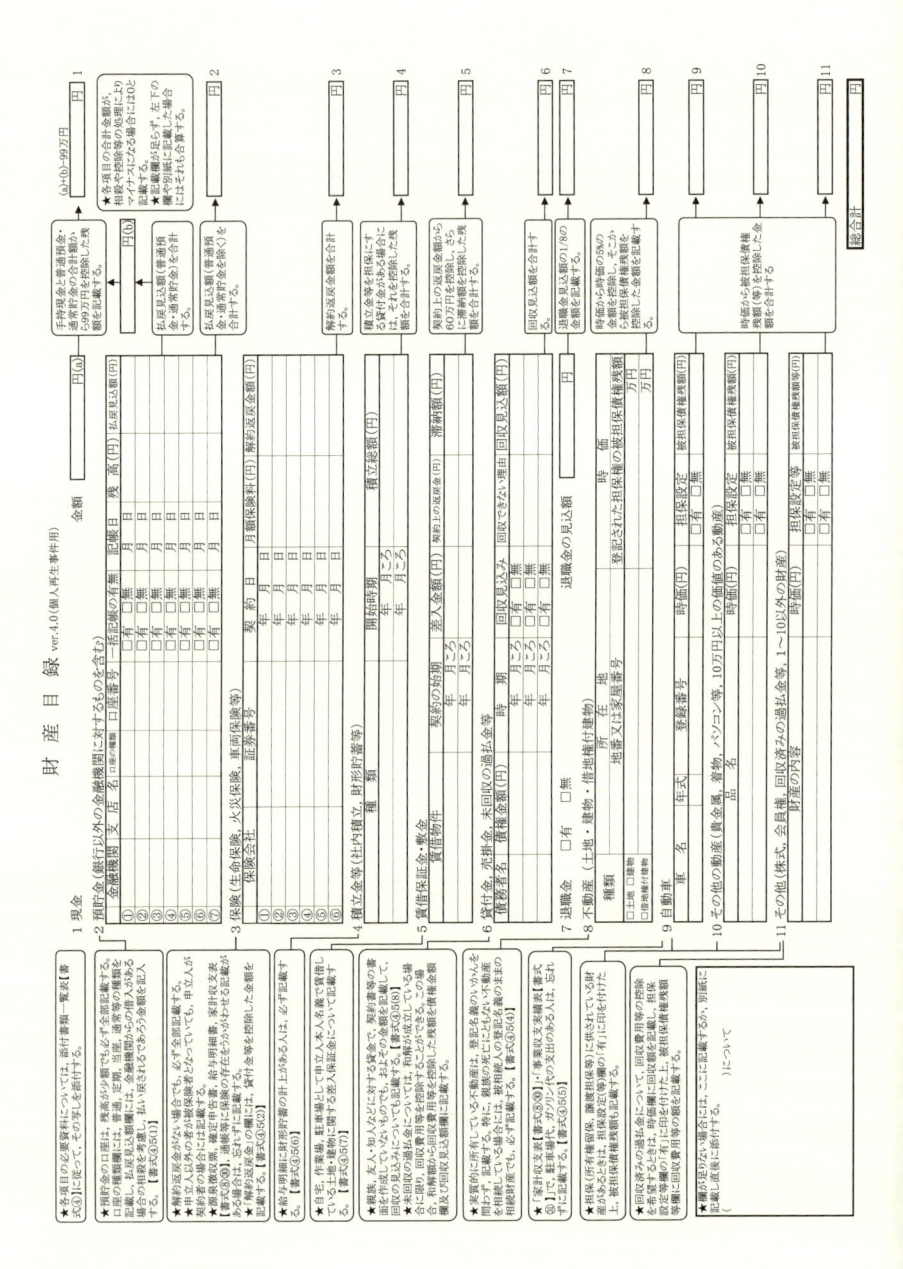

【資料20】個人再生・財産目録（大阪地裁）

財 産 目 録 ver.4.01（個人再生事件用）

1 現金
手持現金と普通預金・通常貯金の合計金額が99万円を超える場合にはその額を記載する。
金額 _____ 円 ①

2 預貯金（銀行以外の金融機関に対するものを含む）

金融機関	支店名	口座種別	口座番号	記帳日	残高（円）	一括記帳の有無	払戻見込額（円）
①				年 月 日		□有 □無	
②				年 月 日		□有 □無	
③				年 月 日		□有 □無	
④				年 月 日		□有 □無	
⑤				年 月 日		□有 □無	
⑥				年 月 日		□有 □無	

払戻見込額（普通預金・通常貯金を含む）の合計を記載する。
払戻見込額合計 _____ 円 ②

3 保険（生命保険、火災保険、車両保険等）

保険会社	証券番号	契約日	月額保険料（円）	解約返戻金額（円）
①		年 月 日		
②		年 月 日		
③		年 月 日		
④		年 月 日		

解約返戻金額を合計する。
解約返戻金額合計 _____ 円 ③

4 積立金等（社内預金、財形貯蓄等）

種類	開始時期	積立総額（円）
	年 月	
	年 月	

積立金等を担保にする貸付金がある場合には、それを控除した額を記載する。
_____ 円 ④

5 賃借保証金・敷金

賃借物件	契約の始期	差入金額（円）	回収見込み	回収できない理由	回収見込額（円）
	年 月 日		□有 □無		
	年 月 日		□有 □無		

契約書上の返還金額から60万円以上の控除がある場合、さらに控除額を控除した額を合計する。
_____ 円 ⑤

6 貸付金・売掛金・未回収の過払金等

債務者名	債権金額（円）	回収見込み	回収見込額（円）
		□有 □無	
		□有 □無	

回収見込額を合計する。
_____ 円 ⑥

7 退職金

退職金の見込額 _____ 円

退職見込金額の1/8の額を記載する。
_____ 円 ⑦

8 不動産（土地・建物・借地権付建物）

種類	登録番号 地番又は家屋番号	時価	登記された担保権の被担保債権残額
□土地 □建物			
□土地 □建物			

時価から所有権以外の登記された担保権の被担保債権残額を控除した金額を合計する。
_____ 万円 ⑧

9 自動車

登録番号	車名	年式	時価（円）	担保設定	被担保債権残額（円）
				□有 □無	

_____ 円 ⑨

10 その他の動産（貴金属、会員権、パソコン等、10万円以上の価値のある動産）

品名	時価（円）	担保設定	被担保債権残額（円）
		□有 □無	

_____ 円 ⑩

11 その他（株式、会員権、回収済みの過払金等、1～10以外の財産）

財産の内容	時価（円）	担保設定	被担保債権残額（円）
		□有 □無	

時価から所有の被担保債権残額を控除した金額を合計する。
_____ 円 ⑪

総合計 _____ 円

各項目の合計金額、相害保険金等の処理により、マイナスになる場合には0と記載する。
各項目の合計金額が表示から見られず、左下の欄を別に記載した場合にはそれも合計する。

★各項目の疎明資料については、添付書類一覧表【書式】に従って、その写しを添付する。

★預貯金の口座は、残高がゼロ円でも必ず全部記載する。口座の種類は普通、定期、当座、通常貯金等の種類を記載し、払戻見込額は、金融機関からの借入がある場合の相殺を考慮し、払い戻せるであろう金額を記入する。【書式22(5の1)】

★解約返戻金がない場合にも、必ず全部記載する。契約者貸付がある場合には、差し引いて記載する。

★退職金関係書類、確定申告書、給与明細書、家計収支表（個人再生の場合には、直近1年分）で退職金等については、被保険者の存在を証明するものを添付する【書式3(8①)】、【書式3(8②)】。

★給与明細欄に財形貯蓄の計上がある人は、必ず記載する。【書式3(6)】

★自宅、作業場、駐車場など、申立人本人名義で契約し使用している土地・建物に関する賃貸借契約書、保証金について【書式3(7)】

★親戚、友人、知人などに対する貸付、契約書があるかどうか、契約書がある場合にはその写し、おおよその金額、契約時期、利用時期などについては、その旨記載する。【書式3(8)】

★未回収の過払金については、利用金額を記載する。回収費用等を控除するとその額がわかることがあるが、この場合、利用金等を控除した金額を記載する。【書式3(6)】

★家計収支表【書式30】・事業収支実績表【書式4②】等に記載した、給料等の延滞がある人は、被担保債権者の死亡時における支払がある場合には、必ず記載する。

★担保物件について、被担保債権欄に記載されている担保あと思っているものの、担保権債権等の有無に印を付けた上で、被担保債権残額を記載する。【書式3(5)】

★回収見込がないことについて、回収見込額に印を付けた上で、時価時、被担保債権残額に印を付けた上で、被担保債権残額を記載する。

★時価が見込めない場合には、ここには記載せずに、別紙に記載する。【ハ】について

★欄が足りない場合には、そこに記載しきれるか、別紙に記載する。

【資料21】個人再生・財産目録（名古屋地裁）

財　産　目　録・細　目　①【平成　年　月　日現在】

種　類	有　無	具　体　的　内　容　等	提出すべき資料, 付記事項
現　　金	□有□無	金額　　　　円 ●その原資は右記のとおり（複数チェック可）	□給与or事業収入 　□公的収入　□財産処分 　□援助 　□その他（　　　　）
預　貯　金	□有□無	総額　　　　円 →別紙「預貯金・積立金目録」記載のとおり	
積　立　金	□有□無	総額　　　　円（□互助会 □社内積立） →別紙「預貯金・積立金目録」記載のとおり	□積立額証明書
加入中の保険	□有□無	解約返戻金総額　　　　　　　　円 ①保険会社名（　　　　　　　） 　証券番号（　　　　　　　） 　保険の種類（　　　　　　　） 　契約日（平成　年　月　日） 　解約返戻金額（　　　　　）円 　【契約者貸付】□有□無 　　時期（平成　年　月　日） 　　金額（　　　　　　　）円 ②保険会社名（　　　　　　　） 　証券番号（　　　　　　　） 　保険の種類（　　　　　　　） 　契約日（平成　年　月　日） 　解約返戻金額（　　　　　）円 　【契約者貸付】□有□無 □別紙「加入保険目録」記載のとおり。	□保険証書（写し） □解約返戻金額証明 （契約者貸付の有無・金額が分るもの） □保険証書（写し） □解約返戻金額証明 （契約者貸付の有無・金額が分るもの）
自　動　車	□有□無	年式（　　　）年式 車種名（　　　　　　　） 購入年月日（　　　　　　） 購入価格（　　　　）万円 ローンの残債（所有権留保）の有無 　□有⇒（　　　　）万円　□無 □別紙のとおり（複数台ある場合）	□車検証（写し）or自動車登録事項証明書（写し） □査定書 ●①～③を全て満たせば、査定書なしで、原則0円評価 ① 国産の普通乗用自動車・軽自動車・貨物自動車 ② 購入時の推定新車価格（車両本体価格）が３００万円以下であることが明らか ③ 申立時に初年度登録から７年以上経過している
オートバイ	□有□無	排気量（　　　）cc 車種名（　　　　　　　） 購入年月日（　　　　　　） 購入価格（　　　　）万円 ローンの残債（所有権留保）の有無 　□有⇒（　　　　）万円　□無 □別紙のとおり（複数台ある場合）	●400CC以上の場合 □車検証（写し） ●購入後３年以内の場合 □査定書 　査定額：　　　　万円
電話加入権	□有□無	総額　　　　円＝２０００円×本数（　　本） 担保設定　□有　□無	□退職金規程 □退職金見込額の証明書 □資料は提出できません（理由）：
予定退職金	□有□無	（　　　　　　　　　）円　×1/8→（　　　　）円 ★実際に退職するかどうかは別として、仮に現時点で退職した場合に支払われる金額	

種類	有無	具体的内容等	
【不動産】			□不動産登記簿謄本 □固定資産税評価証明書
マンション □単独所有 □共有（ / ）	□有□無	所在地： 名　称： →別紙「不動産目録」記載のとおり	★競売は行われていません □不動産業者による査定書（2通） □不動産鑑定士による鑑定書 ★競売手続中です □競売開始決定 □最低売却価額を証明するもの ★借地上に建物を所有する場合，査定書は借地権価格込みのものを用意
一戸建て住宅 □単独所有 □共有（ / ）	□有□無	所在地： →別紙「不動産目録」記載のとおり	
建　物 □単独所有 □共有（ / ）	□有□無	所在地： 敷地権：□賃借権　□使用借権　□その他 →別紙「不動産目録」記載のとおり	
土　地 □単独所有 □共有（ / ）	□有□無	所在地： 地目：　　　　　　現況： →別紙「不動産目録」記載のとおり	
借地・借家	□有□無	敷金・保証金（　　　　　　　　）円	□賃貸借契約書(写し)
【その他の動産等】			
家財道具等	□有□無	→別紙「家財道具目録」記載のとおり。	
その他の動産	□有□無	品目： 評価額： □別紙のとおり	
【債権・その他の財産権】			
ゴルフ・レジャークラブ会員権	□有□無	種類・名称（　　　　　　　　　　　　） 時価金額（　　　　　　　　　　　）円 □別紙のとおり	□会員券or会員証(写し) □会員規約＋契約書(写し) □時価を証する書面
株券・出資証券 その他の有価証券 ・投資信託	□有□無	種類・名称（　　　　　　　　　　　　） 時価金額（　　　　　　　　　　　）円 □別紙のとおり	□株券その他の証券(写し) □時価を証する書面
貸　金	□有□無	金　額（　　　　　　　　　　　）円 相手氏名（　　　　　　　　　　） 貸付時期（平成　　年　　月　　日） 回収可能性　□有(　　　　　円)　□無 □別紙のとおり。	□債権の存在を示す資料 □回収可能性に関する資料・報告書
求償金・立替金	□有□無	種　類（　　　　　　　　　　　） 金　額（　　　　　　　　　　）円 相手氏名（　　　　　　　　　　） 貸付時期（平成　　年　　月　　日） 回収可能性　□有(　　　　　円)　□無 □別紙のとおり	□債権の存在を示す資料 □回収可能性に関する資料・報告書
その他の債権 ・財産権	□有□無	内　容： 評価額： □別紙のとおり	□評価額を証する資料

過去の財産状況

項　目	有　無	具 体 的 内 容 等		
離婚・離縁による財産分与	□有□無	①分与した金品： 　　時　　期：昭・平　　年　　月　　日 ②受取った場合 　詳細は「陳述書」の予備欄に記載	→	●財産分与が不動産の場合 　□不動産登記簿謄本
相続した財産等	□有□無	詳細は「陳述書」の予備欄に記載	→	●相続財産が不動産の場合 　□不動産登記簿謄本
受領した保険金又は解約返戻金 （過去1年以内）	□有□無	①受領金額（　　　　　　　　　　）円 　種　　類　□約定保険金 □解約返戻金 　保険会社名（　　　　　　　　　） 　証券番号（　　　　　　　　　　） 　受領時期（平成　年　月　日） 　使　　途　□生活費 □返済 □その他	→	□保険証書(写し) □保険金支払通知書 □解約返戻金支払通知書 □入金記載のある通帳 □その他：
		②受領金額（　　　　　　　　　　）円 　種　　類　□約定保険金 □解約返戻金 　保険会社名（　　　　　　　　　） 　証券番号（　　　　　　　　　　） 　受領時期（平成　年　月　日） 　使　　途　□生活費 □返済 □その他	→	□保険証書(写し) □保険金支払通知書 □解約返戻金支払通知書 □入金記載のある通帳 □その他：
		③受領金額（　　　　　　　　　　）円 　種　　類　□約定保険金 □解約返戻金 　保険会社名（　　　　　　　　　） 　証券番号（　　　　　　　　　　） 　受領時期（平成　年　月　日） 　使　　途　□生活費 □返済 □その他	→	□保険証書(写し) □保険金支払通知書 □解約返戻金支払通知書 □入金記載のある通帳 □その他：
		□別紙のとおり		
受領済の退職金	□有□無	受領金額（　　　　　　　　　　）円 受領時期（　　年　　月　　日） 使　　途　□生活費 □返済 □その他 詳細は「陳述書」の予備欄に記載	→	□支給額証明書 □入金記載のある通帳 □使途明細書
過去1年間に処分した動産等	□有□無	詳細は「陳述書」の第4の2に記載	→	□質札(写し) □売買契約書(写し) □領収証or受領書(写し) □使途明細書
過去に処分した不動産	□有□無	詳細は「陳述書」の第4の2に記載	→	□登記簿謄本 □売買契約書(写し) □使途明細書

財産目録・細目②（事業者追加用）　【平成　年　月　日現在】

種類	有無	内容・数量等	名目額（額面 簿価等）合計	換価・回収 見込額合計	備考
受取手形・小切手	□有 □無	合計：　　通	円	円	
		➡別紙「受取手形・小切手目録」記載のとおり。			
売掛金	□有 □無	合計：　　社(名)	円	円	
		➡別紙「売掛金目録」記載のとおり。			
営業保証金	□有 □無		円	円	
在庫商品・半製品	□有 □無	合計：　　点	円	円	
		➡別紙「在庫商品・半製品目録」記載のとおり。			
什器・備品	□有 □無	合計：　　点	円	円	
		➡別紙「什器・備品目録」記載のとおり。			
機械・工具	□有 □無	合計：　　点	円	円	
		➡別紙「機械・工具目録」記載のとおり。			
原材料・資材	□有 □無	合計：　　点	円	円	
		➡別紙「原材料・資材目録」記載のとおり。			
営業用賃借不動産 ★住居を兼ねているものは「共通用財産目録」に記載 ★差入れ保証金・敷金額と返還見込額を記載	□有 □無	□店　舗（　店）	円	円	□明渡し済み
		□事務所（　か所）	円	円	□明渡し済み
		□工　場（　か所）	円	円	□明渡し済み
		□倉　庫（　か所）	円	円	□明渡し済み
		□資材置場（　か所）	円	円	□明渡し済み
		□駐車場（　か所）	円	円	□明渡し済み
		□その他	円	円	□明渡し済み
その他	□有 □無				
		□別紙「その他の財産目録」記載のとおり。			

【資料22】個人再生・財産目録（福岡地裁）

財 産 目 録
（各項目の必要書類は、添付書類一覧表に従って、その写しを添付してください。）

※ 各項目の合計金額が、相殺等の処理によりマイナスになる場合には、「清算価値」欄は、10円とする。

清算価値 [　　　　　　]

※左の欄には持現金を正確に記載してください。右の清算価値の欄は自動計算されます。

1 現　金　　金額 [　　　　　0　円]　　□なし

2 退 払 金　　□なし

債権者名	回収見込み等	退払金総額	回収（見込）額
	□回収済み □協議済み □協議未了		
	□回収済み □協議済み □協議未了		
	□回収済み □協議済み □協議未了		

回収（見込）額を合計する。

【添付すべき書類】和解書写し、引き直し計算書等

3 預 貯 金　　□なし

金融機関（支店名）	口座の種類	口座番号	残　高	払戻見込額

払戻見込額を合計する。

【添付すべき書類】通帳写し（表紙と最終ページ）

4 金銭給付請求権（貸付金、求償金、未払賃金等。過払金返還請求権は上記2に記載。）　　□なし

債権の種類	債権額（現在額）	時　期	回収見込額	回収できない理由
		平成　年　月　日		
		平成　年　月　日		
		平成　年　月　日		

回収見込額を合計する。

【添付すべき書類】貸付権に関する契約書・念書等のコピー。回収が困難等であることがわかる書面

5 積立金（社内積立、財形貯蓄等）　　□なし

種　類	開始時期	積立金額
	平成　年　月　日	
	平成　年　月　日	
	平成　年　月　日	

積立金額を合計する。

【添付すべき書類】貸付権に関する契約書・念書等のコピー

6 退 職 金　　退職金制度の有無　□なし　□あり

　　　　　退職金見込額 [　　　　　　円]

退職金見込額の8分の1を計上する。

【添付すべき書類】退職金登録証明書、退職金支給規程等のコピー（この場合は勤務開始日がわかる書面）

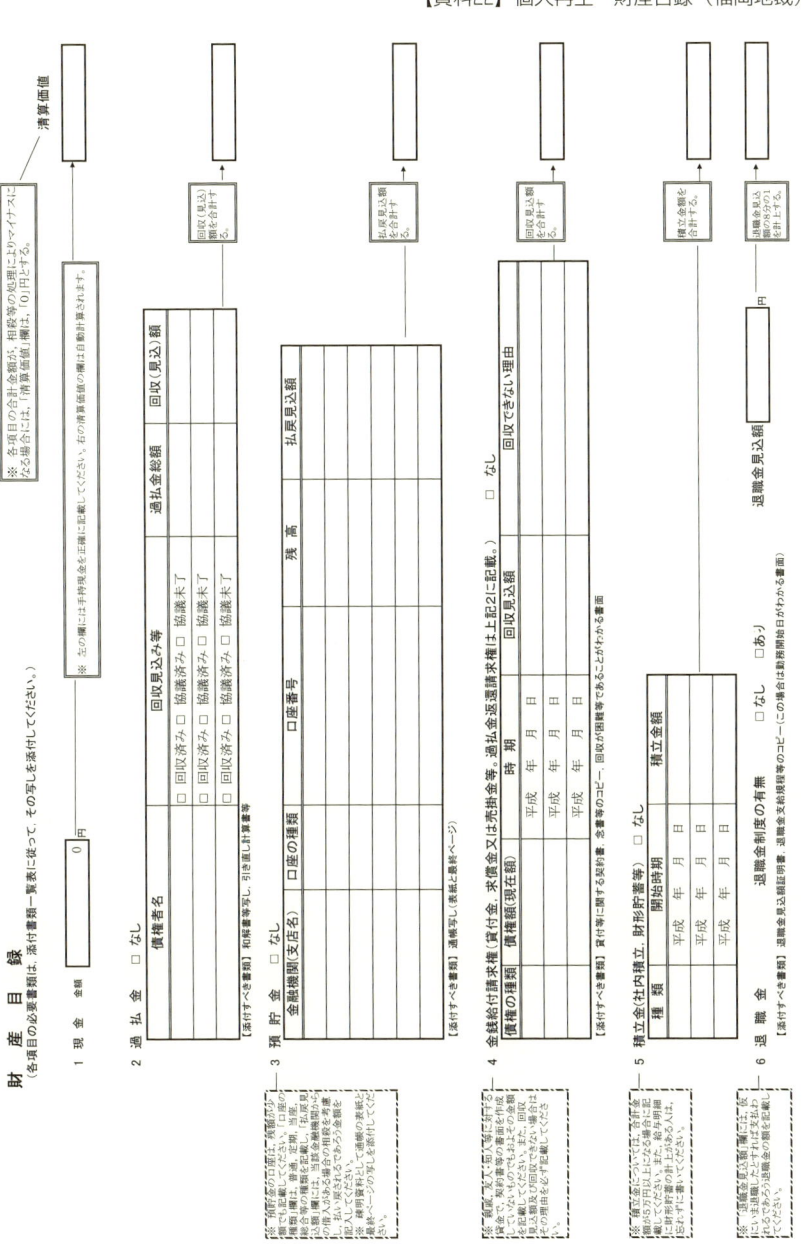

第5編　資料集　343

7 保険（生命保険、損害保険、火災保険等）

① 現在加入している保険契約　□なし

保険会社	種類	証券番号	掛け捨て	解約返戻金の額
			□掛け捨て	
			□掛け捨て	
			□掛け捨て	
			□掛け捨て	

② 過去1年以内に解約又は失効した保険契約　□なし

保険会社	種類	解約又は失効日	受領した返戻金の額	使途
		平成　年　月　日		
		平成　年　月　日		
		平成　年　月　日		

【添付すべき書類】保険証券（表裏両面）、解約返戻金証明書（保険証券のコピー（保険証券に記載の解約返戻金には配当金等が含まれていないので、証券のみでは不可）
【添付すべき書類】保険証券（表裏両面）、受領した返戻金を明らかにする書面等のコピー

→ 解約返戻金の合計額を記入する。

8 所有又は使用している自動車、二輪車等　□なし

車名	登録番号	購入時期	年式	所有権留保	現在の価額
		平成　年　月　日		□有り □無し（完済）	
		平成　年　月　日		□有り □無し（完済）	

【添付すべき書類】車検証、登録事項証明書、自動車の査定書（外国車は全て、国産で初年度登録から5年以内の場合のコピー）

→ 現在の価額を合計する。但し、所有権が留保されている場合は、保険担保額を記入してください。

9 敷金　□なし

賃貸物件	契約始期	敷金の額
	平成　年　月　日	
	平成　年　月　日	

【添付すべき書類】賃貸借契約書、住宅使用許可証（いずれも敷金の額が明らかになるもの）

→ 敷金返還の見込額を記載してください

10 事業用動産（事業用資産、什器備品、在庫商品等）　□なし

品名	購入時期	現在の価額
	平成　年　月　日	
	平成　年　月　日	
	平成　年　月　日	

【添付すべき書類】現在の価額が明らかになるような資料、確定申告書の別表

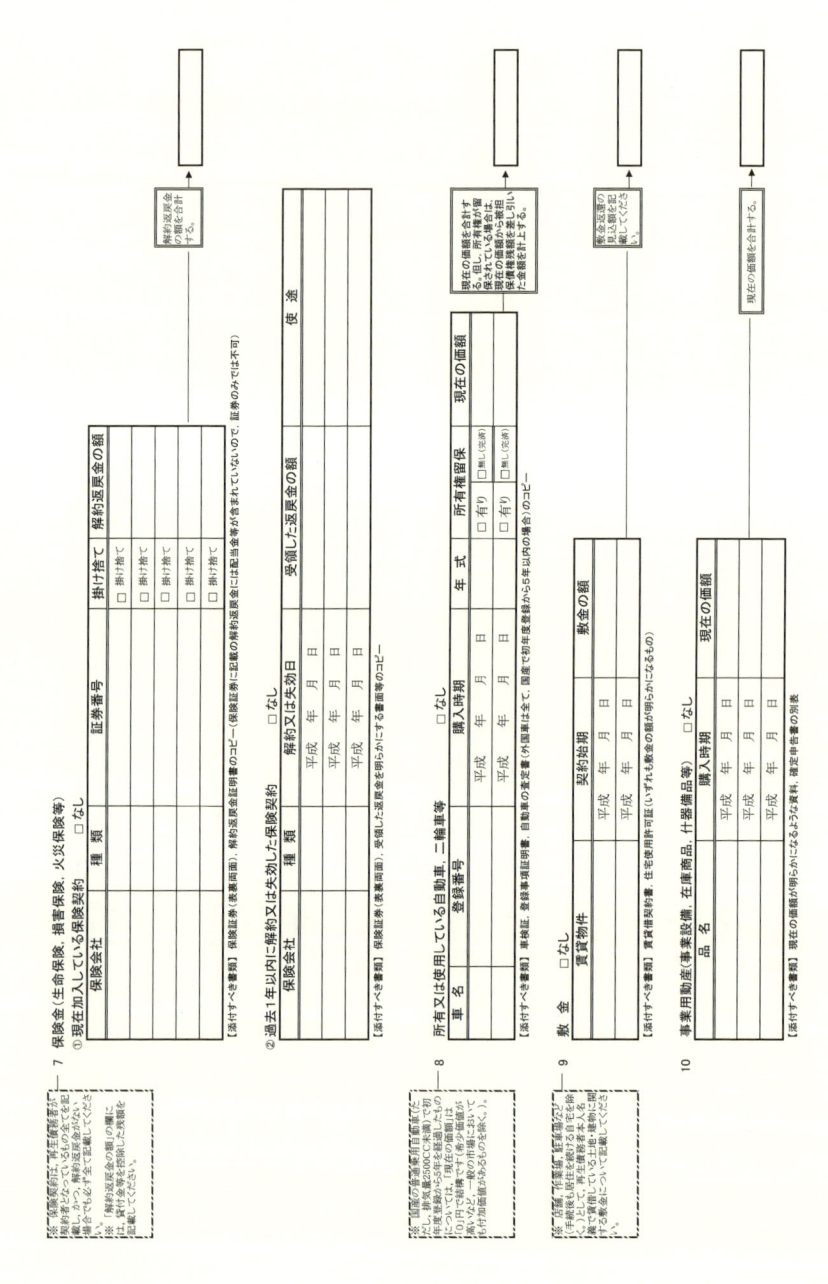

→ 現在の価額を合計する。

11 その他の動産(衣類、時計、貴金属、パソコン、ピアノ等)で申立時に二〇万円以上の価値があるもの　□なし

品　名	購入時期	現在の価額
	平成　年　月　日	
	平成　年　月　日	
	平成　年　月　日	

→ 現在の価額を合計する。

【添付すべき書類】現在の価額が明らかになるような資料が多ければ添付のこと

12 有価証券(手形、小切手、株券、ゴルフ会員権等)　□なし

種　類	額面額	現在の価額

→ 現在の価額を合計する。

【添付すべき書類】現在の価額が明らかになるような資料

13 その他の財産(上記1から12以外の財産)で申立時に二〇万円以上の価値があるもの　□なし

財産の内容	現在の価額

→ 現在の価額を合計する。

【添付すべき書類】現在の価額が明らかになるような資料

14 破産した場合に否認の対象となることが明らかな財産

財産の内容	回復見込額

→ 回復見込額を合計する。

【添付すべき書類】回復見込額が明らかになるような資料があれば添付のこと

15 不動産(土地、建物、マンション等、自己所有の不動産(は第三者名義のものであっても記載のこと)　□なし

種　類	不動産の所在地	地番又は家屋番号	現在の価額	担保権の被担保債権情報

→ 現在の価額から被担保債権内容を差し引いた金額を計上する。

合　計

【添付すべき書類】不動産登記事項証明書、固定資産評価証明書、不動産の査定書(簡易なもので可)

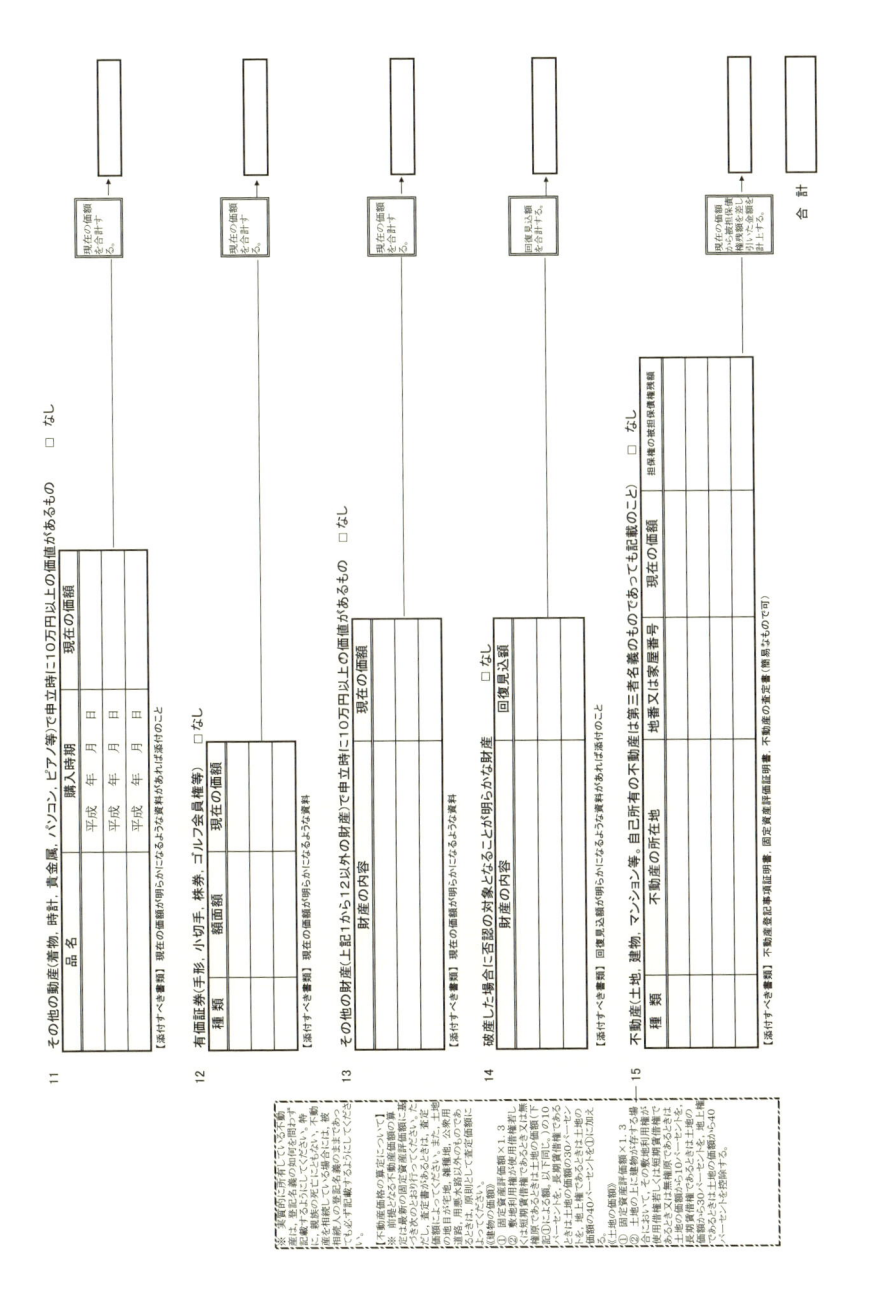

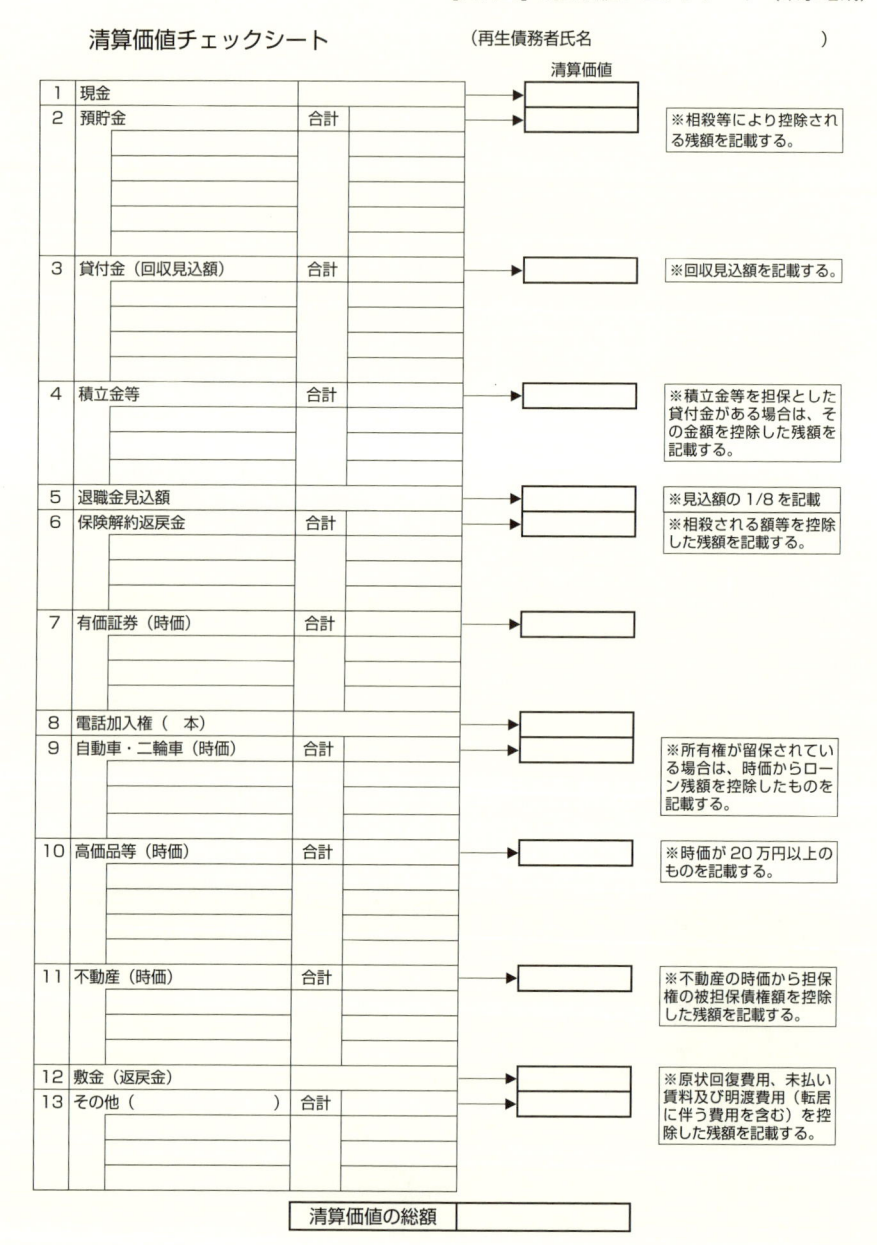

【資料23】清算価値チェックシート（東京地裁）

清算価値チェックシート

（再生債務者氏名　　　　　　　　　）

#	項目		清算価値	備考
1	現金			
2	預貯金	合計		※相殺等により控除される残額を記載する。
3	貸付金（回収見込額）	合計		※回収見込額を記載する。
4	積立金等	合計		※積立金等を担保とした貸付金がある場合は、その金額を控除した残額を記載する。
5	退職金見込額			※見込額の1/8を記載
6	保険解約返戻金	合計		※相殺される額等を控除した残額を記載する。
7	有価証券（時価）	合計		
8	電話加入権（　本）			
9	自動車・二輪車（時価）	合計		※所有権が留保されている場合は、時価からローン残額を控除したものを記載する。
10	高価品等（時価）	合計		※時価が20万円以上のものを記載する。
11	不動産（時価）	合計		※不動産の時価から担保権の被担保債権額を控除した残額を記載する。
12	敷金（返戻金）			※原状回復費用、未払い賃料及び明渡費用（転居に伴う費用を含む）を控除した残額を記載する。
13	その他（　　　）	合計		

清算価値の総額

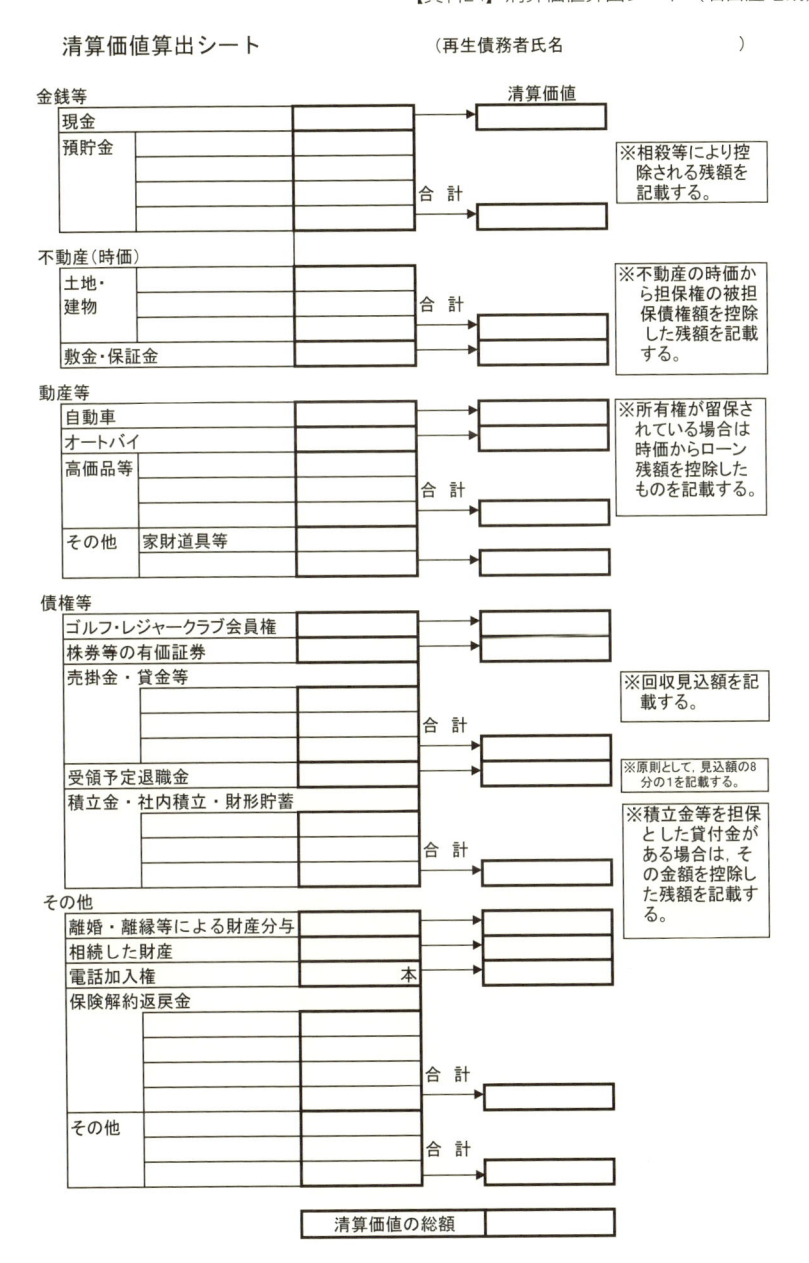

【資料24】清算価値算出シート（名古屋地裁）

清算価値算出シート　　　（再生債務者氏名　　　　　　　）

金銭等
- 現金
- 預貯金

→ 清算価値
合計

※相殺等により控除される残額を記載する。

不動産（時価）
- 土地・建物
- 敷金・保証金

合計

※不動産の時価から担保権の被担保債権額を控除した残額を記載する。

動産等
- 自動車
- オートバイ
- 高価品等
- その他　家財道具等

合計

※所有権が留保されている場合は時価からローン残額を控除したものを記載する。

債権等
- ゴルフ・レジャークラブ会員権
- 株券等の有価証券
- 売掛金・貸金等

合計

※回収見込額を記載する。

- 受領予定退職金
- 積立金・社内積立・財形貯蓄

合計

※原則として、見込額の8分の1を記載する。

※積立金等を担保とした貸付金がある場合は、その金額を控除した残額を記載する。

その他
- 離婚・離縁等による財産分与
- 相続した財産
- 電話加入権　　　　　　本
- 保険解約返戻金

合計

- その他

合計

清算価値の総額

【資料25】個人再生委員意見書（認可基準）（東京地裁）

東京地方裁判所民事第20部
担当　個　係
FAX　　　－

意　見　書（認可要件）

平成　年（再イ）第　　　号　小規模個人再生事件
再生債務者

☐　不認可事由が認められないので、再生計画を認可するのが相当である。
　　財産及び収入の状況は、概ね民事再生法124条2項の財産目録及び125条1項の報告書記載のとおりである。

☐　再生計画案が否決されたので、再生手続を廃止するのが相当である。

☐　不認可事由が認められるので、再生計画を認可しないのが相当である。
　　不認可事由の概要は、特記事項欄記載のとおりである。

＜特記事項＞
....
....
....
....
....
....

＜分割予納金＞　合計　　　　　　　円（入金明細書添付）

平成　年　月　日

個人再生委員

【資料26】陳述書（抜粋）―履行可能性等（大阪地裁）

第5　再生債権に対する計画弁済総額及び弁済期間に関する具体的予定並びにその履行可能性

1　再生債権に対する計画弁済総額　（＿＿＿＿万＿＿＿＿）円
2　弁済期間　□3年間
　　　　　　　□特別の事情があるので，（＿＿＿）年間
3　1か月当たりの弁済額　　　（＿＿＿＿万＿＿＿＿）円
4　弁済原資の積立額
　　□現在ある　　　　　　　　　　　　　　（＿＿＿＿＿＿＿＿）円
　　　今後再生計画認可確定時までの積立予定月額（＿＿＿＿＿＿＿＿）円
　　□現在ない
　　　今後再生計画認可確定時までの積立予定月額（＿＿＿＿＿＿＿＿）円
5　履行可能性（家計収支表,事業収支実績表の収支状況等に照らして弁済原資とすることができる金額及び住宅資金特別条項を定める場合の計画弁済額や家計が同一の者の債務等の弁済額等を説明するなどして,分かりやすく記載する。）

＿＿＿＿＿＿＿＿＿＿＿＿＿＿＿＿＿＿＿＿＿＿＿＿＿＿＿＿＿＿＿＿＿＿
＿＿＿＿＿＿＿＿＿＿＿＿＿＿＿＿＿＿＿＿＿＿＿＿＿＿＿＿＿＿＿＿＿＿
＿＿＿＿＿＿＿＿＿＿＿＿＿＿＿＿＿＿＿＿＿＿＿＿＿＿＿＿＿＿＿＿＿＿
＿＿＿＿＿＿＿＿＿＿＿＿＿＿＿＿＿＿＿＿＿＿＿＿＿＿＿＿＿＿＿＿＿＿
＿＿＿＿＿＿＿＿＿＿＿＿＿＿＿＿＿＿＿＿＿＿＿＿＿＿＿＿＿＿＿＿＿＿
＿＿＿＿＿＿＿＿＿＿＿＿＿＿＿＿＿＿＿＿＿＿＿＿＿＿＿＿＿＿＿＿＿＿

	金額（円）
①　今後の平均収入の合計見込月額	
②　今後の平均支出の合計見込月額	
③　今後の弁済原資合計見込月額（①－②）	

6　5000万円要件及び最低弁済額

	金額（円）
①　負債総額	
②　①のうち住宅資金貸付債権額	
③　②のうち別除権行使による回収見込額	
④　①のうち別除権行使による回収見込額（③を除く）	
⑤　うち開始前の罰金等の額	

(5000万円要件)	
⑥ 5000万円≧①-②-④-⑤	円
3000万円以下の場合　　→	A へ
3000万円を超える場合　→	B へ

Aの場合	
(最低弁済額)	
住宅資金貸付債権がある場合	
住宅資金特別条項を定める場合	
①-②-④-⑤　　→　1/5	円
住宅資金特別条項を定めない場合	
①-③-④-⑤　　→　1/5	円
住宅資金貸付債権がない場合	
①-④-⑤　　　　→　1/5	円

【注・最高300万円，最低100万円，100万円以下は全額】

Bの場合	
(最低弁済額)	
⑥ × 1/10	円

7　住宅資金特別条項を定める場合
　① 住宅ローンの約定弁済合計額（元利合計額，ボーナス加算後合計額，数社ある場合は合計額）
　　通常月　　　（　　　　　　　）円
　　ボーナス月　（　　　　　　　）円
　② 申立時における住宅ローンの支払状況（遅滞の有無）
　　　□遅滞ない
　　　□遅滞ある　（　　　　　）円（　　）か月分
　　　⇒その支払い状況

　③ 住宅ローン債権者との事前協議の経過

④　予定している住宅資金特別条項の内容
　　□期限の利益回復型・約定型（199条1項）
　　□リスケジュール型（199条2項）
　　□元本猶予期間併用型（199条3項）
　　□同意型（199条4項）
　　────────────────────────────
　　────────────────────────────
　　────────────────────────────

【資料27】積立状況等報告書（大阪地裁）

平成○○年（再○）第○○○○号
再生債務者　　○○　○○

積立状況等報告書

平成○○年○○月○○日

大阪地方裁判所第6民事部　個人再生○○係　御中

　　　　　　　　　　　　　再生債務者代理人弁護士　　○　○　○　○

　当該事件について，再生債務者が申立書（陳述書）第5．4に記載した積立についての状況，同5履行の可能性については，以下のとおりです。

1　積立状況
　　□　申立人は，別紙通帳のとおり，現在＿＿＿＿＿＿円の積立を実施しています。
　　□　申立書（陳述書）第5．4に記載したとおり積立が実施されていませんが，これは，
　　　　□　滞納公租公課の支払を再生計画認可確定前に終了する旨の合意をしており，これに基づいて支払をしていることが原因であり，その支払状況は別紙のとおりです。
　　　　□　給料の（仮）差押えを受けており，現在，月額約＿＿＿＿＿＿円を勤務先に保留されているからです。
　　　　□　その他※（　　　　　　　　　　　　　　　　　　　　　　　　　　　）
2　履行の可能性
　(1)　本件再生計画案は，①〜③の最大額以上である＿＿＿＿＿＿円を計画弁済総額として作成しました。
　　　①弁済計画表記載の債権額合計が
　　　　□　500万円以下 ･････････････････････････････････････ 100万円
　　　　□　500万円〜1500万円 ･･････････　債権額合計の1／5　＿＿＿＿＿＿円
　　　　□　1500万円〜3000万円 ･････････････････････････････ 300万円
　　　　□　3000万円〜5000万円･･････････　債権額合計の1／10　＿＿＿＿＿＿円
　　　②財産目録記載の総合計･････････････････････････････････　＿＿＿＿＿＿円
　　□　給与所得者等再生事件の場合
　　　③可処分所得額算出シート記載の計画弁済総額の最低基準額　＿＿＿＿＿＿円
　(2)　□　同計画案は，弁済期間を＿＿年で作成し，1か月あたり＿＿＿＿＿＿円を返済していくことになりますが以下のとおり弁済していくことは十分可能です。

収　入	金額（円）	支　出	金額（円）
債務者（　　　）		計画案による返済額	
		生活費等	
合　計		合　計	

　　　上記表の金額については，提出している家計収支表から1か月あたりの平均的な値で計上しています。

※積立ができなかった具体的事情を詳しく記載してください。別紙を付けられても結構です。

【資料28】 履行可能性報告書（名古屋地裁）

(申立代理人用Ver 2.0)

平成　　年（再　）第　　　号　　　　平成　　年　　月　　日

履行の可能性等に関する報告書

申立代理人＿＿＿＿＿＿＿＿＿＿＿＿＿印

1　履行の可能性等
　(1)　再生債権に対する計画弁済総額　　（　　　　　　　　　）円
　　　＝□再生債権総額に対する最低弁済額
　　　　□清算価値による弁済額
　　　　□可処分所得額による弁済額
　(2)　弁済期間　□3年間
　　　　　　　　□特別の事情があるので，（　　　　　　　）〔5年以内〕。
　(3)　1か月あたりの弁済額　　　　　（　　　　　　　　　）円
　(4)　今後の平均収入の合計見込月額　（　　　　　　　　　）円
　　　今後の平均支出の合計見込月額　（　　　　　　　　　）円
　　　今後の弁済原資合計見込月額　　（　　　　　　　　　）円
　(5)　申立時における公租公課の支払状況（滞納の有無）
　　　□滞納なし
　　　□滞納あり　（　　　　　　　　　　　）円
　　　⇒その支払方法（支払方法について協議した内容等に触れてください。）
　　　──────────────────────────────────
　　　──────────────────────────────────

　(6)　履行の可能性（□別紙記載のとおり）
　　　★　家計の状況における収支状況の実績等に照らして弁済原資とすることができる金額，滞納公租公課の支払予定額及び住宅資金特別条項を定める場合の計画弁済額（後記2項）や家計が同一の者の債務等の弁済額等を説明するなどして，申立代理人としての検討結果を具体的に記載してください。履行の可能性につき障害となる事由があるかどうか，障害事由がある場合には，その事由を除去することができるのかどうかについても併せて記載してください。
　　　──────────────────────────────────
　　　──────────────────────────────────
　　　──────────────────────────────────
　　　──────────────────────────────────
　　　──────────────────────────────────
　　　──────────────────────────────────

(7) 弁済原資の積立て状況について
　　□現在積立てがある。　　　　　　　　　（　　　　　　　）円
　　　　⇒今後再生計画認可確定時までの積立予定月額（　　　　　　　）円
　　□現在積立てがないので，次のとおり積み立てるよう指導した。
　　　　⇒今後再生計画認可確定時までの積立予定額　（　　　　　　　）円

2　住宅資金特別条項を定める場合
 (1) 住宅ローンの約定弁済額（元利合計額，ボーナス加算後合計額，数社ある場合は合計額）
　　①通常月　　　（　　　　　　　）円
　　②ボーナス月　（　　　　　　　）円
 (2) 申立時における住宅ローンの支払状況（遅滞の有無）
　　□遅滞なし
　　□遅滞あり　（　　　　　　　）円　（　　　）か月分
　　　　⇒その支払方法
　　　　　──────────────────────────────
　　　　　──────────────────────────────

 (3) 住宅ローン債権者との事前協議の経過（□別紙記載のとおり）
　　　★　民事再生規則101条（事前協議・法200条）1項「再生債務者は，住宅資金特別条項を定めた再生計画案を提出する場合には，あらかじめ，当該住宅資金特別条項によって権利の変更を受ける者と協議するものとする。」
　　　──────────────────────────────
　　　──────────────────────────────
　　　──────────────────────────────
　　　──────────────────────────────

 (4) 予定している住宅資金特別条項の内容
　　□期限の利益回復型・約定型（法199条1項）
　　□リスケジュール型（法199条2項）
　　□元本猶予期間併用型（法199条3項）
　　□同意型（法199条4項）
　　　──────────────────────────────
　　　──────────────────────────────
　　　──────────────────────────────

【資料29】再生計画作成方針（福岡地裁）

再生債務者 _____　　　　　　　平成　　年　　月　　日

再生計画案の作成方針についての意見等
（住宅資金特別条項に関する支払継続の許可の申立て）

第1　一般条項

　　各再生債権者に対する債務につき，次のとおり，相当部分の免除を受けた上で，法律の要件を充たす額の金銭を分割して支払う方針である。

1　再生債権に対する計画弁済総額及び免除率
　(1)　計画弁済総額：_____円

> ア　①債権の総額（3000万円以下の場合）の5分の1又は100万円のいずれか多い額（ただし，300万円が上限）
> 　　　　　　　　　　　　　　　　　　　（　　　　　　　）円
> 　　②債権の総額（3000万円超5000万円以下の場合）の10分の1
> 　　　　　　　　　　　　　　　　　　　（　　　　　　　）円
>
> イ　清算価値の総額　　　　　　　　　　（　　　　　　　）円
>
> ウ　可処分所得の2年分の額（※給与所得者等再生の場合のみ記載）
> 　　　　　　　　　　　　　　　　　　　（　　　　　　　）円

　(2)　免除率（予定）：_____パーセント
　　　（※計算式　免除率＝（基準債権総額－計画弁済総額）÷基準債権総額×100）

2　弁済期間等に関する具体的予定
　(1)　弁済期間　☐　3年間
　　　　　　　　☐　特別の事情があるので，＿＿＿年＿＿＿か月間
　(2)　分割弁済　☐　毎月弁済　　☐　3か月に1度の弁済
　　　　　　　　☐　ボーナスによる弁済：毎年＿＿＿月及び＿＿＿月
　(3)　1か月当たりの弁済額：_____円
　　　　ボーナス月の加算額：_____円（合計＿＿＿回）

第2　住宅資金特別条項
　　☐　なし
　　☐　次のとおり，申立人所有の住宅に関する住宅資金貸付債権については，住宅ローン債権者と協議の上，住宅資金特別条項を定める予定である。

1 住宅資金特別条項の相手方（住宅ローン債権者）
　　□　独立行政法人住宅金融支援機構（＿＿＿＿銀行　□本店
　　　　□＿＿＿＿支店取扱い）
　　□　独立行政法人福祉医療機構（＿＿＿＿銀行　□本店　□＿＿＿＿支店取扱い）
　　□　株式会社＿＿＿＿＿＿銀行（□本店　□＿＿＿＿支店取扱い）
　　□

2 権利変更の態様
　　　法199条　　□1項　　□2項　　□3項　　□4項

3 住宅ローン債権の滞納の有無
　　□　滞納はない。
　　□　申立時において，総額＿＿＿＿＿＿＿＿＿＿円の滞納がある。
　　　　□　期限の利益を失っていない。
　　　　□　期限の利益を失っている。

4 一般弁済期間中の住宅ローン弁済予定額
　　①　1か月当たりの弁済額：＿＿＿＿＿＿＿＿＿円
　　②　ボーナス月の加算額：＿＿＿＿＿＿＿＿＿円

5 住宅ローン債権の償還条件の具体的内容
　　□　別紙償還条件変更シュミレーション表のとおりである。
　　□　償還条件変更シュミレーション表は，後日提出する。

　　　　　　□　住宅資金特別条項に関する支払継続の許可の申立て
※記載上の注意：この申立てをするには，上記第2の3で期限の利益を喪失していないことが前提になります。

　再生債務者は，民事再生法197条3項に基づき，再生手続開始後も住宅資金貸付債権を弁済することの許可を求める。
　　　　　　申　立　同　日
　　　　　　申　　立　　人
　　　　　　申立代理人　　　　　　　　　　　　　㊞
　　　　　※記載上の注意：代理人弁護士による申立ての場合は，
　　　　　　申立人氏名の記載及び押印不要

　　　　　上記申請を許可する。
　　　　　　　平成　　年　　月　　日
　　　　　　　　福岡地方裁判所第4民事部
　　　　　　　　　　裁　判　官

第3 再生計画の履行可能性

※記載上の注意：家計表の収支状況等に照らし，また，予測家計表の記載を参考に，弁済原資とすることができる金額を示すなどして，再生計画の履行可能性をわかりやすく説明してください。

....
....
....
....
....
....
....
....
....

【資料30】個人再生・事業等に関する補充説明書（福岡地裁）

事業等に関する補充説明書

平成　　年　　月　　日

申　立　人　氏　名（　　　　　　　　　）
申立人代理人弁護士（　　　　　　　㊞）

＊ ① 個人で事業をしている方（以前，個人で事業をしていたが，３年以内に廃業をした方も含みます。）の場合には，申立人が営んでいた事業に関して（陳述書と重複しても記載してください。），
② 会社の代表者をしている方（以前，会社の代表者をしていたが，３年以内に代表者でなくなった方も含みます。）の場合には，申立人が代表者をしていた会社に関して，
この補充説明書に，それぞれ必要事項を記載してください。

1　申立人の地位
　　申立人は，
　　□自営業者である。
　　□平成　　年　　月ころまで，自営業者であった。
　　□＿＿＿＿＿＿＿＿＿＿の代表者である。
　　□平成　　年　　月ころまで，＿＿＿＿＿＿＿＿＿＿の代表者であった。

2　営業場所等
(1)

番号	所在地	物件の所有者
1		
2		
3		
4		
5		

(2)　上記（1）が，申立人（又は申立人が代表者をしていた会社）を賃借人とする賃借物件である場合には，次の表を記載してください。
　　＊「番号」のところには，その物件について，上記（1）で使用した欄の左側にある番号を記載してください。

番号	賃借開始時期	明渡しの状況／明渡し時期	賃料	預入れ敷金	返還額又は返還予想額
	年　月	□完了　□未了／平成　年　月　日	万円/月	万円	万円
	年　月	□完了　□未了／平成　年　月　日	万円/月	万円	万円
	年　月	□完了　□未了／平成　年　月　日	万円/月	万円	万円
	年　月	□完了　□未了／平成　年　月　日	万円/月	万円	万円

3　経理の状況
(1)　会計帳簿（パソコンによる管理を含む。）の作成状況
　　□ 日常的に作成
　　□ 申告時に作成
　　□ 売上げメモ，現金出納簿等で把握
　　□ 作成していない。

(2)　上記（1）で作成していた帳簿又はメモなどの保存状況
　　□ 保存している。
　　□ 保存していない。
　　　　（理由 _____ ）

(3)　申告の有無
　　□ 青色
　　□ 白色
　　□ 申告していない。

(4)　上記（3）で行っていた申告の状況
　　□ 正確（ほぼ正確）に申告した。
　　□ 正確ではない。

4　事業の概況
(1)　申立人が代表者をしていた会社又は申立人がしていた事業の内容
　　_____
　　_____
　　_____

(2)　主たる仕入先（買掛先），仕入代金の決済方法

仕入先の名前	仕入品の名前	決済方法

(3)　主たる納入先（売掛先），納入代金の決済方法

納入先の名前	納入品の名前	決済方法

(4)　事業の現状
　　□ 継続予定
　　□ 廃業予定　　（平成　　　年　　　月ころ）
　　□ 廃業済み　　（平成　　　年　　　月ころ）
　　　　※廃業は，□ 単純に廃業した。
　　　　　　　　　□ 他人に譲渡した。（相手の氏名　　　　　　　　　　　）

5　今も残っている財産
　(1)　未回収の売掛金
　　　□ない
　　　□次のとおり

債務者名	住所	債権額	回収可能性及び回収不能の場合にはその理由
		円	可能性　□有　□無 理由
		円	可能性　□有　□無 理由
		円	可能性　□有　□無 理由
		円	可能性　□有　□無 理由
		円	可能性　□有　□無 理由

　(2)　未換金の受取手形，小切手
　　　□ない
　　　□次のとおり

振出人	住　所	券面額 種類	振出日 支払日	回収可能性の有無
		円	平成　年　月　日	□有
			平成　年　月　日	□無
		円	平成　年　月　日	□有
			平成　年　月　日	□無
		円	平成　年　月　日	□有
			平成　年　月　日	□無
		円	平成　年　月　日	□有
			平成　年　月　日	□無

　(3)　保険（生命，年金，学資，傷害，火災，自動車保険等）
　　　□ない
　　　□次のとおり

保険会社	保険の種類	証券番号	契約日	毎月の掛け金	解約返戻金見込額
			年　月	円	円
			年　月	円	円
			年　月	円	円
			年　月	円	円

(4) 在庫商品
　□ ない
　□ 次のとおり

商品名	在庫数	仕入れ価格の合計	現在の評価額	保管場所
		円	円	
		円	円	
		円	円	
		円	円	
		円	円	

(5) 自動車
　□ ない
　□ 次のとおり

車名	所有者	評価額	購入時期	年式	保管場所
		円	平成　年　月　日		
		円	平成　年　月　日		
		円	平成　年　月　日		

(6) 売却すれば5万円以上になりそうな什器，備品
　□ ない
　□ 次のとおり

品　名	単価	数量	購入価格	評価額	保管場所
	円		円	円	
	円		円	円	
	円		円	円	
	円		円	円	
	円		円	円	

(7) リース物件
　□ ない
　□ 次のとおり

物件名	リース会社	残リース料	数量	保管場所
		円		
		円		
		円		

			円	
			円	

(8) 不動産
　　□ ない
　　□ 次のとおり

所在場所	課税標準額	被担保債権総額	使用状況
	円	円	
	円	円	
	円	円	
	円	円	

(9) 仕掛かり工事及び半製品等
　　□ ない
　　□ 次のとおり

工事名又は商品名	数量	請負金額	現在の評価	工事場所又は保管場所
		円	円	
		円	円	
		円	円	

(10) その他，売却すれば5万円以上になると思われる財産権等
　　□ ない
　　□ 次のとおり

品　　名	評価額	保管場所
	円	
	円	
	円	
	円	
	円	

【資料31】個人再生・事業収支実績表（福岡地裁）

事 業 収 支 実 績 表

再生債務者：○○○○

年月	平成 年 月	平成 年 月	平成 年 月	平成 年 月	平成 年 月	平成 年 月	月平均額
収 入（合計額）（円）							
現金売上額							
売掛金回収額							
受取手形取立額							
商業手形割引額							
その他の収入 （　　　）							
（　　　）							
（　　　）							
（　　　）							
支 出（合計額）（円）							
現金仕入額							
買掛金支払額							
支払手形決済額							
人件費							
その他の経費 （店舗家賃）							
（リース代）							
（電気代）							
（ガス代）							
（水道代）							
（ガソリン代）							
（　　　）							
（　　　）							
（　　　）							
支払手数料額							
その他の支出 （税金）							
（保険）							
（　　　）							
（　　　）							
（　　　）							
差引き過不足額							
前月からの繰越金額							
翌月への繰越金額							

※ 事業収支状況につき，月ごとの売上額等の収入額，仕入額，経費等の支出額及びその月の事業利益額を，事業の実態を記録した書面等（帳簿等）を参考にして，その内容を整理した上で記載してください。
※ 支出欄にある「その他の経費」については，その具体的内容をかっこ内に記載の上，その金額を計上してください。また，それに含まれない類の支出については，「その他の支出」欄のかっこ内に具体的内容を記載の上，その金額を計上してください。
※ 人件費欄には，再生債務者本人に対する報酬等は計上しないでください。
※ 再生計画の履行可能性の参考資料としますので，この表には，あくまでも事業の実情に即した内容を記載してください。

索　引

〈あ〉

按分弁済（同時廃止のための）　*59, 257*
按分弁済（裁量免責のための）　*115*
按分弁済基準と過払金　*31*
異議申述期間　*122*
慰謝料・慰謝料請求権　*89, 97, 98, 100, 103*
一部免責　*113*
一般異議申述期間　*123*
一般優先債権　*186*
売掛金　*135*
オーバーローン　*55*

〈か〉

買掛金　*181, 238*
開始決定（再生手続）　*122*
開始の要件（再生手続）　*129*
会社の役員（と予納金）　*127*
拡張決定の時期（自由財産）　*69*
拡張決定の方式（自由財産）　*68*
拡張適格財産（自由財産）　*64*
拡張申立の時的制限（自由財産）　*69*
家計収支表　*115, 267*
家計簿　*115, 266*
家事審判事項の債権確定手続　*104, 105*
貸付金　*135*
可処分所得　*121*
過払金　*18, 27, 135, 207, 254, 261*
　――と回収可能性　*30, 35*
　――と回収費用　*30*
　――と直前現金化　*31, 34, 35*
　――と有用の資　*30, 35*
　――の調査範囲　*29*

管財事件と同時廃止事件の振分基準　*50*
管財人選任率　*4, 76, 82*
管財人の給源問題　*80*
期間制限（給与所得者等再生）　*130*
議決権（小規模個人再生）　*123*
期限付債権　*84*
99万円以下の現金　*53, 134, 204*
99万円基準　*63*
99万円を超える拡張　*67*
求償権の連帯保証　*227*
給与所得者等再生　*120, 125, 129, 276*
給料天引き　*266*
共益債権とする旨の申請　*182*
金融円滑化法　*177*
計画の変更（個人再生）　*125*
形式的平等　*148, 214*
競売費用　*229*
決済性預金　*54*
現金　*53, 134, 204*
現有財団　*84*
牽連破産　*286*
公租公課　*21, 186*
交通事故　*83*
公的金融機関等　*129*
個人再生　*276*
個人再生委員　*12, 122, 141, 167, 190, 232, 288*
　――の職務　*166*
個人事業者　*20, 59, 127, 135, 176, 237*
個人の通常再生　*191, 240*
5000万円基準（個人再生）　*191*
固定主義　*84*
婚姻費用分担請求権　*99, 102, 103*

364　索　引

〈さ〉

債権者一覧表　47, 121, 123
債権者の手続保障　76
債権者の同意　129
債権調査　122
債権届出　123
債権届出期間　122
債権の復活（否認権）　135
債権法改正　189
財産隠匿　74, 266
財産調査　122
財産評定　131
財産分与請求権　98, 100, 103
財産目録（個人再生）　122, 280
再生計画案　124, 220, 284
　　――提出期限　126, 146
再生計画認可決定　125
再生計画の変更　125
再生債権の評価　165, 170
　　――の申立　122, 123, 165
再生手続開始前の罰金　120
再生手続廃止　123, 124, 125
財団調査型　51
最低弁済額　127, 132, 143
　　――要件　120
債務額要件　191
債務整理　253
裁量免責　42, 52, 112, 264
　　――のための按分弁済　115
　　――のための積立て　70, 115
差押禁止債権　83
サラリーマン　129, 198
資格制限　21, 44
資金繰り　187
事業者（個人の）　59, 127, 135, 176, 237

自殺　178
事前協議　283
自宅兼店舗　189
実質的平等　214
自動車　56
　　――損害賠償保障法　94
　　――ローン　19
支払不能　40
従業員　141, 185
終結　125
自由財産　38
　　――拡張基準　47, 57, 63
　　――拡張制度　41, 57, 62, 138, 211, 258
　　――拡張と過払金　32
　　――の範囲拡張　17, 66, 70
住宅　156
住宅資金貸付債権　120, 130, 157
　　――に関する特則　130, 155
住宅資金特別条項　12, 121, 130, 155, 222, 283
住宅の範囲　156
住宅ローン　18, 155, 189, 222, 263
　　――以外の後順位担保権者　226
　　――の借換え　163
　　――の連帯債務・連帯保証　227
少額管財手続　79, 110
少額債権　148
　　――の弁済許可　127, 215, 239
小規模個人再生　120, 129, 276
消極財産（負債）　133
消極損害　89
条件付免責　114
諸費用ローン　158
書面決議　124
書面審査　78
親族の援助（と履行可能性）　152
人的損害　87, 89

索　引　365

審問 *76*
審理方法 *76*
生活福祉資金貸付制度 *26*
生活保護制度 *25*
清算価値チェックシート *280*
清算価値の算定基準時 *137*
清算価値保障原則 *17, 35, 120, 127, 131, 203*
清算費用 *141, 210*
セーフティネット保証制度 *179*
積極損害 *87*
総額99万円を超える拡張 *67*
即日面接方式 *76, 77*
訴訟の中断 *103*
租税債権 *140, 210*
そのまま弁済型（約定型） *223, 284*
将来の請求権 *84*
損害賠償請求権 *83, 88*

〈た〉

第三者出捐の保険 *206*
第三者弁済 *162, 226*
貸借対照表 *122*
退職金 *55, 204*
　——見込額 *55*
滞納公租公課（と履行可能性） *153*
滞納処分 *21*
担保不足見込額 *121, 123*
中小企業金融円滑化法 *177*
中断（訴訟の） *103*
直前現金化 *31, 34, 54, 65*
通常貯金の扱い *65*
通常の再生手続 *126, 128, 137*
積立て（個人再生） *151, 212, 218, 281*
積立て（裁量免責のための） *70, 115*
停止条件付債権 *84*
提出期間伸長の申立 *124*

手続選択 *14, 128, 180*
手続内確定（個人再生） *123*
手続の移行 *129*
手続費用 *127, 128*
同意型 *283*
同時廃止 *38, 41, 51, 136*
　——事件と管財事件の振分基準 *50*
　——処理の肥大化 *73*
　——処理の弊害 *74*
　——との振分基準と過払金 *30*
　——のための按分弁済 *59, 257*
土地管轄 *2*
取引債権 *238*
取引履歴の開示 *29, 265*

〈な〉

20万円基準 *64*
日本司法支援センター（法テラス）
　　　　　　　　　　　　24, 79, 190
任意整理 *253*
任意配当 *75*
認可要件 *124*

〈は〉

ハードシップ免責 *125*
配当財団 *84*
破産管財 *137*
破産管財人 *11, 38*
破産財団 *83*
破産と離婚 *96*
破綻原因 *7*
引直し計算 *28*
非減免債権 *145*
非事業者 *127*
否認権 *23, 126, 128, 135, 208*
否認対象行為 *135, 208*

非免責債権 *116, 270*
費用（申立てにかかる） *190*
評価の申立 *284*
標準スケジュール（個人再生） *126*
費用負担（巻戻しと） *229*
不可欠性の要件 *67*
付議決定 *124*
普通預金 *54, 65, 135, 209*
物上保証 *228*
物的損害 *86*
不動産 *55*
不当な目的による申立 *127*
不認可決定 *126*
不認可事由 *125*
不法行為（交通事故） *84*
振分基準（管財事件と同時廃止事件の） *50*
分割予納金（個人再生） *125, 169*
ペアローン *159, 228*
別除権 *120, 155, 186, 222*
弁済期間 *127, 144*
弁済協定（個人再生） *186, 239*
弁済計画表 *147*
偏頗弁済 *135, 238, 266*
報告書（民再125条の） *122*
法定財団 *83*
法テラス *24, 79, 190*
保険解約返戻金 *56, 206*
保証 *187*
保証会社 *163*
保証債務 *163, 216*
保証人 *127, 187*
保証料 *229*
本来的自由財産 *41, 46, 53, 57, 66, 134, 204*

〈ま〉

巻戻し *163, 229*

窓口指導 *77*
民法（債権法）改正 *189*
無届債権 *123*
免除率 *143*
免責 *11, 107*
　　——観察型管財手続 *114*
　　——審尋期日 *108*
　　——調査型 *41, 43, 51, 110*
　　——の理念 *107*
　　——不許可事由 *22, 39, 40, 110, 115, 130, 270*
申立代理人と破産管財人と役割分担 *271*

〈や〉

約定型 *223, 284*
有用の資 *30*
養育費請求権 *97, 99, 102*
養育費の未払（と履行可能性） *154*
預貯金 *54, 135*
予納金 *24, 127, 167, 190*
　　——立替制度 *24*
　　——の納付方法 *79*

〈ら〉

リース債権 *186, 239*
履行可能性 *124, 152, 161, 169, 218, 256, 281*
履行テスト *125, 150, 169, 172*
履行補助 *221, 286*
離婚給付と否認 *101*
離婚訴訟と破産 *100, 103*
離婚訴訟の附帯請求 *101*
リスケジュール *283*
リレーローン *227*
連帯債務 *227*
連帯保証 *216, 227*
労働債権 *141*
浪費 *264*

個人の破産・再生手続　〜実務の到達点と課題〜

| 平成23年6月20日 | 第1刷発行 |
| 平成26年7月31日 | 第2刷発行 |

編　者　日本弁護士連合会
　　　　倒産法制等検討委員会
発行者　小　田　　徹
印刷所　文唱堂印刷株式会社

〒160-8520　東京都新宿区南元町19
発　行　所　一般社団法人 金融財政事情研究会
　編集部　TEL 03(3355)1758　FAX 03(3355)3763
販　　　売　株式会社きんざい
　販売受付　TEL 03(3358)2891　FAX 03(3358)0037
　　　　　　URL http://www.kinzai.jp/

・本書の内容の一部あるいは全部を無断で複写・複製・転訳載すること、および磁気または光記録媒体、コンピュータネットワーク上等へ入力することは、法律で認められた場合を除き、著作者および出版社の権利の侵害となります。
・落丁・乱丁本はお取替えいたします。定価はカバーに表示してあります。

ISBN978-4-322-11910-7